# 中原文献整理史稿

王钢 著

中州古籍出版社
·郑州·

# 目录

序一 .................................................... 王守国 i
序二 .................................................... 耿相新 v

壹：叙说 .................................................... 1
 一、叙例 .................................................... 1
 二、叙源 .................................................... 3

贰：明代中原文献整理 .................................................... 9
 一、中原诗文汇编 .................................................... 9
 二、方志、专志艺文汇编 .................................................... 15
 三、前代著述编刊 .................................................... 24
 四、当代名家集编刊 .................................................... 51
 五、中原文献目录 .................................................... 89

叁：清代中原文献整理 .................................................... 93
 一、中原著述汇编 .................................................... 94
 二、中原诗文总集汇编选编 .................................................... 126
 三、宋元及以前文献重编重刻 .................................................... 142
 四、明代旧籍编刊 .................................................... 158
 五、晚明名家著述编刊 .................................................... 175
 六、当代名家著述编刊 .................................................... 186
 七、中原文献目录 .................................................... 234

肆：民国时期中原文献整理 .................................................... 243
 一、李敏修与中州文献征辑处 .................................................... 243
 二、张凤台与《三怡堂丛书》 .................................................... 251

    三、井俊起与河南图书馆..................................258
    四、刘镇华、万自逸与经川图书馆..................269
    五、河南通志馆及《河南通志艺文志稿》......278
    六、民国其他文献大家......................................292
    七、民国时期文献整理补说..............................304

伍：1949年以来中原文献整理......................................325
    一、前十七年中原文献整理..............................325
    二、"文化大革命"十年....................................339
    三、新时期中原文献整理事业发展概况..........342
    四、中原文献目录学成就..................................355
    五、中原文献丛刊编印......................................376
    六、中原文献单行本整理..................................391
    七、专题文献整理：地方志、武学、俗文学..411
    八、诗文选编及专题文献资料汇编..................447
    九、近现代名家集编纂出版..............................464

陆：结语............................................................................489

后记....................................................................................493

跋..........................................................................郭孟良 497

# 序一

河出图，洛出书。

文献典籍的生生不息保证了中华文明根脉的传承发展。

中原大地是中华文明的重要发祥地。作为文明的重要载体，各种文献在中原大地源远流长、浩如烟海。

由于记录手段的落后，加上战争及各种意想不到的天灾人祸，文献的流传就像沙漠里的河流，流着流着就断了，有些留下了名字，有些则音信皆无。

孔子说："夏礼吾能言之，杞不足征也；殷礼吾能言之，宋不足征也。文献不足故也。足，则吾能征之矣。"

正因为对文献不足带来的困难与困惑感同身受，孔子对文献分外重视。他"述而不作"，穷毕生精力整理了《六经》等文献，为后代留下了宝贵的文化遗产和整理文献的一些原则。

在历史发展的进程中，前代湮没的文献有时会突然"现身"，给后人带来莫大的惊喜。天佑中原，这样的重大发现有几次就发生在中原大地上。

西晋时期汲郡的"汲冢竹书"，丰富了夏商周三代的历史；清末安阳甲骨文的发现，则让商代历史告别传说走向信史时代。

发现是快乐的也是偶然的，但对古代文献的整理则是长期的枯燥的，非有学养有情怀有担当者莫为。

文献传承，整理为先。

中原文化历来重视文献的整理，涌现了不少名家，比如整理"汲冢竹书"的荀勖，首创图书四部分类法，沿用至今。还有一些缙绅大族文献整理也渊源有自，如唐代陈好古辑《陈氏家集》，宋代韩琦辑《韩氏家集》60卷，清代《商丘宋氏三世遗集》，近代《项城袁氏家集》等，班班可考。

河南教育家李敏修先生，是民国时期中州清代文献收集整理集大成者。他带领"中州文献征辑处"，以收藏、整理清代中州文献而久享盛名，所著《中州艺文录》以河南地域划分为分类方式，既继承传统，又不拘囿于传统，对后人很有借鉴意义。

文献记录了历史，记录文献流传的历史也是一种历史。编辑出版家王钢先生同时也是一位学养深厚、成就斐然的考据学家、文献学家，对中原文献整理和中原文献整理的历史情有独钟，孜孜矻矻，收集中原文献整理资料，条分缕析，拿出了这部沉甸甸的《中原文献整理史稿》。

《中原文献整理史稿》直接从明代开篇。因为王钢先生认为，宋室南迁以后，中原文化急剧衰落，南宋以至元末，中原书刻屈指可数。明代周王在开封刻印《袖珍方》等医书，始开河南刊版之风，后来又出现了收集元代中州名家著作的《中州名贤文表》等大量文献资料。金元以前，无省级行政区域，河南府仅包括洛阳周边地区。明代设十三省，"河南省"辖区与今日河南相近，同时也开始了中原文献的整理工作。所以叙述中原文献整理历史，从明代开始。

清代，中原文献整理成果蔚为大观。康乾两朝，曾两次征集典籍，对河南文献整理是一次大的促进。《中原文献整理史稿》用中州著述汇编、中原诗文总集汇编选编、明代旧籍编刊、晚明名家著述编刊等几个章节对清代中原文献整理的成果进行了详尽的介绍。

对于民国时期的文献整理工作，王钢先生通过几个贡献巨大的名人和单位来进行重点介绍，如李敏修与中州文献征辑处，张风台与《三怡堂丛书》，井俊起与河南图书馆，刘镇华、万自逸与经川图书馆、河南通志馆及《河南通志艺文志稿》，等等。

对新中国成立以后的文献整理工作，王钢先生不仅分"新中国成立十七年""'文革'十年""新时期"三个阶段进行了梳理，还对中原文献目录学成就、丛刊编印、单行本整理进行了汇总，并将目光对准了以前不为人所重的武学、俗文学。

系统回顾了 600 年中原文献整理历史后，王钢先生在充分肯定中原文献整理的辉煌成就的同时，也表达了自己的遗憾和隐忧：迄今尚无较为全面的文献汇编；一些重要典籍、孤本的影印本不足甚至缺失；重要文献的数字化转化明显不足；近代文献整理没有引起足够的重视；地方文献数据库建设明显滞后；海外外文文献尚未引起关注；等等。这彰显了一位优秀编辑出版家的责任担当和远见卓识。

王钢先生提出了中原文献整理的线索以待来者。细读《中原文献整理史稿》之后，在为这部大著的平实、严谨、博洽、厚重所折服的同时，我也对学问炉火纯青、时间相对自由、已经开启人生第二春模式的王钢先生有了新的期待：能否对明代以前中原文献的整理历史也有所垂顾，填补一下研究空白，满足一下我们的期盼之心呢？

鹿邑王守国
2019 年 10 月

# 序二

中国古代的学术传统偏重于阐释和整理，这一学风的养成也许源自孔子的"述而不作"，孔子在《论语》中说："述而不作，信而好古。"这里的"作"指立论创说，是指前人所没有的，作者最早发现、发明而书写下来的；而"述"则是在前人创作的基础上进行解释，是阐述前人学说的。这一文明奠基时期的学术趋向深深地影响了中国学术的发展方向。孔子之后的两千年里，中国古代产生的述论类书籍远远超过创作类书籍，经部书籍尤为如此。一代又一代的人皓首穷经，不断地搜集、整理前人的经典著作，重新编辑、编纂、校勘、校注、解释、辑佚、钩沉、刊刻、印行，这一考据式的学术传统甚至可以说是中国文化的基因之一。王钢先生的《中原文献整理史稿》正是从区域史的角度对这一文化传统的进一步揭示。

以整理来阐发自己的学术主张，其发端者可追溯到孔子的七世祖正考父。《国语·鲁语》载："昔正考父校商之名颂十二篇于周太师，以《那》为首。"孔颖达《毛诗正义》解释曰："言校者，宋之礼乐虽则亡散，犹有此诗之本，考父恐其舛谬，故就太师校之也。"正考父是春秋时期宋国的大夫，而宋国的立国者是商纣王的兄长微子启，西周初年周成王封微子启于商丘，特准其用天子礼乐奉商朝宗祀，因此才有正考父校正礼乐商之颂歌。正考父校正之名颂十二篇，到了孔子删诗之后，今传本《诗经》中的《商颂》仅剩五篇，即《那》《烈祖》《玄鸟》《长发》《殷武》。由此，也可以佐证，孔子的确是删过《诗》的。《史记·孔子世家》曰："古者《诗》三千余篇，及至孔子，去其重，取可施于礼义，上采契、后稷，中述殷、周之盛，至幽、厉之缺……三百五篇，孔子皆弦歌之，以求合《韶》《武》《雅》《颂》之音。"《汉书·艺文志》也说"孔子纯取周诗，上采殷，下取鲁，凡三百五篇"。孔子并没有写过《诗经》中的任何一首诗，但他是周诗的整理者之一，却是毫无疑问的。

众所周知，《六经》是中国文明的圣典，其地位相当于《圣经》之于西方。《六经》自身的文字都是原创的，但其成书却经历了漫长的整理过程。而孔子正是抱着"述而不作"的态度对《六经》进行了校勘式的编纂整理，可以说，孔子是《六经》成书的关键人物。对此，《史记·孔子世家》多有记述，如：

> 孔子之时，周室微而礼乐废，《诗》《书》缺，追迹三代之礼，序《书传》，上纪唐虞之际，下至秦缪，编次其事。
> 
> 孔子语鲁太师："乐其可知也。始作翕如，纵之纯如，皦如，绎如也，以成。""吾自卫反鲁，然后乐正，《雅》《颂》各得其所。"
> 
> 孔子晚而喜《易》，序《彖》《系》《象》《说卦》《文言》。
> 
> 乃因史记作《春秋》，上至隐公，下讫哀公十四年，十二公。据鲁，亲周，故殷，运之三代。约其文辞而指博。

由以上记载可知，孔子自己的思想隐藏在他整理的典籍文字中，他是借古人以抒己怀，借讽古而喻今，借前事而启来世。

如果站在出版史的角度去研究孔子的编辑经典行为，我们可以理解为孔子实际上是将口语材料和零乱零散的文字材料进行了内容分类式的重新排定，是将那些可能书写在玉版、石头、木牍、竹简、缣帛，或者铭刻于青铜器物上的众多单篇内容进行重新分类，以定本形式将其转写到竹简上，将此定本作为材料以传授学生。从孔子"读《易》，韦编三绝"的记载可以得知，孔子时代的书籍材料主流已是竹简。因此，我们可以说竹简本《六经》是中国经典的最早书籍形式。

从书籍史的角度来观察经典书籍的物质呈现形式，可以清晰地看到每一次文字载体材料的变化都造成了书籍形式的变化，而每一次书籍呈现方式的变化都需要将存储于原载体材料上的内容进行一次再转移与再迁徙。毫无疑问，每一次的内容转换都需要重新审视以前的内容价值与意义，需要对内容重新整理、重新书写或重新复制到新的载体材料上，这一过程不可避免地产生新的错误，以致不得不多次进行新的考据和考证。换句话说，知识内容迁徙的过程也是一个文本的筛选过程，也是一个不断修订文本的过程，更是一个文本经典化的过程。

以书写符号系统为特征的文字书面语传播是一场巨大的传播革命。从相信口头语言到信任文字证明促成了人类知识的积累和传承，同时也更有利于传播到更远的地理空间。《诗》从歌唱传播转变为文字传播，尽管丢失了很多情感的信息，但书面的固化让《诗》传播得更远并且传承到了今天。我们很难想象，如果孔子时代没有将《诗》记录在竹简或缣帛上，我们今天还能不能见到《诗》的文本。《诗经》的文本经过秦朝的焚书，传至汉初今文一派已分三个版本系统：一为鲁人申培公所传《鲁诗》，二为齐人辕固生所传《齐诗》，三为燕人韩婴所传《韩诗》。此三家皆为今文经学，文景之时就已立学官，设博士，是为官学系统。《汉书·艺文志》著录诗类书籍，四百一十六卷中三百五十七卷为今文《诗经》。此后，与之相对应的是古文《诗经》，仅著录《毛诗》二十九卷、《毛诗故训传》三十卷，《毛诗》传自毛公，"自谓子夏所传，而河间献王好之"，但未被列入汉朝廷所审定的汉学系统，一直作为私学流传于民间。其余四经，《易》《书》《礼》《春秋》与《诗》也大抵类似，皆分为官学和私学，更分为古文与今文。所谓今古文之分，所指乃"今文用以书写的是隶书，古文用以书写的是一种与籀文、小篆都不同的古文字"，王国维认为古文经乃是在籀文之前的一种字体。以不同字体而传抄下来的经典文本，在汉代形成严格的师法、家法，二者势同水火不相容以至20世纪，有长达

2000多年的纷争。由此而可见，文本迁徙过程并不是简单的文字传抄，实际上已上升为学术传承的意识形态问题。

东汉时期，蔡伦于洛阳改良造纸术之后，中国进入简帛与纸并用的书写时代。中国的书籍文本至西晋时期而逐步完成了向纸的迁移，这一文字载体材料的革命不仅导致洛阳纸贵式的书籍传播变革，而且也引发了学术传承的动荡。仍以《诗经》为例，西汉时期盛行的今文《诗》学，至东汉末年随着郑玄古文《诗》笺的兴起而逐渐式微，《毛诗》《郑笺》随着纸材料的流行而开始独行于世，以训诂为特色的古文《诗》学开始占据《诗》学主流，至唐代《五经正义》之《毛诗正义》，古文《诗》学达到学术的至尊地位。自东汉末年到唐代，也正是中国纸写本书籍从产生而至鼎盛的时期。《隋书·经籍志》记录了这一学术演变过程。其《诗》类文献著录四百四十二卷，除《韩诗》三部四十二卷、《齐诗》二十卷外，其余三百八十卷全部是古文《毛诗》，其《诗》小序云："《齐诗》，魏代已亡；《鲁诗》亡于西晋；《韩诗》虽存，无传之者，唯《毛诗》《郑笺》，至今独立。"从敦煌遗书所出之《诗经》卷子，或抄于六朝，或书写于唐，但无一不是《毛诗》《郑笺》。由此实物而可确证《诗经》进入纸之时代，《诗》之文本的迁移淘汰了今文三家《诗》，《诗》之学术潮流为之一变而转向古文《诗》学。

雕版印刷术的发明改变了中国的学术面貌。自初唐以来，雕版印刷首先应用于佛教典籍，其后又应用于民间历书、字书之类的书籍，晚唐又开始有文人借此技术刊印诗文集。至五代时期，朝廷刊刻《九经》，中国进入纸写本与雕版印刷并行的历史时期。自北宋开国，中国的经典文本开始向雕版印刷刊本书籍转移，到北宋中后期，刊本已经可以与纸写本书籍平分天下，逐步成为书籍形式的主流。苏轼曾经说过："余犹及见老儒先生，自言其少时，欲求《史记》《汉书》而不可得，幸而得之，皆手自书，日夜诵读，惟恐不及。近岁市人转相摹刻诸子百家之书，日传万纸。学者之于书，多且易致如此。"以此可知，北宋中期诸子百家之书籍文本已经完成了向刊本的转换。刊本以身化万千的优势，提高了文本传播的速度，扩大了文本传播的地理空间，同时也大大延长了书籍的生命力，为研究和诵读经典文本的个人化提供了巨大的便利。因为文本传播的变化，学术传承和学术研究为之一大变。

仍以《诗经》学术传承与学术研究为例，自五代时期《诗经》进入刊本时代。《诗经》的第一个刻本是五代国子监在开封雕版的《九经》版，此刊本的底本是依据唐国子监《开成石经》和《九经字样》，所刻为郑玄笺《毛诗》。《诗经》的第二个刊本，其版本是北宋景德至天禧年间国子监据五代监本重刻之《九经》本。此本被广泛颁赐宗室诸王、朝廷辅臣、各地学校，并允许民间士民纳钱刷印，成为北宋时期国家标准教科书，是当时科举考试重要的参考书。单经注本以外还有南宋国子监重刻之《九经》本，南宋抚州公使库刻《九经》本和南宋兴国军刻《六经》本等。北宋中期之后，雕版印刷之刊本刻本逐渐成为书籍流传之主流。尤其是经典著作，不断地以各种形式阐释与解说，在白文本之外又涌现出多种更适应市场和阅读习惯的版本，在官刻之外，坊刻与家刻多家并行，呈现出迥异于手写本传播的繁荣景象。两宋期间，《诗经》刊本举其要者还有：建本白文《八经》之一《毛诗》一卷，单疏本绍兴府刻本《毛诗正义》四十卷，经注附释文本廖莹中世彩堂刻《九经》之《毛诗》二十卷，经注附释文巾箱本《毛诗》二十卷，"纂图互注重言重意本"十二行《纂图互注毛诗》二十卷图一卷、十行《监本纂图重言重意互注点校毛诗》二十卷图一卷等。众多刻本《诗经》及阐释之作的流行，对宋代《诗》学的发展产生了广泛的影响。概论而言，至少有几点是别开生面的。一是每一刻本必据底本并参校其他版本互校互勘，这一过程导致了宋代疑经改经活动，疑经辨伪蔚然成为北宋一代学风。如欧阳修怀疑《诗序》的作者，他在《诗本义》中公然提出《诗序》的作者不是子夏，受此影响，《诗》学革新形成潮流。二是从疑经走向订误、改经,成为社会思潮,据叶国良《宋代疑经改经考》统计:"两宋曾疑经改经者一百三十人,若分别南北宋,北宋得四十四人,南宋得八十六人,是南宋疑经改经继北宋而烈于北宋。"此活动实际上已经成为一场质疑经典的大规模的学术运动。自然,此改经风习也造成了更多的舛误。三是宋代《诗》学革新还体现在释经方法的变革上,从六朝隋唐以来的注重训诂而转为重视阐述义理,此既与重视义理阐发的理学家鼓吹相呼应,同时也可以看出《诗》学受到了理学的浸染。四是宋代说《诗》各家,"务求新义"、破立相并,边破边立,这种各求新声的学术气氛,造成了大量新角度的研究《诗》学的著作涌现,如欧阳修《毛诗本义》、王安石《诗经新义》、苏辙《诗集传》、郑樵《诗辨妄》、王质《诗总闻》、朱熹《诗集传》《诗序辨说》等,尤其朱熹之《诗集传》是其集大成者,在宋元间执《诗》学牛耳。以上宋代诗学的创新,让我们不得不联想到雕版印刷术的发达和出版业的繁荣,毫无疑问,学术与出版已经成为一种互相推动的互动关系。

两宋时期,中国的经典文本已经完成了从写本到刻本的迁移,它开创并奠定了雕版书籍时期的出版格局,确立并完善了雕版印刷的官刻、坊刻、家刻、书院刻书、寺观刻书五大系统,明晰并确认了雕版印刷与科举、与学术研究之间的关系。雕版印刷术让朝廷看到了利用国家定本和国家政府刊本以一统思想的希望,成为了政府控制社会的工具。它可以通过广泛和快捷的传播而有效控制帝国的各个角落,尤其是边疆地区的帝国边陲。自孔子编纂、整理《六经》,到汉武帝"罢黜百家,独尊儒术",设"五经博士",再到东汉《熹平石经》、曹魏《正始石经》、唐《开成石经》、北宋《汴学石经》等儒家经典文本刻石,其目标无一不是企图借标准文本以统一思想、消弭歧义。但因刻石只能立于京师,其传播效果颇为有限。而雕版印刷术正可弥补不便传播的缺陷,通过国家朝廷认定和监造的统一刻本传播到全国以达到控制思想和统一思想的目的。因此,自五代、北宋以来的各王朝,无一不高度重视雕版印刷的应用，官修大量书籍并将之刊刻以颁赐天下，这一统治术经元、明至清代而达到顶峰。与西方的印刷术造成了拉丁语帝国的分裂正相反，雕版印刷术巩固了宋、元、明、清帝国的稳定与统治地位。

西方印刷术传入中国，尤其是石印技术和轮转胶印技术在晚清帝国的广泛应用，瓦解了雕版印刷的统治。随印刷机而来的是西方的各种思想、自然科学技术和新的学术体系，经学随着科举考试制度的废止而迅速衰落。在新的印刷技术面前，中国传统的以儒家经典为代表的文本再次面临新的迁移。中国的文本自清末开始，逐步由线装刻本转向洋装印本，这一过程淘汰了大量的过时内容，中国的经典文本经历了新的洗礼，这一波技术的冲击一直延续到21世纪的今天。但在20世纪末期，内容复制技术产生了功能更为强大的新发明，数字技术成为新的拐点。尽管如此，我们不能忽视贯穿整个20世纪的各种动力印刷机的力量。随着清朝的灭亡，中国的学术从经、史、子、集、佛、道转向文、理、法、商、医、农、工七科，而传统的经典不得不在来自西方的分科之学中重新寻找自己的定位。仍以《诗经》为例，当退下学术神坛之后，它被视为七科中的文科文学专业之诗歌作品集，而学术研究也随之而完成从经学研究到文学研究的转变，现代《诗》学由此而确立新的学术规范。作为文学经典的文本，在向现代印本的转移过程中，对《诗经》内容的整理，较多地采用了标点、点校、校勘、白话今译、注释、鉴赏、选编等形式进行研究和文本再现。《诗》学研究著作体例从汉至清的注疏、经解、集注、集释、汇编、评论等书籍体裁而转向今注、今译、概论、鉴赏集、专题研究等论著形式。研究《诗经》的方法也完全不同于古代，现代《诗》学多以《诗经》内容为史实，将其纳入历史学、文字学、语言学、音韵学、民俗学、史料学、植物学、辑佚学、天文学等范畴，从不同的角度利用不同学科的不同研究方法重新审视《诗经》文本，对传统经典进行再阐释、再解读、再观察。

基于计算机的数字信息技术，在20世纪下半叶逐步成长为基础引领性技术。随着数据库和互联网的普及，文字内容复制技术引发了传播的革命性变革。文字、图像、音频、视频等均可以通过数字技术而在互联网上传播，数字复制和传播已深入人类社会的方方面面。经典文本复制和学术研究也不例外。目前，人类经典文本的数字化转移基本完成，那些有价值的值得保存的文本基本上都转移到了数据库、数字图书馆、互联网上，电子化文档已成为新的存储形式。这一次文本的转移，比以前任何一次都要彻底。它将彻底刷新文本的存在和呈现形式、文本的使用和检索方式、文本的复制和传播方式。互联网传播技术是一种全覆盖的技术，它可以覆盖以往任何的文本形式，可以纸质书、电子书、有声书、视频书同步呈现的方式复制和传播文本。这一技术让经典文本再次获得新生，其内容的迁徙仍在方兴未艾中。

王钢兄的著作，重点研究和叙述了明清以来600年的中原文献文本的迁移和出版过程，其资料搜集之广泛、考据论证之充分、方法观点之新颖都令我屡屡心生敬佩。这本书是为了论证大型出版工程《中原文库》出版之必要性，从600年文献文本整理史的角度揭示了文化传承的路径和意义，我完全赞同。他嘱我在书前写几段话，我便从中国经典文本的历史迁徙和出版技术之关系，来佐证其书的主题，借此以致敬。希望在书的世界里看到《中原文库》的书影，这是一代出版人的理想。

古滑耿相新
2019年11月7日

# 壹：叙说

## 一、叙例

述中原文献整理之历史，当先明何为"中原文献整理"。

"文献"者，子曰："夏礼吾能言之，杞不足征也；殷礼吾能言之，宋不足征也。文献不足故也。"朱子注："文，典籍也；献，贤也。"此古义，今仅以历史典籍为文献。

今之概念，凡甲骨金石、竹简帛书、纸本图籍、法帖绘画、舆地图谱，以至照片唱片、电影胶片等，俱得以文献称。本书只述纸本图籍，至于金石其他，且待来者。

纸本图籍，以图书为主，近代又有报刊一类；档案文书，性质相近，兹一并述之。

戏曲曲艺、民间文学，旧日多师徒相承、口头流传，抄录刊刻者少。清代以至民国，剧本、曲本、曲谱之类，数量庞大，内容丰富，极具中原特色。民国晚期以后，多有采访记录，汇编成册。其原始形态大多非图籍，不得以文献称，但既行编印，则成文献，故今视为俗文学文献整理而述之。

"整理"者，用新起词义，其始专指古籍整理，即点校、校勘、注释、今译等。今广其义，谓文献收集、收藏、保护、编目、索引、辑佚、钩沉、选编、汇编、标点、校勘、刊刻、印行等，而去其今译一项。

"中原"指河南，即明清所谓"中州"。"中原文献"为旧有名词。宋室南渡，学者多流寓江南，吕祖谦称吕本中"躬受中原文献之传，载而之南"，时人遂以"得中原文献之传"美誉学有渊源者。时之"中原文献"，谓关洛理学道统。至于署名焦竑所辑《新镌焦太史汇选中原文献》二十四卷，则为历代经史子集四部文字选编，以有裨举业为旨，取名"中原文献"，不符其实，四库馆臣已断为书贾伪造，姑不论。本书借"中原文献"旧称，代指"河南文献"。

中原文献类分为二。一为河南籍人士著述。"河南籍"，例以现行河南省行政区划为界，旧属河南而今归他省者不取。官修正史、政书、省外方志之类，虽豫人主纂，亦不视为中原文献。二为专述河南事物者，则不论编辑、作者之籍里。至于报刊，创办于河南或河南人创办者，俱以中原文献视之。

中原名家名著，往往又是中华经典，多有省外人整理，如王先谦释《庄子》，段玉裁注《说文》，以至千家注杜诗、韩文等，客观上虽是整理中原文献，主观上则非中原文献整理，今一般不述，而以豫人（或宦居、流寓豫中者）整理、刊刻乡邦先贤著述，发扬本土文化者为主。全国性文献整理涉及河南者，择要略叙。

文献整理，大抵针对前代而言，故今述明代，重在梳理明人整理元代及以前文献；述清代，重在条辨清人整理明代及以前文献。至于当代著述刊行于当代，一般不视为文献整理。惟个人文集、全集汇编刊刻，多出作者身后，则择要为之述说。

文献本身，约分两期，曰古代，曰近代，其划分却非截然。一般而论，民国元年以前为古代，以后为近代。但近代史界多以1840年鸦片战争为界，文学史界则以1917年文学革命为界。今视不同文献酌情处理，不求划一。

书中引文，遇原文误字，以正字加方括号[ ]附误字后，不改原文。引文须加按语说明者，以按语加六角括号〔 〕插入引文。旧籍书名，书衣、封面、卷端、书口等处，每有不同，今参照国家标准GB/T 3792.7－2008《古籍著录规则》之原则，酌情确定；方志之属，则于志名前加注年号，以示区别。故行文中书名，或与插图书影不合，阅者谅之。

## 二、叙源

《易》曰："河出图，洛出书。"中原为中华文明滥觞之地，亦为中原文献渊薮，数千年来，人物辈出。其思想、文学和知识，形成了丰厚的中原文化和文献。举其大者：商朝有殷墟甲骨；春秋战国有老庄韩墨，有温县盟书、汲冢竹书；秦汉魏晋有李斯贾谊、建安七子、竹林七贤；唐代诗称"李杜"，杜甫出巩县，文称"韩柳"，韩愈籍河阳；宋明以来，理学大行，其渊源邵雍、二程，俱出豫中；明之前七子，李梦阳、王廷相、何景明，吾豫居其三。天文有张衡《灵宪》，地理有桑钦《水经》，医药有张仲景《伤寒杂病论》，文字有许慎《说文解字》，建筑有李诫《营造法式》，音乐有朱载堉《乐律全书》，农学有畅师文《农桑辑要》，数学有李子金《算法通义》，如此等等，不一而足。

文化传承，首赖文献，无文献则文化无以传。文献传承，整理为先，无整理则文献无以传。

中原人士重文献整理，由来已久。以收藏言，先秦商丘惠施，藏书五车；东汉陈留蔡邕，藏书过万卷。以编目言，西晋颍阴荀勖，首创图书四部分类法，沿用至今。以复制出版言，《熹平石经》出于偃师，开图书拓印先河；北宋汴梁为京师，图书编纂刊刻，盛极一时。但以上文献整理，俱针对中华文化，未有地域意识。以省为区域自觉整理本土文献，则为时较晚。不独河南，他省亦如此，盖地理区划之历史使然。

金元以前，无省级行政区域。宋以前设河南府，仅领洛阳一带诸县。南宋所谓中原，大略指金人统治之北方腹地。金人所谓中州，约略相同。元好问辑《中州集》，吴弘道辑《中州启札》，所选俱不限于河南人物。蒙元行行省制，始有"河南江北等处行中书省"，但所辖远较后世为广。

明代设十三省，"河南省"辖区方与今日相近，"中州"一词始专指河南承宣布政使司，同时吾豫始有中原文献整理之实。故今述中原文献整理历史，自明代始。

明以前虽无"河南省"，但中原家族繁衍，代有闻人，文献整理，亦渊源有自。以家族言，唐有颍川陈好古，辑《陈氏家集》二十卷；宋有安阳韩琦，辑《韩氏家集》六十卷。两书虽不存，但载在典册，班班可考。至于个人著述整理，更难尽数。今仅举一二，略存先声。

两宋昭德晁氏，为豫中名门，而后世多误指为山东巨野人。实则其先世为澶州清丰人，乡曰永泰，里曰忠臣。五代晋汉间有晁佺者，摄从仕职于彭门（今徐州），因家于此。佺子三，分为三支：长迪为东眷，次迥为中眷，次遘为西眷，以迥显。迥官至太子少保，赐第汴京昭德坊，遂世居之，子孙为开封人，族墓在祥符县旌孝乡和睦里。事具宋端平元年中眷四世晁端彦《晁氏世谱序》。其后东西两眷，迁济州巨野、任城。子孙繁衍，亦多散居他处，而"皆以昭德为称"。明嘉靖间，中眷裔孙晁瑮纂《新修清丰县志》，凡两宋诸晁进士、名贤，悉皆收录，谓："晁氏本澶州清丰人，厥后因仕而居汴，因水而迁济，因请老而憩嵩、郑，因南渡而散楚、蜀，譬之水木，枝委虽殊，源本则一。故于《进士》《乡贤》得牵联书之，匪直使其子孙可寻绎其先世，抑使邑人知其为故乡人物也。"此虽过泛，但至北宋末，中眷一支大抵皆汴人。

两宋之际，晁氏一门名家辈出，"家传文学，几于人人有集"，后辈往往悉心整理刊行。以中眷言之，一世晁迥《法藏碎金录》，初由其孙仲绰、曾孙端彦等刻之，继由六世孙公迈、七世孙子建等再刻，惜宋版已失传，仅存后世翻刻本。六世公迈所著《历代纪年》，由族侄子绮传抄整理，绍熙三年交建昌军教授包履常刻于盱江郡斋，今有残本存世。六世公武，两宋之交藏书大家，搜集前辈著述不遗余力。其父冲之诗作，历靖康之变，散亡殆尽，存者《晁氏具茨集》三卷，盖即绍兴间公武整理，由涪陵太守孙仁宅刻于忠州，今存明代翻刻一卷本。公武作《昭德先生郡斋读书志》，著录诸晁书颇详。记晁迥曰："自经兵乱，六世图书焚弃无孑遗。《法藏碎金》世传最广，先得之于赵郡苏符，《昭德新编》则得之于丹棱李焘，《道院别集》则得之于知阆州王辅，《耄智余书》则得之于眉山程敦厚，《理枢》则得之于《渑池集》中。"（衢本卷十九）可见其珍重家族文献之一斑。

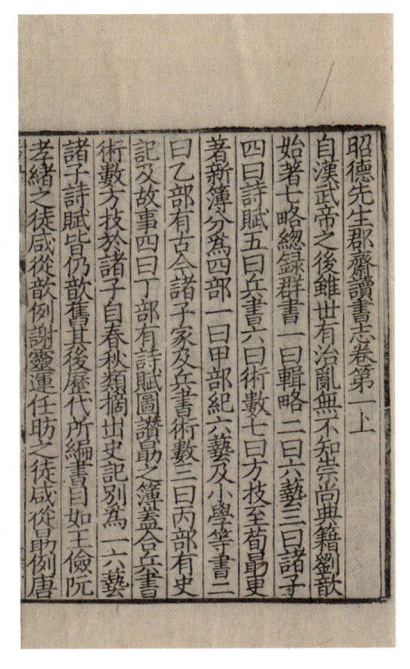

《昭德先生郡斋读书志》，宋淳祐九年黎安朝袁州刻本

南宋文献整理，最可称道者为岳飞文献集《鄂国金佗稡编》。宋孝宗即位，岳武穆得平反。但当高宗朝，秦桧以宰相兼领监修国史，以养子秦熺为秘书少监掌国史实录。"岳飞每有捷奏，桧辄欲没其实，至形于色。其间如阔略其姓名、隐匿其功状者，殆不可一二数。"商丘徐度曾说："逮其擅政以来，十五年间，凡所纪录，莫非其党奸谀谄佞之词，不足以传信天下后世。度比在朝中尝取观之，太息而已。"（《挥麈后录》卷一）故武穆史实，未能大白于天下。其三子岳霖，立志辑录武穆文献，以昭武穆之冤。当时曾得孝宗诏准，发还内府左藏南库所藏高宗御札、手诏及省札、奏章等，并考于闻见，访于遗卒，期汇录成册。绍熙三年，霖赍

志以殁,临终托于幼子岳珂,执手曰:"苟能卒父志,死可以瞑目矣!"岳珂受命,"自年十二三甫终丧制,即理旧编"。及"束发游京师,出入故相京镗门,始得大访遗轶之文,博观建炎、绍兴以来纪述之事。下及野老所传,故吏所录,一语涉其事,则笔之于册",(《金佗稡编》卷九)终成《行实编年》《家集》等,嘉泰四年进呈于朝。嘉定十一年,又加补充,汇为《鄂国金佗稡编》,刻于嘉兴。时岳飞已被追封鄂王,而岳珂宦居嘉兴金佗坊,故有此书名。绍定元年,岳珂再将续得文献编为《鄂国金佗续编》三十卷,刻于镇江。端平元年,合刻二书于江南西路。

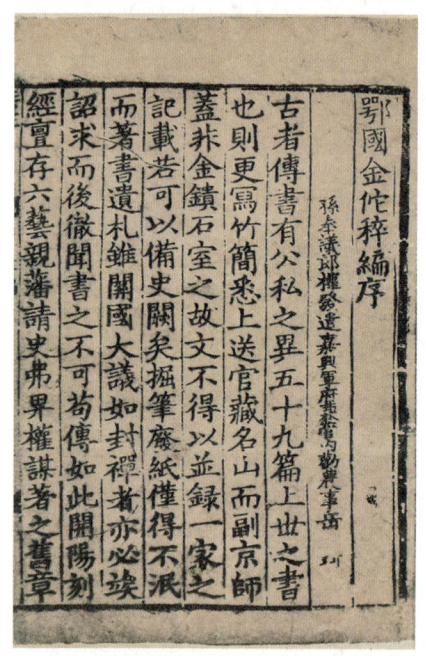

《鄂国金佗稡编》,元至正二十三年朱元祐刻明修本

岳珂为南宋出版大家,所刻《九经》《三传》,名重一时。惜《稡编》三次刻本,俱已失传,今存最早者,为元至正间刻明修本。《稡编》计《高宗皇帝宸翰》三卷,录高宗御札、手诏;《鄂王行实编年》六卷,为武穆传记及逸闻、家事;《鄂王家集》十卷,辑武穆奏议、诗词遗稿;《吁天辨诬》六卷,辩武穆遭诬之"建储"等公案;《天定录》三卷,收平反、追谥公文,总二十八卷。《续编》凡《高宗皇帝宸翰摭遗》一卷;《丝纶传信录》十一卷,录朝廷制诰及省札;《天定别录》四卷;《百氏昭忠录》十四卷,汇录他人所撰武穆传记、事迹等,总三十卷。

霖、珂两世不懈于此，武穆事迹方大显于世。当时抗金名将，实不止岳飞一人，而独武穆有日后之名，为万世楷模，多赖此书之编。归有光《读金陀粹编》云："自宰相监修国史，史官之失职久矣。以鄂国之勋劳志节，桧为诬史，欲掩天下之耳目，盖海内为之衔冤者三十年，始得此编而昭雪。其后元史臣亦采此以为传。珂非独为岳氏之孝子慈孙矣！"（《归先生文集》卷十七）

降至元代，中原刻书最可称道者，为洛阳姚枢。蒙古太宗十三年，姚枢归隐辉州，垦荒云门。其间雕版翻刻旧籍，并以沈括活字印书术授弟子杨古，刊行图书多种。其侄姚燧所作《姚文献公神道碑》（《国朝文类》卷六十）载：

> 自版小学书、《语孟或问》、《家礼》，俾杨中书版《四书》，田和卿尚书版《声诗折衷》《易程传》《书蔡传》《春秋胡传》，皆于燕。又以小学书流布未广，教弟子杨古为沈氏活版，与《近思录》《东莱经史论说》诸书散之四方。

此虽以传播理学、化民成俗为心，不徒为中原文献谋，但洛阳程氏《易传》在焉，亦中原文献。惜所刊诸书，今一无幸存。

# 贰：明代中原文献整理

宋室南迁后，中原经济文化急剧衰落。南宋以至元末，中原书刻屈指可数。入明，洪武间宗室周王移藩开封，刻有医书《袖珍方》等，率开豫中刊版先河。

有明以来，中原文献整理先行者，就编辑言，当数彰德许有孚，辑录其兄许有壬文为《圭塘小稿》，时在洪武二年；以刊刻言，则为陕州同知史彬刊行元儒许衡《鲁斋心法》，时在正统元年。至于永乐、宣德间周藩所刻宫词、杂咏、杂剧等，俱为当时自著，不得以文献整理视之。

成化以降，中原文献整理渐多，其盛在嘉靖、万历，而又衰于天启、崇祯。其间或发公帑为官刻，或出己俸为私刊，或半公半私，大都以传播乡邦先贤文献为宗旨，而不同于书贾以射利为目的。兹分类述之。

## 一、中原诗文汇编

（一）豫人诗文汇编

豫人诗文汇编最早者，为明刘昌所辑元代中州名家著作《中州名贤文表》。

刘昌（1424—1480），字钦谟，其先河南府人，元末定居吴县。正统十年进士。天顺六年任河南按察副使、提督学校，成化八年升广东布政使司左参政(《嘉靖广东通志初稿》卷七)。刘昌藏书甚富,为文言辞尔雅,有《胥台》《嵩台》诸集。事具《国朝献征录》卷九十九。其在河南十年,足迹遍布各县,多有题咏诗文留存,并主修本省第一部通志《河南总志》。

《中州名贤文表》成于成化七年,分内集、外集、正集、杂集。今存内集三十卷,收录六位元代中州名家诗文著作,计许衡《许文正公遗书》五卷附录一卷,姚燧《牧庵集》八卷,马祖常《石田集》五卷,许有壬《圭塘小稿》三卷,王恽《秋涧集》六卷,孛术鲁翀《孛术鲁文靖公遗文》二卷。前有成化七年自序。此书介于集部总集与丛书之间,所收各人著述俱为选刊,《四库总目》归入集部总集,《中国丛书综录》则视为丛书著录。

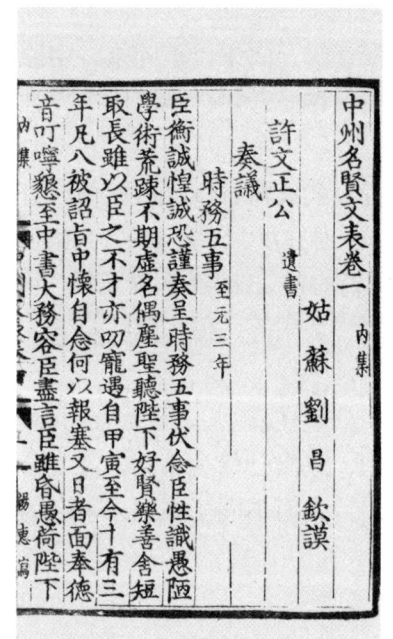

《中州名贤文表》,明成化间刘昌刻本

《文表》内集初刻于明成化间。版心所记刻工,与同时两广总督朱英刻于广州之《宋史》多有相同,故当是刘昌在广东布政使司任上所刻。成化十年怀庆府刻《鲁斋遗书》,未及见此本,亦可为刻于外省之旁证。其原刻本今存两部,一部国家图书馆藏(有缺页),一部天一阁藏(缺卷九、二十一至二十三)。后世有康熙间翻刻本等。

《四库全书提要》述此书云:"许衡《鲁斋遗书》、马祖常《石田集》、许有壬《至正集》、王恽《秋涧集》,虽尚有传本,而惟《鲁斋遗书》有刊板,余皆辗转传钞,舛讹滋甚,赖此编撷其英华,得以互勘。至姚燧本集五十卷,富珠哩翀本集六十余卷,见于诸家著录者,已久佚不传,独赖此仅存。其表章之功,亦不可泯矣。"

盖刘昌以先世迁自洛阳,于中原文化深怀敬慕,盛称中土先贤之文章,如河洛淮济之行地,厚积薄发,源远流长。所收各集之末,多有跋语,再一再二,至于再五,记其访问前贤故里见闻感慨,拳拳之情,溢于言表。兹录一则,以见一斑:

> 马中丞墓,在光州西南十五里,碑石赵孟頫书,不知何人撰,阔可五六尺,厚二尺余,高可丈四五,已断裂,加剥蚀不可读。墓前二三百武,亦有碑埋土中,首微出土上,令从者发视之,乃"故御史中丞赠摅忠宣宪协正功臣河南行省右丞上护军魏郡公谥文贞马公神道"三十三字,皆隶书,大如盘,完好无缺。始知为马祖常墓无疑。遂召其左右居人责问,皆云废已久矣。因使丛置诸断石,为屋覆之,复下文于州中加修祀云。怀贤清泪拭初干,独访遗踪驻马鞍。雨蚀断碑苔漠漠,云埋高冢草漫漫。立言有要名应远,荫后无余志岂安。怪杀白杨愁思恶,西风叶叶送秋寒。二月十二日,昌题于中丞墓石后。(《石田集》跋二)

《中州名贤文表》在中原文献整理史上有重要意义。自此"中州"始明确指代河南,而河南始有文献汇编。后世同类著作,或承其精神,或仿其体例,大都受其影响。

中原文献汇刊,发轫于江南人士,颇令豫人汗颜。至万历间,方有豫人汇编中原诗作,即赵彦复所辑《梁园风雅》。

赵彦复(1586—1629),字微生,杞县人(故里赵庄,今属民权)。万历三十二年进士,历曲沃知县、户部主事,四十一年任临清管仓,四十三年升员外,四十五年升永平知府。后官至湖广按察司副使。生平见《万历甲辰科履历便览》,《乾隆杞县志》有传。是书成于临清管仓任上,当时曾与汪元范相与探讨。元范字明生,休宁人，布衣，居临清。见《千顷堂书目》卷二十六。卷首万历四十四年赵序称："会承乏清，庾牍殊简，避影息交，既多余暇，乃揖友人汪君明生相与扬扢。"

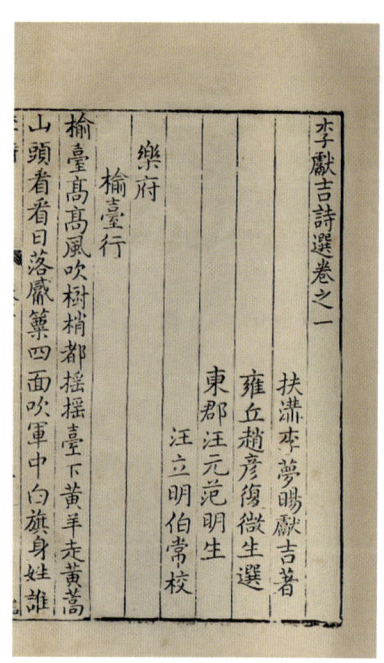

全书辑录豫籍诗人之作，凡二十六卷：李梦阳五卷，何景明五卷，王廷相一卷，孟洋一卷，薛蕙二卷，高叔嗣二卷，刘绘二卷，张九一三卷，谢榛五卷。末附赵彦复诗《二游草》一卷。书前有诸诗家小传，出汪元范笔；《二游草》前有汪氏万历四十四年《叙微生诗》。

《梁园风雅》，明万历间赵彦复刻本

梁园为梁孝王所造园林（一说在开封，一说在商丘），枚乘、司马相如等，皆曾酬唱于此，号称风雅。赵氏借以指称河南。《凡例》云："河嵩之间名著艺林者岂止数公？是编第以箧中所有入选。诸名家文集，未能周见者尚多，同志君子能为求致，随当续入。乐成中州盛事，不能无望于来哲云。"此并非泛泛谦辞，当时如宋讷、王鸿儒等，皆擅诗名而未入选者。

《梁园风雅》序于明万历四十四年，但刻于山东临清，抑或河南杞县，则未明言；版心刻工有张守正等，亦未见有他书记载。汪氏《叙微生诗》称，彦复本不欲刻《二游草》，而汪私付剞人，则似刻于临清。但后来板藏杞县赵家故里，康熙、雍正间，递有补修，详后。其万历初刻本流传甚少，仅辽宁大学图书馆、台北

"国家图书馆"藏有足本,无锡图书馆存有残本,通行者为清康熙间重刻本。

是书在明末清初影响甚著。王渔洋《香祖笔记》以"义例严洁"评之。朱彝尊《静志居诗话》则谓:"中州之文献得存其略焉。"但《四库全书》仅以之入存目,馆臣非议有二:一曰李梦阳、薛蕙祖籍河南,非隶籍;谢榛临清人,游迹偶至。以三人入选,有攀附之嫌。二曰梁园不过汉时一别馆,"取以概名中州之诗,尤无谓也"。此评过于苛。选李梦阳三人,《凡例》本有交代,谓李梦阳先世扶沟人,《登科录》亦著扶沟籍,"聚族于斯,婚嫁于斯,长子孙于斯,营丘墓于斯,非梁人而何?"至于薛蕙、谢榛,则另当别论。

(二)豫事诗文汇编

咏豫省风物、记豫省事物之诗文,方志、专志多有辑录,汇编单行者不多,且所知者今俱不存。

《中州题咏集》十卷,辑者未详。民初,上海商务印书馆尚存明刻本,曾拟再版而未果。(见1919年3月4日《政府公报》所刊该馆布告)"一·二八"事变,涵芬楼大火,书遂失传。张元济《涵芬楼原存善本草目》曾著录。是书最早见明隆庆间豫人朱睦㮮《万卷堂书目》卷二著录(注为九卷),此前绝无影响,书成或在明中叶。此外天一阁、玄赏斋、述古堂等书目俱有著录。万历间《红雨楼书目》卷二作"《中州题咏》十卷",归入《各省题咏》,知为辑录咏豫省之作品。钱曾《述古堂藏书目》归入《名胜》,作"《中州题咏集》十卷"。

清乾隆间,厉鹗编《宋诗纪事》,采《中州题咏集》中宋人诗作凡十二首:顾临、丰稷、王岩叟、韩忠彦、李之纯、梁焘、刘奉世、周商、李师德、李阶各一首,俱为《驾幸太学》和诗,所诵者为元祐六年哲宗驾幸汴京太学事(详《枫窗小牍》);钱昆《游铁岸》一首,铁岸在济源,原为铁岸村,今已成市区,《乾隆怀庆府志》卷二十八、《乾隆济源县志》卷十六亦收此诗；京镗《曹操疑冢》一首，曹氏七十二疑冢在临漳一带，旧属河南。观此，《中州题咏集》所录篇什，作者不限于豫籍，而所咏者未出河南境。所选诗作年代，当不止于两宋。

明人书目记载，另有《中州集咏》一种，卷帙、辑者不详，最早见《晁氏宝文堂书目》，著录于诗词类；《万卷堂书目》标"二册"，归入明别集。《内阁藏书目录》卷八亦有此书，注："一册，不全。莫详编辑姓氏，皆中州名胜题咏。"此明人所指"中州"，当谓河南。

其他如《脉望馆书目》所记《中州奏议》十二本等，类皆豫中臣工奏议，非止一种，可归入豫事文章汇编类，但就其时而言，属当代文章，非文献整理。

明代佚书，还有《中州吊古录》《河南咏古集》两种，貌似中州诗文汇编，其实不然，录以备考。

《中州吊古录》见《晁氏宝文堂书目》，不署撰人、卷帙。考系明董廷圭撰。廷圭字国器，华容人，景泰二年进士，《隆庆岳州府志》有传。书为董氏以监察御史巡按河南时所作，凡一卷。其同乡黎淳有《中州吊古录序》，见《黎文僖公集》卷十一，云："河南在中国之中，古称中州。由三代以来，圣贤产于兹、仕于兹暨流寓于兹者甚众。及其殁也，功业归史书，祠墓依郡县。……然而士大夫拜祠扫墓，虽作诗歌，鲜闻有考据事实、纪录无遗者。国器此卷，独详载诸贤生平历履，而声振金玉，备写始终，使人视之，俨然如亲目其人。"知其书为中州先贤传记之属，非文献整理。董氏卒后稿藏于家，工部营缮司郎中、睢阳尚美中，念董为生平知己，取其稿付诸手民。

《晁氏宝文堂书目》另著录有《中州吊古词》一种，亦未标卷帙、辑者，不详内容如何。

《河南咏古集》一卷，明刘咸撰。《晁氏宝文堂书目》及《万卷堂书目》均著录。《嘉靖河南通志》卷二十四："刘咸字士皆，江西泰和人,永乐中为河南佥事。……文章政事,为时首称。有《河南咏古集》行于世。"是书为刘咸在河南所作怀古诗集,非中原文献汇编。书虽不存,但诗多存于河南方志。《成化河南总志》收有《登郑门古城》《吹台》《雍丘咏古》《咸平咏古》《太康咏古》《扶沟咏古》《鄢陵咏古》《尉氏咏古》《中牟怀古》等数十首,《汴京遗迹志》《嘉靖许州志》《嘉靖邓州志》等亦有收录,盖俱出《河南咏古集》。

## 二、方志、专志艺文汇编

明代记豫事之诗文汇编虽俱不存,但省、府、州、县方志,大多设艺文志一目,汇录此类作品。艺文志体例有二,一为"著述志",即"经籍志",仿《汉书·艺文志》例,著录本地人物著作,是为本土著述目录;一为"文征",汇编咏记本地人物事物之诗文。各志体例不同,或仅有前者,或仅有后者,或两者俱入志。文征一类,初以选录有关风土政教者为主,后乃泛滥不拘。专志之属,如山川志、祠寺志、书院志等,亦多设艺文志,辑录相关诗文。

豫省宋元以前方志大多不存,存者亦未见有文征。明代修志,成就甚著,尤以诗文辑录最为丰富。其甚者,文征篇幅居全书之半,致有杂芜之讥。专志不但如此,艺文志且多单独成书。文征辑录汇编,当有标准,择其合规者入选;但以保存文献论,固多多益善。

(一)郡邑志艺文汇编

豫省通志,草创于明天顺间,系按察副使刘昌汇集省内各郡邑志而成,未能尽善,至成化间刘氏离任,仍未竣工。十余年后,会稽胡谧任河南按察副使,时朝廷修《大明一统志》,诏天下修志进呈,谧即以刘《志》加以润色成书,刻于成化二十二年,是为《成化河南总志》。其原刻初印本已不传,仅有嘉靖初后印本,亦为孤帙,且有残缺,台北故宫博物院藏;另上海图书馆存有残本一卷。

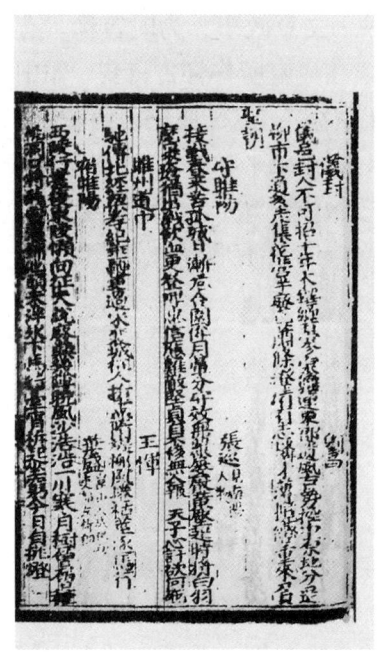

《成化河南总志》,明成化间刻本

《成化河南总志》凡十九卷,卷十二至十八,计七卷,为历代河南诗文汇编,但不以"艺文"名。卷十二题《圣制》,录历代帝王祭文、诏谕等;卷十三至十六题《集文》,录历代文章;卷十七至十八题《集诗》,录历代歌诗。《集文》《集诗》,按内容分为山川、桥梁、宫室、祠庙、古迹等若干类,各类下以年代为序,简略注明作者年代、籍里、职官。总篇幅占全书三分之一以上,不少诗文,特别是明代前期诗文,赖此得以存世。

后七十余年,《嘉靖河南通志》成,是为第二部河南通志,河南巡抚邹守愚主修,李濂、朱睦㮮纂,四十五卷。卷三十七至四十三为《艺文志》,凡七卷,除卷四十二、四十三为《书目》《碑目》外,余五卷为历代文章汇编,未收诗歌。其中卷三十七为当代御制,三十八为前代御制,三十九至四十一为一般文章。其例以文体编排,分为表、笺、疏、颂、书、启、碑、赞、箴、记、序、檄、铭、论、辨、传、文等类。各类之下,以文章朝代为序。

较之《成化志》,《嘉靖志》遴选更严、体例更谨。惟诗歌未辑录成卷,而杂入山川、祠寺诸卷,于叙述具体条目时,附录历代诗作。《嘉靖志》刻于嘉靖三十五年,时守愚已殁。今存世不止一部,足本完帙者有河南大学图书馆及台北"国家图书馆"藏本。

豫中府州县旧志,成化以前者亦大多不存,无从窥早期艺文志面目。其中如宋宋敏求《河南志》(洛阳)二十卷,据称体例与其《长安志》略同,而《长安志》并无艺文一目;《永乐大典》辑本《河南志》,亦不见录有艺文。

府州县志今存者,大多立艺文一目。如《弘治河南郡志》四十二卷,艺文有十九卷(卷十九至三十七),例以文体分类,不但有文章,诗歌亦多,甚为繁富。其汇编出邑名家乔缙之手。缙字廷仪,洛阳县人,成化八年进士,历工部、兵部主事,累迁四川参议,时致仕居家。生平见朱睦㮮《乔缙传》(《国朝献征录》卷九十八),《嘉靖河南通志》亦有传。他如《嘉靖太康县志》,专附《文集》十卷,由邑人、儒学生安都纂集;《弘治偃师县志》四卷,卷三为碑、碣、铭、记,卷四为祭文、诗、颂、歌、辞、谣、引、曲、行、杂志;《正德汝州志》八卷,卷七诗,卷八文;《正德新乡县志》六卷,卷六为题咏、文翰;《嘉靖襄城县志》有《志词翰》一卷;等等。其诗文分类,或依内容,或按文体。但亦有不设艺文志者,如《嘉靖彰德府志》等;或者以艺文随类附于其他门类。

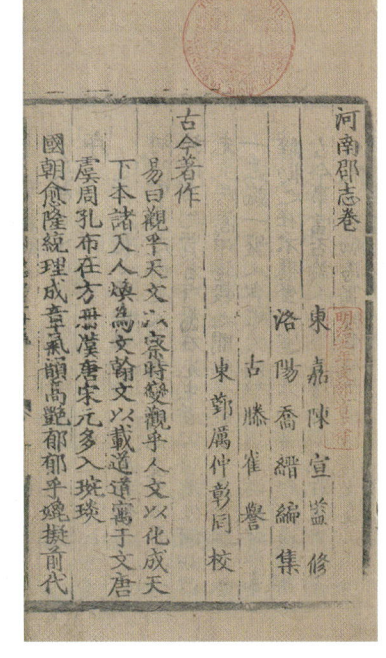

《弘治河南郡志》,明弘治间刻本

（二）专志艺文汇编

豫中专志，明代编纂甚富，洋洋可观，且艺文多独立成帙。

山志之属，嵩山为吾豫之首，北魏有卢元明《嵩高山记》，宋有张景俭《嵩岳志》三卷，俱佚。今存最早者为陆柬《嵩岳志》。陆柬（1510—1577），字道函，祥符人，嘉靖二十九年进士。历南昌、魏县令，终都匀知府。事具张一桂《漱艺堂文集》卷十二《陆公墓志铭》。隆庆间，上饶蒋机任河南道监察御史，以嵩山无志，命登封知县草创。编成，病其未备，适陆柬迁官过里，蒋机因嘱柬重编，成《嵩岳志》二卷。陆氏继以修志搜罗所得诗文，辑为《嵩岳文志》八卷。时蒋机已离任，继任者巡按御史杨家相，请河南巡抚栗永禄为之序，隆庆五年合刻二书于省垣汴梁。

《嵩岳文志》辑录历代嵩山诗文，卷一诏制六篇、赋三篇，卷二至五诗三百六十一首，卷六至八杂文五十八篇，以诗体、文体分类，各类下以朝代为序。上起汉代，下迄当朝。此为嵩山第一部诗文汇编，发凡起例，有开创之功。陆氏跋称："凡载集所存，经余览诵者，殆十九收矣。或简编残断、文义不蒙、传写讹谬、诵读弗协者，则不敢录。"是为其编选原则。其初刻仅有孤本存世，万历间又有补刻重印本，附《续收诗文》一卷。

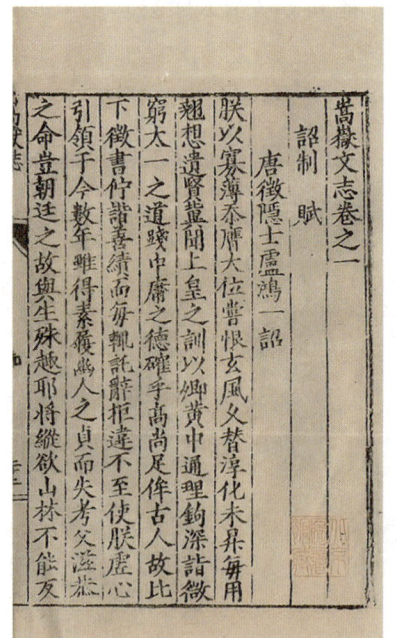

《嵩岳文志》，明隆庆五年刻本

降至万历，登封知县燕汝靖（山西介休人，万历二十九年至三十四年任）辑有《嵩岳古今集录》二卷，今已不存，见《千顷堂书目》著录。

再晚，登封知县傅梅（顺德府邢台人，万历三十五年至四十年任）辑有《嵩书》二十二卷。其卷十二至十八为艺文志，录历代嵩山诗赋，题《韵始篇》（其中卷十七为傅氏自作《外方长诗》，未刻）；卷十九至二十二辑历朝文，题《章成篇》。上起周，下迄明，搜罗堪称宏富。例以朝代为序编排；各朝之下，再以诗体、文体分类。《四库提要》列入《存目》，谓："立名颇嫌涂饰。全书意在广搜，亦殊多驳杂。"原书初刊于万历间，刻工精良，各卷末题有校字者姓名，多为登封弟子。书之刻，当在登封。后有重印本，增曾用升、李维桢序。

《嵩书》，明万历间刻本

祠寺志之属，北朝曾有《洛阳伽蓝记》，但其书与后世专志体例不同。辑录艺文志者，亦始自明代，但佚多存少。

嵩山少林寺，嘉靖间登封知县刘思温（山西浑源人，嘉靖十九年至二十二年任）编有《少林寺古今集录》二卷，《万卷楼书目》有著录。《四库全书总目》列入集部总集类存目，著录书名为《少林古今录》，提要云："上卷为诗，下卷为记。所录下迄于明，上及唐代而止。"是为少林最早之诗文汇编，嘉靖时曾刊刻，惜已失传。其后，万历间知县郑大原（山西长治人，万历十四年至十八年任），在其书基础上增入嵩麓其他寺院诗文，编为《嵩少集》。

《四库全书总目》亦入集部总集存目,云:"初,嘉靖中浑源刘思温尝辑少林寺题咏、碑刻为《少林古今录》,万历戊子〔十六年〕,太〔大〕原因其旧本增入嵩岳、嵩麓诸寺诗文,故名之曰《嵩少集》。"今亦佚。明清藏书家书目,多著录为二卷,《四库提要》记为四卷。

岳武穆祠,明代知名者有三,杭州之外,两属河南,一在故里汤阴,一在祥符朱仙镇。

正统十四年秋,吴县徐有贞(时名徐珵)以翰林侍讲假节镇守汤阴,倡建岳庙,汤阴儒学教谕袁纯(字一之,浙江新城人,正统九年举人)受命主其事。次年庙成,敕赐庙额"精忠之庙"。

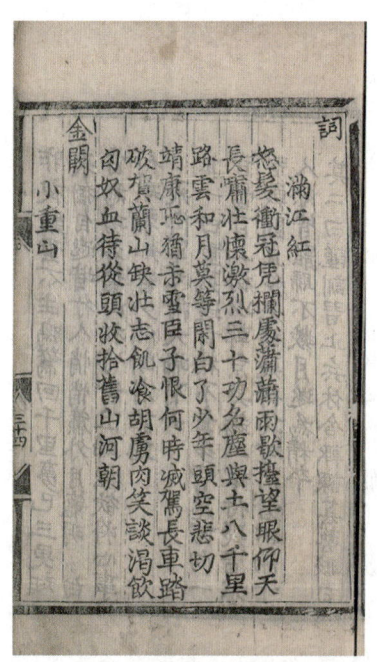

景泰五年,有贞公便过汤阴,撰文立石纪其事。袁纯则辑庙祀始末及元代以来士夫悼念、题咏诗作,为《精忠录》四卷。景泰七年,纯升监察御史入京,乃以《精忠录》嘱同乡、太常寺少卿、会稽陈贽校正,并请兵部侍郎兼太常寺卿、淳安商辂为之序。成化四年,汤阴知县尚玑(陕西同州人)述职京师,访袁纯求得其稿,归而刻之汤阴,成于成化五年。

《精忠录》,明成化五年刻本

此书虽不以志名,而实为汤阴岳庙创始之庙志。卷一录《宋史》本传并选载岳飞诗文;卷二录建庙相关文书,包括《创庙原行》《募缘文疏》,及徐有贞《敕建精忠庙碑》《碑阴记》(徐、袁各一篇)等;卷三、四辑元明人题咏诗作。卷一不署辑者,卷二以下署"东安袁纯编辑""会稽陈贽校正"。前有景泰七年商辂序，末有陈贽《题精忠录后》（未署日期）、成化五年汤阴儒学训导叶蕴后序。卷二末《武穆王尽忠报国碑记》，署成化二年尚玘立石，当系尚氏增补。是书为豫版图书现存之较早者，流传甚罕。岳飞《满江红》词，最早即见诸此刻，文献价值极高。卷四多存豫人（或为官豫中者）题咏之作。后世如弘治间镇守浙江太监麦秀刻本《精忠录》等，多仿此而作。

万历间，彰德府推官张应登（四川内江人，万历十一年进士）再编有《汤阴精忠庙志》十卷，除收录武穆王及后裔史传之外，卷四《宸翰志》录高宗付武穆手札，卷五《丝纶志》即诏谕，卷六《家集志》为武穆遗文，卷七《褒典志》录追复官告及各处庙祭，卷八至十《艺文志》按文体、诗体录后世相关诗文。万历十五年由汤阴县刊刻。

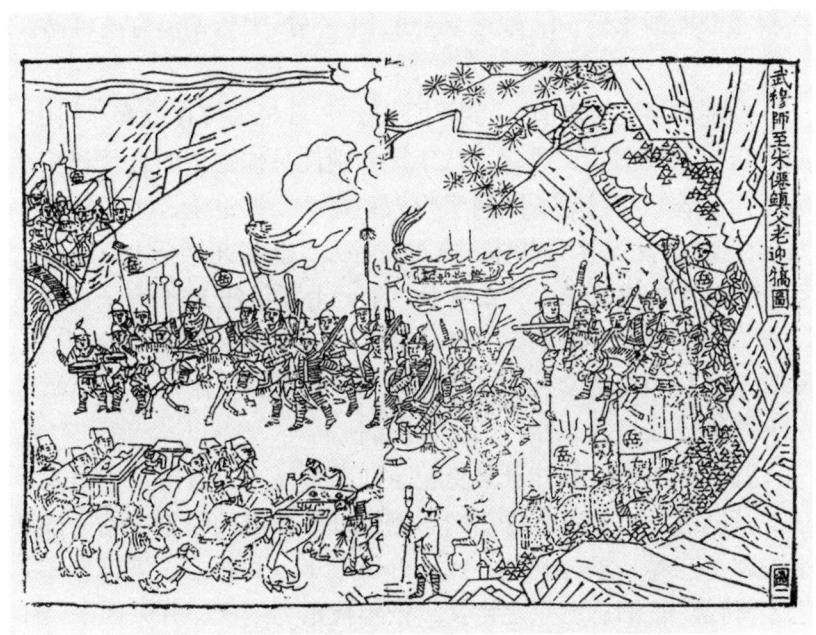

《朱仙镇岳庙集》卷首图，明嘉靖间刻本

朱仙镇为武穆王"一日奉十二金字牌"班师之地，庙建于成化十六年。嘉靖间，李濂辑刻有《朱仙镇岳庙集》十二卷。自序称："余汴人也，往来祠下，必肃谒焉。每见经过名卿大夫留题壁间者甚多，余自童子时窃有志哀录，以方攻举子业未暇。岁序荐更，倏忽白首，比者田居寡营，漫为编辑，总十有二卷。"是书录武穆传记、班师史料及后人凭吊之作等，并附岳飞遗文。原书刻于嘉靖间，仅北京大学图书馆藏有残本，存卷一至八。朱仙镇为版画之乡，此书卷首有《兀术败走图》等插图，识者评为"明代版画中别开生面之作"，1950年曾作为中国版刻代表性作品，在莫斯科举办的中国艺术展览会上展览。（见《参加苏联中国艺术展览会古代艺术品目录》，1950年中央文化部文物局编印）

豫中其他祠庙，如卫辉比干庙，知府暴孟奇万历四年曾取前后词人艺文，编刻有《精忠录》，见萧良有《重修比干庙记》（《万历卫辉县志》）；南阳武侯祠，唐蕃朱硕熿作有《续草庐志》，见马之骏《朱辅国家传》（《妙远堂全集》）。书虽失传，俱有迹可循。

书院志书，存者有《百泉书院志》。百泉书院在卫辉苏门山，原为元朝太极书院，成化十八年提学副使吴伯通依旧址重建。嘉靖间，卫辉知府吕颛（陕西宁州人，嘉靖二年进士，十二年至十四年任），辉县知县马书林（陕西高陵人，嘉靖九年至十三年任）、教谕石砥（福建长乐人，嘉靖十一年至十五年任），编有《百泉书院志》四卷，刻于嘉靖十二年。其卷二《文志》，卷三《诗志》，除收录书院相关诗文外，又辑苏门山、百泉诗文附后，总篇幅过全书之半。惟编次乏序，为后世所病。

万历五年，辉县知县聂良杞（江西金溪人，万历三年至八年任）及邑进士崔守一，据嘉靖志删繁订谬，定秩编年，成《百泉书院志》三卷，重行刊刻，成于万历六年。其卷二、三仍为《文志》《诗志》，旧志已录之诗文，依年代重为编次，并采四十余年来名流新作入志。

其他还有舞泉书院，在舞阳县舞泉上，明任柱撰有《舞泉书院志》一卷，见《万卷堂书目》著录，已不存。

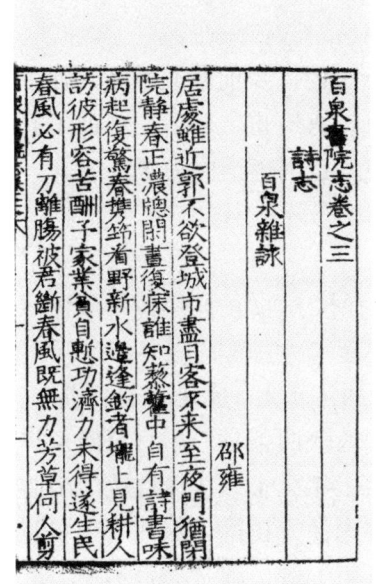 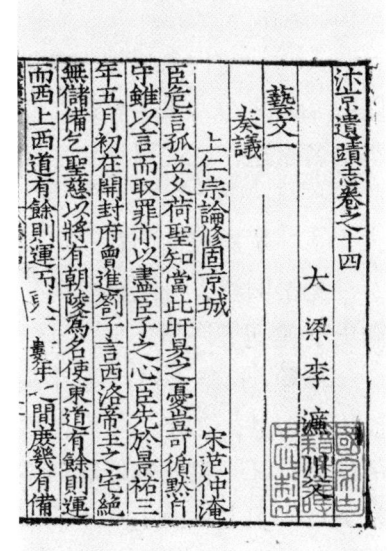

左：《百泉书院志》，明嘉靖十二年刻本
右：《汴京遗迹志》，明嘉靖二十五年李濂刻本

遗迹志，即记述古迹之志书，有李濂《汴京遗迹志》二十四卷，为同类专志中佼佼者，《四库全书》予以收录，提要称："义例整齐，殊有体要；征引典核，亦俱见根据。在舆地书中足称善本。"其卷十四至二十四为《艺文》，辑录历代汴梁遗迹诗文，以文体分类编排，篇幅已近全书之半，今存嘉靖二十五年李氏自刻本。

## 三、前代著述编刊

入明,前代著述多有散佚。有志于传播乡前辈文献者,往往以一二人之力,重为整理,编纂刊行。官府重文教者,亦或编刊本土名家遗作,尤以怀庆、彰德、卫辉、河南诸府为著。

(一)唐以前旧籍

先秦旧籍,明代豫中刻有《吕氏春秋》,弘治间巡按河南监察御史李瀚刊于许州。

李瀚(1455—1535),字叔渊,山西沁水人,成化十七年进士。授乐亭知县,二十三年升监察御史,巡陕西茶马。累官至南京户部尚书。其一生三度任职河南:弘治十年至十二年任巡按河南监察御史,十七年至十八年任河南按察副使,正德二年任河南右布政使、转左布政使。张璧《李公瀚墓表》载,瀚"居官不苟,取所得俸余,止购海内图籍,故乃家储有邺侯万卷"。平生好刻书,尤重乡邦文献,来河南之前,即曾刻《三辅黄图》《韦苏州集》《中州集》《河汾诸老诗集》等。及巡按河南,弘治十年至十二年间,倡刻、刊刻旧籍,今存者即有六部,多为巨帙:《秋涧先生大全文集》一百卷,弘治十年倡刻(详后);《二程全书》六十五卷,倡刻,弘治十一年十月朔序(详后);《容斋随笔》七十四卷,弘治十一年十月既望序;《吕氏春秋》二十六卷,弘治十一年十一月序;《遗山先生文集》四十卷,倡刻,弘治十一年闰十一月序,盖刻于许州;《周此山先生诗集》四卷,倡刻,弘治十一年闰十一月河南右参政、吴县顾福跋。另《读四书丛说》八卷,刻于弘治十二年,上海图书馆藏有孤本,未阅,著录为李瀚、马舆等刻,时南阳知府有马舆,疑刻于南阳。所据大都为元刻旧本,为藏书家所珍。其中《吕氏春秋》《二程全书》《秋涧集》，皆中原文献。

《吕氏春秋》，秦相吕不韦编撰。《史记》谓吕氏阳翟（今禹州）人，《国策》谓濮阳人。此刻弘治十一年李瀚后序云，"丁巳岁，予奉命来按河南。过钧州，即古之阳翟地，不韦生于斯，而《吕氏春秋》实其所作也。予获是书，阅不释手"，因"重刻以广其传"。此本依元至正间嘉兴路儒学刻本翻刻，卷一十行十八字，卷二以下与元刻本同，十行二十字。卷末镌有"弘治十一年秋河南开封府许州重刊"字样，下书口记有王廷珪、徐隆等刻工姓名。《吕氏春秋》元刻本行世极稀，此为入明后最早之刻本，书贾或割去末页刊记及李瀚后序以充元刊。清乾隆间毕沅校本，或指即误以此刻为元版，据为底本。

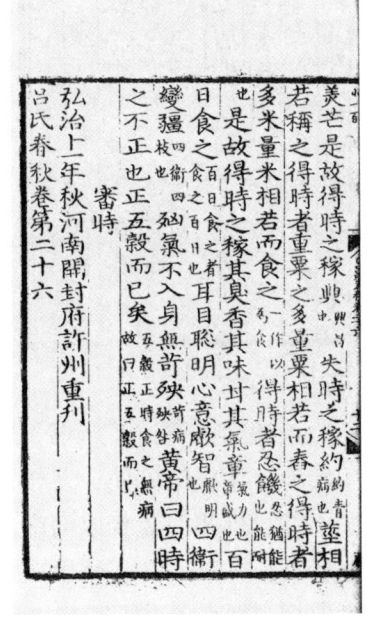

《吕氏春秋》，明弘治十一年许州刻本

汉才子贾谊，洛阳人，曾谪为长沙王太傅，故后世以贾长沙、贾太傅称之。贾谊著述，在东汉曾经刘向整理，宋代虽有刻本，但今已失传。存世最早者，为成化十九年洛阳乔缙刻本。缙曾辑《弘治河南郡志》艺文卷，已见前。此刻题《贾长沙集》，十卷，前有成化十九年乔缙《贾生才子传序》，略云："缙与谊为乡人，恨生也晚，不得追逐后尘、企慕高风于千载之上。公余因取二家之《传》，并谊平时所为论、赋，略加隐括，纂而为一，目曰《贾长沙集》，庶发潜德之幽光，复捐资绣梓以广其传。"衔署"工部主事"。考乔缙成化十六年以工部都水司主事督理山东泉源，驻宁

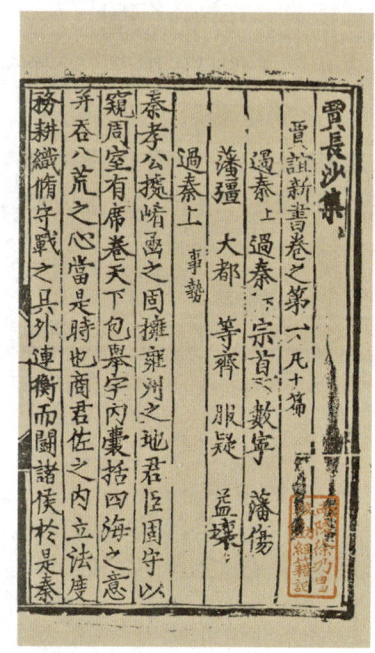

阳,至十八年已有成效(见《嘉靖山东通志》卷四十"宁阳县城""觀泉亭"条),刻书时未详仍在山东否。上海图书馆、台北故宫尚有藏本,国家图书馆有残本,俱非初印。依乔序,其书合论、赋为一,存本有论无赋,殆已非全貌。上图本有傅增湘跋,称:"宋刻世不可见,此明初所刻,亦罕秘若此,虽与宋本同珍可也。"

《贾长沙集》,明成化十九年乔缙刻本

正德间,贾谊《新书》还有两种刻本与豫中相关。扶沟李梦阳起为江西提学副使,曾校订《贾子》十卷,正德八年刻于白鹿洞书院。郴州何孟春以河南左参政分守河南道,亦校订有《贾太傅新书》,序云:"正德甲戌〔九年〕九月吉,春按行洛阳,往拜太傅祠,因太傅书郡斋刻本谬甚,公暇从而正之。"正德十三年孟春升右副都御史巡抚云南,次年"割余廪"嘱云南有司刻之。以上两种俱有存世。此外,何校本卷十末,有何氏正德十四年跋,中云:"近闻太史河南崔子钟氏手较文籍最多,太傅书与焉,而春未获〔暇〕见也。"子钟即安阳崔铣,则正德间崔氏亦曾校订《新书》,今未见存,惟嘉靖间崔铣所辑《文苑春秋》,录有贾子《治安策》等篇。

东汉蔡邕,陈留圉人,其《蔡中郎集》散佚于唐,北宋欧静重辑,今宋刻已佚。入明,最早有吴中华氏活字本,但"脱误至不可读"。隆庆间，河南按察使司金事王乾章，曾命陈留知县徐子器重为刊刻。王乾章序云："余过陈留，思中郎风致，欲吊其庐与墓，飞烟泠劫，增慨噫焉。检笥中得中郎文集，檄陈留令徐子器校雠而雕之。徐令雅尚古作，兴起斯文，力任兹役，亦以为邑之乡先哲也。"乾章字顺卿，浙江东阳人，嘉靖四十一年进士；子器字实卿，亦东阳人，嘉靖四十四年进士。此刻凡《蔡中郎文集》十卷，《外传》一卷，刻成于万历二年，前有万历元年王乾章序，末万历二年徐子器跋。传本甚少，仅北京大学有残本。其本虽晚，但仍为后人所重，清咸丰间杨氏海源阁刻黄丕烈、顾广圻校《蔡中郎集》，即取为底本。

《蔡中郎文集》，明万历三十九年马维骥刻本

徐刻板存陈留，后三十余年，已有漶漫。时任知县马维骥（山东历城人，万历二十五年举人）有心重刊，适开封知府王之都（山东新城人，万历二十三年进士）有此命，遂于万历三十九年开局重雕。此本刊刻精良，为后人称道，刻工有李加祯、李崇光、杨金、韩继臣等。国家图书馆、河南省图书馆等有收藏。

汉末荀悦，颍阴（今许昌）人，其著述《申鉴》，明代豫人曾两刻，一李濂刻本，一张惟恕刻本。

李濂本《申鉴》五卷，正德十三年刻于湖广沔阳，时濂任沔

阳知州。是年李序云："余尝过许昌之墟，寻访父老，问荀氏故居高阳里所在，许父老弗知也。乃出城北之五里，则见八龙冢岿然冈左，余冢数十，累累然参差环绕之，盖皆荀氏之族也。于是驻马迟徊，歔叹久之，弗忍去，盖伤荀氏多贤而逢时不造云。……《申鉴》久无刻版，余守沔阳，乃刻之郡斋，盖悲其人之不遇而幸其言犹存也。"此为《申鉴》现存最早之刻本，仅宁波天一阁存有孤本，盖后二年李濂转任宁波同知，以是天一阁得有其本。

张惟恕字子行，汝宁府上蔡县军籍，正德十六年进士。历官至湖广副使。惟恕于嘉靖十二年刻《申鉴》，但未详刊于何地。时惟恕任江西道按察御史，为南京都察院属官。其本从李濂本翻刻，末有嘉靖十二年惟恕跋，国家图书馆存有孤本。

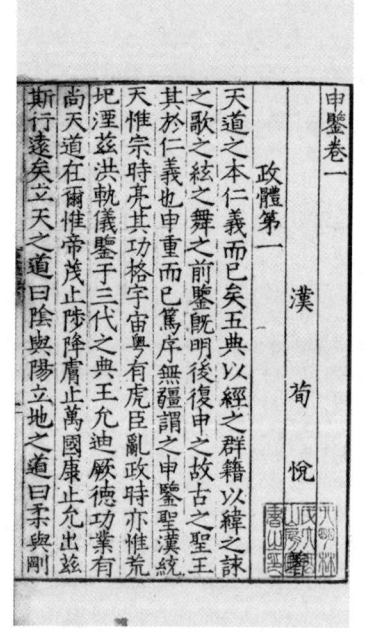

《申鉴》，明嘉靖十二年张惟恕刻本

李梦阳既倡导复古，故致力旧籍编刊，其涉中原者，除前述《贾子》十卷外，正德间还刻有晋竹林七贤之一、尉氏阮籍《阮嗣宗诗》一卷，今存于世。正德间又曾辑阳夏（今太康）谢灵运诗六十四首，与陆机诗合为一帙，嘱都昌知县刻于邑斋。其刻未见存世，惟李氏《刻陆谢诗序》尚存于《空同集》。

明天启间，尉氏知县及朴，刊刻过《阮嗣宗集》《尉缭子》两部乡贤著作，俱由阮汉闻校订。及朴，直隶交河人，万历二十八年举人，天启二年至六年任尉氏知县。汉闻字太冲，本浙江人，久居京师，又为宛平人；后流寓汴梁，以尉氏为阮氏祖望，遂家于此。日以著述为事,豫人从游者众。李自成军占尉氏,死节。汉闻著述,早年多为朱睦㮮刻,大抵不传。诗文集《阮太冲集》,入清后周亮工曾为刊刻,详后。

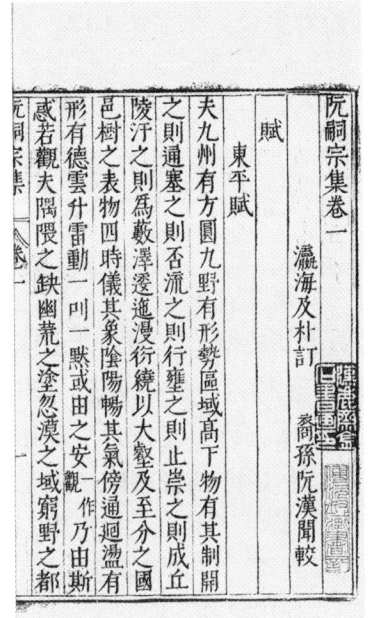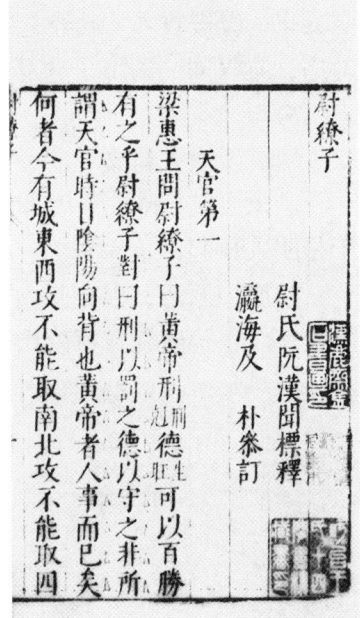

左:《阮嗣宗集》,明天启三年及朴尉氏刻本
右:《尉缭子》,明天启三年及朴尉氏刻本

尉氏旧有三贤里之称,三贤谓尉缭子、蔡邕、阮籍。邑人每欲辑刻《三贤集》,终未能果。及及朴到任,天启三年首刻阮汉闻所校《阮嗣宗集》四卷。天启四年邑人许可征序云:"邑大夫泺阳及公最嗜嗣宗文词,为刻置邑斋,遂补吾邑千余年缺事。太冲则嗣宗裔孙,衣冠南渡后,为蓬池一坏[抔]土,自都门徙来。顷复卜隐太魏,绝势利如膻脂。"(此序不见于存本,从《道光尉氏县志》引)按,阮氏诗文,前此汴梁曾有刊刻,今已不存。嘉靖二十二年,天一阁范氏、陈德文曾刻《阮嗣宗集》二卷,陈德文

叙云:"大梁旧刻籍诗,南来少传。郡伯鄞范子取而刻之宜春。"知范、陈本乃据汴梁本重刻。及朴刻本为传世《阮嗣宗集》另一重要刻本,前有邑人靳於中序、及朴序,并采阮籍碑传文置卷前。书刻成后,同年,及朴再刻《尉缭子》一卷。《尉缭子》为战国知名兵书,曾被收入《武经七书》。此刻前有天启三年靳於中序、及朴序、阮汉闻《尉缭子题辞》。

(二)唐人诗文

唐末丧乱,诗人集大部散佚,宋人重为辑录,入明存亦无多。于是明人再起,重为辑刻。

初唐中原诗,以相州内黄沈佺期、虢州弘农(今灵宝)宋之问最著。正德间,督察院山东道监察御史刘成德(字润之,山西蒲州人,正德六年进士),倡导辑校汉魏、唐人诗。时仪封王廷相(生平详后)亦在督察院,多与其事。正德十三年,廷相曾为刘氏所刻《大历二皇甫诗集》作序。同年,受刘氏之托,校订沈佺期、宋之问诗集,盖二人皆豫中人物之故。廷相校宋之问集未见存世,沈佺期集幸国家图书馆、苏州图书馆有收藏。

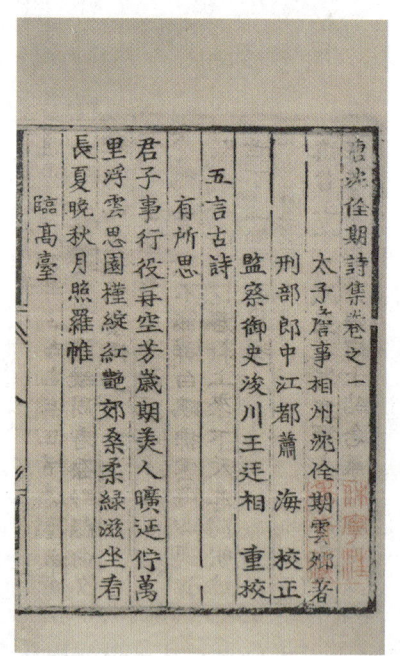

《唐沈佺期诗集》,明正德间王廷相校刻本

此刻卷端题《唐沈佺期诗集》,分行署"刑部郎中江都萧海校正""监察御史浚川王廷相重校",凡七卷,以诗体编次。前有正德十三年廷相《校唐沈詹事诗集序》，略云："同寅刘子润之，以二集〔谓宋、沈二人诗集〕示余校阅，岁月云远，誊传失真，讹谬所裁正者，得什之六七耳；缺所疑者，俟善本更定焉。"当时诸集，多刘氏刻，此本当亦成德刊，为沈诗现存最早之刻本。

"诗圣"杜甫之集，宋元刻本流传尚多，注本亦繁。明代豫中编校刊刻者虽非主流，但亦不无影响。

正德间，河南府同知黎尧卿，刻有《须溪批点选注杜工部诗》。尧卿字廷表，四川忠州人，弘治六年进士。其任河南府同知，不见于方志，惟《明武宗实录》卷一百九，正德九年二月戊申，有升河南知府同知黎尧卿为陕西按察司佥事记载。其所刻《杜工部诗》，以二十二卷宋刘辰翁批本为主，增以元赵汸批五言诗一卷、虞集批七言诗一卷，合三家批注为一书。末有黎氏跋，未署期，卷二十三末短跋署"己巳"，知为正德四年。其序跋中并未言书刻于河南，但正德十二年重庆府刻本《杜工部诗》，有刘春序，称据正德四年黎氏河南刊本重刻。（此刻成都杜甫草堂藏有李一氓旧藏本，详肖玲《李一氓杜集题跋》，《杜甫研究学刊》1994年第3期）《古今书刻》列河南府刻书，有《刘须溪批点杜诗》一种，当即此本。此本上书口刻有"云根书屋之记"，应为私刻，今或称云根书屋刻本。

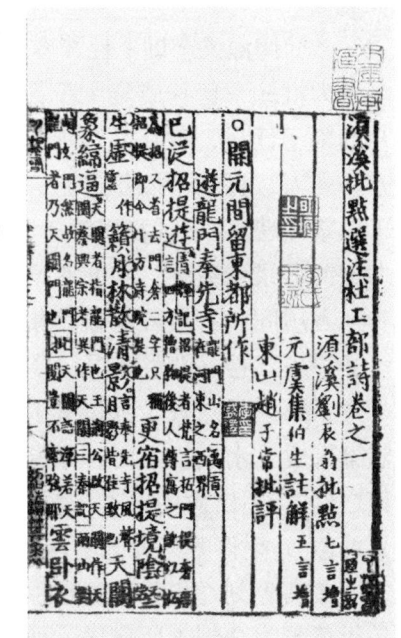

《须溪批点选注杜工部诗》，明正德四年黎尧卿云根书屋刻本

嘉靖间，新蔡王齐刻有《杜律演义》二卷，但非刻于河南。齐字元修，号镜堂，本贯江西丰城，祖父以地理术寓新蔡，遂占籍于此。嘉靖四年举人，八年任雄县教谕，十三年任任丘知县，十七年升太仆寺丞。所著雄县志《雄乘》，有自书小传，《乾隆新蔡县志》亦有传。

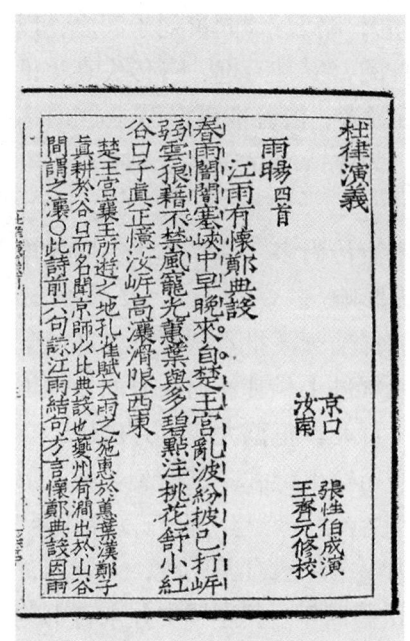

《杜律演义》，明嘉靖十六年王齐刻本

《杜律演义》即《杜律虞注》，为元虞集批注杜甫律诗，明人多以为批注系伪托虞集。王齐过洛阳，得宣德本，署元张性批，乃翻刻于任丘，时在嘉靖十六年。书末有王氏弟子曹亨跋。曹亨亦新蔡人，嘉靖十四年进士，授刑部主事，其父大夏，曾延王齐于家塾教曹亨。《杜律虞注》在明代影响极大，刻本甚多，《古今书刻》著录十数种，中亦有河南府刻本，今未见。

万历间，有黄陞编校《集千家注批点杜工部诗集》二十卷、《文集》二卷。陞字晋雨，号挹轩，睢州人，万历二十六年进士。《集千家注批点杜工部诗集》元代以来刊本甚多，黄氏任山东道监察御史、南畿提学时，以杜工部终生眷念长安，而陕中独无其集之刻，"因出箧中旧本，参以诸家本，逐体诠次，正其豕亥，剖其疑似"，捐俸嘱三原知县沈琦、李栖凤刻之。此本以万历九年金銮（在衡）刻《集千家注批点杜工部诗集》为底本，因此卷前载是年黄芳为金刻本所作序，而黄陞序又未署年月，故今多误黄氏此本刻于万历九年。考《乾隆三原县志》，沈琦万历二十七年任三原知县，三十三年李栖凤接任，此刻经两任知县手，刻成至早在万历三十三年。

稍后，又有傅振商编刊《杜诗分类》五卷。振商字君雨，汝阳人。万历三十五年进士，累官至南京兵部尚书。生平编刊历代古诗文集甚多。是书万历四十一年刻于真定，有是年傅氏自序，时振商任直隶监察御史。其编尽删旧注，以诗体为类编为五卷，各体之下细分为纪行、述怀、怀古、时事、边塞等五十余类，肤末支离，殊无大可取。但当时流行杜集，大抵批注过繁，相较之下，此本则简明直观，故亦不无影响。顺治八年，真定府推官杜溁曾为修板重印，梁清标作序；顺治十五年新乡张缙彦又曾据以翻刻。

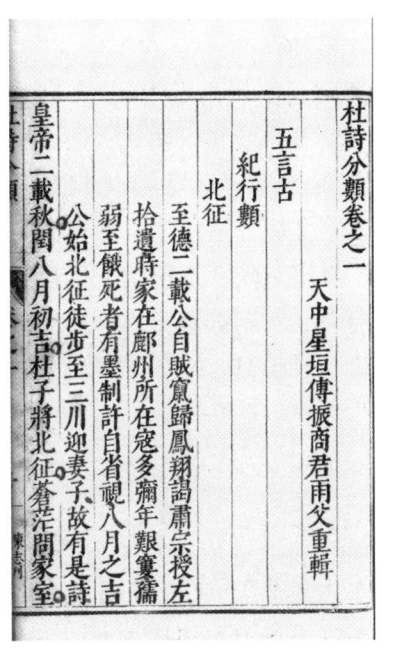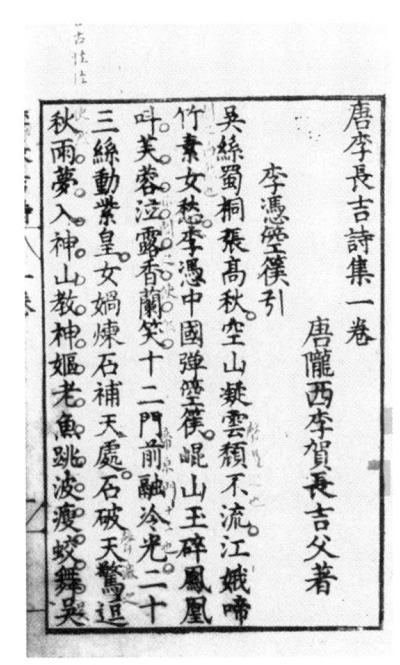

左：《杜诗分类》，明万历四十一年傅振商刻本

右：《唐李长吉诗集》，明弘治十五年刘廷瓒刻本

其他唐人诗，尚有刘廷瓒刻福昌李贺诗集。廷瓒字宗敬，光州人，成化十四年进士，《乾隆光州志》有传。弘治十五年，廷瓒在宁国府知府任上，曾刻《唐李长吉诗集》四卷于宣城。此刻卷末有刘淮跋，云："安庆有是集，字刻率易。宗敬守宁，政暇，味是诗而知所向往者甚，以字本不惬观阅，翻刻于谢朓楼，属予题其后。"署"弘治壬戌仲秋，汝宁石门居士刘淮"。淮字东之，罗山人，成化二十三年进士，时任巡按徽州监察御史，见《嘉靖徽州府志》《乾隆罗山县志》。罗山与光州为邻，同属汝宁府。

（三）宋代理学著作

北宋理学，有邵雍及程颢、程颐兄弟，世称伊洛渊源。延至南宋，第经朱熹等整理刊刻，得发扬光大。入明，宋元刻本大都散乱，各地师承理学者，多有重辑编刻，不独河南。

邵雍《伊川击壤集》，今有宋元及明初刻本存世。明代，豫人最早刊刻者为毕亨。毕亨（1420—1488）字文康，洛阳人，景泰五年进士，授南京陕西道御史，累官至应天府尹、右副都御史。事具丘濬《毕公亨神道碑》（《国朝献征录》卷六十）。

《伊川击壤集》，明毕亨刻、成化十六年河南府刘本重修本

今存毕刻本《伊川击壤集》有毕氏跋，云：

> 及登进士,于监察御史晋阳王濬家得《击壤集》二册……每欲寿诸梓而未暇及。后尹应天,始克刊行,以广其传。及进今职致政,特取此板回洛。意此集乃先生隐洛时所著,置之于洛,以为先生故物耳。已而郡守桂林刘公尚文创建先生安乐窝书院,复访先生是集而梓行之,遂以此板授焉。其间残缺者,刘公洗补之为全集云。

跋署"庚子",即成化十六年。知其书初刻于应天府尹任上,为时在天顺八年至成化八年间。十一年毕亨致仕,携书板以归,结庐洛水之滨。适河南知府建安乐窝书院,遂以板授之,补刻印行。跋中郡守刘公尚文,即河南府知府刘本,字尚文,桂林中卫军籍,成化二年进士;安乐窝书院即伊洛书院,成化十五年冬创建于邵雍安乐窝遗址,十七年秋将完工时,刘本擢贵州参政离去,详胡谧《伊洛书院记》(《弘治河南郡志》卷二十一)。

毕氏应天府初刻初印本《击壤集》今未能见,刘本递修本则流传甚广,《古今书刻》亦曾著录。

二程学说,大抵由门人记录,刻于南宋,但向未有全集。始纂二程全书者,为豫人阎禹锡。阎禹锡(1426—1476)字子与,洛阳人。曾师事薛瑄。正统九年举人。天顺元年,大学士、南阳李贤荐为国子学正,历官至监察御史。其弟子众多,著述宏富。事具马中锡《阎公禹锡墓志铭》(《国朝献征录》卷六十五)。禹锡一生究心二程,访求二十年,尽得其书,包括李贤家藏本及内府阁本,汇为《二程全书》,乃与泌阳焦芳(天顺八年进士,时为翰林院编修,后官至首辅)相与订定。稿成于成化元年,李贤为之序,中有"禹锡二程故里人,予亦忝在乡邦"之语。成化八年,禹锡友人段坚(兰州人,景泰五年进士)服阕赴京听调,见其稿,愿为刊刻。禹锡遂序而托付。未几,段坚改南阳知府,刻其书于南阳,完工于成化十二年。段跋云:

予来守南阳，莅政之初，商确于同寅同知任义，通判王杰、柳琰，推官柴恭，皆曰：《伊洛全书》，人不得睹久矣，诚盛世百年之阙典也。彼縻费金帛者汗牛充栋，可谓劳矣，于民彝世教何有哉！今使家传人诵程氏书，天下后世何其幸欤？乃始事于是年冬十月，毕工于甲午十年夏六月，躬三对读，铲去差舛。

此刻六十二卷：《河南程氏遗书》二十五卷，《外书》十二卷，《经说》八卷，《明道先生文集》五卷，《伊川先生文集》八卷，《附录》三卷，《后序》一卷。有成化元年李贤序，八年阎禹锡后序，十二年段坚跋。全书经李贤、阎禹锡、焦芳、段坚四人手，而焦芳后入《明史·阉党传》，故或称此为"四贤一不肖"之作。书刻成时，李贤已作古，禹锡亦卒于当年。此本传世极罕，足本仅南京图书馆一部，为钱塘丁氏故物。后世诸刻，多直接、间接以此为底本。

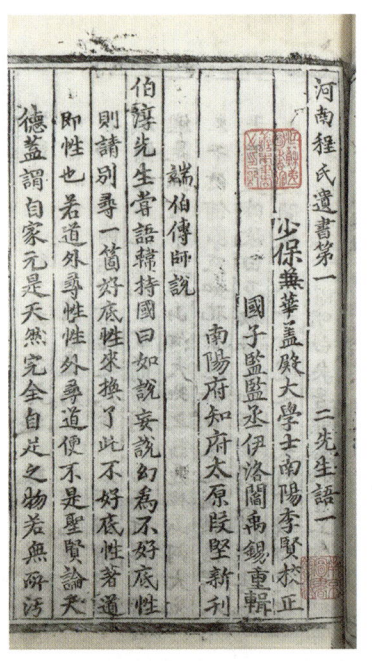

《二程全书》，明成化十二年南阳府刻本

《二程全书》板存南阳，弘治间已然漫漶，于是又有李瀚倡刻本。李瀚已详前，其早年好二程书，曾欲以成化本与家藏旧本校订重刊，而力未能逮。及弘治十年任河南监察御史，谋酬初志，访得各本，嘱河南布政司左参议康绍宗（山东武定人，成化十七年进士）重编，按察司佥事彭纲（江西清江人，成化十一年进士）

校正，而以二程出洛阳，命河南府知府陈宣（浙江平阳人，成化十七年进士）刻之，成于弘治十一年。是为《二程全书》豫中第二次刊刻。弘治本计六十五卷：《遗书》二十八卷，《附录》一卷，《外书》十二卷，《经说》八卷，《文集》十三卷，《文集拾遗》一卷，《续附录》二卷。卷前有弘治十一年李瀚序（未署名，依叙事可知为瀚作），述刊刻始末；末有陈宣、彭纲后序。卷前并摹刻《程氏家谱》所载程氏父子肖像及诸家像赞。此本影响甚著，存世尚多。后朝鲜翻刻本等亦由此出。

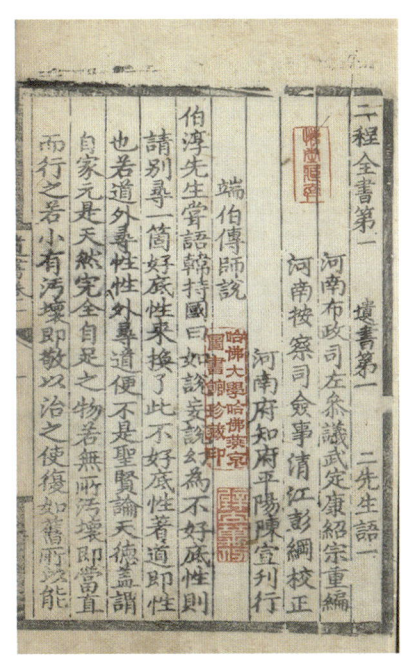

《二程全书》，明弘治十一年河南府刻本

嘉靖以后，《二程全书》尚有数刻，但与河南无关。其中万历二十年益都蒋春芳刻本，或谓系其任河南道御史时刻，误。时蒋氏在巡按山西监察御史任上，巡盐河东。其卷端署衔"钦差巡按山西等处监察御史"，校正者署"山西布政司分守河东道左参政"赵耀、"河东都转运盐使司同知"黄兆隆，当刻于运城。

（四）宋代其他著作

豫中宋代名家虽众，但明刻宋人集不多。知名者有晁瑮父子、张士隆等所刻诸书。

晁瑮（1507—1560），字君石，开州匠籍，昭德诸晁中眘之后。嘉靖二十年进士，入翰林院为庶吉士，二十二年升检讨，又入直文渊阁，专理文官诰敕。后以司经局洗马管国子监司业事，掌国子祭酒印。瑮曾与修国史、《大明会典》，又为一代藏书大家，有《宝文堂书目》行世。所著有《镜湖遗稿》，佚；主纂有《嘉靖清丰县志》。家族墓在今濮阳南堤村，1958年出土有墓志。其次子东吴（1532—1554），字叔泰，嘉靖三十二年进士，选翰林院庶吉士，父子同在词馆，当世荣之。嘉靖三十三年七月，瑮父德龙卒，东吴随父归，抵里甫半月而卒，年仅二十三。瑮遭此不幸，手录东吴遗文、墨迹，编为《诚痛录》五卷。清人叶昌炽《藏书纪事诗》有"礼堂翻定童乌本，痛极优昙顷刻花"句，即谓此。

晁瑮承诸晁传统，特重家族文献，与其子东吴等，以宝文堂名义刻诸晁著作多种。其在翰苑，入直文渊阁，因得遍阅内府图书，故其书多据宋本翻刻。今存者六种，行款不一，上书口俱镌"晁氏宝文堂"，但未见有总名、总序。民国间谢国桢撰《续修四库全书总目提要》，有晁瑮辑刻《晁氏三先生集》条，著录四种，始有丛书之名，或源自图书馆目录，或为谢氏所创。《中国丛书综录》从之，著录亦四种，但子目有异，以晁刻多翻宋黄汝嘉刻本，误标丛书为宋黄汝嘉辑。《中国丛书综录补正》已指其讹，并增补一种，仍未全。他如李致忠等《中华文化通志·典籍志》仍沿旧误，举此为南宋丛书之例。其存世刊本如次：

中眷一世晁迥《法藏碎金录》十卷。前有《晁文元公逸事》五条，后为嘉靖丙午（二十五年）晁瑮跋，云：

> 嘉靖乙巳春三月，奉命入典纶诰，得尽窥中秘书，盖咸胜国时收宋故物，我国朝投戈之后，因以储之馆阁者也。偶启一厨，是书适在，中心跃然，羡窎琪璧之获。谛审字画，多忌北宋庙讳，知为宋刻无疑。因私录而藏之。

《文渊阁书目》著录有《法藏碎金》一部五册，应即其本。此刻末有宋时诸晁两次家刻题名，盖从宋本录。后列此次重刊题名，首晁瑮，次从弟、山东新泰县典史晁璞，胞弟、礼部铸印局儒士晁璋等，再次子侄辈东吴、东周、东山等。东吴署衔"翰林院庶吉士"，则书刻在嘉靖三十二年至三十三年七月间。今著录多据晁瑮跋，误为嘉靖二十五年刻。

晁迥《晁文元公道院集要》三卷，中眷五世晁说之《晁氏儒言》一卷、《晁氏客语》一卷，中眷五世晁冲之《具茨晁先生诗集》一卷。以上四种，卷末记有"庆元己未校官黄汝嘉刊，嘉靖甲寅裔孙瑮、东吴重刊"。知为嘉靖三十三年翻刻宋庆元五年黄汝嘉刻本。或误以东吴为地名，著录为"东吴晁氏宝文堂刻本"。

《晁文元公道院集要》，明嘉靖间晁瑮宝文堂刻本

晁迥《昭德新编》三卷，嘉靖三十七年翻刻黄汝嘉刻本，今未寓目。丁丙《善本书室藏书志》卷十八著录，云："目录后有'庆元己未校官黄汝嘉刊，嘉靖戊午翰林院检讨中眷裔孙晁瑮重刊，礼部铸印局儒士侯汀誊录'三条。"《四库提要》云："庆元中尝有刊本，明嘉靖间又有重刊本。此本首题裔孙伏〔公？〕武重录……其后附迥及明晁瑮、晁东吴三人之诗数十首，盖其后人采辑家集而未成者，文不相属，实为骈拇枝指，今悉删之。"则《四库全书》似据晁刻本录，而删其附录。但丁丙藏本今存南京图书馆，据称无附录，卷首亦无"裔孙伏武重录"字样。另陆心源《皕宋楼藏书志》著录有明刊本，今归日本静嘉堂文库；《静嘉堂秘笈志》卷

二十七称与《道院集要》《儒言》《具茨集》同刊，则亦晁刻本。此外山东大学藏《晁氏三先生集》五种，其中当有此书。

按，黄汝嘉为南宋莆田人，庆元五年在豫章郡学教授任上刻书甚多，以"江西诗派"本最知名，存者尚有《东莱先生诗集》等，卷端镌"江西诗派"四字，与晁氏翻刻本《具茨先生诗集》同。《文渊阁书目》著录有《道院集要》二册、《晁说之客语》一册、《具茨先生诗集》一册等，应即晁瑮翻刻之底本。

以上晁氏宝文堂所刻，凡六种十九卷。

据《宝文堂书目》及《新修清丰县志》，晁瑮所见诸晁著述不止于此，其所刊刻，或另有失传者。今所知尚有晁迥《晁氏迦谈》四卷，为《法藏碎金录》节本。《四库提要》存目著录《迦谈》四卷，云："是编即迥《法藏碎金录》也，明代久无传本。嘉靖乙巳，其裔孙瑮以翰林院检讨兼管诰敕，得此编于内府而刻之，改题此名。前载迥逸事数条，及瑮所为跋。"今此刻未见存世，清华大学藏有传抄本四卷四册，据杜泽逊《四库存目标注》卷四十八，抄本八行十八字，卷端题《晁氏迦谈》，前有《晁文元公逸事》及嘉靖丙午晁瑮跋。此俱见于晁刻十卷本《法藏碎金录》。

忠献魏王韩琦为北宋名臣，三朝宰相。晚归安阳，筑昼锦堂，欧阳修作《昼锦堂记》，蔡襄书丹，邵必题额，刻于石，世称"三绝碑"。其著作《安阳集》，宋元两代多次刊刻，俱不存。传本以明成化间尹仁（江西安福人，成化五年进士）刻本最早，但流传极稀。影响较大者，为张士隆刻本。

张士隆（1475—1525），字仲修，安阳人，弘治十八年进士，以博学廉正名。正德间曾刻何景明所选《古文集》。张刻本韩琦集，凡《安阳集》五十卷，《别录》三卷，《遗事》一卷，《家传》十卷，正德九年刻于山西运城河东巡盐御史任上。书前有山西按察司提学副使曾大有序，称："安阳者，忠献乡邑，而张公其里人也，□集之传，盖有所自云。"书板藏张氏创建的河东书院，未归安阳。

贰：明代中原文献整理

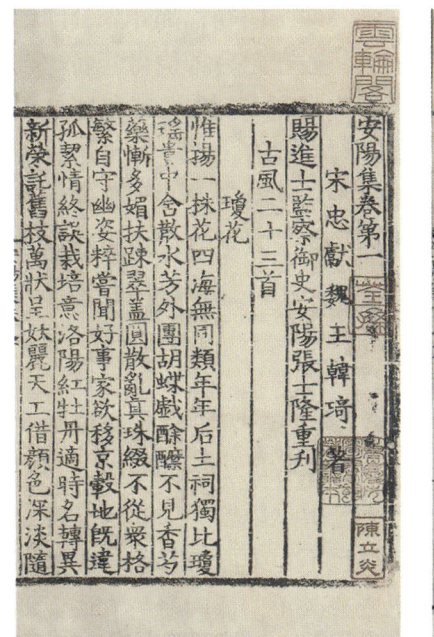

左：《安阳集》，明正德九年张士隆刻本
右：《安阳集》，明万历十五年彰德府刻本

万历间，《安阳集》又有彰德府刻本。时张应登任彰德府推官，颇重文教，曾编刻《汤阴精忠庙志》，已见前。万历十四年，应登主持重修韩魏王祠昼锦堂，事毕，乃重刻《安阳集》。是集题郭朴校，朴亦安阳人，字质夫，嘉靖十四年进士，内阁重臣，隆庆元年致仕，归居安阳。万历十五年郭朴序云：

> 正德中，监察御史安阳张公士隆按醩山西，刻置河东书院，朴后得之，谨藏于笥。万历乙酉，邺司理内江张公谓先哲著作乡郡不可阙，次年重构昼锦堂成，乃谋于郡守漳平陈公、郡丞清苑王公、通守垣曲赵公，再加校录，刻置堂中。……邺之人幸生王之乡，仰王名迹，诵王遗文，亦知所以感发而向慕乎！

知此刻以张士隆刻本为底本。司理张公即张应登，郡守陈公即彰德知府陈九仞，郡丞王公即同知王钺，通守赵公未检得其名。万历十五年刻成后，板藏昼锦堂。今或称张应登刻本，或称郭朴刻本，或称昼锦堂刻本，实则称彰德府刻本为宜。

书末张应登跋云："兹刻既成，西安韩训来教林虑，称为王之远裔，持其所藏《相韩世谱》以为据，盖王真笔也。遂用双钩法临而刻之，另为一册，与此板并置昼锦堂中。"则当时尚有摹刻韩琦所写家乘《相韩世谱》，今未见传。

此外，万历二十三年，河南布政使司分守河北道左参议张泰征（山西永济人），同怀庆知府江学诗、通判乔万里、同知郑道兴、推官怡愉，翻刻宋人郑克之法学名著《折狱龟鉴》二卷。前有是年张泰征序。此刻虽为断狱而刊，初旨不在中原文献整理，但郑克为开封人，书亦刊于豫中，因记之。次年，怀庆府诸人还曾刻《鲁斋遗书》，亦张泰征序，详后。

前述曾及，正德间何孟春言，安阳崔铣手校文集最多。今所知崔铣曾校宋人尹洙文集。尹洙字师鲁，洛阳人，天圣二年进士，以文名世。卒，私谥河南先生，欧阳修为作墓志铭。其文集在明代竟未见刊本，仅以抄本流传。崔铣校本未详刊刻否，今亦不存，惟其《校正尹师鲁文集序》，尚存于崔氏《洹词》卷十。

（五）元许衡著述

元代大儒许衡，怀庆路河内县人（故里在今焦作李封村），号鲁斋，仕元为国子祭酒，奉忽必烈召定朝仪官制，后拜集贤大学士。卒谥文正，赠魏国公，从祀孔庙。鲁斋为理学传人，世称"朱子之后，一人而已"。其著述《鲁斋遗书》等，元代曾经两刻，俱未能存世。

明正统元年，陕州同知史彬（江苏溧阳人，永乐二年进士），受河南府知府李骥（山东郯城人）之托，曾刻《鲁斋心法》。未几，史彬改知郑州，正统六年再刻此书于郑。今两刻俱不存，惟正德二年梅纯辑抄《艺海汇函》丛书，尚有收录，南京图书馆藏。卷末有史彬《鲁斋先生心法后序》，云：

> 正统改元春，予待罪陕州，河南郡守李公骥手授所钞《鲁斋心法》一帙，计一万五千三百二十言，属令锓梓，以广其传。既为缮写，督工刊完送郡，尚存所授钞本。予既来郑，率欲重刊以惠同志，奈乏匠氏。试令人习学之，得渐次镂成，虽字画弗周正，亦不失为全书也。

序署辛酉，即正统六年。是为明代豫中刊刻豫人旧籍之嚆矢。梅纯夏邑人，太祖宁国公主驸马都尉梅殷之后，时为中都凤阳留守司副留守。

成化七年，刘昌访得传抄元大德十年刻本《鲁斋遗书》，重订厘为五卷，并以制词、碑传为附录一卷，取名《许文正公遗书》，刊入《中州名贤文表》。此后，倪颙（浙江海盐人，天顺元年进士）知怀庆府，兴学举废，成化十年刻《鲁斋遗书》六卷。是年倪颙序云：

> 先生有《遗书》六卷梓传于世，其板在陕西学宫，迩来不复印行，想多脱落。成化辛卯〔七年〕，颙承乏来守是郡，即拜谒于先生祠下。既而访求《遗书》，先生六世孙、邑庠生纶出示是书写本，而字多讹舛；又访于致仕西安府同知河内王君济安，构得其刻本。适凤翔府学致仕教授、修武韩君俊在家，遂托其校正，俾写刻二本参互考订于其间，书颇可观。又幸遇巡抚都堂杨公、提学宪副陈公作兴中州文教，颙遂谋诸同寅，命工锓梓，以广其传焉。

是为成化十年怀庆府刻本，或称倪颙刻本。今仅国家图书馆藏一部，倪序虽失，但存于后世刻本中。韩俊，正统九年举人，曾任陕西凤翔府学教授。

《鲁斋遗书》，明成化十年怀庆府刻本

正德间，得益于彭泽推动，许衡著述在河南得到全面整理。彭泽字济物，兰州人，弘治三年进士，曾任河南按察使，后升太子少保、左都御史，先后总制湖广、陕西等地军务，战功赫赫。彭泽富文才，著述甚多。正德十二年归乡过怀庆，谒许氏祠墓，见《鲁斋遗书》并非许衡著述全部，归后致书河南巡抚李充嗣（字士修，号梧山，四川内江人），提议编刊《鲁斋全书》：

生以为鲁斋从祀先师孔子庙庭，覃怀祠墓人知尊重，独所著述未成全书，而怀庆城中亦缺坊牌。生以为，此当责之守令、学职，搜集老先生所著《鲁斋大学》，并《性理大全》所取语录及家谱，并《鲁斋遗书》，并集奉上台下，再付提学宪使编次校正为《鲁斋全书》，亦盛举也。

充嗣遂命河内知县高杰，嘱鲁斋七世孙婿、四川按察司副使致仕郝绾编集；事未竟而绾卒，河内儒学教谕宰廷俊继之，成《鲁斋全书》七卷，由赋闲在乡之怀庆名人何瑭校正，正德十三年刻于河内县，世或称高杰刻本。是年何瑭叙云：

正德丙子，钦差巡抚河南地方右副都御史、西蜀梧山李公檄下有司，令表章先贤。戊寅，钦差总制军务、太子少保、关中幸庵彭公致仕过河南而慕之，因以搜集《鲁斋全书》相托。巡抚公乃以命河内县尹、平凉高侯杰,始属鲁斋七世孙婿、四川按察司副使郝先生玉卿,未竟而玉卿卒,乃属县儒学教谕宰先生廷俊。既成书,乃属瑭校正。

此编为鲁斋第一部全集,内容完全遵彭泽之提议,以《鲁斋遗书》为基础,增入家世谱系,从明初《性理大全》一书中辑出鲁斋语录,并附碑传、题咏等,以彭泽致李充嗣书置于末。

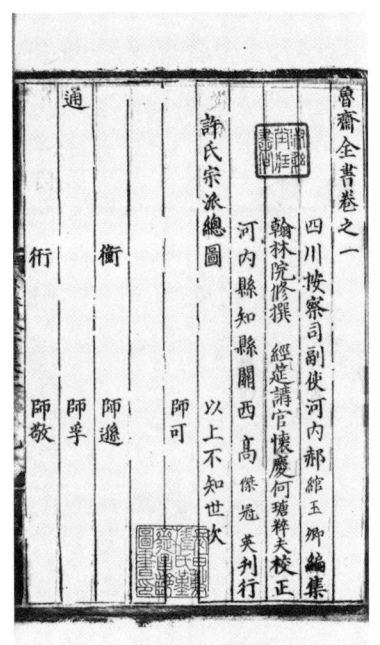

《鲁斋全书》,明正德十三年河内知县高杰刻本

稍后,洪洞韩士奇知怀庆府,得抄本《许鲁斋先生心法》一卷,为《鲁斋全书》所未收,因于嘉靖元年序而刻之。任满携板而去。其原刊本今未见存,后世多据以翻刻,且有朝鲜、日本覆刻本。

《鲁斋全书》刻成后,时人评价不高,以为条理杂芜,多有讹误。于是,嘉靖以后再有多种《鲁斋遗书》重编。

嘉靖三年,彭泽致书河南巡抚王荩,指正德刻本之弊,王荩遂命河南学政萧鸣凤(浙江山阴人,正德九年进士,传《金瓶梅》即出其手)重编校正。适鸣凤友人、翰林院编修应良(浙江仙居人,正德六年进士)过豫,得相与探讨,嘉靖四年刻于汴梁儒学。

鸣凤是年序云:"嘉靖甲申,巡抚大中丞饔斋王公继临河南,彭公书至,且谓前刻尚多讹阙,于是公命鸣凤重校焉,遂再刻于汴庠。窃观彭公之崇重此书,可谓至矣。"此刻恢复旧名《鲁斋遗书》,重编为十卷,宗谱世系、碑传题赠等悉入附录,并增《心法》《大学直解》《中庸直解》,庶几完善。

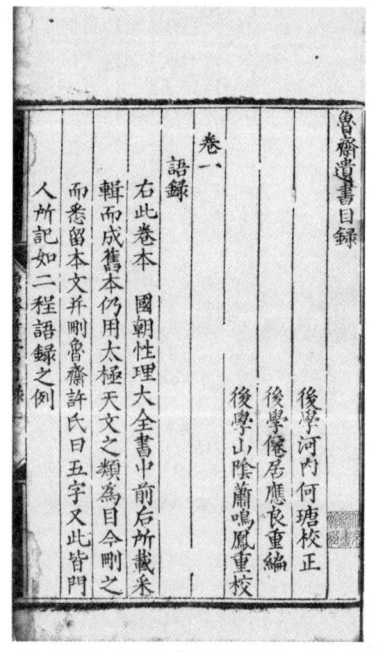

左:《鲁斋遗书》,明嘉靖四年开封府学刻本
右:《鲁斋先生集》,明嘉靖九年许泰和刻本

嘉靖七年,许衡七世孙泰和出任陕西武功知县,以《鲁斋全书》示武功才人康海,康海以为是编"猥烦错乱、略无统纪",因重编为《鲁斋先生集》六卷,序于嘉靖九年,由许泰和刊刻。泰和子世道,任安丘知县,嘉靖三十九年又请衡藩(藩府在青州)新乐王朱载玺为之序,增刻于前。

万历二十四年,《鲁斋遗书》又有怡愉等重编、怀庆府刻本。

怡愉字慕溪，陕西泾阳人，万历二十年进士，授怀庆府推官。任中索求鲁斋遗稿，"则溃漫分裂，有自故府者，有自分垣者，有自郡治者，重复叠出，讹漏不伦，《家训》《语录》颠抄失序，读者病之。乃力核校雠，芟其更叠，补其纰漏。始于壬辰，迄于乙未，盖尽三寒暑乃竣事称成书，设赀梓之"。（怡序）其于前刻之评，不免过苛。此编卷端仍题《鲁斋遗书》，大体依萧鸣凤本调整增益，析为十四卷，颇有法度，《四库全书》用为底本。前有万历二十四年河南布政使司分守河北道左参议张泰征序、怀庆知府江学诗序及怡愉自序，三序俱以《许鲁斋先生文集》为题。观卷端题名，怀庆知府、同知、通判、儒学训导皆与其事。

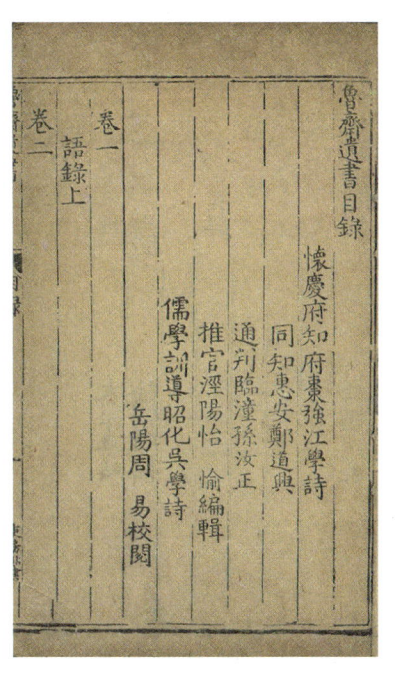

《鲁斋遗书》，明万历二十四年怀庆府刻本

许氏著述单行者，正德十三年郝绾刻有《大学要略》；嘉靖二十五年郑恭王朱厚烷（藩府在怀庆）刻有《稽古千文》，万历四年刻有《鲁斋心法》。诸本原刻俱未见存世，但或有后世翻刻，或存序跋于后世集中。

（六）其他元人著述

豫籍元朝知名学者王恽，汲县人，历官至翰林学士承旨，著述宏富，卒后其子公孺辑为《秋涧集》一百卷，家贫无力刊刻，监察御史奏上，诏发江浙行省给公帑刊行，终由嘉兴路儒学刻之，是为元至治刻本。入明，原本已难得，成化间刘昌遍访其书，托人至嘉兴，亦只得残本，刊入《中州名贤文表》。弘治十一年，河南监察御史李瀚再为倡刻，是为明弘治刻本。

弘治本从元刻本翻刻，行款悉依旧式，卷端题名《秋涧先生大全文集》。今元刻本仅有一部存世，且多残缺漶漫，弘治本保存尚整饬，《四部丛刊》即据以影印。其前有河南按察司副使、提督学政车玺《王秋涧先生文集序》，云：

> 弘治丁巳冬，侍御沁水李公按莅汴梁，语玺曰："秋涧先生名著于元，生长于汲，先生之文行不于故址而表章之，何以风动乡之大夫士民乎？"……守巡河北道右参政祝公直夫、佥事包公好问考正疑误，分檄开封、卫辉马侯龙、金侯舜臣，缮写翻刻，凡一百卷。

知任校订事者，为分巡河北道祝直夫、包好问；缮写翻刻，由开封、卫辉两地担任。祝直夫、包好问生平行实未详。考河北道监司，明初驻开封，以时巡历，怀庆府设分司行馆，嘉靖以后始常驻怀庆。（见《乾隆怀庆府志》）马龙，山东齐东人，时任开封知府。金舜臣，山西临汾人，时任卫辉知府。车玺主其事，则此本可称为河南官刻本。

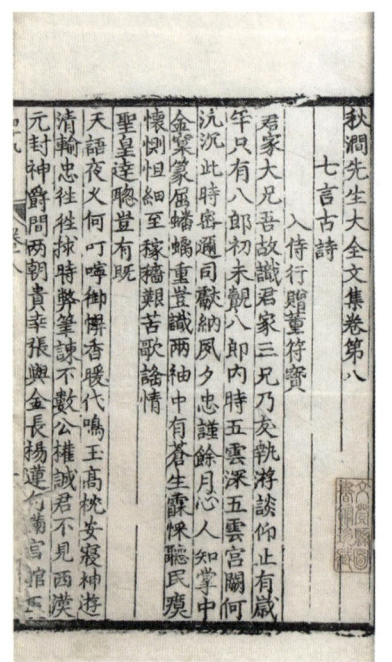

《秋涧先生大全文集》，明弘治十一年刻本

马祖常，先世西域色目人，其父任光州监军，遂籍于光州。延祐开科，祖常会试第一，廷试第二，历官至御史中丞，为有元一代名臣。其文集《石田集》依例诏扬州路儒学刊刻，入明传本已稀。同乡有后人熊翀，字腾霄，成化五年进士，历官至南京户部尚书。翀少时承父训，有传布马氏文章之志。后得《石田集》抄本，又搜求逸文，手自校雠，先后历二十余年，弘治六年在山西按察使任上捐俸募工，刻于太原府学。此刻以传抄元刻本为底本，题《马石田文集》，凡十五卷，另附录一卷。前有弘治六年李东阳序，末有同年张颐《题马石田文集后》、熊翀《书重刻马石田文集后》。今《石田集》元刻已有残缺，此刻虽未臻善，仍可资补缺。

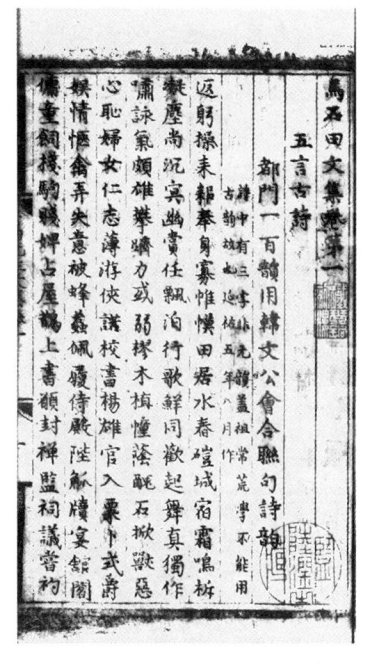

《马石田文集》，明弘治六年熊翀刻本

许有壬，彰德汤阴人，元末重臣，曾任河南行省左丞，历官至中书左丞、集贤大学士，亦以文名。生平著述由门人集为《至正集》一百卷，藏于家。卒后值元末丧乱，书遂亡佚。有壬弟有孚，亦一时名士，仕元为同金太常礼仪院事，收藏尚有许有壬《圭塘小稿》，系《至正集》未收之诗文，至正二十年有壬自辑。圭塘者，有壬建于彰德之别墅，在府城西，许氏昆仲常与宾客唱和于此。洪武二年，有孚痛于《至正集》之失，乃将所藏《小稿》重编为十三卷，又多方搜讨，得遗稿及残篇若干，编为《别集》二卷、《外集》一卷，仍以《圭塘小稿》总其名，并作《重编许先生圭塘小稿引》，述《至正集》之失，语极痛切：

> 昨闻犹子太常博士桢忽遭起遣，仓皇之际，轻身南行，书籍家资，悉皆弃掷。《至正集》册帙重大，必不能顾，稿亦并亡，使先生平生著述，沦没无闻，深可痛惜。然而窃闻军中多具眼者，斯文天相，或遇知音，必不毁弃。苟存全集，未可知也。……呜呼，惜哉！昔祭酒宋本诚夫之殁也，弟显夫以其文求公序。公极美显夫，能以其兄之文著于世、传于后，可谓能弟，诚夫可谓不死。今若此，岂惟负父兄之训，而他日亦何面目见友朋于地下乎！……视显夫为愧尤重。呜呼，天地有穷，此恨无穷也！痛哉，痛哉！

稿成，藏于家。

有壬五世孙颙，登景泰五年进士第，历太仆寺丞、南康知府。其间以家传《圭塘小稿》请当时名流、同寅叶盛等校正，并辑录遗文为《外集》一卷，成化六年出己俸刻于江西南康。此刻除有孚《重编许先生圭塘小稿引》等旧序外，卷前有成化二年叶盛序，末有成化元年朱裎《题许左丞圭塘小稿后》、成化五年丘霁后序、成化六年许颙后序。

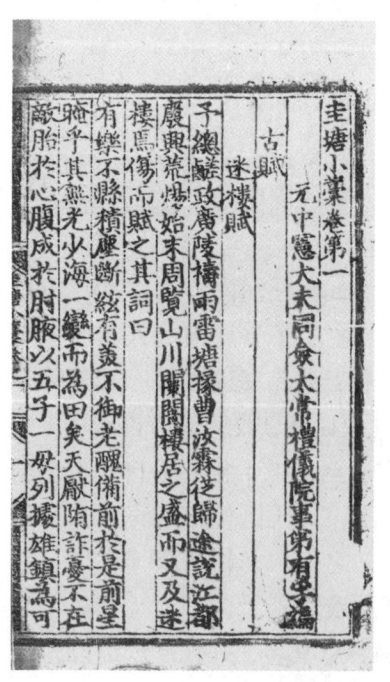

《圭塘小稿》以抄本承传百年，许颙刻之，使化身千百，得以不灭，可谓能告慰先人者。

《圭塘小稿》，明成化六年许颙刻本

## 四、当代名家集编刊

有明一代，豫中名家辈出。明人好编书，亦好刻书。官居高位、富有资财者，多自行刊刻；家贫无力者，亦往往有怜才之士惺惺相惜，资助付梓；郡县官守也多视刊布本地名家集为己任。其间机缘巧合，多可叹可述。

明代去今未远，故明人集存者多。清康熙间周在浚《访求中州先贤诗文集目》，列二百二十家；《中原文化大典·著述典》著录明人诗文集，存者尚有百十八家。今兼顾不同年代、不同类型择要介绍，以见各朝盛衰、名人遭际之不同，以及文献整理流传之概。

（一）明前期名家

滑县宋讷（1311—1390），明代豫中最早之名家。元至正间进士。入明，仕为文渊阁大学士、国子祭酒。卒后洪武帝亲作祭文。论者称，明初文臣，宋讷与宋濂、王祎相羽翼。宋濂、王祎著述，刊行流传甚广，而宋讷《西隐集》十七卷，几于失传。正统间，上海张趋（永乐十二年举人）任滑县教谕，手录《西隐集》一部，任满携归。是为百年间《西隐集》流传唯一线索。成化间，有滑县王崇之者，天顺八年进士，成化七年至十一年任上海知县（《弘治上海志》），于张趋后人处寻得抄本，请翰林侍读学士钱溥（上海人，时闲居于家，详王俟《思轩文集》卷二十二《钱公行状》）校正，序而刻于上海。是为宋集首刻，惜今已失传。

百年后，掖县刘师鲁（隆庆五年进士）任滑县令，访宋氏后裔，得上海刻本，已"烂断污漫，几不可触手接睫。索其副，无有矣"，乃于万历六年重刻于滑县。

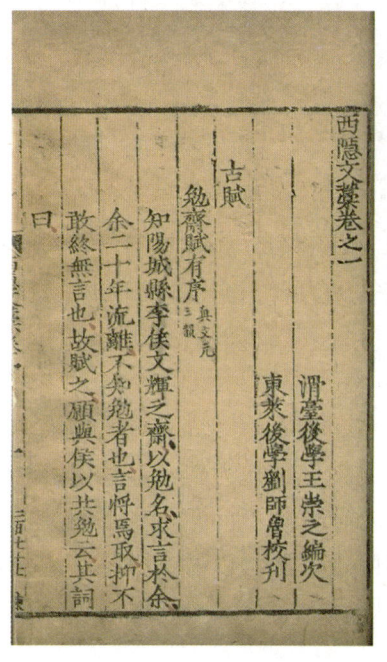

此刻题《西隐文稿》,凡十卷附录一卷。其较原本已少七卷,盖前代流传中,已有残缺。前有大名府推官顾尔行序、刘师鲁后序。刘序述《西隐文稿》流传之事甚详,但未及年代,兹为考订补述如前。宋氏文章,赖此刻得以存续,刘氏之功不可没。

《西隐文稿》,明万历六年刘师鲁滑县刻本

明代豫中理学大家,首推曹端。曹端(1376—1434),字正夫,号月川,渑池人。永乐六年举人。曾任霍州、蒲州学正。一生以传授理学为任,职位虽微而从者众。明中叶以后,声名日隆,后世推为有明理学第一人。其著述生前已有刊行。刘昌《县笥琐探》(《纪录汇编》卷一百九十九)"著书争名"条,载有曹书刊刻遗事一则:

> 《四书详说》,苏州知府况公刻于郡庠,袁铉作序,以为王廉熙阳作,言熙阳丞渑池时,稿留曹端家。刻既成,其书四出。端为霍州学,移文于苏,言《四书详说》乃其所著,《孟子》中有其订定"白马之白"一段。又言熙阳已坐刑,不当有著书之名。熙阳为山西左布政使,以公事死,无害其著书也。端辨《四书详说》为其所著,可也;言熙阳坐刑不当有著书之名,非也。

况钟知苏州府在宣德七年，曹端卒于宣德九年，则苏州府学《四书详说》为宣德间刻，今未见存世。刘昌所述，明人转引甚多，以至端有"辞颇近悁忿，非醇儒象"（黄景昉《国史唯疑》卷二）之论。

月川卒后，门人谢琚编有《年谱》；万历十八年，洧川范守己任山西提学佥事，又撮其要而成《曹正夫先生年谱》。渑池张信民据两谱重编为《明理学月川曹先生年谱纂》两卷，由陕州王以悟订正、曹氏七世孙继儒校录，刻于万历三十四年（后有续补，记事至万历三十九年），是为曹氏年谱存世最早者。此谱卷上记生前事；卷下记身后事，述曹氏著作刊刻情况甚详，且多录序跋。惟记年每有疏误，如苏州况钟刻本《四书详说》记为正统六年事，而据上述当时记载，应刻于曹氏生前。清人编《曹月川先生遗书》，改《年谱》卷下之名为《颂言》，节略、舛误更多。

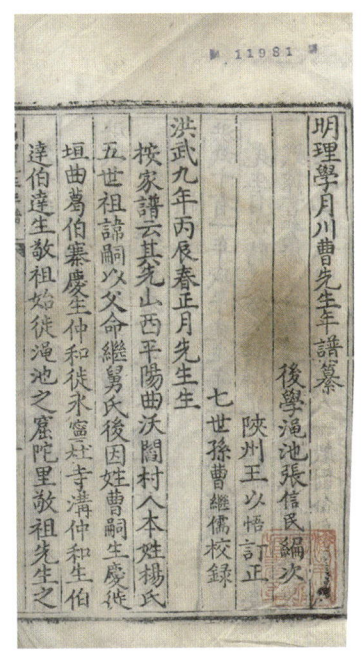

《明理学月川曹先生年谱纂》，明万历间刻本

今据万历本《年谱》，证以存书，述明代曹书刊刻如次。

正统三年，曹端霍州弟子、西安知府郭晟刻《太极图说述解》，湖广都司李铭刻《夜行烛》，为今所知曹端身后刊刻之最早者，俱佚，《年谱》有著录。

正德六年，河南府同知黎尧卿刻《太极图解》一卷，附《西铭解》。原刻不存，《年谱》亦失载，但万历二十一年田可久刻本，系据黎本翻刻，末并存黎氏跋，谓"余索而读之，见其可阶初学也，乃为之补缀以梓"。依此，书中当有黎氏补笔。跋署"正德辛未长至"。

正德十二年，彭泽致书河南巡抚李充嗣，倡刻许衡著作，并及曹端，谓："至于渑池曹先生，子孙则门祚衰薄，遗书亦恐久而散亡矣。……谓于渑池建一正学坊以表章之，而尽录其所遗书，一体编次校正，发河南府，分择贤守令，遽给所费而刊行之，又斯文之幸也。"（正德本《鲁斋全书》卷末）然则月川遗书编刊，却不如鲁斋之幸。约嘉靖间，李濂《与王定斋提学论渑池曹先生书》（《嵩渚文集》卷九十一）称："初，梧山〔李充嗣〕锐意举行，无何代去，事不克终，若有所待而然也。"

但彭书毕竟有所促进，嘉靖三年，渑池知县陈绶（大名元城人，正德十二年进士），刊刻《太极图解》《西铭述解》，序云："彭公一代伟人，最慎许可，而独重乎先生，盖真有见于此也。"其刻亦不存，《年谱》著录，《年谱》及《理学证印要览》并载陈序。

嘉靖二十四年，渑池戴梗（嘉靖十七年进士），在山西按察司佥事任上捐俸刻《太极图解》《西铭述解》。今未见存世，《年谱》著录。

嘉靖二十八年，署渑池知县牛孟耕（山东定陶人）遵河南按察司佥事刘光文之嘱，刻《孝经述解》，亦未见传世。《年谱》载："佥宪刘公按渑，谒先生祠，付署篆牛公孟耕而成者。"并注："时镌刻遗稿，与《程胡传》及《乾坤二卦解》合并为一，今《二解》失矣，可慨夫！"

万历二年，渑池县学教谕宋承殷（陕西凤翔人，嘉靖三十七年举人）刻《夜行烛》一卷（成于万历三年），陕州知州方扬序。原刻缺曹氏自序，万历二十三年，渑池儒学训导潘汲以家藏善本补刻之。今存补刻本。

万历六年，渑池县学训导唐文辉（山东德平人）重刻《月川年谱》，佚，《年谱》著录，并摘录唐序。此盖谢琚所编《年谱》，未详初刻在何时，谢序、唐序尚存于《理学证印要览》。

万历十五年，长垣李化龙任河南提学副使，曾督查渑池曹月川祠祀及著述刊刻，檄文中有"并查生平著述镌刻，以范来后。作速呈来，以凭转报"语，见《年谱》。

万历十八年，月川七世孙继儒，刻《月川先生言行录》四卷、《录粹》一卷，见杜信孚《明代版刻综录》。前者未见，后者今存，为新安理学家孟化鲤选曹氏语录而成，题《月川曹先生录粹》，卷端署曹继儒校梓。万历十八年孟序云："先生七世孙继儒来新安论学，鲤辄忘其愚陋，敬摘先生言之粹者，编次镌梓。……窃附彭保之意欤！"亦承彭泽之志也。

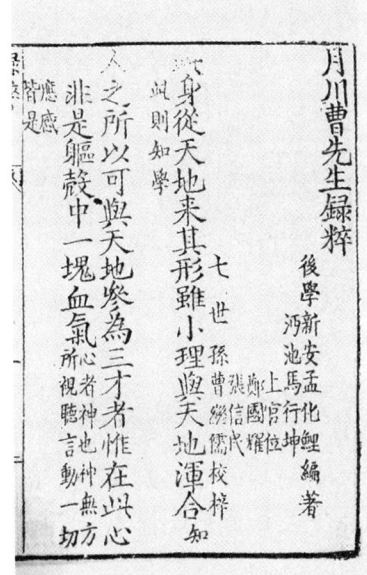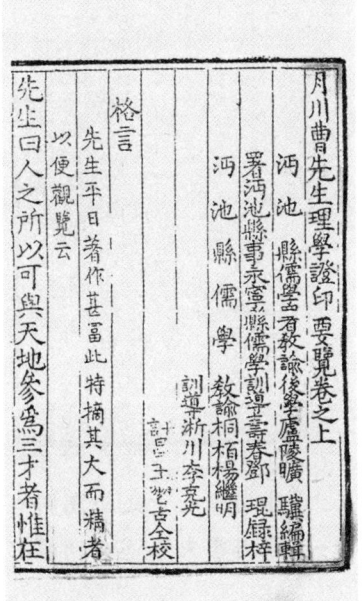

左：《月川曹先生录粹》，明万历十八年曹继儒刻本
右：《月川曹先生理学证印要览》，明万历二十年邓琨刻本

同年，署渑池县儒学教谕旷骥（江西庐陵人）辑《月川曹先生理学证印要览》二卷成，未及刻，迁湖北兴山知县。万历二十

年，署渑池知县邓琨为之序，刻于县署；月川七世孙继祖、继儒，俱与校录事。今存。

万历二十一年，渑池知县田可久（山西高平人，万历十年举人）捐俸重刻《家规辑略》《太极图解》《西铭述解》，见《年谱》。今存后二种，卷端题儒学署教谕越应捷（贵阳人）等校。次年，越应捷还曾捐俸合刻曹月川、薛瑄二人语录，佚，亦见《年谱》。

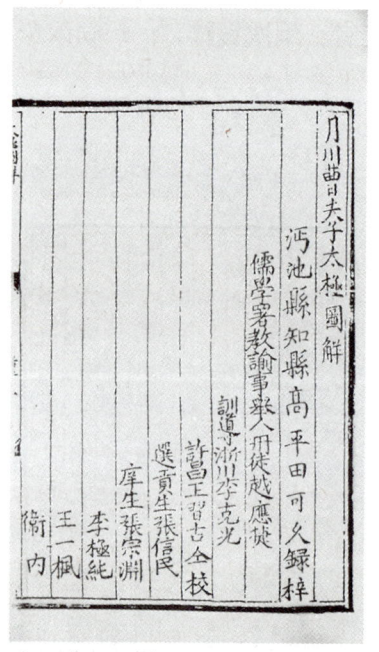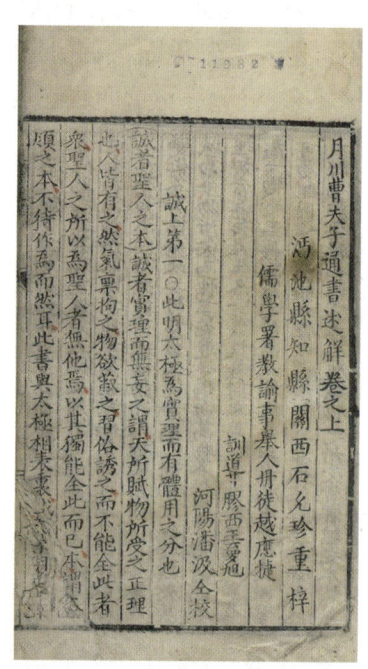

左：《月川曹夫子太极图解》，明万历二十一年田可久刻本
右：《月川曹夫子通书述解》，明万历二十三年石允珍刻本

万历二十三年，渑池知县石允珍（陕西同州人，万历七年举人）刻《通书述解》《家规辑略》两种，今存。两书俱无刻书序跋，《年谱》记《通书述解》刻于本年，失载《家规辑略》。考石允珍万历二十四年调江宁知县（见《万历江宁县志》，《民国渑池县志》记其任年有误），《家规辑略》亦应刻于本年或稍早。

以上明代曹氏著述整理刊刻与豫中相关者，其他无关者另尚有之，不具述。可见明代曹氏著作整理，渑池县公私用力最多，历任知县、学官多曾主持整理，万历间则月川后裔继儒多曾参与。今中国人民大学图书馆藏有明万历间汇印本月川著作九册一函，无总书名，该馆拟名为《曹月川先生遗书》，子目八种：

《月川曹先生录萃》一卷，万历十八年曹继儒刻本
《月川曹夫子太极图解》一卷、附《西铭解》，万历二十一
　　年田可久刻本
《月川曹先生理学证印要览》二卷，万历二十年邓琨刻本
《月川曹夫子通书述解》二卷，万历二十三年石允珍刻本
《曹月川先生家规辑略》一卷，万历二十三年石允珍刻本
《夜行烛》一卷，万历三年宋承殷刻、二十三年潘汲补刻本
《明理学月川曹先生年谱纂》二卷，万历三十四年张信民刻
　　增修本

按，万历二十三年潘汲补刻《夜行烛》，跋云："曹月川先生《夜行烛》，西京宋均已悁[捐]俸金入梓矣，然偶遗原序，殊失作者之旨。今岁夏余分教沔庠，因出所藏善本，捐资补刻，而归其板于曹生继儒，以成先生之全书。"知继儒曾有汇印曹氏全书之意，疑汇印本即出曹继儒。或当时渑池公私所刻，板俱归继儒或曹氏祠。

浚县王越（1426—1499），景泰二年进士，官至兵部尚书，总制三边军务，以军功封威宁伯，加少保兼太子太傅。王越为当朝名将，诗文亦佳，其著述生前曾有刊刻，但已不存。今存明刻本凡五种，其中至少三种与豫中相关。

正德间，贵州道监察御史杨仪出按畿辅，偶过浚县王越故里，慕其为人，遂搜摭遗稿，编为《黎阳王太傅诗选》一卷，嘱大名知府石㯿刻于郡斋，是为正德三年大名府刻本。事具杨仪、石㯿

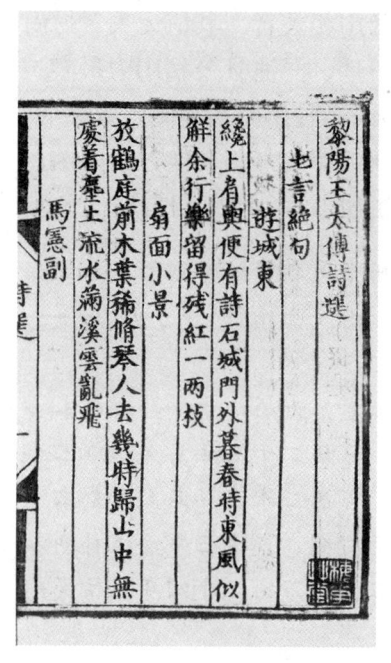

序,唐锦跋。杨仪字宗德,陕西永寿人,弘治六年进士。石禄字允升,滁州人,弘治三年进士。赵长海君考二人序俱为唐锦代笔,见于唐氏《龙江集》卷四。则《诗选》之辑,或亦有唐锦之功。唐锦,上海人,曾任东明知县,正德二年擢兵科给事中。此为王集存世最早者,但仅有诗作。

《黎阳王太傅诗选》,明正德三年大名府刻本

次为高德崇辑《黎阳王太傅诗文集》二卷,所收为成化、弘治间王越贬居湖广安陆时所作。高德崇,安陆人,弘治十一年举人,盖以是得存王越诗文。嘉靖九年,德崇在吴江县学教谕任上,刻于吴江县学。卷前有嘉靖九年吴洪序。

三刻为王越曾孙绍思辑本《黎阳王襄敏公疏议诗文辑略》,嘉靖三十二年刻于浚县。此刻依文体、诗体为类编排,但分卷混乱,页码通编。卷末绍思跋云:"壬子秋,宪副环峰宋公奉命秉钺节镇大名,移檄浚侯陆公刻其集。明年,公以绩最擢礼部,而中山徐公博采大父诗文全集,极力寿之于梓。"宋公即宋淳,字德完,号还峰(亦作"环峰"),浙江开化人,嘉靖十四年进士,三十年以河南按察司副使掌大名兵备道。陆公即陆光祖,字与绳,浙江平湖人,嘉靖二十六年进士,二十七年授浚县知县。中山徐公未详何人,《嘉庆浚县志》载明县学训导有徐公敏者,河间人,或即此人。此本首载制诰,并王越像,末附碑传。卷一前署"曾孙王绍

思顿首辑录",而据绍思跋,中山徐氏亦有辑录之功。

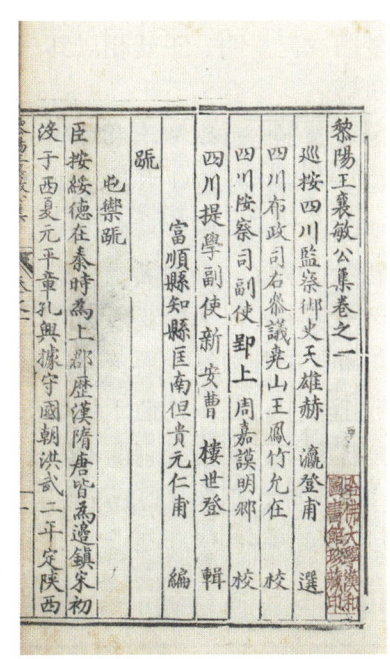

左:《黎阳王襄敏公疏议诗文辑略》,明嘉靖三十二年浚县刻本
右:《黎阳王襄敏公集》,明万历十三年富顺知县但贵元刻本

再晚,有万历间《黎阳王襄敏公集》四卷。此本虽刻于蜀中,但其编选者赫瀛为王越豫中乡人。赫瀛,浚县人,万历二年进士。万历时以监察御史巡按四川,嘱四川布政司右参议王凤竹校刻此集,终于万历十三年,由四川富顺知县但贵元主其事,刻于蜀中。其卷端所署,赫瀛之外,俱四川官员。卷前载嘉靖九年吴洪旧序,万历十三年王凤竹序、赫瀛题辞,末有但贵元跋。卷前又有越之曾孙绍雍、玄孙正蒙所编《太公王襄敏公年谱》等碑传文。

此外,台北"国家图书馆"另藏有明刻本《黎阳王太傅文集》二册,为原国立北平图书馆甲库善本,不分卷,缺序跋,版式字体,似亦甚早。《原国立北平图书馆甲库善本丛书》收录影印。

## （二）豫中五子

弘治、正德以至嘉靖，为豫中文坛顶峰。前七子中，豫中李梦阳、何景明、王廷相居其三，此外何瑭、崔铣，行年相若，亦负盛名，今合为五子，一并述之。

七子之首李梦阳（1473—1530），世为扶沟人，陕西庆阳卫军籍。弘治六年进士。擅一世文名，而仕途坎坷。其本人著述，生前已有刊刻，晚年自汇为《空同集》，嘉靖七年交姑苏黄省曾刻。省曾字勉之，吴中名士，先世为河南汝宁人，生平著述、藏书、刻书俱多。曾从李梦阳学诗。梦阳于《空同集》之刻，寄望甚深，与省曾书凡数往。而黄刻《空同先生集》六十三卷，嘉靖九年始成于吴中，梦阳则逝于嘉靖八年末，竟未及见。此为李氏全集第一次刻本，明代翻刻即不下十种，与豫人相关者凡两刻。

黄刻后不久，曹嘉再刻《空同集》。嘉字仲礼，扶沟人，梦阳同乡，梦阳之甥，正德十二年进士，嘉靖八年至十年任凤阳知府。据称书即刻于凤阳。前有嘉靖十年王廷相序，谓"凤阳守曹君仲礼，空同甥也，以余于舅氏为知友，刻其集而请序"云。末十一年吕柟后序，中有"其甥曹君仲礼守凤阳，将梓行"语，似此时尚未刻成，未悉其故。

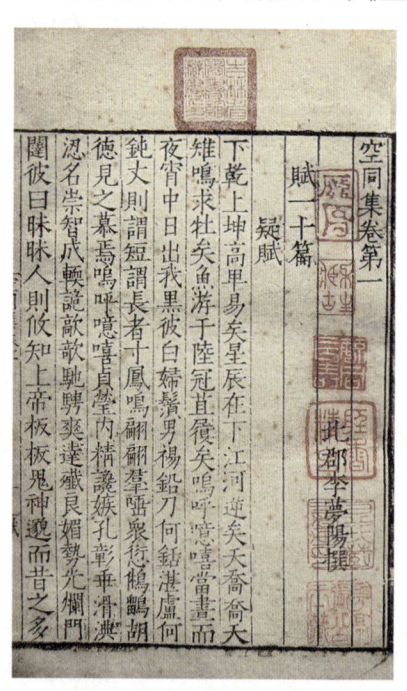

《空同集》，明嘉靖间曹嘉凤阳刻本

此本据黄省曾本重刊，刻印精良，颇受好评。潘之恒曰："曹仲礼凤阳板更精，字画如绣然。"（万历本《空同集》附录二）《增订四库简明目录标注》称："其甥曹嘉选吴下善书者缮写刊行。"则又未详所据。

曹刻书板藏于扶沟家塾，不二十年已散失。嘉靖三十一年，汴梁名宿朱睦㮮，以李集为中州文献，不可或缺，因搜罗旧板，得十之三四，复据黄本补阙正讹，刊于汴梁。朱跋云：

> 初，右使曹君刻其舅氏空同李公集凡六十三卷，藏于家塾。及右使殁，镂板散失。岁辛亥〔嘉靖三十年〕，宫直与槐谢公出参汴垣，谓余曰："李集乃中州之文献也，盍亟收之？"余求其家，无有。及访之它所，仅得十之三四。余乃取吴本补其阙者，正其讹者，增其所未刻者，视旧颇完整。因又取余曩撰公传置之卷首，庶览者有所稽焉。

"宫直与槐谢公"即上元谢少南，字与槐，嘉靖二十九年至三十年任河南布政司左参政。

万历以后，《空同集》大行于世，于是书贾坊间竞相刊布，如万历七年金陵书坊徐廷器刻本，万历三十一年邓云霄、潘之恒校刊本，等等。又，嘉靖九年黄省曾刻本，后世亦有摹刻，极逼真，惟版心无刻工，如日本东洋文化研究所藏本等，今亦多误为嘉靖刻，附记于此。

李梦阳与何景明齐名，世称"何李"。何景明（1483—1521），字仲默，号大复山人，信阳人，弘治十五年进士，授中书舍人，刘瑾专权时辞归。及刘诛，复原职。正德十三年升陕西提学副使，十六年病辞，归里后六天卒，年仅三十九。民国间，乡先贤刘海涵编《何大复先生年谱》（刊入《龙潭精舍丛刻》），中有《大复集刻板源流》一篇，述何氏集明清刻本十数种，近人亦有专文论之，惟往日文献流通不如今日之便，故俱未能赅详。

何氏诗文生前已自行编刻，其姐丈孟洋《何君墓志铭》明言：

"何君有文集、诗集、词赋集,合若干卷,行刻传于世云。"嘉靖十年,王廷相《何氏集序》称:"大复集辞赋三卷,四言古诗一卷,乐府二卷,使集二卷,家集五卷,京集七卷,秦集一卷,内篇一卷、外篇四卷,通二十六卷,别论若干卷,刻在潞州,斯集枣行久矣。"所谓潞州刻本,当即生前所刻者。又《百川书志》著录有《何氏集》四卷,又有《何氏集》二十一卷:辞赋三卷、乐府二卷、诗十六卷,疑亦生前刊本。其初刻原本未见流传。

何氏诗选,今存最早者为《何仲默集》十卷,关中张治道、康海编,嘉靖三年费㸓等刻。前有嘉靖三年唐龙(兰溪人,嘉靖元年继大复任陕西提学副使)序,序末镌"西安门人费㸓、李文华、种云汉、张三畏校刻"。目录后有张治道跋。《嘉靖陕西通志》卷十九记云:"既去,僚友刊其遗稿曰《何仲默集》。"盖谓此刻。《百川书志》著录有《何仲默集》十卷,"张治道得何子诗稿"云,即此本。今国家图书馆、浙江大学图书馆尚有收藏。集中选诗,注出处有"京集""家集""关中集"诸名,俱生前行世者。

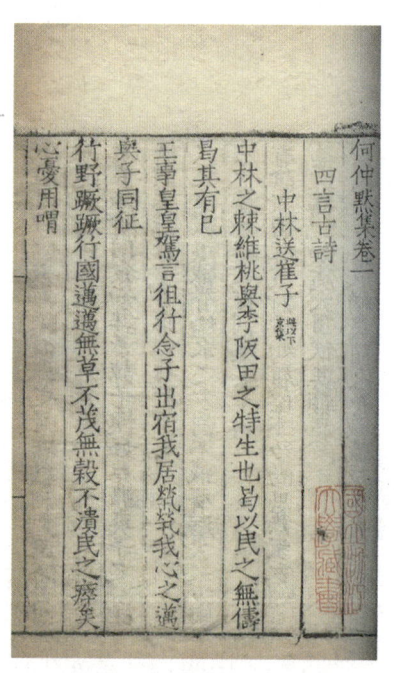

《何仲默集》,明嘉靖三年费㸓等刻本,浙江大学图书馆藏

此刻前有嘉靖三年康海序,云:"十六年秋仲默既卒,又三年,予次第其文为若干卷,首赋,次诗,次文,皆随体区裁,因制列卷,题曰《何仲默集》,录存家笥,以待后来。……方予定次《仲默集》,时值张子时济过予,所见与予甚同,因更与定之如此集云。"

贰：明代中原文献整理　63

则康海尚辑有何景明文，刻否未知。

何氏诗文集现存最早者，为嘉靖间任良榦刻本。良榦字直夫，号南峤，上元人，桂林护卫军籍，嘉靖十四年至二十年任信阳知州。此刻卷端题《何氏集》，署"奉直大夫知信阳州桂林任良榦校"，版心下镌"义阳书院"，世亦称义阳书院刻本。凡二十六卷，首载嘉靖十年王廷相序，篇目卷帙全同王序所述，盖从王廷相所谓"潞州刻本"翻刻，即大复生前自辑者。惟王廷相序，乃受大复甥王朝良之托而作，非为此刻。其刊刻应在任氏任信阳州守期间。义阳书院见于《嘉靖河南通志》记载，谓在信阳州城内东北隅义阳山，《乾隆信阳州志》卷首《城图》，标义阳山在城内北门与文昌阁间。

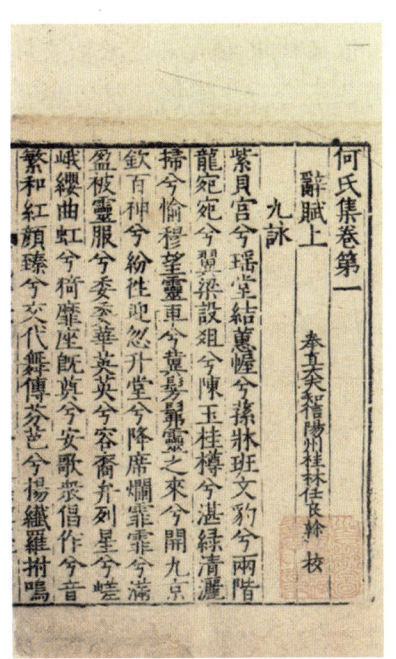 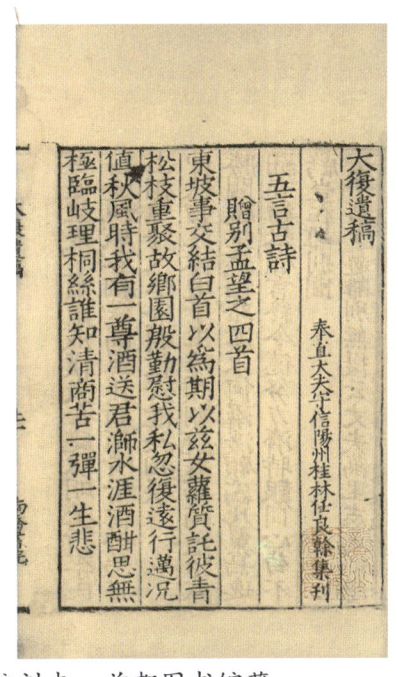

左：《何氏集》，明嘉靖间任良榦校刻本，首都图书馆藏
右：《大复遗稿》，明嘉靖十八年任良榦刻本，福建省图书馆藏

此刻存世者多为重印，重印者剜去卷端"任良幹校"一行，不知其故。其后吴中沈氏野竹斋翻刻此本，行款俱同，删王序而增嘉靖三年唐龙序，世人遂误以野竹斋本为最早。惟沈氏为职业书贾，其本虽摹刻，而较原刊为精。

嘉靖十八年，任良幹又辑刻有《大复遗稿》一卷、《新论》一卷、《附录》一卷。此本有嘉靖十八年李焘序、赵文翰叙，嘉靖十二年许宗鲁《新论序》。按，嘉靖十八年，任氏曾刻信阳戴冠《戴氏诗集》，是年任序中有"余尝刻《大复遗稿》三卷"语，则《遗稿》当亦刻于本年。《遗稿》为何氏集外之作，似应刻于《何氏集》之后。此刻版心下镌"南峤书院"，南峤为何氏号，南峤书院则向未见记载。《古今书刻》汝宁府下，并记有《何氏集》《大复遗稿》，称俱出信阳州。

《何氏集》乃何景明旧刻诸集，依年代汇编成书，未依文体分类，不合全集编例。故，后十余年，袁璨、何立复分类重编为《大复集》三十七卷，嘉靖三十四年由袁璨刊行，盖亦刻于信阳。袁璨籍里未详，大复婿，从军为都指挥；何立字豫甫，大复仲子，嘉靖二十二年举人。

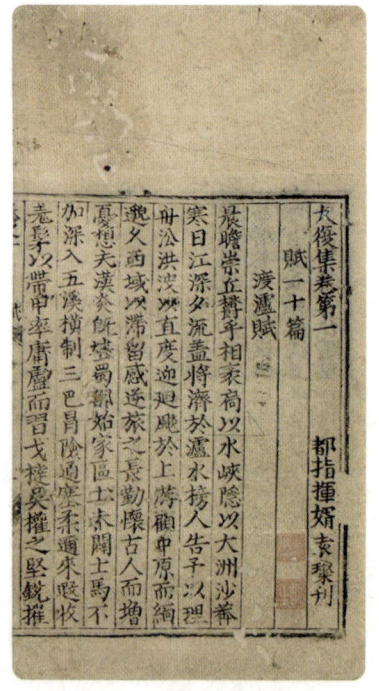

《大复集》，明嘉靖三十四年袁璨刻本，瑞安市文物馆藏

此刻卷端署"都指挥、婿袁璨刊"，卷前除王廷相等旧序外，另有嘉靖三十四年信阳知州、姑苏邹察跋，云：

> 何大复先生文集，刻行海内久矣。有遗稿弗尽录，读者恨不见全编。岁甲寅〔嘉靖三十三年〕春，廉宪及斋魏翁过信阳，首访先生子立，得诗赋若干篇，命察附刊之。既而先生馆甥袁君璨与立校其歌行杂体诸篇并遗稿，分类刻之，凡几卷。刻成，属跋诸末。

及斋魏翁即魏良贵，字师孟，号及斋，江西新建人，嘉靖三十一年任河南右参政。据此，嘉靖三十三年，邹察也曾刊刻何氏遗文，今未见存。

袁璨曾托王世贞作《何大复集序》，王序中有"何子之甥袁燦〔璨〕来谓王生：若为何子叙其遗言"语，署嘉靖三十七年，然不见于此刻而存于后世刻本。盖序晚出，未及刻。

再二十年，又有何洛文重辑三十八卷本。洛文字守图，立子，嘉靖四十四年进士，隆庆三年授翰林院编修，万历时擢修撰，充经筵讲官。《本朝分省人物考》有传。此本万历五年由周子义刻于南京国子监刻，是年子义跋云：

> 集凡几刻，本或阙轶弗全，公之孙伯子汇萃编次，衷为成帙。会典试来南都，及侍御陈君偕，间出以示，侍御谓："南雍故藏书府，四方人士游览者众，是集永足以风，盍刻而藏旃？"爰暨乃僚胡君捐赎镂梓之，诸所订正，悉出伯子。……陈君名堂，南海人；胡君名秉性，信阳人，与伯子同里。

所谓典试，谓万历元年顺天府乡试，时洛文以翰林院编修为考试官，陈堂以南京都察院湖广道监察御史为监试官。（见《万历元年应天府乡试录》）子义时为南监司业（隆庆六年至万历五年任，见《南雍志》），曾主持刻书多种；其与洛文为同年进士、翰林院同寅，盖以洛文为何立长子，故以"伯子"呼之。秉性与洛文不仅有同乡之谊，又为同榜举人，万历二年任南京都察院山东道监察御史。

此本卷端书名改为《何大复先生集》，其中杂论《何子》袁璨本未收，此则编为卷三十，其他文章，略有增删，故卷帙有差；此外卷前增王世贞序，卷末增《何先生墓碑》《皇朝中州人物志》等为附录，俱嘉靖末、万历初文。版心镌刻工姓名有数十人之多，盖皆南雍监生，亦南监刻书惯例。《南雍志》卷十八记有此刻："《何大复文集》，计六百三十面。仲点注，司业周子义校刻。"面数与存本正合，惟"仲点注"不知何谓。

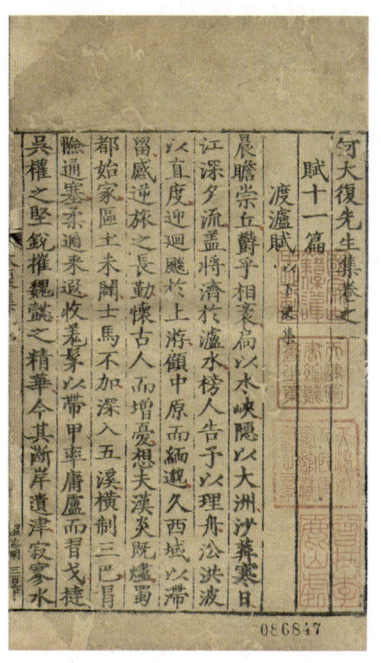

《何大复先生集》，明万历五年南京国子监周子义刻本，天津图书馆藏

此本亦有翻刻，不详于何时，似坊间所为。翻刻本行款俱同，版心无刻工；卷前王廷相序署期，嘉靖十年改为嘉靖十六年。翻刻且不止一种。其一种卷前康海、王世贞序字体仍旧刻，如国家图书馆藏本（书号09888）；另一种二序为草书，如《明别集丛刊》影印者是，似更晚出。二者正文虽肖似，但非同版。

此外明人选刻本何氏集尚有多种，其源不外以上诸本。

四十年前，予游学信阳，校舍去何氏家祠仅数百武，而未能一致敬焉。星移斗换，今则不复旧貌，追悔莫及。吾师李叔毅有《何大复集》校点，今先生亦已作古，思之慨然，故于大复集辑录版刻源流，稍详述之，借此寄怀云。

七子官阶最高者为王廷相。王廷相（1474—1544），字子衡，号浚川，仪封人，弘治十五年进士，历官至督察院左都御史。其于中原文献刊刻，有唐沈佺期、宋之问诗集，已见前述。其自著亦丰，高拱《浚川王公行状》称：廷相"好著述，老而不倦。在翰苑有《沟断集》，为侍御有《台史集》，在赣榆有《近海集》，在松江有《吴中稿》，在四川有《华阳稿》，在山东有《泉上稿》，守制时有《家居集》，在湖广有《鄂城稿》，为侍郎有《小司马稿》，在南京有《金陵稿》，总括之为《王氏家藏集》云"。今台湾傅斯年图书馆存明蓝格抄本《沟断集》《台史集》《泉上稿》《家居集》《近海集》《吴中稿》《鄂城稿》《浚川集》。嘉靖十二年，廷相以南京兵部尚书升左都御史，在督察院又有《内台集》，凡嘉靖十五年、十八年两刻，后者今存。此外《慎言》《雅述》等著述单行者，生前亦多刊刻。惟著述汇为《王氏家藏集》，自明代以来各家记述不一，迄今未得明了。

《王氏家藏集》初为廷相自辑诗文集，乃依文体分类重编，并非以时为序汇录《沟断》等旧集。嘉靖、隆庆以降，不断增刻汇印，内容、卷帙遂不相同。

今通行本《王氏家藏集》为四十一卷，增益痕迹尚在。卷一至二十为诗（含赋体），卷端题"门人邬绅、汤绍恩、余承业校正"。此二十卷为《家藏集》刊行最早者，为时应在嘉靖十二年入京后不久。锺芳《王氏家藏集序》（《筼溪文集》卷六）云："仪封王浚川先生诗集二十卷，诸体略备，名'家藏'者谦，若曰姑存手泽云尔，无庸传也。"锺芳字仲实，崖州人，嘉靖十一年以南京太常寺卿升南京兵部右侍郎，与廷相同官，次年改户部右侍郎，十三年致仕还琼山。序之作当在嘉靖十三年致仕前。嘉靖十九年《百川书志》著录二十卷本，应即此。

通行本卷二十一至三十三为杂文，三十四至四十一为杂著，卷端无校正者姓名，此外版式与前二十卷同。全书各体俱备，体例划一。前有嘉靖十五年唐龙（五月）、杜柟（五月）、栗应宏（六月）序，四十一卷本刊行，当在此年。嘉靖十五年七月张鹏《刊内台集序》云："其他生平文章诗赋则有《家藏集》，已先刻之，为世宝矣。"未悉谓二十卷本抑四十一卷本。若谓前者，则"文章"二字后应断句。

继之，又有五十四卷本，乃附《慎言》十三卷于后，编为卷四十二至五十四。《澹生堂书目》《千顷堂书目》《传是楼书目》俱著录有五十四卷本，应即此本。今日本尊经阁文库尚有藏本，见"日本所藏中文古籍数据库"在线目录。此本疑嘉靖二十三年廷相卒后，由其后人汇印。另中山大学图书馆著录有五十四卷广东重刻本，未及检阅。

再晚，又有五十八卷本，系五十四卷本合《雅述》二卷、《丧礼备纂》二卷汇印。存本《雅述》上篇，卷端有"王氏家藏集卷之五十五"字样，下篇则无。存本《丧礼备纂》则无"王氏家藏集"标识。《丧礼备纂》为张卤校订。依张卤序，是书初由廷相长子旒、孙征逸刻于嘉靖四十年。五十八卷本汇印，当在此后。

随后，又有六十五卷本，朱睦㮮《万卷堂书目》及《万历开封府志·艺文志》著录，应为五十八卷本增《内台集》七卷而成。

汇印本中，卷首或载张卤所撰《少保王肃敏公传》，中曰："公平生所著，有《沟断集》……《金陵稿》《丧礼备纂》《慎言》《雅述》，总之为《王氏家藏集》六十卷。"所述内容与五十八卷本同，但卷帙差二，未悉其故。《传》文张卤衔题为"都察院右佥都御史"，考张卤隆庆五年拜南京都察院右佥都御史，以思母弃官归。万历六年诏守旧秩（冯琦《宗伯集》卷十七《大理卿浒东张公墓表》），故《传》当作于隆庆末万历初。凡载此《传》者，则当汇印于隆庆五年以后。

以上《王氏家藏集》汇编汇印为时约略可考者，为地应在仪封，故宜称王氏家刻本。其后为时不可考者，又有七十八卷本，增《公移集》三卷、《奏议集》十卷，中山大学图书馆藏。

其单行诸书，亦有汇印者，如台北傅斯年图书馆藏《浚川奏议集》《慎言》《浚川驳稿集》《丧礼备纂》《内台集》《雅述》《浚川公移集》，七种三十五卷，总名《浚川全集》；上海图书馆藏八种四十二卷，总名《王浚川所著书》等。至于何人何时汇印，殊难考订，总名大抵亦后人所命名。其可知者，书板藏于仪封故里。清顺治间，兵备道、按察司佥事杨时荐督邮河南，驻仪封，曾搜寻原板，为之补刻重印，详后。

《王氏家藏集》嘉靖原刻本流传甚罕，所知者，仅国家图书馆藏三十卷残本一部。

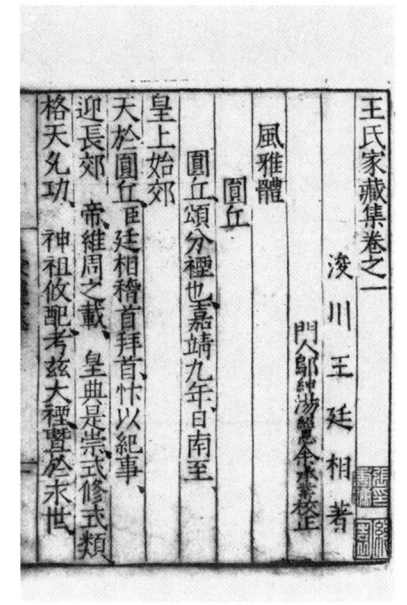

《王氏家藏集》，明嘉靖间刻本，国家图书馆藏

以后重刻，至少有两种，俱摹刻，初视逼真原刻，细审则字画卑弱，已失嘉靖风骨。其第一种有天津图书馆藏顺治间印本，未详为明代重刻，抑或杨时荐补刻；同版者有美国柏克莱加州大学东亚图书馆残十七卷本、北京大学残三十卷本、复旦大学三十四册本（1444）等。第二种有祁县图书馆藏本，较前异者，字画左撇稍长，多接界栏，右捺收笔细，而前刻短促，似较前刻更晚，即顺治以后刻；同版者有国家图书馆藏残二十卷本（03276）、复旦大学藏三十二册本（1229）、台北"国家图书馆"藏本、澳门大学藏本等；台湾藏本十八册，为卢氏抱经楼旧藏，见于《抱经楼书目》著录，刷印当在乾隆前。以上诸本，今诸家收藏大都著录为嘉靖刻本，实误。

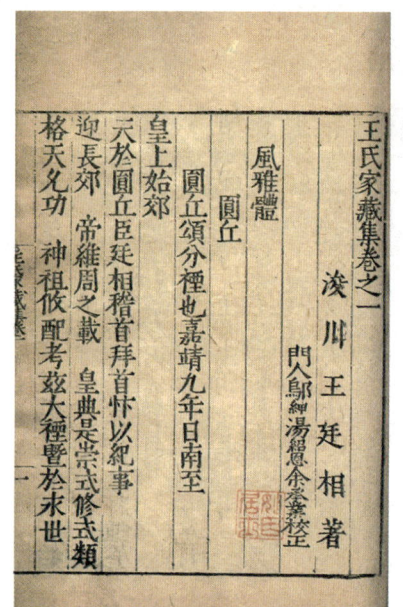 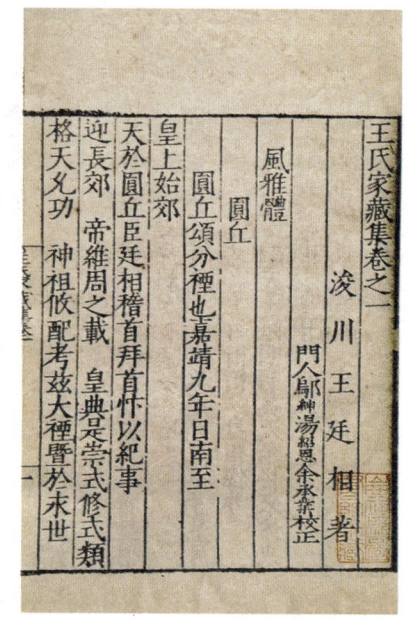

左：《王氏家藏集》，重刻本之一，清顺治十五年印，天津图书馆藏
右：《王氏家藏集》，重刻本之二，祁县图书馆藏

何瑭（1474—1543），字粹夫，号柏斋，怀庆卫军籍，弘治十五年进士，历官至南京都察院右都御史，为当世通才，然著述生前未曾刊刻。晚年，门人娄枢、王西星请梓其文，为瑭所拒。

万历间贾待问《重刻何文定公全集序》，谓何氏文集最早为郑王编刊："斯集也，郑王殿下始校编刻之。"贾刻本并载嘉靖二十八年郑王《柏斋文集序》，云："刘才父氏所携，及柏斋子光祖家说稿，余并校定，为篇二百八十有六，为卷十，凡阅岁而梓人告成事。"

郑王与何瑭有姻亲，郑世子载堉为何瑭甥，其律数之学即受之何氏。郑王刻其书，固有以也。然所谓"刘才父氏"，则未详所以。按，郑藩在怀庆府，时郑王为郑恭王朱厚烷。今传世有《柏斋文集》十卷刻本，凡文九卷，诗一卷，卷端不署撰人，国家图书馆等有收藏。王君永宽以卷帙、篇数断即郑藩刻本。观其版式风格亦差似嘉靖间刻。

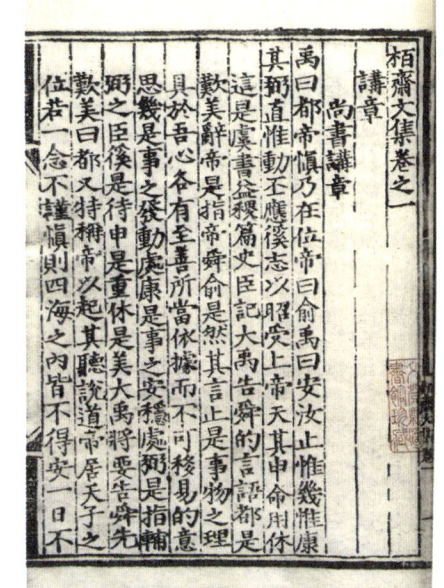

《柏斋文集》，明嘉靖二十八年郑藩刻本，文登市图书馆藏，与国家图书馆藏本同版

贾待问重刻本又载嘉靖末许宗鲁、孔天胤、吴三乐序，味三序之意，似十卷本辑者即刘泾，或"才父"即泾之别号？泾字叔清，号次山，直隶靖江人，怀庆卫军籍。何瑭门人。嘉靖二十六年进士。历凤翔、登州知府，山西按察副使。事具《国朝南征录》卷九十七《山西按察司副使刘公泾墓表》，诸方志亦载其人。许宗鲁序署嘉靖三十七年，云："凤翔郡守刘君泾，学于先生，亦既入室，珍藏所集，垂示世代。"是泾任凤翔知府任上事。孔天胤序作于嘉靖四十一年，谓："近次山刘君始广师门之传，录其所述，又列系理学名臣之书，令潜德之光，与薛文清等后先相望。……遗文九卷，诗一卷，都为一集。……嘉靖壬戌之秋九日，会次山按节汾郡，出此语就正，且奉命焉。"吴三乐序无署期，署衔山西左布政使，云："先生门人、宪副次山刘君，尝珍其集，间以示予。……予特论而著之，嘉刘君表章之志，而因以勖吾党之士云。"序称刘泾为"宪副"，是已任山西按察司副使。据崔建英《明别集版本志》，其所见嘉靖本亦有吴三乐序。似三序皆嘉靖刻本重印时增补。

嘉靖三十三年，又有周镐刻八卷本《何柏斋文集》于徽中。镐字元化，汲县人，嘉靖二十年进士，三十一年至三十六年任池州知府。周氏热衷乡邦文献，同年在池州任上，还曾刻安阳崔铣《洹词》。《何柏斋文集》卷前，有嘉靖三十三年周镐《刊何柏斋先生文集序》。

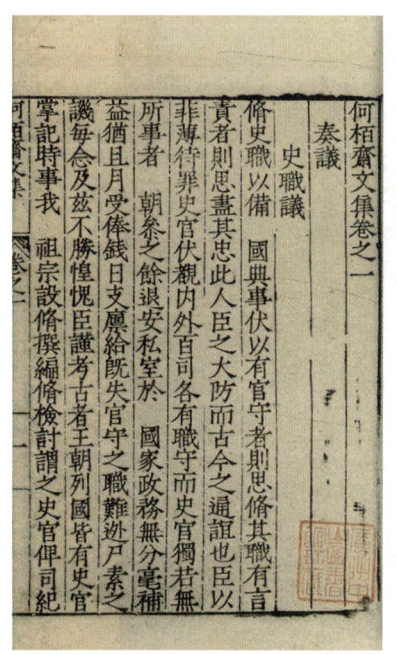

《何柏斋文集》，明嘉靖三十三年周镐刻本

周刻书板携归汲县，故又有马汝彰增刻十卷本。汝彰亦汲县人，字存美，嘉靖十一年进士，历官至云南左布政使，嘉靖二十九年致仕，年甫四十六，优游林下十六年。其增刻本前八卷用周板，末增刻何氏《阴阳管见》《乐律管见》为卷九、《医学管见》为卷十；卷首周镐《刊何伯斋先生文集序》，首页径用原板，以下略改其文，署嘉靖甲寅（三十三年）马汝彰名，殊不可解。

万历初，怀庆府再次刊刻何集，经两任知府而成。初由贾待问（直隶威县人，隆庆二年进士，万历元年至四年知怀庆府）重编，贾序云："斯集也，郑王殿下始校编刻之；池州太守、卫源马公复校编重刻焉。暨予重编定，始终凡三刻。兹本一予所校者也。""池州太守"为周镐，非马汝彰，盖其所见为马序十卷本，因而致误。万历四年待问调松江知府，继任者胡汝钦（直隶定兴人，隆庆二年进士，万历四年至八年任）踵其事，刻于万历四年夏。目录后列有校刊者姓氏十八人。此本卷端书名《何文定公文集》，贾序则称《何文定公全集》，凡十一卷，未收《阴阳管见》等单行者。卷前并存前述郑王、许宗鲁、孔天胤、吴三乐旧序。

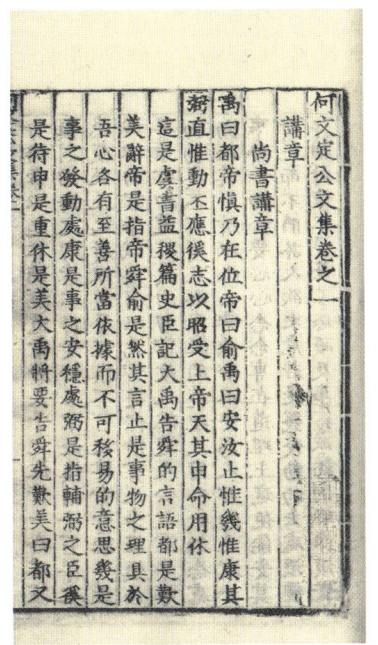 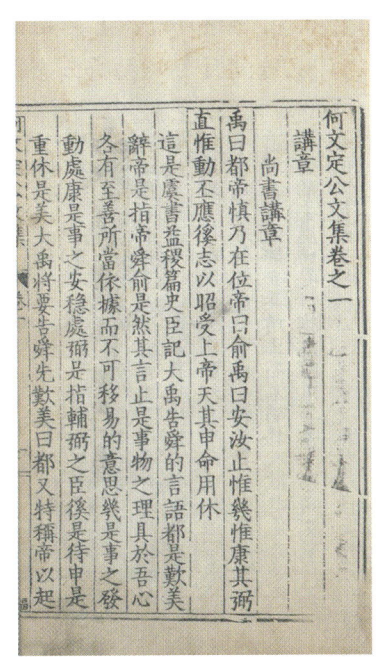

左：《何文定公文集》，明万历四年怀庆府刻清道光间递修本
右：《何文定公文集》，明万历八年张中鸿开州刻本

贾待问此编，以求全责备为旨。刻成之后，其师仪封张卤，又欲择其精粹为选编，因嘱开州知州张中鸿（山东滕县人，万历八年进士）董其事。张以故未能编选，仅据万历四年怀庆府本翻刻，仍名《何文定公文集》，万历八年再刻于开州。其刻前有张卤序，并载张卤所作《何文定公传》于首。张卤序称，选开州刻何氏书者，以正德八年何瑭曾贬开州同知故。

何瑭杂著《阴阳管见》《乐律管见》《儒学管见》《医学管见》四种，亦有汇编，《万卷堂书目》著录有《柏斋四集》，《澹生堂藏书目》著录有《何柏斋管窥》四卷。其中《阴阳》《乐律》《儒学》

三种，又有彰德府赵藩汇刻本，题《柏斋三书》，崔铣为之跋，推崇备至，盖为崔铣所辑。范守己《曲洧新闻》卷一云：

> 何侍郎瑭，曾作阴阳、乐律、儒学各《管见》，赵王摹印以传，目为《柏斋三书》，崔太史铣跋其后曰："何子超卓之见，具此三书，可谓前无古人。"……又有《医学管见》，其论风痹痿厥、伤寒心痛及相火虚损诸章，有以发前人之未发，医书所当收录者，而太史不之及，岂当时偶未之见耶？抑以其医家者言不之重？

此刻宝文堂、万卷楼、天一阁诸书目均有著录，今已不传。

崔铣（1478—1541），字子钟，号后渠，彰德府安阳县军籍，弘治十八年进士，历官翰林院编修、南京国子监祭酒、翰林院侍读学士等，一生仕途坎坷，三次被贬。居家则潜心问学，校订前人典籍甚多，自著亦丰。所纂《彰德府志》，义例严谨，为豫中旧志典范。其他杂著如《读易余言》，生前曾自刻。诗文集《洹词》，以乡境洹水为名，盖亦自辑，首为赵王府味经堂刊刻。

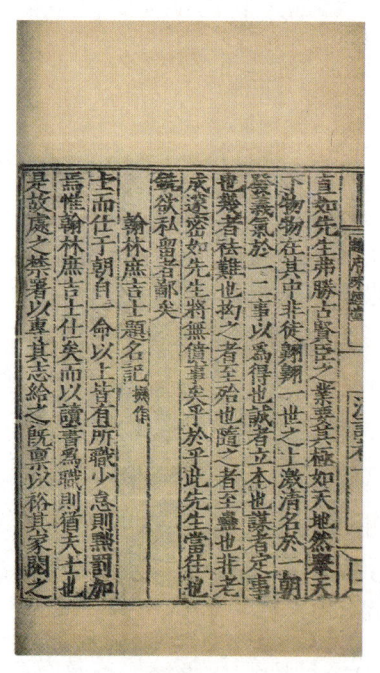

《洹词》，明嘉靖间赵府味经堂刻本，河南省图书馆藏

赵藩在彰德，时赵康王朱厚煜好文学，门下宾客甚众，后七子之一布衣谢榛，曾居赵府三十余年；崔铣与康王交好，多有诗

文酬作。崔辑何瑭三书，亦赵府刻。此刻《洹词》依年诠次，不分体，起正德五年，止嘉靖二十年崔氏卒，凡馆集、退集、雍集、休集、三仕集，计十二卷，书口镌"赵府味经堂"。存本未见序跋，故不详刻于何年。集中有《患病乞休奏》，作于嘉靖二十年四月，是年五月铣卒；而嘉靖二十六年赵王《四溟旅人诗叙》，已言及《洹词》之刻，则刻当在嘉靖二十至二十六年间。此刻书板存世较久，历代屡有递修重印。所见国家图书馆藏本刷印较早，保存完整，但书板已有断口。他如北京大学藏数本，多为后印或补刻。《明别集丛刊》所据底本，则已有缺页。

嘉靖二十八年，王引年曾重刻《洹词》，今未见存世。是年王氏所作《崔后渠洹词叙》尚存于后世刻本中，云："予尝玩味其词，爰重刻之。梓人告成，乃赘诞言以蔀诸右。"署"紫野王引年"。清雍正二年刘而位《补修崔文敏公洹词叙》称："《洹词》一集，相传始刻于赵藩王，其岁月已无可考；重刻于武安王紫野先生，则嘉靖己酉年也。"引年，武安（时属彰德府）人，嘉靖十四年例贡，四十年任稷山主簿，紫野盖其字号；长子易知，嘉靖三十年援例任鸿胪寺序班。武安曾为其父子立天恩坊，未详何事。王氏叙文颇劣，空乏无物，徒虚张气势而已。叙称《洹词》为十二秩，盖据赵府刻本，未变其体例。

嘉靖三十三年，汲县周镐任池州知府时，嘱贵池教谕范蒞，据赵府十二卷本略为删削，依文体重编为《崔氏洹词》十七卷，并辑其杂著为附录四卷，共二十一卷，由同僚捐资，刻于池州。是为《洹词》三刻，《古今书刻》列有此本。书末周镐跋云：

《崔氏洹词》者，安阳后渠先生所著。其版藏于赵藩，得者艰焉。……余生于先生乡，得闻先生讲学履道甚详，每饬躬励政，以先生集龟勉为师鉴。岁癸丑，承乏池阳，出先生集于诸僚长。时吉水张君、长汀赖君咸曰："先生议道准圣，论政必综典，诚为治标矩也。"各欲捐俸以梓其传。适夹江毛君以翰林倅兹郡，喜曰："是吾志也。"欣共成之。遂命贵池儒学署教谕范蒕，别其体裁，分类汇次，厘为十七卷，以杂著为附录，将以便稽览，将以永传也。

范蒕，平乐人，嘉靖三十一年举人，历仕至知县。张君即张鲁，江西吉水人，嘉靖三十二年以乡举授池州同知。赖君即赖洽，福建长汀人，选贡，嘉靖二十五年任池州通判。毛君即毛起，四川夹江人，嘉靖二十六年进士，三十二年谪池州推官。俱见《万历池州府志》。此本首载王引年叙，故或以为周本即王引年刻，非。周序言编纂、刊刻始末甚详，与王刻无关。惟不知何故而载王序于前。

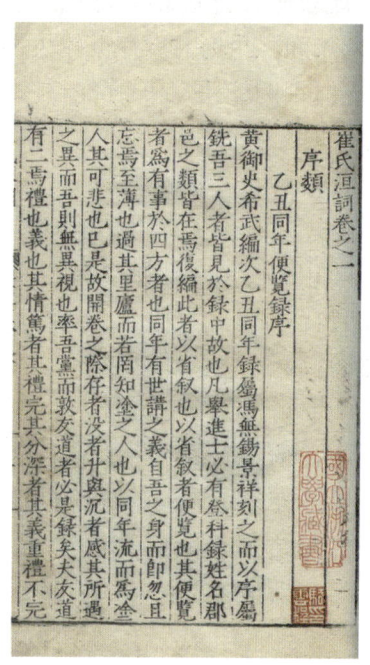

《崔氏洹词》，明嘉靖三十三年周镐等池州刻本，浙江大学图书馆藏

（三）明中后期名家

郭维藩（1475—1537），字价夫，号杏东，仪封人。正德六年进士，历官至翰林院侍读学士，掌院事。

郭氏著述有《经筵》《南雍》二稿，盖无意传播，未曾刊刻。卒二十余年后，嘉靖四十年，其门人德清蔡汝楠来任河南巡抚，访其家，求二稿观之，不可得，止得遗文若干卷，乃编为《杏东先生文集》十卷，四十一年嘱河南左布政使、长治赵希夔刻之，"方伯赵君希夔，得汝楠手授，命工雕刻，仅匝月工已竟"，可谓神速。卷前有嘉靖四十一年蔡汝楠序，书后附蔡氏所作《郭先生暨配胡宜人合葬墓志铭》，并有同年赵希夔后序。此刻若出公帑，则可列为河南布政使司刻本。

《杏东先生文集》，明嘉靖四十一年赵希夔刻本

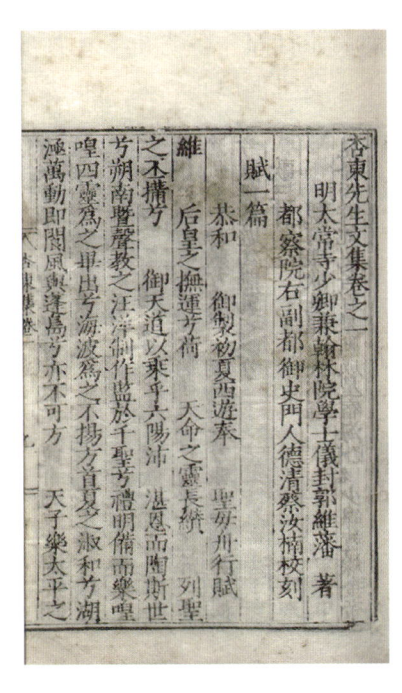

郭与蔡本无师弟子谊。嘉靖十一年会试，郭以翰林院侍读学士为考试官，蔡为本年进士，故有门人之称。时所编《嘉靖壬辰科进士同年序齿录》，郭为作序。及蔡汝楠巡抚河南，同年多已离仕途。蔡汝楠《合葬墓志铭》云："其初所举三百人，先后沦落，多去仕版，惟是少傅大学士李公本、大司空雷公礼……凡十四人在位。……乃少司空朱公，叙少傅以下诸公意，移之书曰：'吾属得阶先生一日之鉴，以至于今，未有以报先生也。'"《合葬墓志》之作及文集辑刻，此为其因。郭维藩诗文，多台阁气，未见精彩，《四库提要》列入存目，谓"皆乏深湛之思"，并指蔡序"维藩存日无意传其词章"语，"亦道其实也"。其作竟因门人成一方诸侯而传之不坏，幸也不幸，殊难言说。此可以见旧时科场乃至官场一斑，亦可以见所谓文献不尽为精华云。

卢柟（1507—1560），豫中旷世畸人，字子木，又字次楩，浚县人。曾入太学。其诗文超迈，而不能俯就绳墨，故屡试不第。后被诬杀人论死罪，备受酷刑，濒死者再。一时名流谢榛、李攀

龙、张佳胤、陆光祖等识其才，鼎力相救，得不死。系狱凡十二年，父母俱以亡，两子亦殇。晚岁落魄，醉酒三日卒。王世贞为作《卢柟传》(《弇州山人四部稿》卷八十三)，冯梦龙《醒世恒言》有《卢太学诗酒傲公侯》述其事。柟生逢不幸而文采横绝，以一布衣而《明史》为之立传，才情遭际，堪与山阴徐文长并。其著述流传，亦历尽曲折，迄未有点校整理，今为详述之。

嘉靖二十二年，卢柟在狱中，自辑诗文为《蠛蠓集》而序之。后七子之一谢榛，曾携至京师求助。王世贞《卢次楩集序》(《弇州山人四部稿》卷六十四)曰：

> 谢生者，故尝识卢柟次楩，携其所著书来游京师贵人，出诵之，泣曰："卢生且死矣，此乃死杯酒睢盱间，宁杀人耶？象之焚齿也，孔翠之断以羽也，殆类之矣！"

柟有挚友张佳胤，四川铜梁人，嘉靖二十九年进士，三十年授滑县知县，三十四年升户部福建司主事，出使闽中，过邺都，柟以刻书相托。万历二年佳胤《刻卢山人诗集序》追忆道：

> 嘉靖乙卯，余使闽，投马邺都。卢仲木山人从浚来，出所著《蠛蠓集》，顿首请曰："柟死罪，徼惠于足下，幸不弃诸市。今老矣而无后，所与为后者，斯言尔。藉第一旦填沟壑，世复有知柟者哉！"言讫，泣数行下。余受书卒业，稍加评次归，而许之以异日寿诸梓，相与痛饮达旦。

此后佳胤宦海沉浮，刊刻未果。次年，王世贞以刑部郎中察狱大名，赍礼驰书卢柟，求其文，并邀一见。王世贞《卢柟传》载：

> 吴人王世贞治狱大名，飞书大伾山中，勒邑吏具笔札，受柟所著集若干卷。……至是见世贞郡台，把臂为布衣饮三日，酒语慷慨，恨相见晚也。

世贞书存于《弇州山人四部稿》卷一百二十七，柟复《答王凤洲郎中书》(《蠛蠓集》卷一）云："鄙作诗赋，谨装六册呈上，拙文数卷，未及缮完，容嗣觅文幕。"

其后，世贞选其诗赋为《卢次楩集》，序而刻之。是为卢集选本首刻，惜今不传。世贞序中未及楩之卒，故此刻在其生前。序中有云："予所取次楩者，赋二卷，诗一卷。"但诗一卷或未及刻。《弇州山人四部稿》卷一百五十《说部》又称："吾尝合刻卢次楩、俞仲蔚及茂秦集，盖取次楩骚赋、俞五言、古谢近体为一耳。"嘉靖四十五年无锡俞宪刻《卢次楩集》，小序谓世贞刻本云："序称'赋二卷，诗一卷'，及考《集》中无诗，与序不合。"

嘉靖三十九年，卢楩临终，再托遗稿于同乡友人孟思。孟思《与张崌崃》书（《孟龙川文集》卷十一）云：

> 卢次楩方疾病时，思就之永诀，卢曰："楩不才，妄为诗赋数十百篇，然不皆善。君为汰其杂冗，梓而行之，死且不朽。"方欲取之，而有承其乱命者取去矣。

嘉靖四十五年，俞宪从王世贞刻本中选赋十二篇，并附卢楩出狱后游江南、赠无锡人诗作三首，编为《卢次楩集》一卷，刻入《盛明百家诗》。是为现存卢集最早之刻本，但仅为诗选。

正德间，有东明穆文熙、石星者，盖以卢诗无刻本，乃辑录卢楩诗为《卢次楩诗集》二卷，正德五年由张正道刻于东明。文熙字敬甫，号少春，嘉靖四十一年进士，隆庆间历工部、礼部员外郎，尚宝丞，吏部稽勋考功郎。（详于若瀛《穆公行状》，《弗告堂集》卷二十四）石星字拱辰，号东泉，嘉靖三十八年进士，隆庆元年选吏科给事中，次年以建言忤，诏廷杖六十，黜为民。杖几死。文熙护之，解官送星归里。神宗即位，复起吏科，升尚宝司少卿。（赵南星《东泉石公墓志铭》，《赵忠毅公集》卷十四，等）正道字可守，四川潼川人，隆庆二年进士，时任东明知县。

此刻卷前有隆庆五年张正道序，云："余从东泉石公游，得见其诗，因识其概，而深惜次楩之才之不售也，又惧其文之与人而俱没，遂谋诸梓，以广其传。"仅言石星，未及穆文熙。张佳胤《刻卢山人诗集序》云："比者东明穆敬甫考功、石振［拱］辰符卿，刻山人诗二卷……山人素未尝从两君游，而两君慕义怜才，可谓笃矣。"知穆氏亦与其事。按，东明与浚县为邻，同属大名府，则是刻不仅慕义怜才，亦以存乡邦文献。此本流传极罕，仅南京图书馆藏有孤本。

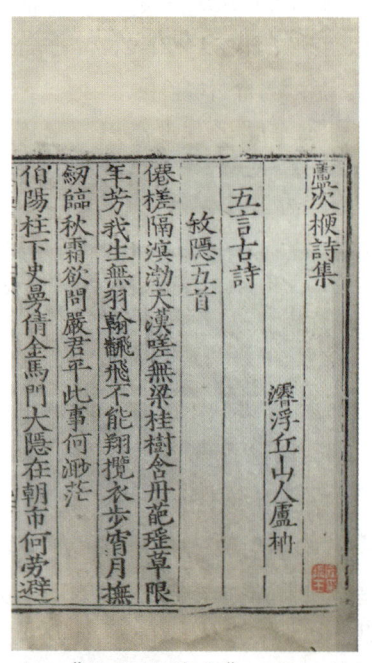 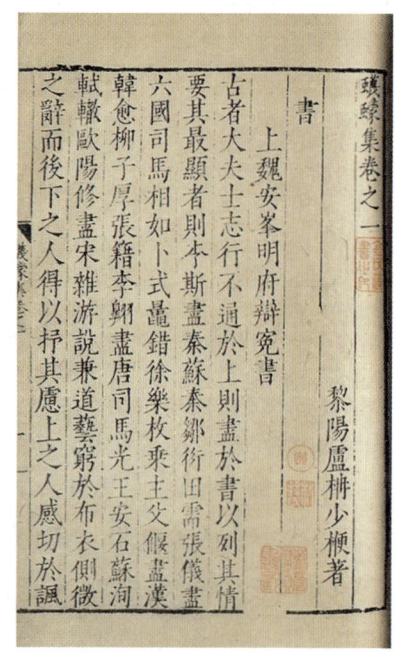

左：《卢次楩诗集》，明正德五年张正道刻本
右：《蠛蠓集》，明万历二年张佳胤刻本

万历初，张佳胤以右佥都御史巡抚应天，于南京友人姚汝循处见"邺都旧本"《蠛蠓集》，抚卷叹曰："又何能食前诺，负山人地下哉！"遂请友人周诗删定，付之刊刻。姚汝循字叙卿，浙江永康人，南京锦衣卫籍，嘉靖三十五年进士。四十三年任大名知府，盖以是得有卢集。周诗字汝学，又字兴叔，钱塘人，亦嘉靖三十

五年进士，时任南京通政司右通政。

书刻成之万历二年春，张佳胤正受弹劾，正月调南京别衙门用（见《明实录》），欲奉母西归四川故里。适接穆文熙、石星书，遂于三月初一日作《刻卢山人集序》，并以书板托付穆、石二人。四月，佳胤得准回籍听调（《明实录》）。临行，以书板交门人、卢柟中表宋有孚，托宋转穆、石。而事后佳胤得知，有孚私撤序文，以书板售吴中某人。佳胤《与石太仆拱辰》（《居来先生集》卷五十六）云：

> 《卢次楩集》，生梓完以付其中表宋有孚者（宋知天文，乃生门下人也），别具一书，以此刻托足下与少春，而生遂西还。岂知宋子无赖，闻毁生之序，而以板卖吴中人。盖小序中诵二公高义，而颇言卢之见憎于浚人，岂宋之意出此耶？殊可恨也！

此刻《蠛蠓集》为卢氏晚年自编诗文全本，亦其诗文集之首刻，凡文二卷，赋一卷，诗二卷。版心刻工何器、何经、王约等，多吴中人，或谓刻于太仓。初印本前有万历二年张佳胤《刻卢山人集序》、万恭《蠛蠓集序》，嘉靖二十二年卢柟自序。张序中有"属友人周兴叔纳言删定"语，则周于原本有所去取。存本无张序者，当是宋有孚售板吴中后印本，今多误为嘉靖刻本。

张佳胤为万历朝名臣，历官至兵部尚书，兼都察院右副都御史，加太子太保。其于豫中文献，刻《蠛蠓集》外，万历元年还曾捐刻汝南刘绘《刘嵩阳先生集》二十卷。

万历三年，张刻《蠛蠓集》传至本土，乡人传抄过录，一时纸贵。于是又有东明县刻本。此本穆文熙《重刻蠛蠓集引》云：

> 今没去二十余载而所撰《蠛蠓集》始出焉。集始刻于吴之太仓州，乃凤洲王公家藏抄本，崌崃张公手自校雠之，又自叙其刻之始末，以成兹集。集传至吾郡，见者以为琬琰奇

珍，转相抄录，日不暇给，殆若平子赋出而纸价为贵时矣。
余邑窦尹宝泉雅好诗文，因谋于余，将重刻是集，以应求者，
且计省价于笔楮之费者当什倍也。乃刻之，两月而完。刻之
字迹即翻原本，颇不相下。

崛崍张公即张佳胤，谓其刻源之王世贞家藏抄本则误。此文后收
入穆氏《逍遥园集》卷七，改为："今没去二十余载，而所撰《蠛
蠓集》始出。崛崍张公手自校雠之，刻之太仓署中。"窦尹即窦杰，
山西沁水人，嘉靖三十四年举人，万历二年任东明知县，宝泉盖
其字。此本卢氏自序后刻有"东明县县丞冯清、典史梁相仝梓"，
故是东明县官刻。其本摹刻万历二
年本，惟版心无刻工；原刻张序中
"石拱辰"误书为"石振辰"，此已
改正。南京图书馆藏此刻，脱他序
而仅存嘉靖二十二卢氏自序，该馆
书目及杜信孚《明代版刻综录》著
录，遂误为嘉靖二十二年冯清、梁
相刻本；今论者又多据其著录，误
称《蠛蠓集》最早为嘉靖二十二年
冯清、梁相刻本。

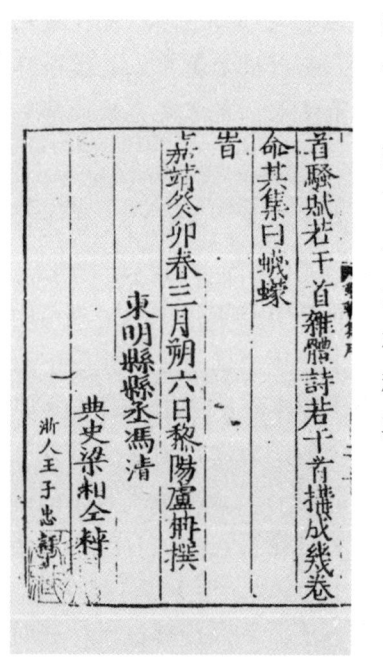

《蠛蠓集》，明万历三年东明县刻本

直至万历三十年，豫中故里浚县才有《蠛蠓集》刻本。此本
由浚县知县张其忠主刻，前有是年张其忠《重刻蠛蠓集序》，云：

　　余自束发即诵读卢山人《蠛蠓集》诸作，以受符于其故
里，一至即访山人遗翰，亡多也。求其前集，始知刻在东

明。……乃为之聚材鸠工以重梓之。其族孙青衿卢生亦愿襄其事。

此刻从东明刻本翻刻。序后列督工姓氏：县丞刘光启，主簿张遇，典史贵芬，教谕杨若陵，训导师从颜、谢官，曾孙、生员卢启祯。卷端署孟华平校，张其忠梓。其忠字伯苾，济南长清人，万历二十三年进士，二十四年至三十一年任浚县知县。华平字明瑞，邑庠生，卢柟友孟思之子。启祯，卢柟族曾孙，邑庠生，万历四十年举人。后印本挖改其功名，题"曾孙、举人卢启祯"。

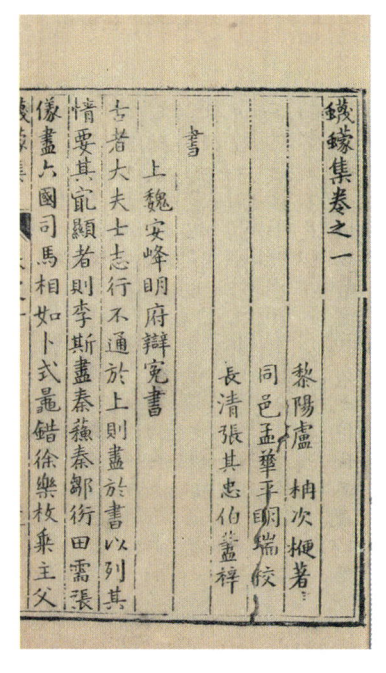

《蠛蠓集》，明万历三十年浚县刻本

据孟思《与张岣嵝》书，卢柟尚有晚年游历江南时诗文集《游江南稿》，惜已失传。张佳胤令滑县时，曾捕大盗，事颇传奇，卢柟为作《滑县擒盗记》。明人合此文与王世贞《定浙二乱志》为一卷，取名《张岣嵝定变录》，见《千顷堂书目》著录；浙人许徽又合二文及他文记佳胤事者四篇，为《定变录》六卷，序而刻之，见《嘉庆四川通志》《嘉庆浚县志》。两书俱不存，惟明姚士麟《见只编》卷下，录有《滑县擒盗记》全文，近两千字。又，传奇《想当然》、小说《金瓶梅》，明清之际亦传为卢柟之作。

明中后期豫中名家集，规模较大者有开封李濂（生平详后），

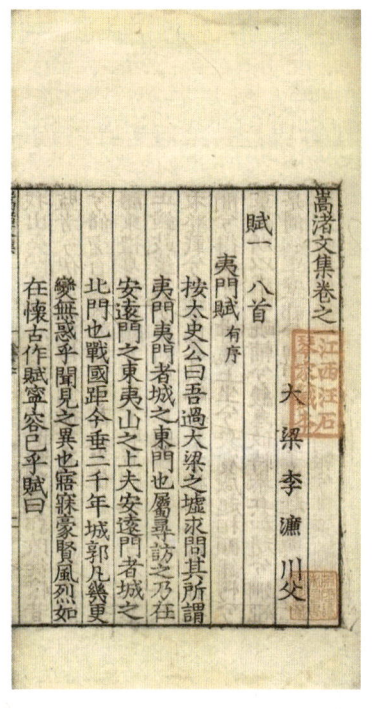

自编其诗文为《嵩渚文集》，皇皇一百卷，自刊于嘉靖间，编纂规范，楮墨精良，为豫中明代刻本上乘之作。而《四库提要》云："濂跋石珤《熊峰集》，谓'诗文传世，岂贵于多！'其说良是。而自定己作，乃不能尽剪榛楛，信乎割爱之难也！"

《嵩渚文集》，明嘉靖间李濂自刻本，浙江大学图书馆藏

新郑高拱（1513—1578），隆庆间内阁首辅，豫籍一代名相。万历初被逐归里，遂专心著书。其著述生前多已刊行，并有汇印行世。今存单行者，有《纶扉稿》《南宫奏牍》《春秋正旨》等。合刻者，山东博物馆藏有《病榻遗言》三卷，《南宫奏牍》二卷，《政府书答》四卷，《春秋正旨》一卷，《中玄子本语》六卷，《掌铨题稿》三十四卷，《外制集》一卷，《纶扉稿》一卷，《日进直讲》五卷，《献忱集》五卷，《程士集》四卷，计十一种六十六卷；南京图书馆藏有《春秋正旨》一卷，《纶扉稿》一卷，《纶扉外稿》二卷，《外制集》一卷，《程士集》四卷，凡五种九卷，俱见《中国古籍善本书目》著录，或是晚年汇刊于新郑者。另外，首都图书馆还藏有《程士集》四卷、《献忱集》五卷两种合印本，著录为吉水廖如春刻本。

贰：明代中原文献整理

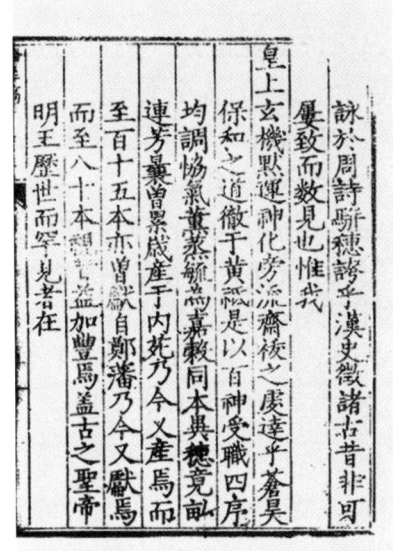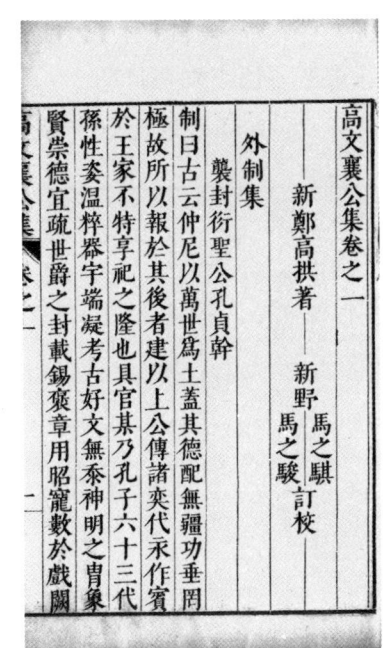

左：《纶扉稿》，明隆庆间初刻本，台北"国家图书馆"藏
右：《高文襄公集》，明万历四十二年刻本

高拱卒后，马之骏过其新郑故居，慕其豪杰之气、边防雄略，并感于时势衰微，因重辑其书，通编为《高文襄公集》四十四卷，万历四十二年序而刻之。卷端署马之骐、马之骏订校。之骏字仲良，新野人，甫弱冠，登万历三十八年进士第，授户部主事。之骐字时良，之骏长兄，万历三十八年进士，殿试一甲第二名，授翰林院编修，历礼部侍郎。

吕坤（1536—1618），字叔简，号新吾（一说又字新吾），宁陵人，万历二年进士。历官至山西巡抚，终刑部侍郎。吕氏为理学名家，著述繁驳，生前刊刻亦多，如《四礼疑》《呻吟语》等十余种。书板大都藏于家，入清仍屡有递修。吕氏后人曾为汇印行世，存本尚多，或名《吕新吾全集》，但无总序。汇印亦非一时，殊难考订诸本确切日期。

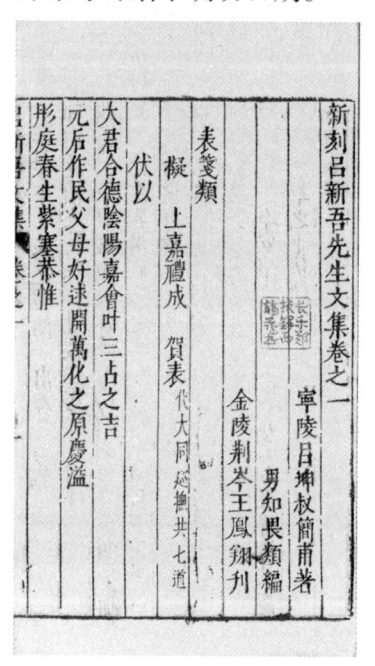

吕氏诗文多散佚，卒后其子知畏，辑为《吕新吾先生文集》十卷，亦名《去伪斋文集》，同邑乔胤序，谓"欲刻于家塾，以垂永久"，而后实交金陵书贾王凤翔刊刻，为时约在万历四十五年。前有是年朱国桢序，封面镌"石城王荆岑督刊"字样。名家文集由书贾首刻，亦不多见。凤翔字荆岑，石城人，坊号光启堂。

《新刻吕新吾先生文集》，明万历间王凤翔刻本

郑世子朱载堉（1536—1611），明仁宗朱高炽第六代孙，郑恭王朱厚烷子。万历十九年袭郑王，然不乐名利，引疾辞爵，致力著述。郑藩在怀庆，故世以为怀庆府人。

载堉早年从何瑭学，精于律吕、算学、天文等，所著有《乐律全书》，凡《律学新说》四卷，《乐学新说》一卷，《算学新说》一卷，《律吕精义内编》十卷，《律吕精义外篇》十卷，《操缦古乐谱》一卷，《旋宫合乐谱》一卷，《乡饮诗乐谱》六卷，《六代小舞谱》一卷，《小舞乡乐谱》一卷，《二佾缀兆图》一卷，《灵星小舞谱》一卷，《圣寿万年历》二卷，《万年历备考》三卷，《律历融通》四卷附《音义》一卷，共十五种四十八卷，大都刻于生前，随成随刻，而随有汇印，故版式风格各有不同，存本种数多寡不一，要皆出于郑藩所刻，版式阔大，尽显藩府气势。

《乐律全书》之《灵星小舞谱》，明万历间郑藩刻本

范守己（1548—?），字介儒，洧川人。万历二年进士，历官四川、陕西、山西按察司佥事，终兵部右侍郎。守己通天文历法，万历三十八、三十九年，礼部屡荐守己与徐光启、李之藻等及西班牙人庞迪峨（Didago de Pantoia）、意大利人熊三拔（Sabbathino de Ursis）翻译西历，参修历法，因循未果。（见《国榷》卷八十一，《续文献通考》卷二百十）《乾隆洧川县志》云："时历法失度，特疏表正，迁太仆正卿、总理钦天监。命下而公已捐馆。"

守己著述甚繁，惟不欲刊行，而传抄者众。有侯廷珮者，陕西宁夏卫籍，万历十四年进士，自幼好其书，崇敬守己，任山西阳曲知县时，适守己督学晋中，遂得拜识，三求得其稿，万历十八年刻于晋阳。是年侯廷珮序云："维时藩臬诸大夫咸捐资以助匠氏，未阅月而工告成。"书凡《肤语》四卷，《天官举正》六卷，《参两通极》六卷卷首一卷，《琐谈》四卷，《曲洧新闻》四卷，及诗文集《吹剑草》五十三卷，凡六种，通为七十七卷，总名曰《御龙子集》。前有晋中名宿泾阳魏学曾、晋阳王道行序。卷端署侯廷珮、李时芳校，卷末有李时芳序。时芳字桐峰，扶沟人，万历十七年以岁贡为祁县教谕。是书所存，皆万历十八年、范氏四十三岁以前之作。其后著述俱散佚不存。生平著述由读者捐资刊行，亦文献整理之一类。

左：《御龙子集》，明万历十八年侯廷珮刻本
右：《六李集后序》，韩光祜撰，王樨登书，明万历间刻本

明万历间，李云鹄辑刻有《六李集》，为明代家族文献整理之范例。云鹄字伯举，又字黄羽，内乡人，万历二十年进士。嘉靖

万历间，李氏家族文人辈出，以李荩（嘉靖三十二年进士）诗文名最著。《六李集》汇录李氏三世诗赋，凡李宗木（云鹄祖）《杏山集》九卷，李荩（宗木长子）《太史集》六卷，李荫（宗木次子，云鹄父）《比部集》九卷，李云鹄《侍御集》四卷，李云雁《白羽集》二卷，李云鸿《秋羽集》五卷，计六种三十五卷，刻于万历三十五年。前有万历三十二年李化龙、祝世禄、舒曰敬三序，末有万历三十五年韩光祜后序，俱请名书家誊写上板。时云鹄任职南京都察院，为四川道监察御史，序跋撰作、书写，大都为南京同僚或江南名士，书之刻应在南京。

## 五、中原文献目录

文献整理，目录编纂为首要之务。得目录方可览文献之全貌，辨学术之源流。汉刘向《七略》创始七部分类，未能臻善；晋武帝时，荀勖编《中经新簿》，始行四部分类法，为此后数千年沿用，即后之经史子集四部。历史典籍目录，自《隋书·经籍志》以下，各朝编纂，逐渐完备，至清代《四库全书总目提要》则登峰造极。

明代中原文献目录，未见有专门著作，仅方志艺文志一目，有仿《汉书·艺文志》之例，列本土著述目录。

豫省最早之通志《成化河南总志》存本已残。《目录》第十九卷下，标有"碑目""书目"两类。正文卷十九《碑目》尚在，著录河南境内旧碑；《书目》已佚。卷首《凡例》末条有云："若各学旧储、国朝颁降、新置及□行非常有书籍，各列其目。"则《书目》为豫省各儒学藏书目录，但无以知其详。

第二部通志《嘉靖河南通志》，卷三十七至四十三为《艺文志》，其中卷四十二《艺文六》为《书目》，著录历代河南人士著作五百二十二种，下迄元代，大抵皆当时尚有传本之书。编排按经史子

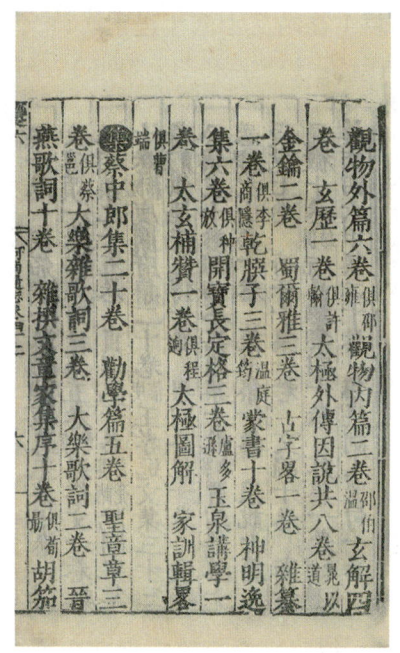

集四部分类，著录内容较为简略，仅书名、卷帙、撰人。归类有不确之处，各类之下诸书，排序有失严谨。此为现存最早之中原著述目录，故仍不失其价值，可以见当时中原文献编目水准，并可窥见明代诸书存佚。

《嘉靖河南通志》卷四十二《书目》，明嘉靖间刻本

《嘉靖河南通志》编纂者为豫中名宿李濂、朱睦㮮，此目当亦出二人手。两人俱豫中文献故家，于中原文献收集整理刊刻，多有贡献，前已屡及。

李濂（1489—1566），字川父，祥符人，正德九年进士。历官沔阳知州、山西按察司佥事。嘉靖五年，年三十八，以大计免归，遂肆力于学，《明史》有传。濂平生留意乡邦故实，著有《汴京遗迹志》《祥符乡贤传》《祥符文献志》《朱仙镇岳庙集》等，并刻有《申鉴》等，贡献甚著。《祥符文献志》十七卷，乃继《祥符乡贤传》之作，辑录前书未载之乡贤传记，而间或附录诗文，《四库全书总目》列入存目。《中原文化大典·著述典》谓有嘉靖二十三年刻本，今未见。

朱睦㮮（1517—1586），字灌甫，号西亭，皇室后裔，高祖七世孙，周藩镇国中尉，以藏书名闻一时。藏书四千余部、四万余册，有《万卷堂书目》存世。所著有《皇朝中州人物志》十六卷、

《中州文献志》四十卷。所谓"文献",亦用本义"先贤",《中州文献志》即"中州先贤传",并非图书文献汇编或目录,今已失传。朱氏所刻中原著述不止一二,前已述者外,还有王教《中川先生集》等。

明代豫中府州县志,立著述志者少,所见仅两种,一为《嘉靖新修清丰县志》,一为《万历开封府志》,二书俱出豫中藏书大家之手。

《嘉靖新修清丰县志》十二卷,李汝宽修、晁瑮纂,刻于嘉靖三十七年。晁瑮曾与修国史,故了然于史志编例。《凡例》云:"史家有《艺文志》,马端临有《经籍考》,斯文献赖之以有征也。今亦略仿其例,备载典籍,庶前贤之精神心术,赖之以不泯云。"其卷九为《典籍》,首载"国朝颁赐书目",次"乡贤所著目录"。乡贤著述目中,汉六种,北魏四种,唐三种;其余宋三十三人,著述百三十六种,俱昭德晁氏之作。除标著者、书名、卷帙外,并多节引原书序跋,保存了丰富的文献资料。但如东眷五世晁补之,卷七《乡贤》有传,注明为济州巨野人,《典籍》揽入,失之过泛。晁瑮于《凡例》中曾言:"诸晁在宋,受列圣之知,荷临轩之问,而国史立传者,自文元、文庄而下亦四人。……盖其誉望,非一朝一夕之故矣,今邑志安得避嫌不书?览者幸勿为家乘之诮可也。"虽然,仍不免此讥。

《万历开封府志》三十四卷,宋伯华修,朱睦㮮、曹金纂,卷二十六《艺文上》为著述志,以理度之,当为朱氏撰。小序云:"予尝按《文献通考》诸书,郡人所著述甚富。及求其书,散失者过半矣。乃籍其目并近世诸贤所著作为二种,后之博文者或有稽焉。"此目列有史以来至明前期开封人物著述凡四百四十余种,大抵以有存书或辑本者为限,简录书名、卷帙、作者,依朝代为序编排。末列纪汴梁事之著述《汴水滔天录》等十五种。所录如王应麟,虽自称浚仪人,但南迁已历四世,以今视之,亦稍失之泛。类似者尚有不少。

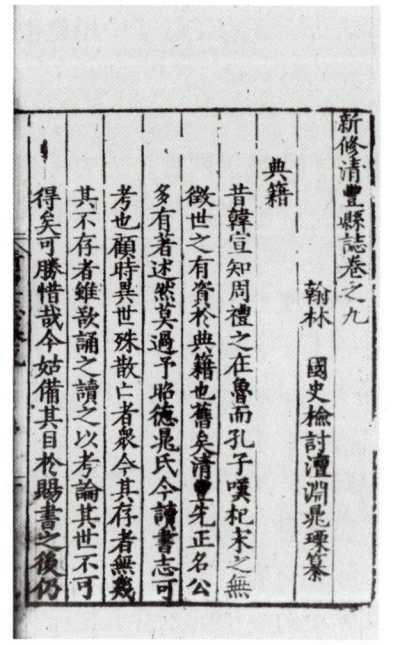 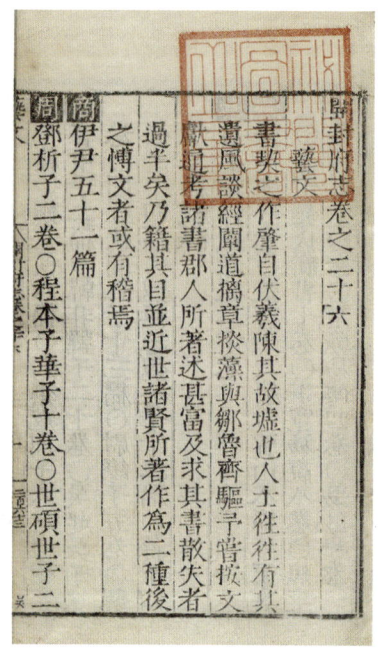

左：《嘉靖新修清丰县志》卷九《典籍》，明嘉靖三十七年刻本
右：《万历开封府志》卷二十六《艺文上》，明万历十三年刻本

# 叁：清代中原文献整理

满族初主中原，即以崇尚文教为号召，故兵火甫息，豫省即有旧籍编印及名家著作刊行。如祥符周亮工父子、商丘宋荦等，刻书俱多，影响达于全国。郡守县令，往往以整理本地名人著作为己任，或修板重印，或重为刊刻。如右布政使杨思圣刻《刘文烈公全集》、渑池令张璟刻《曹月川集》、驿传盐法兵备道杨时荐递修《王氏家藏集》，俱在顺治间。康乾以降，代不乏有识之士。官府、书院、私家及坊间，皆有中原文献编刊。官刻卓有成就者，如彰德知府黄邦宁递修《洹词》、重刻《安阳集》、新辑《岳忠武王文集》，考城知县徐传星委托安愚堂刻梁宾校本《江文通集》，开封知府栗毓美校刻《吕子遗书》，校勘之慎，为一时典范。书院以大梁书院文献整理最多，刻有《经苑》及《夏峰先生集》等。家刻则承前代传统，名人后裔汇编先辈遗著，往往竭心尽力。如襄城刘氏、大梁侯氏、洛阳邵氏、新安吕氏、宁陵吕氏、新郑高氏等；辉县孙奇逢后裔，历世守其著述，递修汇印，康熙以来书板，保存至今。至于书坊，汴梁乔文耀斋、朱聚文斋等，都曾参与中原文献旧籍刊行。其间亦有贫寒之士，以一人之力黾勉从事，如密县钱九韶辑历代中州诗为《河岳集》，鲁山张宗泰编中州文献目录为《中州集略》，祥符宋继郊辑前代汴梁诗文为《梁园志余》等，但以资财所限，俱未能刊刻，以稿、抄本流传。

因此，有清一代中原文献整理成就，不让前代。三百年间，大抵以顺康乾时期为盛，咸丰以后，日渐衰落。

康乾两朝，曾两次征集典籍，于各省文献整理多有促进，中原亦然。康熙二十五年诏修《大清一统志》，命内外臣工进呈图书。

为此，永宁程湛、程福亮兄弟重刻《二程遗书》，新郑高氏重刊《高文襄公文集》。乾隆间纂修《四库全书》，再诏献书，河南巡抚多方采购，各县因此对文献整理更为重视。然而，清廷又厉行文禁，文字之狱，层出不穷。康熙初，孙奇逢险因《甲申大难录》成祸。乾隆二十二年，夏邑彭家屏因刊刻《豫变纪略》被罪。乾隆三十九年以后，多次饬令各省查缴、销毁违碍图书，豫中文献，全毁、抽毁者甚多。

以上有清一代中原文献整理重要人物、事件大略，兹仍依文献类别，分节述之。

## 一、中原著述汇编

著述汇编，谓汇集各家著述为丛书，合而刻之。明代此类丛书如《中州名贤文表》《晁氏三先生集》《六李集》等，屈指可数，故前文未单独立节，分别归入《中原诗文汇编》《前代著述编刊》《当代名家集编刊》各节。清代著述汇编类丛书渐多，因而单列，凡清人汇编本朝文献者，亦归此类；另立《中原诗文总集汇编选编》一节，专述集部总集类著作编刊。

（一）周亮工父子与中原文献汇编

清初，中原人士痛于家国之丧，更加怀恋故土文化，藏书家、出版家因以刊行明代中原文献寄托情怀。其间名最著者，为周亮工父子。

周亮工（1612—1672），字元亮，其先金陵人，祖父游大梁而乐之，因占籍于此，万历初再迁金陵。亮工生于金陵，仍为祥符籍。崇祯初屡与试事，皆以北籍不得入院，遂归开封，馆于张民表家。崇祯八年入县学，十二年中乡试，十三年成进士，谒选得潍县令。甲申之变逃难金陵，避居城外牛首山。清军下江宁，仕为两淮盐运使，历官福建左布政使、吏部左侍郎、代理安徽布政使等。一生仕途曲折，曾两度入狱，被论死罪。有《赖古堂集》等著述多种存世。《清史列传》入《贰臣传》。

周亮工像，清康熙间宫廷画家禹之鼎绘，王季迁藏

金陵周氏为刻书世家，多以出版为业。亮工一支，祖父庭槐，万历间刻有医书、韵书。父文炜，有大业堂、敬业堂书坊，刻有《国色天香》《西游记》《英烈传》等。亮工则以大业堂、遥连堂、赖古堂为号，但与父执辈不同，不以通俗读物射利谋生，每刻士人文集以广其传，惜才重谊，以此为己任。所刻书存世者不下二十种，大都刊于金陵。

昔亮工不得志时，郁郁归汴，幸遇知己于豫中，终成进士，故视中州为故土，一往情深，因而编刊豫中文集独多。乙酉岁（弘光元年、顺治二年）隐居牛首山时，辑刻《天中四君子集》，为清代汇刻中州人物文集之发端。四君子者，中牟张民表、尉氏阮汉闻、汝阳秦镐、兰阳王厈，俱晚明才人；前三人又称"天中三君子""中州三先生"。

张民表字林宗,世称"林宗先生",万历十九年举人。汴梁世宿,于亮工有知遇之恩,延亮工为塾师课其子,馆于其家八年。亮工曾作《张林宗先生传》。崇祯十五年决河,民表殁于水,著述文稿尽毁。亮工与其子允集搜访遗文,编为《原圃集》一卷,《塞庵诗一续》一卷、《二续》一卷、《三续》一卷。其中《二续》为亮工手书上板。民表诗作赖此刻得以存世,直至光绪七年,才有同里仓景愉,据此本重刊。

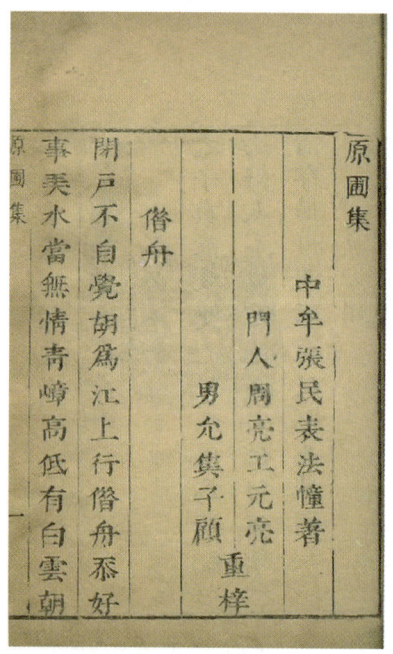 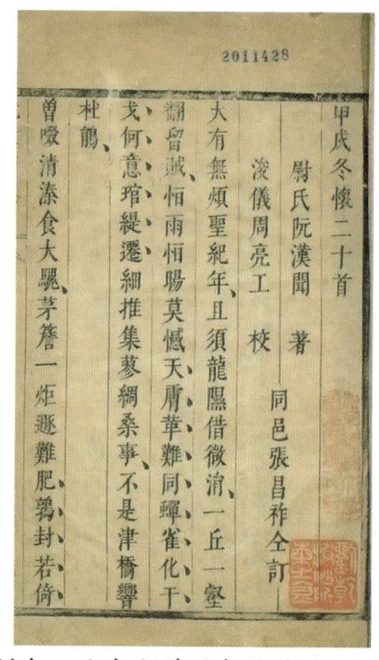

左:《原圃集》,清顺治二年周亮工刻本,北京大学图书馆藏
右:《阮太冲集》,清顺治二年周亮工刻本,北京师范大学图书馆藏

阮汉闻已见前章。亮工所刻《阮太冲集》不分卷,版心下镌"遥连堂藏板"。周氏叙谓:"太冲入洛之年,主于西亭王孙,其所著述,半皆王孙梓行之。西亭没,太冲返尉氏,门人张昌祚甫

晋,实左右之。太冲为文一脱稿,甫晋即为缮录梓之。甫晋避寇南下,盗启箧,甫晋独抱此集泣,卒幸无恙。乙酉,余在秣陵,索而梓之。"西亭即周藩朱睦㮮。朱、张所刻汉闻诗文今俱不传,亮工刻本幸存孤本。依亮工叙,此书刻于金陵,但《康熙畿辅通志·阮汉闻传》称"周亮工刻其遗稿于广陵",则是周氏降清后,刻于扬州两淮盐运使任上,时亦在乙酉。

王㡒字王屋,崇祯四年进士,授滋阳知县。县中有王孙杀人,㡒笞而械之,被论擅刑宗室下狱,终遣戍睢阳,时为令仅二十日。后佯狂,以愤恚卒,年仅三十四(一说二十九)。㡒少负奇才,特立独行。亮工为作《王王屋传》,并刻《王王屋集》,凡文集三卷、诗集一卷,序云:"石平张子与王屋同闾里,乙酉在白门,出此集相视。余虽未交王屋,而悲王屋抱才而厄,嫉才者又以厄厄王屋也,因序而梓之。"张子即张天机,兰阳人,崇祯四年进士,历官至浙江督粮道。此为王㡒文集存世最早之刻本,乾隆间被列为禁书,传世亦仅清华大学图书馆所藏孤本。其后,㡒子颀又辑有《王王屋遗稿》二卷,康熙二十年刻于家。

秦镐字京,有文名,屡试不第,遂弃去,遍游天下名胜,明末城陷死节。所著有《头责斋集》八卷,袁中道为之序;又有《仿园销夏录》四卷,俱不存。亮工刻本亦未见传世,惟《赖古堂集》卷二十三,存有《徐存永钞秦京诗集跋》一篇。

以上各集,存世者俱为单行,版式亦不相同,未见汇印为丛书。亮工之子在浚作亮工《行述》云:"尝刻秦京、王王屋、阮太冲、张林宗诗文为《天中四君子集》。"知有丛书之名。

亮工所刻中州文献,尚有王惟俭诗文。惟俭字损仲,祥符人,万历二十三年进士,授山东潍县知县,历官大理寺少卿、山东巡抚、工部右侍郎。以忤阉党,两被罢职。惟俭长于史,有《宋史记》《史通训故》等。亮工《书影》卷一云:"予生也晚,未及见公,仅得交令嗣雁泽。后在吴门市上得公诗文各一卷,予为序而镌之,以归雁泽。"其书亦曾遭禁毁,流传甚罕。前平原大学刘乾先生文《试谈周亮工遥连堂所刻书》(《文物》1983年第9期)，记亮工入清后刻王惟俭集，存世有《王损仲先生文》二卷，《王损仲先生诗甲稿》上下二卷、《乙稿》一卷，皆半页八行，行二十字。刻工、纸墨不如《阮太冲集》，并附《王损仲先生文》书影一帧。不知今藏何处。今仅知国家图书馆藏有《王损仲先生诗乙稿》一卷，未详何时何地刻，著录为明刻本。

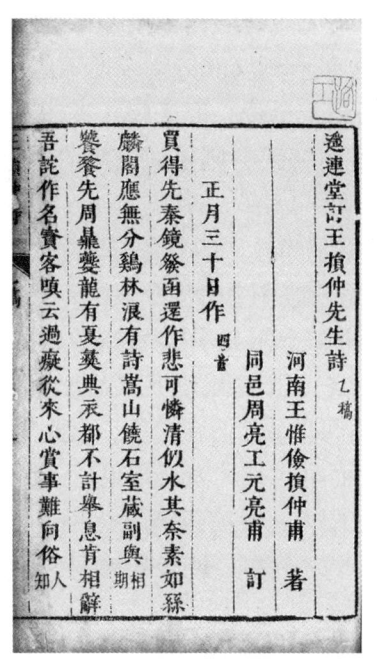

《遥连堂订王损仲先生诗乙稿》，周亮工遥连堂刻本

康熙间，亮工又曾刻袁襜如、周景濂二人文稿《袁周合刻稿》。襜如字圣衣，祥符人，顺治三年进士，授翰林院庶吉士。景濂字仍叔，上元人，顺治四年应礼部试，时襜如充分校，识其才，以其卷荐之总裁商丘宋权。权抹去二字，襜如退，以朱改二字，仍请录。权怒其忤，奏襜如擅改朱卷，论罪革职。(见谈迁《北游录》)顺治十二年，景濂再应试，成进士，授石阡府推官，以史论数十篇寄呈襜如为报，未几卒。襜如辑生平馆阁之文，因痛惜景濂，遂附其史论，付之亮工。亮工为序而刻之，今未见传。亮工《袁周合刻稿序》尚存于《赖古堂集》卷十五。

此外，亮工还为祥符闵派鲁诗集作《闵伯宗诗序》；为汴梁白愚《汴围湿襟录》作序，语极痛切；辑录王铎、王鑨《孟津诗》。晚年，再谋辑刻中州名人集《河洛风雅》，事未竟而终。

亮工长子在浚(1640—?)，字雪客。"浚"者识其生地，即汴梁旧称浚仪。后以贡监生考充国子监教习。康熙十一年曾返汴梁应乡试。晚年隐居金陵摄山。在浚居豫中虽不久，但于豫中文献尤加留心，曾撰乡邦史志《大梁野乘》十卷、《大梁守城记》一卷。今人或谓《醒世姻缘传》(《恶姻缘》)亦出在浚手，故书内豫中皆好人。亮工过世后，在浚承其志，发愿仿刘昌《中州名贤文表》，辑有明三百年中州人物著述刻之。为此，康熙十六年，编《访求中州先贤诗文集目》，以中州人物著作，征之天下藏书家及著述家后裔，其前《启》云：

> 窃惟纂辑遗编，事存后学，表扬先哲，代有同心。我中州称文献之邦，三百年极人物之盛。……第经黄流漂没之后，重以赤眉焚荡之余，陨嘉则之图书，祸同砥柱；丧荆州之典籍，灾等金楼。以至藏弃无多，散亡实甚。窃念先人昔有中州四子之刻，迨至晚岁，复辑《河洛风雅》之编，愿力未成，丹铅尚在。浚仰承先志，欲辑残篇，仿刘学宪《中州文表》之作，成三百年一省著作之奇。

又云：

> 伏望当代藏书之家，与夫孝子闻孙，有志表章，乞不吝借阅，或求假贷，或奉价值，或钞录见寄，当酬工价。在汴梁者付周元白书坊，在都下者付李伯龙书坊，江南则大业堂，吴门则池白水，是皆不致遗误，自当珍重邮寄。刊成必列尊衔于集端，不敢忘所自也。

藏书家黄虞稷，为亮工门人，在浚故交，曾与在浚同编《征刻唐宋秘本书目》。在浚辑中州先贤诗文，黄氏出其千顷堂庋藏为助，并作《访求中州先贤诗文集目引》，称："雪客斯举，固余所服膺，而亦天下贤士大夫所乐观其成者也。"

征书之举，固当有响应者。康熙十七年孙奇逢之孙孙淦《中州人物考纪事》载："今年春暮，淦与家季父在白门，周子雪客适有访求中州先贤遗集之举，因索是书。比归，编次缮副本寄之。"即为一例。

《中州先贤诗文集》终未见刊刻，今仅存《访求中州先贤诗文集目》，为传抄孤本。此为第一部中原诗文集断代目录，收录明代河南八府一州二百二十位人物著作二百零四种，以地域分类编排，各人名下标注字号、籍里、年代及著作名称并卷帙。间或列人名而无著作，则是待访者。其名虽为"诗文集目"，但不尽为诗文别集，如李濂《汴京遗迹志》、王惟俭《宋史抄》、宋缧《古今药石》、吕坤《四礼翼》等，亦偶在其中。所列各书，许多今已失传，令人望而兴叹。中有不少著作可与黄氏《千顷堂书目》互为印证。

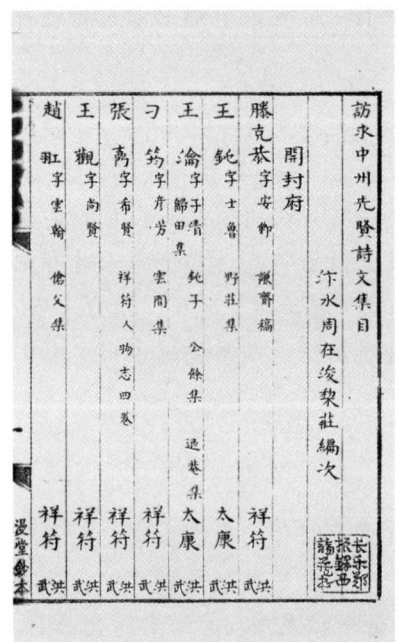

《访求中州先贤诗文集目》，清宋氏漫堂抄本，国家图书馆藏，郑振铎旧藏

此外，据在浚《又启》，当时周氏家族，仍有周元白书坊在汴梁经营，今未见其所刻书籍流传。

（二）宋荦与中州文献重刻

康熙间十才子之一宋荦（1634—1713），是清初对中原文献有重要贡献的另一位大家。荦字牧仲，号漫堂，商丘人，大学士宋权子。年十四，以大臣子列侍卫。康熙三年授黄州通判，后任江苏巡抚，深得康熙赏识，赐药题字，备极恩宠。康熙四十四年擢吏部尚书，四十七年以老乞归。

宋荦诗文亦有名，早年侍父致仕归商丘，与贾开宗、侯方域、徐作肃游，重开雪苑六子社，传为美谈。著述有《西陂类稿》《漫堂说诗》等。宋荦亦藏书大家，常熟毛晋汲古阁藏书散出，半为荦得。有《商丘宋氏西陂藏书目》一卷。周在浚《访求中州先贤诗文集目》，今存之孤本即宋氏漫堂传抄。荦又好刻书，尤重中原文献，编刊有杜甫《杜工部诗钞》、侯方域等《国朝三家文钞》及其先世之作《商丘宋氏三世遗集》等。

宋荦官服像

宋荦所刻中原文献，影响最大者，为重刊刘昌《中州名贤文表》及赵彦复《梁园风雅》。其事起于诗坛盟主王士禛。士禛素与荦相善，《香祖笔记》卷七云："予劝宋牧仲开府重刻《文表》及《梁园风雅》二书，且云钦谟诸跋当悉刻之，以存其旧。"卷十又云："《梁园风雅》，明雍丘赵彦复微生、临清汪元范明生所撰。……予尝劝宋中丞牧仲，合刘钦谟《中州文表》刻之吴中，以备河南文献。"士禛山东新城人，祖父象晋为河南按察使，士禛生于开封，盖以是颇重中原文献。

宋本《梁园风雅》二十七卷，封面镌"大中丞宋漫堂先生发刻"，刻于康熙四十三年，由其门人陆廷灿刻。廷灿字扶照，嘉定人，早年从宋荦学，以贡生选宿松教谕，后迁崇安知县。刻书时荦年已七十有二，卷首之序，语多感慨，曰："昔人所叹，豫州人士常半天下，殆非虚语，而亦庸非生斯土者之厚幸欤？余不才，生长中州，性好风雅，自少与侯朝宗、贾静子辈为雪园六子社。今老矣，思从曩人，邈不可得，不禁山阳闻笛之怆，而独喜是编为吾乡先正之遗芬，每爱玩流连，弗忍置。"士祯与荦同岁，次年接荦所寄此刻，亦生同感："乙酉六月，适寄到《风雅》新刻本，乃嘉定门人陆廷灿较刊者。予笑谓座客曰：吾为朋友谋，则善矣。吾乡文献乃听其放失，可乎？故尝欲辑海右六郡前辈作者遗集五十家……守官京师四十余载，匆匆未暇。今归田矣，而髦及之，耳目神理非复故，吾不知斯志能终遂焉否也。"

《梁园风雅》原本二十六卷，赵彦复以己作《二游草》一卷附末，自谦也。宋刻则将《二游草》通编为卷二十七，并作赵微生小传附后，尊之也。

《中州名贤文表》刻于两年后，即康熙四十五年，由宋氏门人汪立名刻。立名字西亭，歙县人，隶籍杭州钱塘，由杭州府学贡生例捐内阁中书，后选工部营缮司主事，雍正元年签选广西平乐知府。立名以其一隅草堂刻书知名，所刻《白香山诗集》《汗简》等，俱称精善。《文表》刻成时，荦已入京为吏部尚书，感于刘昌为隔代同志，因作序殷殷寄语来者：

> 余自少知有是书，辄景慕乡先生遗风余烈，心向往者久之。后建节三吴，得于藏书家，亟以授汪子西亭，重付剞劂。既讫工，会余奉命入掌铨衡，走使持槧本请序。……余尝慨夫世之为政者，非法令所及不复议。生平宦游所历，未尝不以表贤复古为志。莅吴之日，前贤之为吴寓公有迹可寻者，尝为之还其旧观，重开雕其遗集，以垂后世。今刘氏，故吴之先正也，刘视学吾乡且九年，而余抚吴凡十有四年，迹偶相类，而汲古表贤之志，复旷世相感。又其所编纂，皆吾乡先生琳琅金薤、流落而仅存者。少而知慕，老得遂其手脈口沫之思，盖不胜欣然喜、喟然叹，茫然长怀，而愿后之君子，相与共存是志于无穷也。

前此，康熙四十二年，宋荦选苏中人物之作，为《江左十五子诗选》，序而刻之，亦报刘昌以李也。

《中州名贤文表》至清初流传已稀，幸赖此刻得广为传布。《梁园风雅》康雍间豫中虽有重印，然不如江南刻本流通之广。《四库全书》收录二书，俱以宋刻为底本。

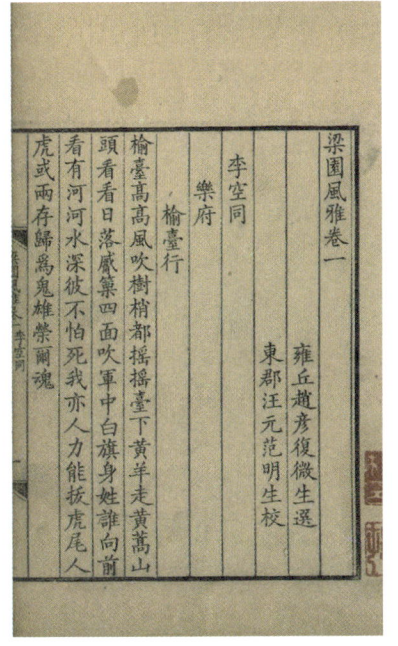 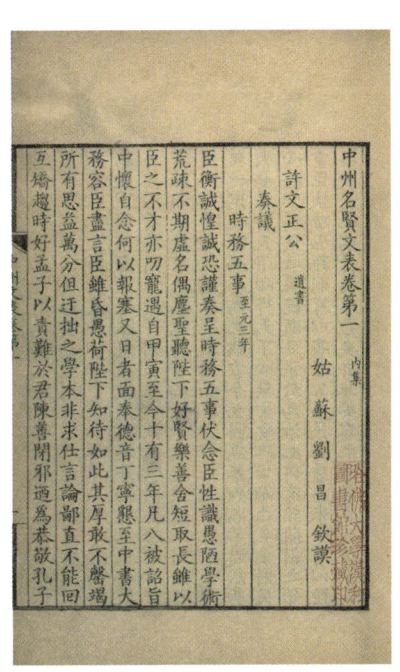

左：《梁园风雅》，清康熙四十三年陆廷灿刻本
右：《中州名贤文表》，清康熙四十五年汪立名刻本

赵彦复刻《梁园风雅》，板藏杞县家中，后人多次递修。彦复侄孙易圣（字原仙，康熙二年举孝廉，授内阁中书舍人），康熙二十七年首为补板，跋云："收拾此版于瓦砾煨烬中……于是博搜广求，补其残缺，原板散失三十二叶，今考补二十七叶，仍缺五叶……重授梓人。"吉林大学图书馆有收藏。易圣子宣进（字宗仁，康熙五十二年以例贡授含山知县）继有递修，跋称："先中翰公收拾散

遗，尚缺五册［叶］，虽广搜博求，竟尔赍志也。继家兄承庵，与宋太史兰挥为同年友，进亦会兰挥于都门，知太史之尊大人冢宰公藏有旧本，装帙宛然。进遂觏而补刊，复为全书。"兰挥即宋荦之子宋筠。此本未见，跋存雍正间递修本，无日期。彦复曾孙可久（字松乔，康熙间例贡，授兵部司务），雍正十三年再为递修，跋曰："其板旧藏于家，经兵燹后残缺殊多。先君子曾手抄补辑，未及授梓而赍志以殁，小子久谨承先志，并摹旧本字体，补成全书而付剞劂焉。"《乾隆杞县志》可久小传亦记：《梁园风雅》"经兵燹缺数十页，久走四方购善本，补为完书"。

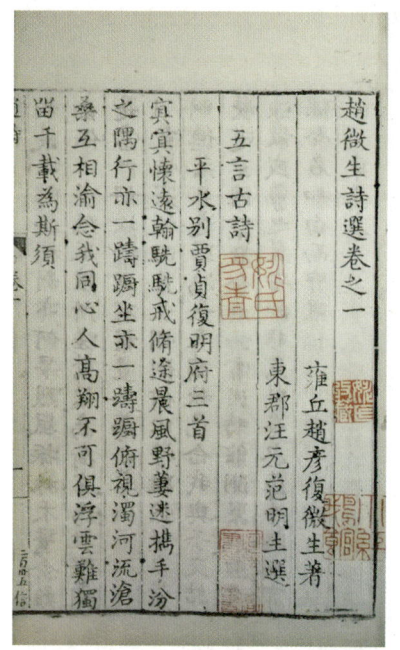

《梁园风雅》，清雍正十三年赵可久递修本，河南省图书馆藏

（三）《四库全书》纂修与中原文献征禁

乾隆三十七年，敕修《四库全书》，诏各省采进呈送典籍。其旨一在于汇编历史典籍，保存继承，一在于寓禁于征，删改禁毁旧籍不利于清朝统治者，以禁锢人心，巩固统治。此次大规模文献整理，豫中文献遭际，有幸有不幸。

诏下十月，盖以其事无关国计民生，各省竟无一呈送。十月十七日再严令各地从速办理。各省这才行动。河南巡抚何煟，会同提督学政徐光文，通饬各州府县加意搜集。十一月十六日，何氏上折奏报购访遗书情形，并第一批十八部拟呈图书清单。当时程序，先呈书目，待馆臣审定认可，再呈原书。二十三日，乾隆见河南折，忆及前朝旧臣、侍郎胡煦（光山人）为豫中学问家，而著作不在目中，断定遗漏不少。龙颜不悦，着大学士刘统勋寄谕何煟，"令其再悉心搜采，并饬属实力奉行，不得以书籍无关政要，一任潦草塞责"。何煟急檄光山县，查明胡煦之子季堂现任江苏按察使，随寄专札，嘱检核家藏刻板、抄本，刷印、照抄，以便进呈。十二月十九日，煟上《奏遵旨访求胡煦遗书情形并开列书目呈览折》，奏报访求结果。

乾隆三十八年三月，乾隆再降旨各省，催办购访遗书，限以半年。四月十五日，何煟上折呈第三批书目，并汇报河南责定专人、专事专办措施，不无邀功之意（见《纂修四库全书档案》，后引奏折俱同，不另注）：

> 惟查豫省藏书，虽不及东南之富，而如归德、洛阳、怀庆、南阳、汝宁诸旧家，收藏当亦不少。又他省名人著述，或因仕宦，或因师友，辗转流传中州者，亦未必尽无。特恐地方官借口政务殷繁，不能亲身访求，非虚张文告，即假手胥役。藏书之家，因而惧累故匿，仍不免苟且塞责。臣再四熟筹，必须专员采访，而教职一官，校书掌故乃其素习，与文墨之士最为亲近，与本地之人多有熟识，访办自属较易。随与藩司面商，择其为人诚实细致并文理淹洽之教谕训导，委令分路购访，敬宣圣谕，剀切开导，将唐宋以来名人著述，不拘何地何时何人，广为购觅，毋许丝毫扰累。现据访获遗书三十五部。其内有只存板片者，已饬令赶紧刷印；未刻钞本，照样录出副本，给还本家，将原书存备恭进。谨将现在送到各书，先行摘开目录并著述姓氏，另缮清单，恭呈御览。仍饬该委员等及地方官实力访求，遵旨陆续奏报，不敢稍有疏懈，务期兼收博采，迅速赶办，俾遗编旧帙尽登册府，不致湮没弗彰，以仰副我皇上征求文献、嘉惠万世之至意。

奏為欽奉
上諭事案准辦理四庫全書處咨乾隆三十九年六
月二十六日奉
上諭各督撫將各家呈出遺書除已解交之書令家解
四本省另行咨速外先將各家揀存之書俟發
書局人員逐一查驗挨照所呈原單逐冊先行發
還並飭該管官嚴行稽查毋任零沒等役從中取利
並將此旨先行出示曉諭仍將如何還給及何日
繳完之處具摺覆奏等因欽此遵照經臣將發
來

奏送過書一百一十三種外尚餘存之書三百
六十種當經按照原單撿飭各州縣陸續將
差役領狀送繳完懷各州縣將原書傳到各
紳士逐一領回各有領狀並抔奉到摺黃均
已偏貼曉諭絕莫不感頌歡欣並無
使人等從中指勒取利所有查明豫省全數給
還遺書緣由臣謹遵

吉恭摺覆
皇上聖鑒謹
奏

何焌《奏給還遺書折》,乾隆三十九年九月初十日

纂修《四庫全書》期間,豫省訪求、收購圖書共四百七十三种,先後五次呈送,共百十三种。《四庫采進書目》之《河南省呈送書目》列有百零八種目錄。其中大多為本省人物著述,亦有部分外省圖書。其未呈送者於乾隆三十九年九月發還原藏家。此外,宋犖之孫、宋筠之子瑞金,時任淳安知縣,以攜至任所的家藏影抄宋元本古籍九種,交浙江巡撫進呈。乾隆三十八年二月二十五日,浙江巡撫王亶望有《奏宋犖之孫呈繳家藏抄本舊書折》奏其事。《四庫采進書目》中《浙江第二次書目》有《孟子傳》等宋元人著作"舊抄本九種",應即其書。

以呈進圖書數量言,江蘇四千八百零八种,居各省首,其次浙江四千六百种。豫省總數,不敵江浙一私家,此即當時經濟文化差距實情。

豫省進呈圖書,最終《四庫全書總目》著錄(即收入《四庫全書》)者,十二種三百二十二卷,其中九種為豫籍;《四庫全書總目》列入存目者,五十五種八百十九卷。全部《四庫全書》收

录豫籍百六十五种,《存目》百八十九种。(此暂依 2006 年兰州大学高远硕士论文《清修〈四库全书〉河南采进本与禁毁书研究》统计,但有缺漏)

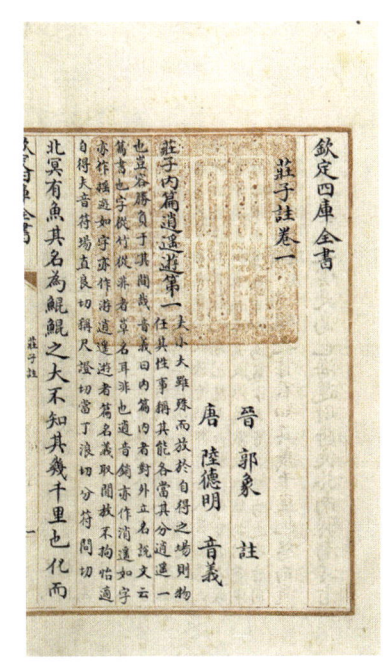

《庄子注》,晋郭象(洛阳人)注,文津阁《四库全书》本

《四库全书》之纂,使不少豫籍免遭失传,其典型者,莫过于许有壬《至正集》。前曾述《至正集》一百卷,元末未及刊刻,散失于明初,其弟许有孚痛心疾首,尚寄希望于"军中多具眼者,斯文天相,或遇知音,必不毁弃"。明成化二年,藏书家叶盛《圭塘小稿序》谓:"或云,昔者庐陵杨先生尝举《至正集》残书,对客言世好之详,不知其果然否。"杨先生即前朝内阁重臣杨士奇。士奇主编内阁藏书目《文渊阁书目》,确列有《至正集》十册。岂军中果有具眼者,得许氏之稿而献?此后,明末清初,仅《万卷堂书目》《千顷堂书目》记有《至正集》八十一卷,传抄过录,命悬一线。而河南巡抚采进诸书,竟有此八十一卷本在,虽缺十九卷,而泰半幸存,果然斯文天相。

其他如元姚燧《牧庵集》,佚于明清之际,四库馆臣从《永乐大典》中辑录,编为三十六卷,《提要》云:"其集久佚不传,明《文渊阁书目》有《牧庵集》二十册,而诸家著录皆未之及。刘昌辑《中州文表》，所选燧诗较《元文类》仅多数首，文则无出《文类》之外者。昌《跋》称：'《牧庵集》五十卷，闻松江士人家有刻本，南北奔走，竟莫能致。今所得乃录本，多残缺，视刻本仅十之二。'黄宗羲序《天一阁书目》云：尝闻胡震亨家有《牧庵集》，后求之不得。盖已久佚。惟《永乐大典》所收颇夥，校以刘致《年谱》中所载文目，虽少十之二三，而较之《文类》所选，则多十之五六矣；诗词更多出诸家选本之外。"其后此书又刊入《武英殿聚珍版丛书》。凡此之类，皆功莫大焉。

河南呈进豫中文献编入《存目》者，如汪价《中州杂俎》，今传本已不完全。他省进呈编入《存目》者，如浙江范氏天一阁藏《少林古今录》二卷、两淮马裕家藏本《嵩少集》四卷等，则俱失传。

然而，辑入《四库全书》诸书，多经馆臣改窜，凡有"违碍""悖逆"处，或改窜原文，或径直删除，致旧貌不存。其非有意者，亦往往有脱衍讹误，甚至不能卒读。《牧庵集》即如此，予友查君洪德重辑《姚燧集》（人民文学出版社，2011），《前言》中辨之甚详，是为典型之例。

征书后不久，乾隆三十九年八月，饬各省查缴、销毁违碍图书，至五十八年止，持续近二十年，中原文献亦惨遭不测。

图书之禁，不始自清，而禁书范围之广泛，刑罚之酷烈，以清为登峰造极。纂修《四库全书》之前，以书被罪，涉豫中者已有多例。顺治十七年，新乡张缙彦以刻《无声戏》等罪，被籍没家产，流放宁古塔；康熙三年，济宁知州李燮五以刻辉县孙奇逢《甲申大难录》下狱，孙氏以八十一岁高龄往京中质证其无罪，未几事白，乃得释。

乾隆二十二年，夏邑彭家屏以私藏明季野史等罪被赐自尽。其案事关刊刻豫籍《豫变纪略》，并对豫中刻书影响甚大，今据《清代文字狱档》（上海书店出版社，2011）所汇内府档案《彭家屏案私藏禁书案》，述略于此。

彭家屏，字乐君，康熙六十年进士，授刑部主事，历官江西、云南、江苏布政使，乾隆二十年以病归养。家屏好藏书，亦好刻书，乾隆八年刻归德郑廉《豫变纪略》及钱邦芑《燕都志变》、边大绶《虎口余生记》，十二年刻刘劭《人物志》，十三年刻魏禧《左传经世钞》，十五年刻《两朝宫词》，还曾刻其祖父诗《颐岚诗草》。

乾隆二十一年，夏邑等县被水，河南巡抚图尔炳阿匿不报。次年乾隆南巡，四月，召彭至徐州，彭以灾情奏。乾隆密遣人查实，适夏邑民遮道告赈恤不周，因革图尔炳阿及夏邑等知县职。时乾隆又疑告状者有幕后主使，经查为县生员段苍绪（又作"段昌绪"），且于其家搜出吴三桂讨清檄文抄本。于是复图尔炳阿等职，并疑檄文抄自家屏，乃召彭至京面询。彭坚称无檄文，惟家藏抄本明季野史《潞河纪闻》《豫变纪略》等。遂革家屏职发审，派员往彭家搜查。时彭子传笏，因惧已将抄本焚烧，只查得《豫变纪略》。河南布政使刘慥奏："《豫变纪略》系郑石廊记载明末遭海贼残害中州等事，刻本二卷，惟有彭家屏题词数语，内云'叹当时之丧乱，幸今日之太平，可以动君子之鉴观、戢细民之匪僻，是有功于世道，非仅以博旧闻'等语，并无悖逆词句。"会审，仍判彭家屏斩立决，籍没家产；段苍绪凌迟。六月初七日旨降："所藏之书即经烧毁，罪疑惟轻，着从宽改为应斩监候，秋后处决。段苍绪从宽改为斩决。"然而，图尔炳阿复查彭氏书，"有所刻族谱，虽止裁［载］世系人名，但取名《大彭统记》，甚为狂妄"，六月初八日具折以奏。七月十三日乾隆谕："以'大彭统记'命名，尤属悖谬，不几与累朝国号同一称谓乎？至阅其谱刻于乾隆甲子年，而凡遇明神宗年号，于朕御名皆不缺笔。朕自即位以来，从未以犯朕御讳罪人，但伊历任大员，非新进小臣及草野椎陋者可比，其心实不可问，足见目无君上"，"即赐令自尽"。彭家所藏《大彭统记》并原板一并劈毁。

《豫变纪略》八卷，明末清初商丘郑廉撰，记明天启至清顺治间李自成、张献忠等攻掠河南事。彭家屏被赐死后，是书虽无明文载记禁毁，但彭既为罪人，书又为明季野史，其命运可知。其后乾隆四十五年，江西巡抚郝硕奏准禁毁书目中列有此书。

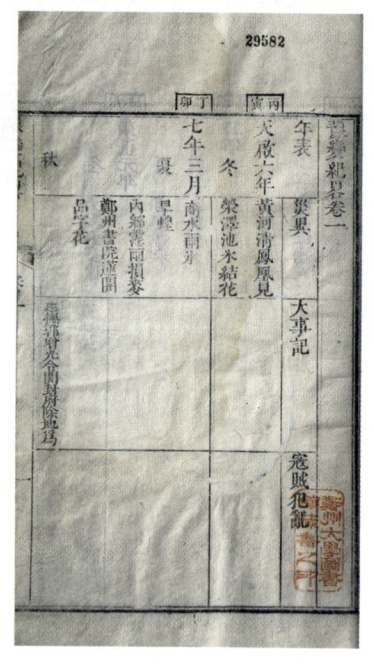

左：《大彭统记》，旧抄残本
右：《豫变纪略》，清乾隆八年彭家屏刻本，彭衎藏板

民国间，家屏裔孙麟昌屡申昭雪，经夏邑县长黎德芬上报批准，予以平反，宣付国史馆立传，并立祠以祀，事见《民国夏邑县志》。

乾隆三十八年二月，立四库馆修《四库全书》，始全面审查旧籍。凡涉"违碍""悖逆"者，或全毁，焚其书及书板，或抽毁、挖改书板。第一次《军机处奏准全毁书目》列有尉氏阮汉闻《阮太冲集》三本、《更台集》一本，称"俱有悖犯之语，应请销毁"；又有孟津王铎《拟山园集》十五本，则以铎"大节有亏"，因人废书。

河南自乾隆四十一年始上缴禁书，二月初二日，巡抚徐绩《查缴应禁书籍板片折》云：

> 案奉上谕：各省查出应禁书籍，一面将原书封固进呈，一面查明，如有板片，即行解京交军机处奏闻削毁。仍饬各属传集地保，逐户晓谕，无论全书废卷，俱令呈缴，按书偿价，照江西之式一体妥办。钦此。臣随将钦遵办理缘由，具折奏覆在案。
>
> 一年以来，谆督各州县妥协查办。嗣据祥符等县查出《历朝捷录》《博物典汇》等书共五十五部、散本四十七本，皆各省咨会应禁之书。又查出李卓吾《焚书》一部、《阮太冲集》一部、《更台集》一部，语多荒诞，不应存留。谨同前项各书暨王铎书板八百九十二块、阮太冲书板九十八块，委员解送军机处，分别进呈削毁。

此后二年，豫中禁书不如外省积极。四十三年，新任巡抚郑大进再行查禁，九月，购得江宁布政司刻本《违碍书籍目录》，命布政使荣柱翻刻，颁给府州县学官、书坊及私人藏家，并立查获禁书及书板奖励办法，予以公告。十一月二十八日，郑大进上《现在查办违碍书籍章程并遵旨予限二年办理折》，云：

> 伏查违碍悖逆之书，流布人间，凡为臣子具有人心者，皆当共愤。臣于本年四月间自京回任，检查旧案，豫省自奉旨查办以来，惟乾隆四十年十二月间曾经前抚臣徐绩奏缴书五十八部，嗣后并无呈缴。当即谆饬各府州督率印官教职留心查缴，乃至七八月间仍无缴解。臣细加体察，缘一切应禁书名，从前未经明白晓示，而豫省士风朴鲁，除经书试帖之外，俱不留心，实不知何者为应禁之书，以致呈缴寥寥。臣悉心搜访，因于九月间购得江苏省所刊禁书名目，统计不下九百余种，而逆犯王锡侯、徐述夔所著尚不在内。臣即将购

得书目同续奉查禁各书，一并开单饬发藩司荣柱，令其遵照刊刻，分发各府州县学各官，转发各坊肆及藏书之家，广为劝谕，勒限三个月尽数呈缴。如再仍前玩视因循，一无查缴，即将该地方官严行参处。又查分发试用首领佐杂员数甚多，该员等安坐省城，得缺无期，每员亦发给书目一本，令其不拘远近，自行购缴。有能购获禁书三十部及书板一百块者，俱准其记功一次；记功三次，遇缺先行委署；记功十次，遇缺先行咨补。现任教职亦照此记功，如有能实心查缴、功次较多者，准于举行计典；及六年俸满时，从优荐拔，以示鼓励。仍于省城开设总局，专委丞倅一员在局综理，并委教职二员分司校勘，一俟缴有成数，即行解京销毁。此臣现在查办之章程也。

知当时汴梁设立书局，委专员办理查禁。荣柱所刻目录，今尚存于世，收入《咫进斋丛书》等丛书。四十五年十二月初八日，时任巡抚雅德又上《缴违碍书籍折》，云：

兹据署布政使郑源璹详称，自上次缴书之后，又据开封等九府、光州等四州所属各州县陆续缴到书籍三百零二种，共五千二百七十八部，计五万八千四百五十九本，板片四百零二块。当经局员校勘，俱系通行应缴违碍书籍，造册呈送前来。臣查核数目相符。所有查出各项书籍，除造具清册解送军机处查收销毁外，理合恭折奏闻，伏祈皇上睿鉴。

由此可见当时禁毁规模之巨。据雷梦辰《清代各省禁书汇考》，河南上缴禁书，先后共七次，惟搜缴者不尽为中原文献。

抽毁图书在豫中亦不乏案例。乾隆四十七年翰林院颁刻《抽毁书目》，列有新安吕维祺《明德先生文集》，称："卷十七《曹真予墓表》内，语有违谬，应请抽毁。"此书刻于康熙二年，板存新安吕氏。乾隆四十八年五月，其后人吕公溥乃抽出书板上缴，并刻题识于卷末云:"昨奉四库馆行查,第十七卷内《曹真予墓表》请旨抽毁。业已遵将此一篇板片呈缴本县学,详请铲毁讫。"今阅康熙本《曹真予墓表》,实未见所谓"违碍"之语,盖馆臣宁错毋漏心理作祟。

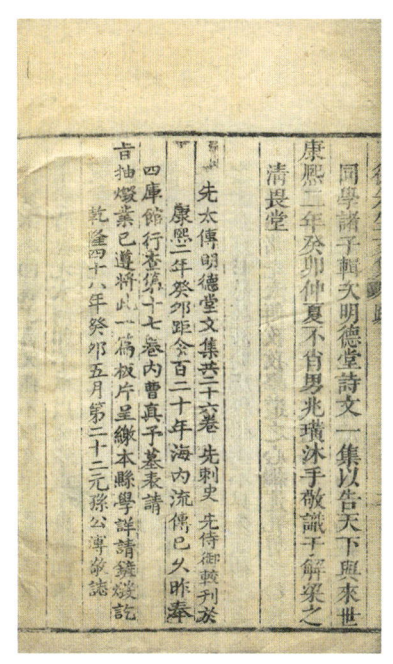

《明德先生文集》,吕公溥题识,洛阳市图书馆藏

《抽毁书目》中又有《去伪斋集》,所列应抽毁篇章,道光间开封知府栗毓美重编时删去。其他如孙奇逢《夏峰先生集》,道光间大梁书院重刻时,钱仪吉序云:"今以明季所作,语涉禁避者,遵乾隆间廷议删去数篇。"

乾隆间,豫省知名人物著述被禁者,还有范守己《御龙子集》、侯方域《壮悔堂文集》、周亮工《赖古堂文集》、宋荦《西陂类稿》等。高远《清修〈四库全书〉河南采进本与禁毁书研究》统计,当时中原著述全毁、抽毁者,凡三十八人、六十五种,尚未计阮汉闻、范守己、孙奇逢等。是为中州文献一大厄难。

(四)《国朝中州名贤集》与《续中州名贤文表》

汇辑豫中一省著作之丛刊,至晚清才有黄舒昺《国朝中州名贤集》和邵松年《续中州名贤文表》。

黄舒昺(1834—1901),字晓澄,湖南湘潭人。光绪四年进士。

早年入昭潭书院，习程朱理学。光绪十一年受聘睢阳洛学书院讲席，二十年又受河南学政邵松年之聘，兼开封明道书院主讲。

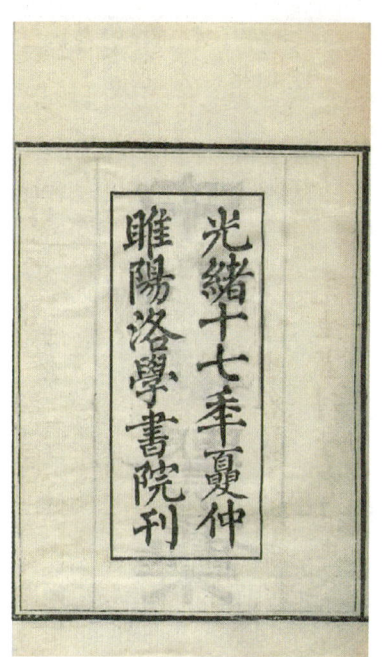

左：《国朝中州名贤集》，光绪十七年睢阳洛学书院刻本
右：《国朝中州名贤集》，光绪十九年明道书院印本

《国朝中州名贤集》乃黄舒昺主讲洛学书院时所辑，凡卷首《名贤姓氏爵里》一卷，《洛贤文钞》十卷，《洛贤诗钞》三卷，《洛贤语录并事略》九卷，《洛贤讲义》二卷，《洛贤学规》二卷。前有邵松年序。光绪十七年初刻于洛学书院，十九年开封明道书院曾重印。康熙间，睢州汤斌致力理学，以衍中州理学正宗，睢阳因其志而建洛学书院。黄氏此编，即为发扬洛学传统而辑，使学子"读《文钞》而知道德文章，学有原本也；读《诗钞》而知濂洛风雅，陶淑性情也"。(吕永辉《洛贤诗钞序》)故《文钞》《诗钞》选人，限于豫中理学名家，计孙奇逢、汤斌、耿介、张沐、

李来章、张伯行、窦克勤、冉觐祖、李棠阶、倭仁十人，卷首附十家小传。

至此，中原名家文集汇刊，元有《中州名贤文表》，清有《国朝中州名贤集》，明朝仅有诗集《梁园风雅》，文集缺焉。于是邵松年"手录五年"，成《续中州名贤文表》。

邵松年（1849—1924），字伯英，号息盦，江苏常熟人。光绪九年进士，授翰林院编修；十七年至二十一年任河南学政。其在河南任上，创建开封明道书院，对河南文化建设多有贡献。邵氏又是知名画家、书法家和收藏家，神龙本《兰亭序》曾经其手。

邵松年七旬像，1917。源自《新民报》1921年第8卷第12期

《续中州名贤文表》六十八卷，收录十位明代河南大家之作，计曹端《曹月川先生文集》二卷，薛瑄《薛文清公文集》八卷，王鸿儒《王文庄公凝斋集》六卷《别集》二卷，何瑭《何文定公柏斋集》十卷，崔铣《崔文敏公洹词》十二卷，尤时熙《尤西川先生文集》六卷，孟化鲤《孟云浦先生文集》四卷，吕坤《吕新吾先生去伪斋文集》十二卷，张信民《张抱初先生文集》二卷，理鬯和《理寒石先生文集》四卷。其中薛瑄为山西河津人，以父任鄢陵教谕而家于此，薛瑄并在河南参加乡试。故时以豫人目之，而今不视为河南人。此编仿宋荦，辑诸家碑传文冠于各集首，并附原集序跋。邵氏卸官归里后，将此编连同刘昌《中州名贤文表》，一并交其常熟鸿文书局，光绪三十年石印出版。

《正续中州名贤文表》，清光绪间常熟邵氏鸿文书局石印本

邵氏所选，亦重于理学。当时新学已兴，世界潮流大变，其自序叹曰：

> 数十年来，大道否塞，文章凋敝，时事孔亟，人才不兴。论者不归咎正学之不讲，徒慨制治之无人；不归咎教育之无方，徒慨文章之无用。于是创立学堂，亟图造就，惩中学之多无实际，参西法以冀得速成，制非不善也，然而本根未植，恃何道以立身？义理未明，由何道以维世？日从事于语言文字、声光化电之中，十数年后，将有不知诗书为何物、圣贤为何如人者矣！

此固不免抱残守缺之讥，然百年之后，声光化电普及已久，而人心往往不古，世风时有浇薄。今反而思之，乃于传统文化中取其精华，弃其糟粕，求其根本。此与邵氏之论实同。惟邵不知变通，维世之道，代有不同，所谓"世异则事异，事异则备变"是也。

《国朝中州名贤集》与《续中州名贤文表》两书，虽承刘昌《中州名贤文表》例，但与《中州名贤文表》不尽同，有书院教科书性质，选人重在理学家，以才情文章胜者，如何景明、王廷相、宋荦、侯方域等，皆无与焉。

回顾明清两代，中原著述辑录汇编，惟周在浚发有宏愿，惜未能成事。硕果仅存者，刘昌、黄舒昺、邵松年三编而已，三人俱非河南籍。严格而论，三书又都介于丛书与总集之间，于各家之作，非汇刻原著全书，而有所抉择。真正意义上一省文献汇编丛刻，竟无一种。

（五）《正谊堂丛书》《经苑》与《三贤政书》

有清一代，理学丛书编刊与豫中相关者，有《正谊堂丛书》及《经苑》两种，虽非中原文献整理，但其中豫人著述不少。

《正谊堂丛书》为张伯行编刻。伯行（1651—1725）字孝先，仪封人，康熙二十四年进士。历官福建、江苏巡抚，礼部尚书，卒赠太子太保。伯行为康熙朝名臣，又以理学名，尊程朱而斥陆王。康熙四十六年升福建巡抚，捐俸购屋，建鳌峰书院于福州九仙山，取《汉书·董仲舒传》"正其谊不谋其利，明其道不计其功"之意，颜其堂曰"正谊"，搜求宋元以来儒家遗书，手自校订，以正谊堂名义刊行。四十八年调江苏巡抚，仍有续刻。前后历时近十年，刻成五十五种，规模宏富。其书初无总名，同治五年左宗棠平定福建，创设正谊堂书局，访求张刻诸书重刻，总其名曰《正谊堂全书》，最终续增至六十八种。

张氏所刻，豫人著述甚多，如程颢、程颐《二程文集》十二卷、《二程粹言》二卷（宋杨时辑），尹焞《尹和靖先生集》一卷，谢良佐《上蔡先生语录》三卷，韩琦《韩魏公集》二十卷，许衡《许鲁斋先生集》六卷，曹端《曹月川集》一卷，汤斌《汤潜庵先生集》二卷，以及伯行编著之《道统录》等。是书于东南人才培养，作用极大。惟编刊宗旨在弘扬理学，非为文献存真，故多删节原著，为后人所诟。

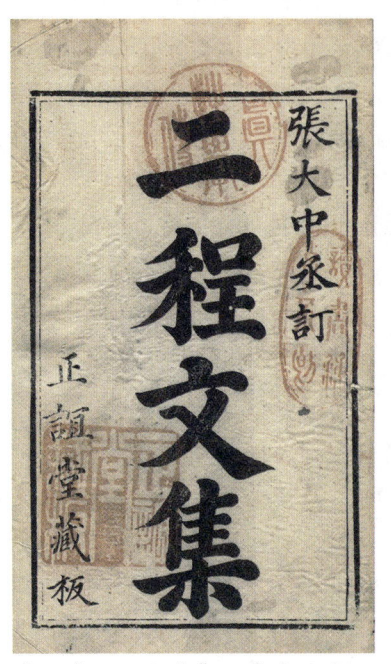
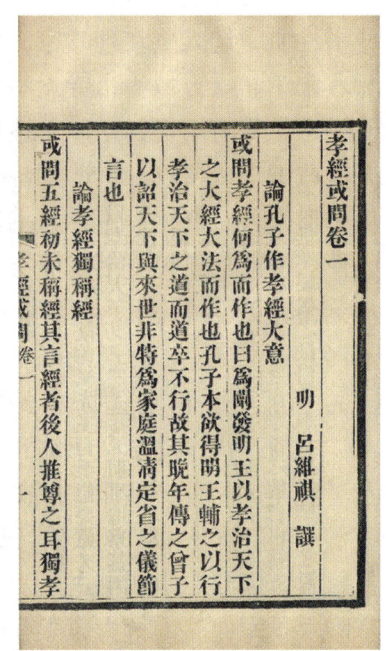

左：《二程文集》，清康熙间正谊堂刻本
右：《孝经或问》，清道光间大梁书院刻《经苑》民国间印本

《经苑》为大梁书院主讲钱仪吉编。仪吉（1783—1850）字蔼人，号星湖，浙江嘉兴人。嘉庆十三年进士，累迁工科给事中，后罢归。道光十六年应河南巡抚桂良之邀，主讲大梁书院。十余年间，豫中弟子负笈而从者众，如蒋湘南、苏源生、宋继郊等，皆有成就。终卒于开封，苏源生作长文《书先师钱星湖先生事》。钱氏博通经史，长于史学，兼擅历算，著述、藏书俱富。其于中原文献，主持校刊有《夏峰先生集》，拟刻武亿《三礼义证》未果。杨淮《国朝中州诗钞》、苏源生《国朝中州文征》，钱氏曾指点体例，出藏书为助。道光二十一年河决，钱氏藏书半为瀸渍，因思汴中图书流通不多，遂有编刊旧籍之念，商之河南布政使张日晸、

按察使王简，公同募资，道光二十五年设局，以大梁书院名义辑刻《经苑》。

《经苑》拟目四十一种，至道光三十年，刻成二十五种二百五十卷，皆《通志堂经解》未收之典籍，中有新安吕维祺《孝经或问》等三种。是书为豫中规模较大之丛刻，论者以为，虽不如通志堂秘籍之富，但校雠精审则胜之。书板存大梁书院，民国间曾递修重印。

晚清，固始吴元炳所辑《三贤政书》，亦豫人著述汇编。元炳（1824—1886）字子健，咸丰十年进士。历官湖北、安徽、江苏巡抚，两江总督、漕运总督等，系一代重臣。

"三贤"谓汤斌、宋荦、张伯行，俱豫人，康熙间俱曾任江苏巡抚，吴中为立三贤祠。光绪间，元炳又以豫人来抚江苏，有山高水长之思，因重修三贤祠，集三人奏议、公牍为《三贤政书》。书凡汤斌《汤子遗书》四卷，并汇汤氏碑传年谱为卷首一卷；宋荦《西陂类稿》二卷，《漫堂自订年谱》一卷；张伯行《正谊堂集》五卷，并以其子所撰《张清恪年谱》二卷为卷首，总十五卷，光绪五年以活字排印于苏州。吴氏自序称其书"非私以为乡里之荣，亦将以范镕金，以型合土"，昭为政之典范。所收三人之作，虽只录奏议、公文，而仍用三人旧集原名。

《三贤政书》，清光绪五年吴元炳木活字印本

### (六)郡邑及家族文献汇编

汇编郡邑人士著述成丛书者,周亮工有《天中四君子集》,虽多为开封人物著述,但不限于一府。最早汇一邑(府县)文献而刻者,今知为王槐一所辑《邺下四子诗》。

王槐一,字植初,号菊坛,安阳人。顺治十四年举人,署内乡教谕。康熙二十二年迁江西浮梁知县。四子即吴振周、李陶世、李维世(陶世弟)及宋凤来,俱安阳才人,明末遗民,诗多黍离麦秀之叹。槐一忧其散佚,辑为《四子诗》。安阳进士许三礼,与槐一同为李维世门人,康熙十二年授海宁知县。槐一携稿往访,与谋梓行,迁延未果。及知浮梁,乃次第刊行,全部刻成于康熙二十八年。书凡吴振周《岳起斋诗存》二卷,李陶世《龙隐斋诗选》一卷,李维世《石鱼斋诗选》二卷,宋凤来《砚北居诗集》一卷。前有康熙二十八年许三礼《四子诗总序》、王槐一《跋》,卷端署许三礼、王槐一同刊。《乾隆安阳县志》记书名为《邺下四子诗》。其原刻已不存,民国间安阳张凤台曾重刻,未竟而逝,刘镇华为补刻成全书,署《安阳四子诗集》,详后。今书目著录有广东省立中山图书馆藏康熙刻本,实为张凤台刻本。

彭始抟所辑《南阳三家诗》,是又一部清代前期郡邑丛集。始抟(1646—1732)字直上,邓州人。清初名臣彭而述子,康熙二十七年进士,四十五年授浙江学政,迁侍讲学士、内阁学士等。康熙四十七年曾刻其父《读史亭诗文集》,萧山毛奇龄、秀水朱彝为之序。致仕归里后,慨于乡邦文献残缺,汇南阳名家新野马之骏(始抟妻祖父)《妙远堂诗钞》、淅川彭凌霄(始抟伯父)《苍雪诗钞》、内乡李蓘《黄谷诗钞》为《南阳三家诗》,刻成于雍正九年,时彭年已八十六。原刻今亦不存,民国间南阳张嘉谋曾重刊,详后。

彭氏所刻诸书罕为流传,与彭家屏案有关。民五年张嘉谋《苍雪诗钞跋》云:"夏邑彭氏文字狱起,《大彭世纪》载邓诸彭,直上父《读史亭集》又在抽毁列,诸所刻书,惧而尽毁。闻人有藏者，午夜哀求，避人杂烧之。"

晚清，有凌甲烺所编《西华三先生集》。甲烺（1857—1925）字叔炳，号保生，西华人。肄业于大梁书院，光绪二十三年拔贡。民初，闭门著书，袁世凯、徐世昌前后征召，坚辞不出；召修《清史》《河南通志》，亦不赴。曾任西华县志馆编纂兼编辑主任。凌氏藏书万卷，以表彰前贤为己任，日搜辑遗著，"先后刊刻不下数十百种"。著述有《续中州人物考》等。事具太康王新桢《凌保生先生传》《西华三先生集跋》，见《两一子遗稿》。《西华三先生集》辑录明末胡然、刘景跃、理岜和三位乡贤诗文，初刻于光绪三十二年，后曾再刻，今俱未见存，《民国西华县志》选录有若干篇入《文征》。

清代家族著述汇辑，以精善论，首推商丘宋氏。文献故家宋荦，刻有《商丘宋氏三世遗集》。是书汇其明代先世宋纁《庄敏公遗集》一卷、宋沾《福山公遗集》一卷、宋权《文康公遗集》二卷，并附宋荦所撰《文康公年谱》一卷，刊于清康熙五十年，为清代早期豫中刻本之上佳者。

《商丘宋氏三世遗集》，清康熙五十年宋氏刻本

以地域论，清代家族文献刊刻之盛，则首推襄城。诸大家族，如刘氏、张氏、耿氏等，争相编刊，蔚然成风。

襄城望族刘氏，八世刘汉臣，明末李自成攻襄城时为诸生，以城守安民有功，授知县。清初以下数世，多致力学问，著述甚富，多有刊刻。十世刘青芝（1675—1755），字芳草，雍正五年进士，改庶吉士，未散馆辞归。乾隆二十年，青芝汇家族著述为《刘世传家集》印行。卒后，十一世伯川又有续刻。

《刘氏传家集》规模为一时家集之冠，凡三十三种，百九十九卷，包括九世宗洙（举人）《天佣馆遗稿》、宗泗（举人）《抱膝庐文集》《中州道学存真录》《襄城文献录》，十世青霞（举人）《慎独轩文集》、青藜（康熙四十五年进士）《高阳山人文集》《金石续录》、青莲《七一轩稿》《藕船题跋》《古今孝友传》《学礼阙疑》、

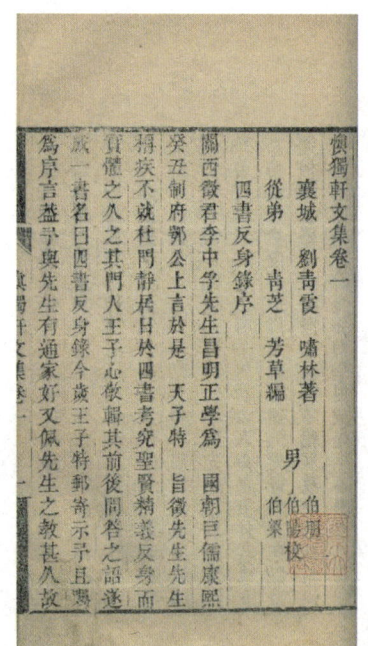

青芝（进士）《学诗阙疑》《周礼质疑》《尚书辨疑》《史记纪疑》《古氾城志》，十一世伯梁《鸿斋文集》、伯川《独学斋诗集》等。凡文集卷首，附著者碑传。诸书之早者，康熙时已刊刻。其中《襄城文献录》《古氾城志》，保存地方珍贵文献不少。四库馆臣对《刘氏传家集》评价不高，但以《慎独轩文集》《学诗阙疑》《周礼质疑》《金石续录》《学礼阙疑》五种入《四库存目》。

《刘氏传家集》之《慎独轩文集》

襄城张氏，与刘氏世代交好。明有张宁者，万历二十年进士，历官至四川夔州道兵备副使。子永祺、孙鏊、曾孙本沅，俱以诗文名邑中。乾隆间秀水画家张庚客中州，与刘青芝友，访刘于襄城；本沅子珍，以其先世诗文请张庚选录，编为《张氏四世诗钞》，

刻于乾隆十四年,板藏龙雷馆。龙雷馆为张錾建,见刘宗泗《明经张公传》。其书介于丛书、总集之间,通为六卷,前有乾隆十四年张庚序,后有张珍跋;卷三张錾诗前有《张太阿先生诗集序》,卷六本沅诗前有《乾初斋诗序》。

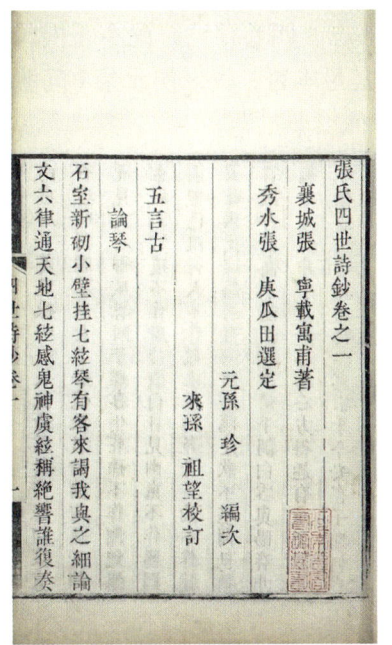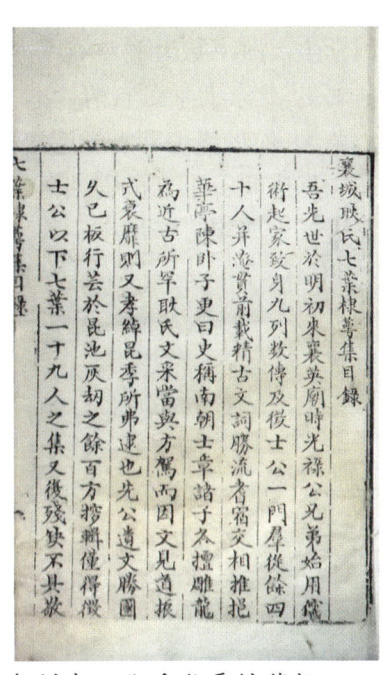

左:《张氏四世诗钞》,清乾隆十四年刻本,张氏龙雷馆藏板
右:《襄城耿氏七叶棣萼集》,清道光元年襄城耿氏刻本

襄城耿氏,自晚明邑贡生耿光国、华国,以文兴盛。华国有《蒙泉杂言》二卷,明人辑刻《今献汇言》,删为一卷收录,《四库全书存目》著录。裔孙耿芸,辑抄光国《莲舫文钞》、华国《笠庄文钞》、震国《富春文钞》、应张《雪堂文略》等七世十九人之集,为《襄城耿氏七叶棣萼集》,近九十卷,雍正四年作跋,藏于家。道光元年,其曾孙兴宗删选为四卷刻之。

杞县侯氏则有《侯氏丛书》。侯氏自徽中颍上迁居开封土街,元末明初，一支迁杞县，一支迁商丘。杞县侯氏，居地在今泥沟乡焦喇村。七世侯于赵，嘉靖四十四年进士，历官至都察院右副都御史、山西巡抚。其后诗文传家，代有文人，见乾隆间刻本《侯氏家乘》。

乾隆间，十四世长松辑侯氏诗文为《侯氏丛书》。长松字松年，国学生。藏书数万卷，有《西园藏书志》四卷存世。此本《侯氏丛书》，北京大学藏有清抄本，未详是足本否，收录侯元棐《问渡小草》、侯运盛《咽雪堂诗集》等十种二十二卷。

嘉庆间，十五世资灿再编为《大梁侯氏诗集》四卷，刻于清嘉庆二十四年。资灿字心古，乾隆五十一年举人，历任新城、泰和、峡江等县知县，曾参订《乾隆杞县志》，刻有《壮悔堂文集》。《侯氏丛书》收录侯于赵《西园杂咏》、侯应瑜《固陵小草》、侯洛《贮虚堂诗集》及资灿《西江纪游草》等，凡二十四种，诗一千四十四首。所录为选本，非原集全本，但存旧集序跋。其中名最著者为侯方域《四忆堂诗集》，方域出商丘侯氏，而迁自大梁。

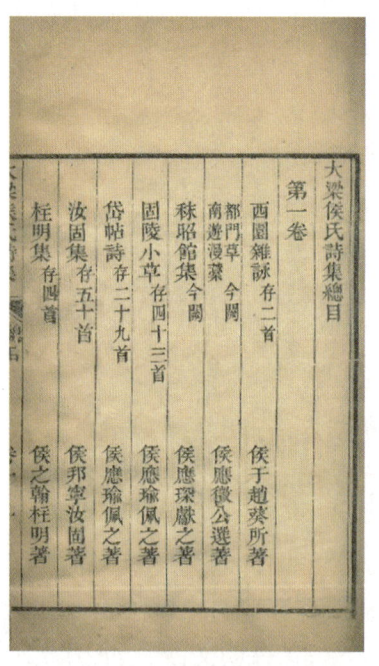

《大梁侯氏诗集》，清嘉庆二十四年刻本

其他如洛阳曹曾矩（字用甫，邑贡生，曾主讲桐淮书院），辑其曾祖以上三世著述，汇刻为《洛阳曹氏丛书》，计曹逢庚《春秋辑说汇解》、曹肃孙《芝亭旧稿》、曹敏《小亭信口吟》等十一种十六卷，刻于同治、光绪间。固始吴文炳，亦重家庭文献者，纂修《固始吴氏家乘》，辑先世诗文为《固始吴氏文存》《固始吴氏诗存》，光绪七年在江苏任上以活字排印。《文存》附《家乘》后，不分卷，只录吴氏无专集者，计《妙老堂文》《覆瓿集文》等十一种，多者十数篇，少者一篇，更近于集部总集；《诗存》未见足本，民国间中州文献征辑处征得残本五册，今藏新乡市图书馆。

晚清最后一部家集，为宣统三年《项城袁氏家集》。项城袁氏以袁世凯知名。此编乃袁世传请丁振铎代为编纂。世传字述之，世凯从弟，光绪间附贡生，以后经营铁矿、煤矿实业。振铎字声伯，罗山人，同治十年进士，历任国史馆总纂，云南、广西巡抚，云贵总督等。是书辑录袁甲三《端敏公奏议》、袁保庆《中议公事实纪略》、袁保恒《文诚公奏议》、袁保龄《阁学公公牍》，以及袁世传辑《袁氏家书》等，十八种六十卷。

《项城袁氏家集》，清宣统三年清芬阁排印本

此外，昭德晁氏后裔辑刻有《晁氏丛书》，惟编刊者晁贻端，安徽六安籍，非豫人，但所收多为中眷诸晁之作，因附记之。贻端字星门，晁氏东眷二十九世孙，道光二年贡生，考授镶红旗官学教习，后署福建宁化、光泽知县。生平好书，家藏万卷。曾以活字摆印《学海类编》八百余卷。贻端承父命，辑前世遗著为《晁氏丛书》，道光十年至十二年刊刻，凡七种六十一卷：晁迥《昭德

新编》二卷，晁补之《重编楚辞》十六卷、晁贯之《墨经》一卷、晁补之《晁无咎词》六卷、晁说之《晁氏客语》一卷、晁冲之《晁具茨诗集》十五卷、晁说之《嵩山景迂生集》二十卷。其中除晁补之为东眷外，余皆中眷豫籍。此刻大都依据善本，精加校刊，各本皆作跋语识之。前有道光十年自序，并有晁氏著述总目，胪列汉至清四十九人、著作百八十四种。

## 二、中原诗文总集汇编选编

（一）豫人诗文总集

萃选历代中州人物诗文，编为通代总集者，始自清代。但仅乾隆间钱九韶编有诗集《河岳集》一种，文集则未见编纂。

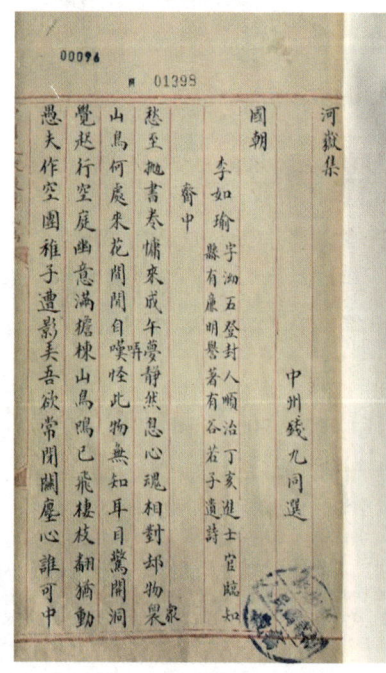

钱九韶（1731—1796），字太和，密县人。乾隆五十年恩贡，曾任镇平教谕。后绝意仕进，以授徒为业，主讲桧阳书院，晚年穷老于乡。其诗名重一时，有《南淳诗集》刊行。《河岳集》是第一部中州通代诗集，选录历代中州人诗作，上起汉魏，下迄清康熙间，凡百二十卷。发凡起例，筚路蓝缕，以一人之力，成此皇皇巨著，厥功甚伟。

《河岳集》，民国间中州文献征辑处抄本

盖以财力不逮,《河岳集》未能刊刻,仅以抄本传。道光间杨淮辑《国朝中州诗钞》,曾借其稿参阅。民二十五年井俊起辑《中州诗钞》,亦以其稿为基础,为尊钱氏草创之功,仍题其名于卷首。今新乡市图书馆藏有民国间中州文献征辑处抄本,已不完全。

至道光间,清朝立国已二百年。二百年来豫省文坛,亟须有所影响,于是两部当代豫人诗文选编应运而出。一为文集,即苏源生《国朝中州文征》;一为诗集,即杨淮《国朝中州诗钞》。二书为断代诗文总集,选收清前期豫人诗文,于中原文化发扬全国,颇有积极作用。

苏源生(1807—1870),字泉沂,号菊村,鄢陵人。少孤力学,道光间入大梁书院,从钱仪吉学,次年拔贡。后冷于仕途,主讲鄢陵文清书院十五年。苏氏一生好书,其记过斋藏书两万余册,书板数十万片,豫籍人物文集百余种,有《记过斋书目》三卷。同时究心乡邦故实,编《鄢陵文献志》四十卷;又曾辑理学著作七种,刻为《记过斋丛书》,其中吕坤《救命书》《省心记》、夏锡畴《强恕堂传家集》,俱豫中文献。钱仪吉称:"其于乡邦文献,举问如响。"(《国朝中州文征序》)

自青年时代,苏氏即有编选中州诗文之愿,赴京应试,亦典衣买书,手录不倦。历时十载,《国朝中州文征》终在道光二十三年脱稿。开封知府邹鸣鹤(无锡人)见其稿,深为嘉许,捐己俸倡雕,经师友赞助,历时三年,刻成于道光二十五年,钱仪吉为之序。手稿尚存鄢陵县图书馆。

《国朝中州文征》是一部规范的文选,五十四卷,辑录顺治至道光年间豫人文章百六十五家、七百七十篇,以文体分为奏疏、策、答问、论、议、说、辨、杂著、书、序、行状、墓志、传、赞诸类。书前有"撰人姓氏爵里",简述各人生平。论者称:其书举要删繁,明道纪事,存有清一代河南文献。

苏氏《凡例》云:"是书之行,皆诸公玉成之力,非源生一人所能胜。"卷前列有"鉴定助梓校字姓氏"三十二人,首为钱仪吉。

其编书之初，编纂体例曾经钱氏指点。

《国朝中州诗钞》为杨淮历时八年编选。淮（约1805—1870）字笠舟，宝丰人。出身书香世家，邑廪生，曾任长葛、密县训导。杨氏承家传，藏书亦富，其竹筠山房、雅集书斋，收藏过万卷。豫中藏书名家、新安吕公溥之收藏，大半为其购得，其中名贵者有李绿园《歧路灯》手稿等。

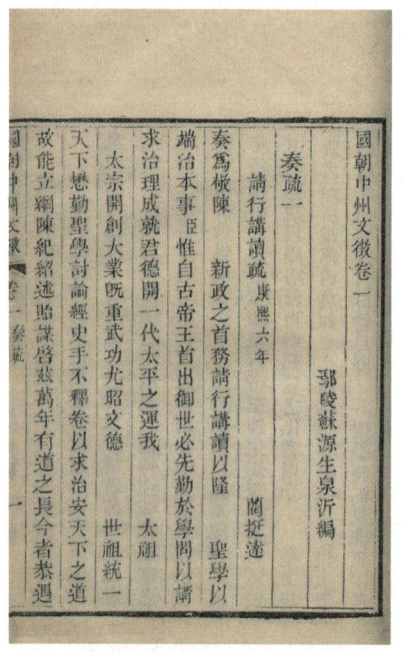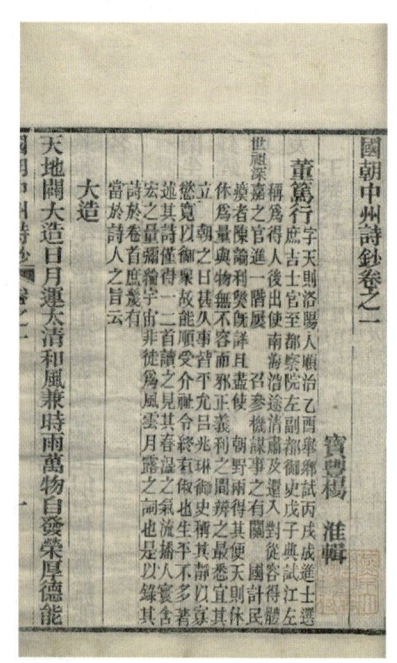

左：《国朝中州文征》，清道光二十五年刻本
右：《国朝中州诗钞》，清道光二十三年杨淮刻本，雅集山房藏板

当道光时，外省已有《岭南诗钞》《山左诗钞》《畿辅诗》等一省诗作选编，中原独无。道光十六年，钱仪吉甫到汴梁，即欲编录中州诗选；许昌孙世封（嘉庆七年进士）、淮阳钱廷文，亦曾有意选编，皆未果。

《国朝中州诗钞》始编于道光十五年，历八年成，二十三年杨氏自刊，板藏雅集山房。全书三十二卷，辑录清初至道光间诗五百二十余家、两千五百六十余首。依诗人科举年份或年辈为序编排，正统诗家外，又列闺秀、流寓、方外三类。各家名下，均系小传。河南按察使张祥河、学政许乃钊为之序。其《凡例》称："是集以钞为名，不敢言选也。"谓"选"有标准，合标准者入选；"钞"则客观，存其本色，故以"诗钞"名。

杨氏于此集，除选自其家藏诗家别集、郡邑方志外，又四方搜求，曾借钱九韶《河岳集》手稿参考；钱仪吉亦曾出其藏书为助。而编选校订，师友同好者多亦参与，尤以西华王汝甲、鄢陵苏源生为力最著。故《诗钞》前列订正、同阅、总校、采访、缮写姓氏，凡三十六人，而以钱仪吉居首。但刻成后世人评价不高。钱仪吉指其去取未当，臆改原作，以至有另行重选之念。其《答王解元骧衢书》（《衎石斋记事续稿》卷三）云：

> 中州采诗之举，弟到汴即有意于此。鞠村〔苏源生〕为言，宝丰杨君志在甄缉，因以所得诸集多付鞠村，以畀杨君。杨君以乡试事来省，曾示所选数卷，去取似有未惬，即直言告之，属其更定。杨君诺而去。逾二年书成镌木，赠予一编。去取当否可勿论，即金根臆改之处触目皆是。卷前列弟名于阅定姓名之首，尤令人惶悚。……因欲别为一集，以自湔洗。惜乎前此岁月久虚，而已得之集又多散失，年来衰病日增，能否卒业未可知也。

苏源生甚至称此作"虽费力而实大谬，于汴中先辈非徒无益而已"。（《师友札记》卷一）新野马一山，则对两部选集俱无好评，致书杨淮之师余葵午云（《中峰古文抄》丁集）：

> 去年敝门人尹靖江，仆往游焉，于姑苏旅邸见吾乡新进，言《中州文征》选人选题不选文，《诗抄》更劣于《文征》，所选率平浅之作，而遗其有关劝惩者。且多点金成铁处，小

传亦时有芜累。嗟乎！此公论也。如仆己亥闱中作，有"蜡暗五更心"句，改"暗"作"尽"，则嚼蜡矣；"达人安运命"句，改"运"作"时"，令平仄失调，尚可与言诗乎？

赵星有《〈国朝中州诗钞〉的缺憾与成就》(《许昌学院学报》2014年第3期)，论其得失颇中肯，以上评论两则，从其文转引。

杨淮还曾以《诗钞》诗人小传示襄城耿兴宗，兴宗加以增补，编为《中州珠玉录》二卷，今存咸丰二年赐绮堂刊本。

道光于今，虽不及二百年，而当时所见著作，今已多有散失亡佚。两部选集，毕竟存留豫中文献不少，一些诗文，仅赖此得以传，一些作家，亦仅借此得身世不灭，以此言之，苏源生、杨淮之功不可泯。

以上为汇选一省诗文之总集。

汇集一邑诗文者，以原应三父子最勤。应三（1776—1848）字溯伊，号亦阿，温县平皋人，邑之富家，附贡生。为人急公好义，设义塾教授蒙童，创邑试院及都城覃怀会馆。《国朝中州文征》"鉴定助梓校字姓氏"亦列其名。其四子俱有成：长峰冠、次峰聚，举人；次峰罗，庠生；幼峰峻，咸丰二年进士。事具尹耕云《心白日斋集》卷四《溯伊原公碑铭》。应三历时十载，搜集清初以来怀庆府先贤诗文，成《覃怀遗文录》十卷，道光二十五年刻于平皋镜成斋。

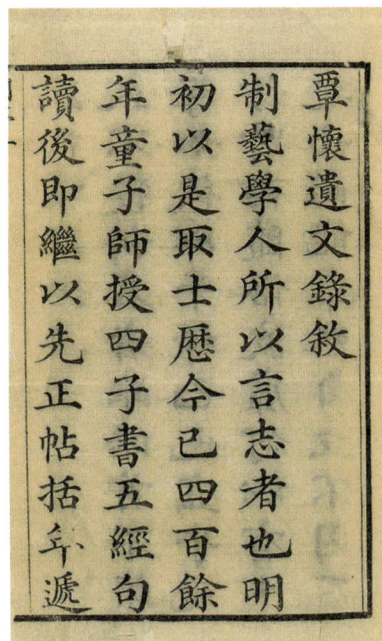

《覃怀遗文录》，清道光间刻本

事竟，应三意犹未足，更广搜求，不幸赍志而殁。子峰冠、峰罗、峰峻继其志（时峰聚已卒），再行辑录《覃怀遗文录续刻》四卷，道光三十年刻于平皋存朴堂。《遗文录》请元和胡希周（嘉庆二十五年进士）及邑举人崔敬一审订；《续刻》则请崔敬一、李棠阶审核。棠阶为豫中名宦，时引疾家居，其《李文清公日记》有多处审稿、作序记载。

晚清，还有一些诗文汇编，传播未广。如长葛张岚峰，光绪庚子、辛丑并科举人，仿元遗山《中州集》之例，辑《长葛耆旧集》四卷，汇录本邑名人诗文，今存中州文献征辑处抄本，新乡市图书馆藏。

上述郡邑诗文汇选，皆民间私下编纂。官方所编郡邑诗文汇编，大都入方志之文征类。南阳知府刘拱宸所辑《南阳艺文志》，为唯一一部不附于邑志、单独刊行者。其书同治十年刻于郡斋，计文二十四卷，诗十二卷，收录丰富，以至《光绪南阳县志》不再辑录文征。拱宸（1807—1871）字星平，号伯瑗，江西新昌人。道光二十四年进士，三十年任西华知县，咸丰十年升陈州知府，同治六年转南阳知府。在豫期间，劝农桑，平兵乱，注重文教，兴修学校，倡刻本土文献，深得豫人好评。在陈州刻有《谢康乐先生集》，在南阳还刻有《南阳人物志》《孝经》等。

文选之属，另有为专题者，亦是一类。

河南为理学之邦，入清以来，不少中原理学史传著述，如耿介《中州道学编》、汤斌《洛学编》、刘宗泗《中州道学存真录》、郭程先《洛学补编》等，记历代儒学人物行实，述各家学说概要，每每萃引语录、摘附文章，但以阐述道统传承为旨，非以文献汇编为目的。而中州理学文章，也有专门选编。

管城李翰华，同光间任池州知府，光绪二年重刻《洛学编》后，四年又辑刻《国朝洛学文征》二卷，选录孙奇逢、汤斌、许三礼、殷元福等十位豫中理学名家之文。下书口镌"有不为斋"，应是其斋名，书盖刻于池州。

永城吕永辉，光绪二十七年主开封明道书院时，辑选李来章、耿介、张伯行等中州先儒所作八股文，凡"四书义"十篇，"五经义"五篇，题曰《中州经义标准》，刊于开封，以为诸生指示门径。书前有光绪二十七年吕氏自序。封面镌"明道书院藏板"，并题"林大宗师鉴定"。林即河南学政林开谟。书出，一时翻刻甚多，所见有天成堂刻本，封面有"天成堂梓"牌记；文聚堂印本，封面刻"板存汴省东司门迤北路西文聚堂书坊发兑"。光绪二十八年废八股，三十二年罢科举，此书再无用途。

此外如封丘何家琪，光绪元年举人，选授洛阳教谕，辑有《洛阳四僧诗钞》，为方外诗选，河南省图书馆藏有光绪二十三年刻本。闺秀之作，则未见清人有选本。

（二）方志诗文汇编

豫事诗文总集，明代有《中州题咏集》《中州集咏》等，俱已失传。有清一代，未见有全省总集汇编。惟固始吴其泰（嘉庆二十五年进士，仕至江苏按察使）编有《河南艺文志》，李敏修《中州艺文录》著录。其书不存，故书为豫人诗文集，抑或豫事诗文集，甚至豫人著述志，盖莫能知。民国间《河南通志艺文志稿》以之入史部目录类，未必确。

河南省志、府州县志及专属志书，承前代之例，有艺文志（文征）一目，汇录相关诗文。省志清代重修、增修、续修者凡四次，集中于清前期，即《顺治河南通志》《康熙河南通志》《雍正河南通志》及《乾隆续河南通志》。四志俱设《艺文志》，其宗旨虽同，而时境各异，体例亦不尽同。

《顺治河南通志》五十卷，为鼎革后第一部省志，河南巡抚贾汉复（山西曲沃人）修、河南按察司副使沈荃（江南华亭人）纂。按，崇祯十五年黄河决，大梁城淤圮，河南巡抚驻节杞县。沈荃分巡大梁道，驻禹州。水灾兵燹之余，百废待兴，为政不易，能首重文献而成此志，颇为难得。志之修始于顺治十五年檥郡县修乘，十六年稿成，沈荃补缺订谬，且缮且刻，成于十七年。为时虽仅三年，而体例、内容颇受好评，康熙间诏各省修志，曾以此志颁示天下为式。

《顺治志》承《嘉靖志》之绪，卷三十五至四十九为《艺文志》，凡十五卷，占全志十之三。《御制》一卷外，例以文体分，依诗、表、论、序、檄、碑记、铭等为类，各类下则约以年代为序。所收篇目，沈荃序称较《嘉靖志》增十之四，更为完备。究其实，部分诗文，《嘉靖志》以之杂入山川、祠寺、古迹等卷，此则尽行析出，归入《艺文志》，两者各有利弊；此外增当朝奏议、公移独多，事关地方利害，存以供后世为政者之鉴。论者往往病方志艺文篇幅、分类繁芜，沈荃特于卷末《艺文总论》中释之，略谓文章歌诗亦关乎政教风化，并"俟后之君子，更为笔削而搜辑之"云。

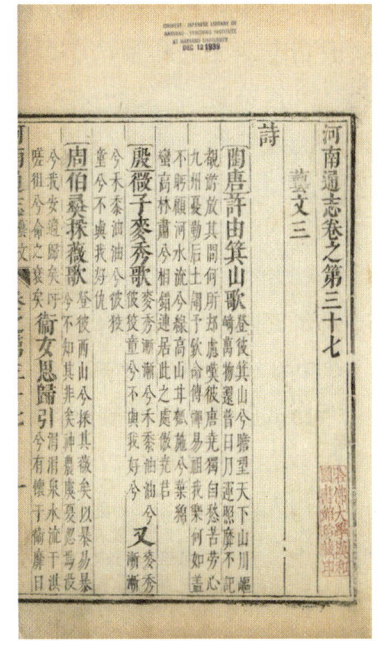

《顺治河南通志·艺文志》，清顺治十七年刻本

顺治十六年，昌平徐化成任河南左布政使，苦心经营，豫省之创稍平，康熙二年藩台归汴，九年曾以旧板重印《河南通志》，于祥异、城池、职官等事，略为增续补刻，《艺文志》一仍其旧。

康熙间豫中再次修志，始于康熙二十九年，阎兴邦、李辉祖、顾汧三任巡抚主修，张沐等纂，成于康熙三十四年，是为《康熙河南通志》五十卷。此志因循顺治旧志，即卷帙、目类亦大致同。

名为"通志"，实则"续志"。《艺文志》亦为卷三十五至四十九，十五卷，编排分类不变，小序亦多袭前志之语，惟各类之末补苴近代之作而已。

雍正六年冬，清廷诏各省修志呈报一统志馆，于是雍正八年豫中开局再修省志，至十三年书成，是为《雍正河南通志》。此志由田文镜、王士俊两任河南总督主修，孙灏等纂。

《雍正河南通志》八十卷，卷七十二至七十九为《艺文志》，凡八卷，仍以文体分类编排，类目小有变化。其篇幅较前志大为缩减。其端有三：一者有意删削，以严其选。《凡例》云："若记、序诸制中，无关政治，不及民风，累牍连篇，殊属无谓，多从芟薙，以省览观。"又云："《艺文》内旧载《关壮缪辞曹操书》，竟是后代人赝作，杂用小说《三国演义》中故事，可削也。"二者以纪咏山川古迹之诗文，重新归入其他目类附载。《凡例》云："旧志《艺文》至十五卷，居全志三分之一，止因删去山川、城池、古迹、寺观后附见诗文，荟萃一处，遂至卷帙繁重。夫山川、古迹列名人咏歌、昔贤碑记，所以发挥景象，详志原始，不为无裨。今一概删去，既苦寂寥，并归《艺文》，又嫌汗漫，是两失之也。今仍分载各条，以便省阅。其有佳篇叠出及碑记累幅不能尽附者，则入《艺文》，以成大观。"不失为良法。三者，专设当朝《圣制》一目列为首卷，以御制诏诰之类归入。论者多称道其严选艺文，而抨其卷首《圣制》为开恶例之先。

《乾隆续河南通志》八十卷，为清代最后一部河南通志，河南巡抚阿思哈、学政嵩贵纂修，成于乾隆三十二年。是书为续志，续记雍正间修志以来事。卷六十九至八十为《艺文志》，凡十二卷，亦承前志依文体分类编排。《凡例》云："前代诗文，前志逸者搜补十之三四，盖以古人旧作流传已久，不可或略也。"故《志》中补录前代通志失收之历代旧文不少，如宋王仲孚《南都赋》等。而于雍正以来文章，遴选甚严。《艺文志》小序称："若夫靡丽荒唐之辞，斯则谓之空言，虽不录可也。"惟奏议、记事之类，录之独详。凡此颇受好评。卷首《圣制》增为四卷，顺康雍乾四朝各为一卷，乾隆卷又厘子卷为五，凡诏谕、祭文、诗文，以至于御书匾对之类，靡不尽收。御制诗文，自成化以至雍正，前志所录大抵以与本省相关者为限。此则漫无边际，如《平定金川告成太学碑文》《平定准噶尔告成太学碑文》等，皆与豫中无涉。阿思哈，正黄旗人，虽得乾隆眷顾，而贪婪无能，乾隆十七年在山西巡抚任上曾遭乾隆责备，夺官召还；二十二年在江西巡抚任上，又以"婪贿派累"被论死罪，诏免。其借以谀圣表忠，心迹颇显。《四库总目》以之入《存目》，于优劣竟不置一词。

豫中清人所修府州县志，有数百种之多，难以尽述。其例大多立艺文一目，辑录本土诗文。或承前志续补，或为首创，宗旨、篇幅，各有不同，而不出以上省志诸例。

就篇幅言，其多者往往近全书之半，如《康熙怀庆府志》十八卷，《艺文》为八卷；《乾隆洛阳县志》二十四卷，《艺文》十二卷；《康熙修武县志》四卷，《艺文》两卷。少者如《乾隆汤阴县志》十卷，《艺文》仅一卷，选文二十七篇，诗七十七首。或者不立文征卷，如《乾隆嵩县志》；或者存《艺文志》之名，而内容改为著述志，以诗文杂入古迹、祠寺等其他卷中，如《乾隆扶沟县志》《乾隆获嘉县志》等。

其有特色者，如康熙、乾隆间两修《柘城县志》，收录邑人文集序文独多，其或原集已佚，赖此得知其概略，如《竹房遗稿》等。《乾隆信阳州志》之《艺文志》，文体设"考"一项，录史志文为《申国考》《贤首山考》《三关考》等，考辨本地地理源流。乾隆五十一年《固始县志》，专设《列传艺文志》，收录人物碑传文。乾隆四十三年《固始县志》，《艺文志》卷首列有篇目目录，俾阅者一目了然。《乾隆重修宝丰县志》，不但卷前设目录，且所辑诗文一一注明出处，更为严谨。

私修志乘者，康熙间襄城刘宗泗有《襄城文献录》十二卷，卷五《文编》，汇录自元杨士弘以下襄城人士诗文，并附作者小传。其例凡有关襄城本地人文景物者，杂入其他卷；有文集刊行于世者亦不收。苏源生《鄢陵文献志》亦有《文词志》三卷，法式亦颇严谨。

道光间，祥符宋继郊辑有《梁园志余》。继郊（1818—1893）字述之，曾游学大梁书院，从钱仪吉学。道光二十四年举人，历许州、陈州、南阳诸学教授。勤学好古，著述丰富。此书辑抄与宋代东京相关之诗词赋等，今河南大学图书馆存卷三、卷五至七残稿本四卷，封页自题始编于道光十八年。其稿盖初非有意成书，亦未辑完。后宋氏撰有《东京志略》，其第三帙记云："宋元人诗文集中之有关汴京遗迹者甚多，余另有选本，他日亦当裒在一处，以成全璧。"当即谓此。

（三）专属志艺文汇编

专属志类图书，亦承明之流绪，例设艺文志汇录相关诗文。有清一代，专志虽不如明代丰富，然亦不乏可述者。

山志之属，仍以嵩山之作最多。

顺治间，新蔡宋祖法在福建督学道员任上，取傅梅《嵩书》重编《嵩高志》四卷，交兴化府推官、登封焦贲亨订正，顺治十八年刊于兴化（府治时在莆田）。但书未见存。

康熙间，登封知县、黄陂叶封与焦贲亨辑有《嵩阳石刻集记》二卷，康熙十二年刻于登封署衙，板存仰嵩堂。此书专辑嵩山石刻，属金石类。稍后，二人又撰《嵩山志》二十卷，康熙十八年登封县署刻。其书虽收历代嵩山诗文，但变前志之例，未立艺文目类，以诗文杂入各卷。

康熙晚期，景日昣所撰《说嵩》三十二卷，为历代嵩志中最为详尽者。日昣字东旸，登封人，康熙三十年进士，累官至礼部侍郎。其书初刻于康熙五十五年，康熙六十年又曾补订重刻。书名虽曰《说嵩》，但所述却不限于嵩，西至伊阙香山，东至浚县大伾,俱有涉猎。卷二十四至二十七《艺林》四卷,汇录碑铭记序等文章,卷二十八至三十二《风什》五卷,则汇录诗赋赞颂等,可谓集历代嵩岳诗文之大成者。

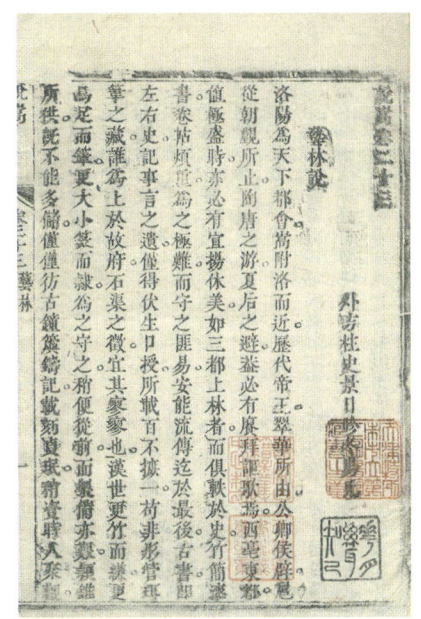

《说嵩》,清康熙六十年岳生堂刻本

中原山志,还有偃师裴希纯《太少六十峰志》,浚县郭玥《大伾山志》,俱未见存世。

古迹祠寺志,康熙间有罗景所修《卧龙岗志》。景字星瞻,广宁人,康熙四十七年至五十二年任南阳知府,颇有政声。卧龙岗为宛中名胜,忠武祠及诸葛书院历经兵火,时已倾废。罗募资重修,并辑《卧龙岗志》二卷,由其弟罗钢校,刻于康熙五十一年。是书虽名为志,实为诗文集,卷一诗,卷二文,前并刻图像。历代卧龙岗相关诗赋碑记,大体备于此。

《汤阴精忠庙志》,明万历间张应登所刊,入清板不存。雍正十三年,汤阴知县、揭阳杨世达重为刊刻,并补辑续编。杨序云:"前代志录之放失者,皆为搜考遗帙,稍加订正,倡捐廉资重梓。而近时名公士大夫吊古追思之作,为前志所未及载者,亦皆抄纂附后。"体例遵万历旧本,卷八至十为《艺文志》。乾隆十五年九月,高宗南巡,驾幸岳庙,邑中重印此《志》,增刻纪事及御制诗文为《恭纪恩褒宠赐》,置诸卷首。

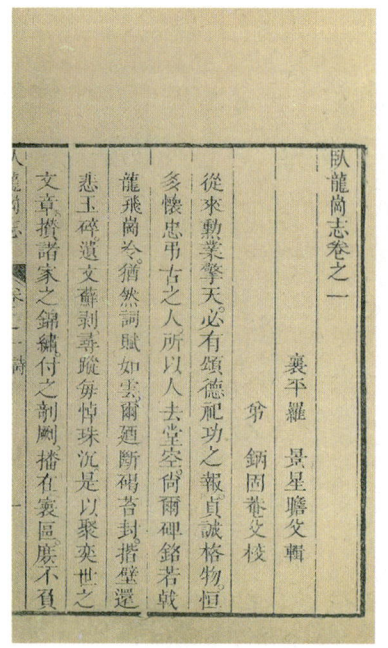

左：《卧龙岗志》，清康熙五十一年罗景刻本
右：《汤阴精忠庙志》，清雍正十三年杨世达刻本

景日昣所编《嵩岳庙史》，为第一部嵩岳庙史志。景氏辑有《说嵩》，已见前。《嵩岳庙史》十卷，其中诗文汇编两卷：卷九《诗赋》，卷十《艺文》，前者录各体诗及赋，后录辑文，包括记、序、疏及杂文等，俱依文体编排。今存康熙三十五年刻本，封面有"太壹园藏板"字样，故或称太壹园刻本。有登封知县、广宁张圣诰序，卷前"纂修姓氏"亦列其为监修。

少林寺入清有《少林寺志》，初由康熙间登封知县叶封与邑人焦钦宠编纂。钦宠字锡三，号橒林，岁贡，曾与修《登封县志》。所编《少林寺志》，稿成未梓。乾隆间，晋江施奕簪任登封知县，与钦宠孙如蘅重行裁酌，俾成完书。乾隆十三年，河南按察副使张学林受命致祭嵩岳，见其稿而命付梓。卷首"纂修姓氏"，首列张学林及河南知府陈锡辂、通判张衷为"总裁",叶封、焦钦宠为"原采辑",施奕簪、焦如蘅为"续辑"。是志不分卷,立绘图、形胜、营建、艺林等八目,分装四册,编排颇为混乱。主体为《艺林》《题咏》两目,即诗文汇编,约占全书四之三。《艺林》又分宸翰、藩王文翰、碑记、僧碑、僧传,其中碑记或录自碑刻,僧传则为传记;《题咏》录历代诗赋,独占两册。

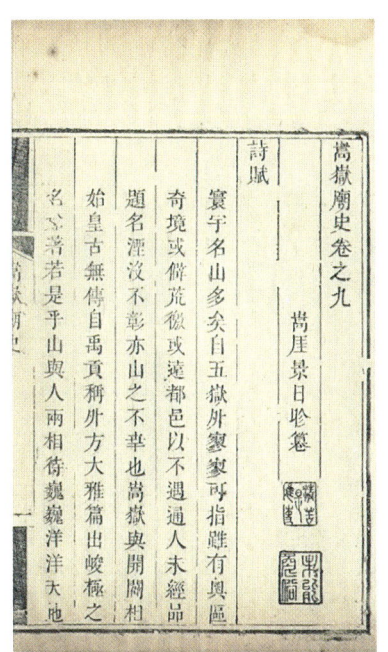 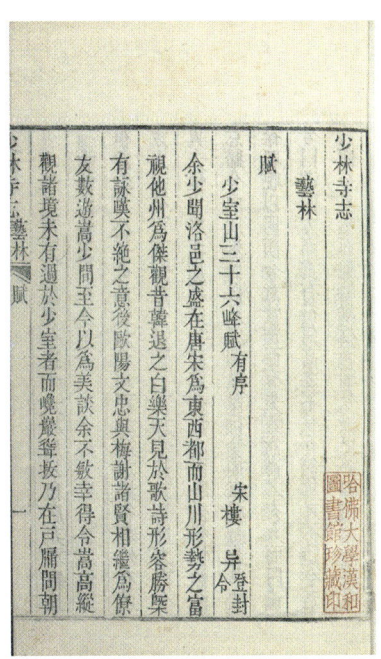

左:《嵩岳庙史》,清康熙三十五年景日昣刻本,太壹园藏板
右:《少林寺志》,清乾隆十三年登封县刻本

清初,中原讲学之风炽,书院因之兴盛,故书院志编纂多。耿介《嵩阳书院志》、窦克勤《朱阳书院志》、李来章《紫云书院志》,俱成于康熙间。

嵩阳书院在登封嵩山南麓,始创于五代后周,宋代兴盛一时,与岳麓、睢阳、白鹿并称四大书院。后屡修屡废。入清,邑人耿介捐资重建，授徒于此。耿介（1622—1693）字介石，号逸庵，登封人，顺治九年进士，历大名兵备副使、詹事府少詹事等，曾与编修《明史》《大清会典》。介为清初豫中儒学名家，晚年绝意仕途，以复建嵩阳书院为事。《嵩阳书院志》刻于康熙间，板藏书院丽泽堂。凡二卷，卷一除《图绘》《形胜》《沿革》等目外，又有《诗章》一目；卷二为《文翰》，辑记、赋、铭、表、序、书、讲、约、说、考、启等。《诗章》《文翰》俱为相关诗文，合计已占全书四之三，以近时之作居多。

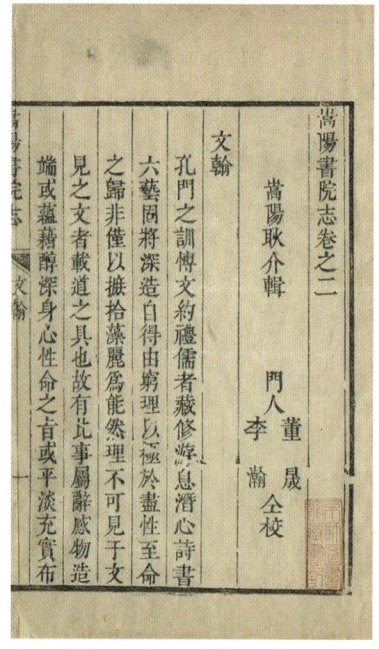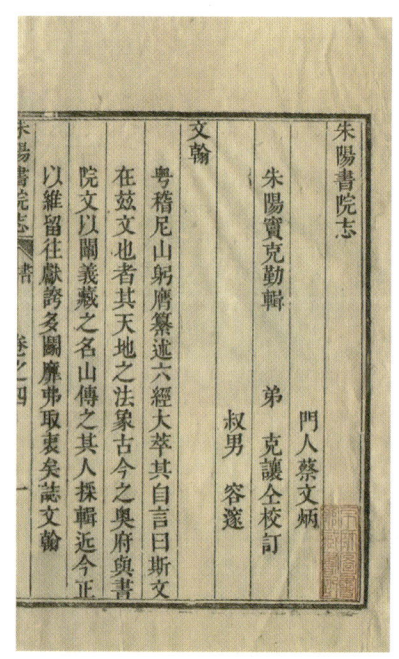

左：《嵩阳书院志》，清康熙间刻本，丽泽堂藏板
右：《朱阳书院志》，清康熙间刻本，寻乐堂藏板

朱阳书院位于柘城，康熙二十八年邑人窦克勤创建。克勤（1653—1708）亦中州儒学名家，字敏修，曾从耿介学。康熙十七年进士，选庶吉士，后以父老乞归。建朱阳书院于柘城东郊，

授徒传程朱之学,康熙三十四年编刻《朱阳书院志》五卷。其书卷四为《文翰》,辑录相关诗文,依文体分书、序、记、纪事、说、诗、赋、启、铭、论诸类。书院为新创,诗文皆近时之作。

紫云书院在襄城紫云山,邑人太子少保、户部尚书李敏创建于明成化四年,成化十八年宪宗御赐紫云书院之名。康熙间其后人李来章重修,并撰《敕赐紫云书院志》。李来章(1653—1721),本名灼然,号礼山,以字行。康熙十四年举人。曾讲学于嵩阳书院、南阳书院。《紫云书院志》不分卷,除形胜图及学规、帖文两篇外,余皆相关诗文,所收以历代李氏碑传文居多。其中明沈周律诗《题紫云书院》十首,为沈氏《石田集》未收。此志颇无法度,编排杂乱。康熙四十二年,来章谒选广东连山知县,后于其县创建连山书院,并辑有《连山书院志》六卷。

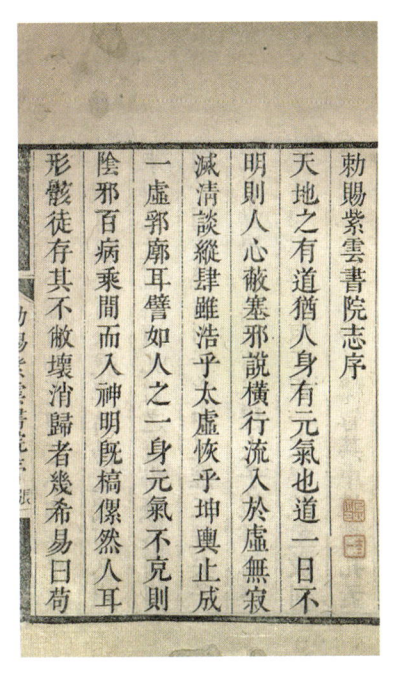

《敕赐紫云书院志》,清康熙间刻本

乾隆间,孙奇逢曾孙用正编有《重修百泉书院志》,其书据万历《百泉书院志》续编,今存稿本六册,台湾傅斯年图书馆藏。第六册《艺文志》,补有孙奇逢及其子博雅、孙淦诗文,并用正己作。卷前乾隆十三年用正序,记有当时书院情形,谓:"书院之废,已百有余岁矣,初改为贡院,再改为考棚,今且为各宪驻节之所,所幸书院之名犹存。"详马永涛《1740年代手稿本〈百泉书院志〉》(《辉县文史资料》第八辑)。

明代开封书院，有刘昌所建大梁书院，以屡遭水灾兵燹，书院屡废屡建，名亦多次更改。道光八年建彝山书院专课童子，二十三年，主讲史致昌辑刻《彝山书院志》，收有相关诗文。光绪二十年，河南学政邵松年于二程祠前建明道书院，嘱吕永辉主其事。

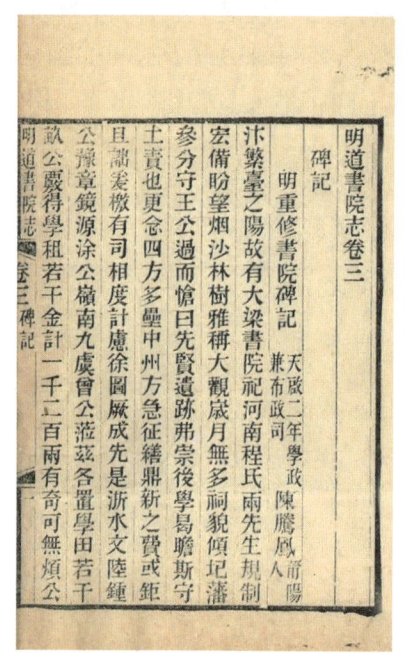

书院落成，吕氏编《明道书院志》十卷，凡《沿革》《祠祀》《碑记》等十目。其中《碑记》录明清两代开封各书院重建碑文；《疏牍》录明道书院创建公文；《艺文》为藏书目，附乾隆间王应佩诗《恭谒大梁二程夫子祠》二首，吕永辉诗《重修二程子祠、明道书院落成恭颂伯英邵大宗师》及当时名流和诗。明清两代开封书院相关诗文，大体备于此。

《明道书院志》，清光绪二十六年刻本

## 三、宋元及以前文献重编重刻

清代于宋元及以前中原古籍编刊整理，总体成就不如明代，但官私、书院及坊间，均有涉及，不乏可圈可点者。

（一）唐代及以前旧籍

唐以前古代文献整理，最可称道者，当数乾隆间考城所刻江淹《江文通集》。江淹考城人，南朝文学巨匠。其集至宋已无完本，明代多次辑刻，俱不完备。邑人梁宾历时十余年，编为《江文通集》四卷，藏之箧中者又逾二十年，至徐传星知考城，捐俸嘱邑人金允高开局刊刻，是为乾隆二十四年安愚堂刻本。

梁宾字嘉客，考城大樊集人，邑名士，曾任通许县训导、阌乡县教谕，有《学愚斋文集》八卷。此本有梁宾序，述编纂始末，足以见一时人物拳拳乡邦文献之情：

> 吾邑《江醴陵集》花簇锦团，今几棋布星罗，可慨也。昔乡先生王礼部（贯三）官京师，其同年友韩大宗伯（菼）谓曰："贵乡《江集》璧尚完否？刻而传之桑梓，后起之责也。"礼部心诺，及山居，延予家塾。时理韩辞，觅其集弗获，赍志以殁。嘉定云进士（中官），礼部分校所得士，一日过考，与予谈问锦索笔事，属辞如韩加详。豫中节钺大吏及督学使往往下檄征求，以不获其集为憾。盖醴陵为吾邑文献之宗，与前之子庄子分道扬镳，后先辉映；滨河荒邑，借以生色者千有余岁。……康熙辛丑予游京师，长安人多以《江集》为问，闻新安汪公（士贤）有雕本，归来于绘川杨确山（学诚）架上得之，命子（曰源）钞誊，卷数虽符自序，文之遗漏者尚多。丙辰予馆睢州蒋郎中（泰）家，得娄东张西铭（溥）《百三名家选集》。又五年，改馆汤涤斋（之暄）处，得文正公钞本少许，合三书互参考订，质之原目，始无遗珠之叹；间有鱼鲁帝虎之讹，谨为校对，总其成数，订为全书。殚十年之辛勤，竭一得之独见，妄为序次，补其缺略，珠联璧合，灿然夺目，每一审阅，欣然独笑。敢自谓有功前贤乎？桑梓后起之责，庶几代老友践其宿诺耳。夫人之好事，谁不如我？乌知奕世后不有高詹事其人者，出而笺注之，使《江集》详明典赡，与子庄子之书竞葩斗丽，其生色荒邑，不更有大焉者乎？是所望于吾邑后起之秀者。

是编以明汪士贤刻《汉魏六朝二十一名家集》本、张溥刻《汉魏六朝百三家集》本以及汤之暄所藏其祖父汤斌抄本合校，堪称精到。汤抄本今已不存。《四库全库》即据此本所收录，《提要》称："小小疏舛间或不免，然终较他本为善也。"《民国考城县志》更称其开创雍正、乾隆间校订古籍之风，云："《江集》自是有善本，而海内校订之业接踵起矣。"

徐传星字雨若，号白榆，昆山人，徐乾学之孙，乾隆二十一年至二十六年任考城知县。金允高则考城世宿，回族，同年还刻有清初刘智所译伊斯兰名著《天方性理》，徐传星、梁宾序。时考城连岁歉收，经济凋敝。当此之际，能以文献整理为事，发扬乡邦文化，实属难能可贵。

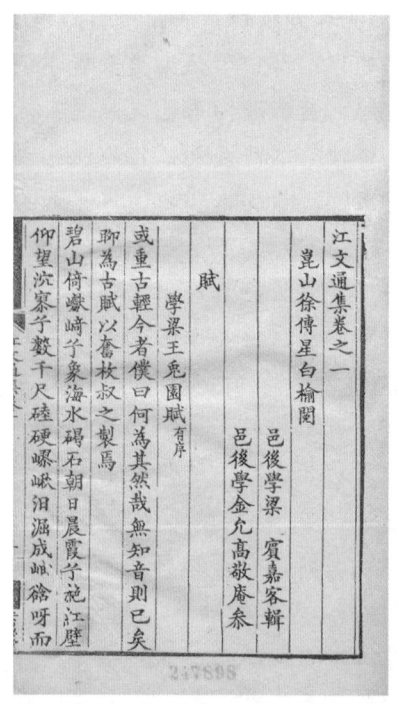 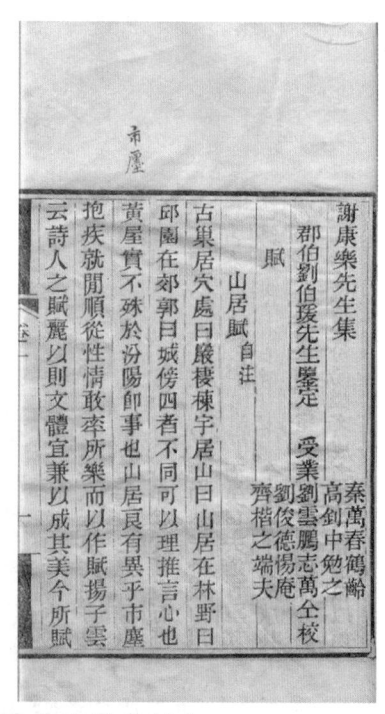

左：《江文通集》，清乾隆二十四年金氏安愚堂刻本

右：《谢康乐先生集》，清同治六年刻本，槐丘寺谢宅藏板

叁：清代中原文献整理

同治间，太康谢氏刻有谢灵运《谢康乐先生集》四卷，其事起于陈州知府刘拱宸。拱宸好谢康乐之作，偶得西华萧赞鼎旧藏抄本《康乐全集》，亟欲锓梓而宦囊羞涩。太康谢氏后裔懿恭、如初、垚得知其事，愿为捐资，以传先人文献。拱宸遂命门人秦万春等校订，为之序，刻于同治六年。所见封面有两种，初印者题"阳夏槐丘寺谢宅藏板"，后印者题"阳夏谢文靖公祠藏板"。槐丘寺在今太康符草楼镇，中有谢氏祠。书未刻成时，拱宸改南阳知府。同治八年五月二十日，越南贡使黎峻、阮思僩等归国途经南阳，拱宸曾以此书相赠，见阮思僩《燕轺笔录》。

杜甫诗作，清初新乡张缙彦在浙江左布政使任上，曾以明傅振商所编《杜诗分类》五卷，交高士（字尔达，海宁人）重刻于杭州。张序署顺治十五年，时缙彦已入京为工部右侍郎。卷端署张缙彦、谷应泰辑定，高士、汪淇较阅。

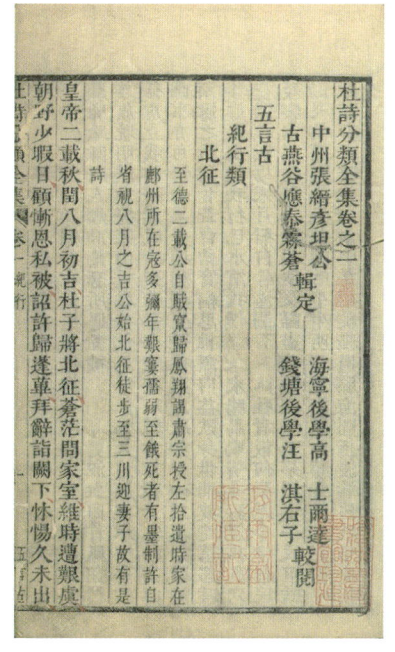

《杜诗分类全集》，清顺治十五年高士刻本

康熙间，鄢陵刘佑（字伯启，顺治十六年进士，曾任临洮府同知）编有杜诗选本《杜诗录最》五卷，收诗二百二十六首，间作评语。其书已佚，自序存于刘氏《学益堂文稿初编》卷三。长垣王维坤（字幼舆，顺治十八年进士，曾任梓潼知县），辑杜甫七律诗加以评注，为《杜诗臆评》若干卷，佚，邵长蘅所作序，存于《青门簏稿》卷七。商丘宋荦，亦好杜诗者，辑有《杜工部诗钞》二卷，录杜诗七百余首，多为前人或友人评语，偶加己评，有宋氏漫堂抄本六册存世，北京大学图书馆藏。

乾隆间，商城周作渊作有《柏荫轩约选杜诗五律串解》二卷。作渊（1730—1797）字澄怀，国子监廪贡生，选鹿邑训导，迁安徽建平知县。当时科考增五律一项，周氏因于乾隆二十九年录杜诗五律作评，为初学者编，兼以课徒用。其在鹿邑时生徒多有传抄，乾隆五十五年刻于建平任上，封面题《杜诗约选五律串解》，文鸟堂藏板。其书选杜甫五律百三十三首，首录胡应麟、李梦阳等四家评杜诗语，正文加眉批，诗后加总评。

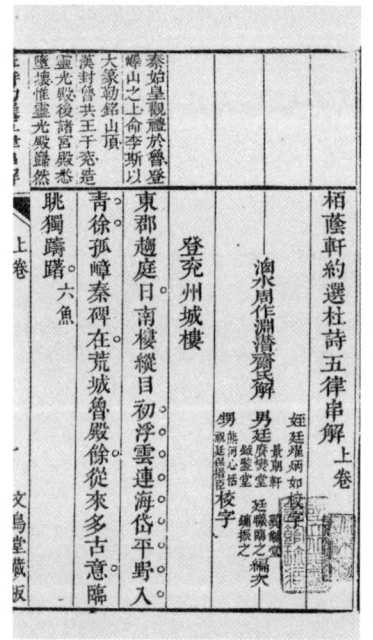

《柏荫轩约选杜诗五律串解》，清乾隆五十五年文鸟堂刻本

此外，乾隆间，镇洋（今太仓）毕沅曾校订《吕氏春秋》二十六卷，一时号称精善。书刻于乾隆五十三年，成于次年，时毕沅任湖广总督。但其校勘在河南巡抚任上（乾隆五十年至五十一年），故刻本卷端毕沅署衔"巡抚河南、提督全省军务兼理河道"。

光绪间陈三立撰有《老子道德经注》二卷，刻于武陟。书非河南著作，亦无多新见，但老子为豫人，注者亦名家，故记之以备豫中出版掌故。三立字伯严，江西义宁人，同光诗派中坚，维新名臣陈宝箴之子，知名学者陈寅恪之父。书成于光绪七年，同年由河北分守道署刊刻，道署在武陟县。时陈宝箴为河北道道员，三立随父居此。宝箴次年还曾刻李棠阶《李文清公遗书》，并斥金创办致用精舍，聘湖南邓绎主讲，河朔人才由此蔚然。据称，《老子道德经注》有光绪十五年鹿邑县翻刻本，今未见。

另，旧籍有所谓《火龙经》者，亦名《火龙经全集》，假托三国诸葛亮撰，述兵家火攻之法，科技史家如英人李约瑟等，俱甚推崇。近人考订出于明代，乃杂抄《火龙神器阵法》《登坛必究》《武备志》等而成。后又有《火龙经二集》《火龙经三集》。清代有南阳刻本，流传极广，《全集》题"诸葛武侯编辑""南阳石室藏本"，《二集》题"明刘伯温增辑"，《三集》题"诸葛光荣辑""南阳隆中珍藏"。纸墨刻工俱不甚佳，记以备考。

（二）宋元著述

宋人著作，清代以韩琦《安阳集》刊刻最多，最早者为徐树敏刻本。树敏字师鲁，号玉山，昆山人，徐乾学三子。康熙四十二年进士，五十年至五十八年任安阳知县。《乾隆安阳县志》记其"以劾去"，《同治苏州府志》称"以驿站事罢归"，未详何事。按，康熙二十九年两江总督傅拉塔劾徐乾学兄弟受巨贿，多由树敏收，康熙降旨从宽免徐乾学，不了了之。树敏在安阳，颇有政声。其刻《安阳集》在康熙五十六年安阳知县任上，是年六月徐氏序云："旧刻漫漶，讹缺不可卒读，于是别求善本及家藏旧刻，公退之暇，辄校勘讨论，而重锓诸梓，数月讫工。"署"知安阳县事、昆山后学徐树敏谨书于衙署之退思堂"。虽称别据善本，实据万历间彰德府刻本重刊。书为徐氏私刻，封面题"昆山徐玉山校讹重刊"，下书口有刻工姓名。徐氏罢归后，携板归昆山。

乾隆五年，蒋氏购得徐刻书板，修补重印。重印本有乾隆五年长洲沈德潜序，云："缄三蒋先生令安阳……及读公文集，曰：'公匪独德业冠天壤，其文辞亦与河山并寿者也。'……既晋西曹，乞假归，尝手是编，并以示子孙，使读公书而尚论其世。集旧本漫漶磨灭，前令昆山徐先生师鲁重付诸梓矣，至是复多残缺。先生购昆山缺本，次第镌补之，既成，命德潜草序。"（从沈氏《归愚文钞》卷十引）"缄三蒋先生"，或以为即安阳知县蒋光祖，乾隆二年至六年任，误。应为蒋曰樑，康熙五十八年至六十一年任安阳知县，即徐树敏继任者。《乾隆安阳县志》载："蒋曰樑，江南吴县人，由监生康熙五十八年任，捐升刑部主事。"与沈德潜序中"晋西曹"正合。依沈序，蒋氏补刻在其假归时，即苏州也。其封面题"晚香书屋藏板"，疑即蒋氏斋号。苏州间丘坊巷有依园，康熙间名士顾嗣立建，即秀野草堂之所在。乾隆间为蒋曰樑所有，详袁学澜《风雩咏归集（乙丑）·游息园记》。今存"晚香书屋藏板"者，又或无沈德潜序，书目多著录为康熙五十六年晚香书屋刻本，今未能一一比勘，未悉是蒋氏此刻否。

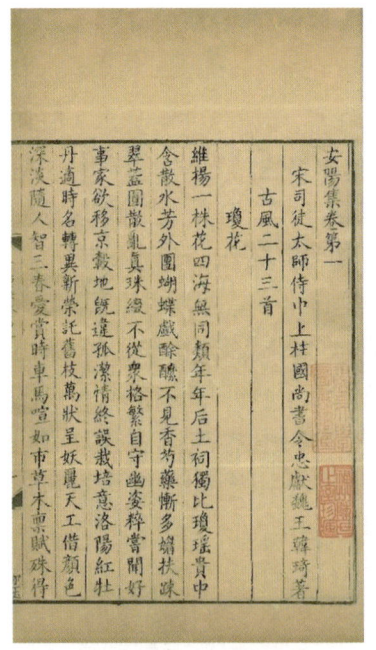 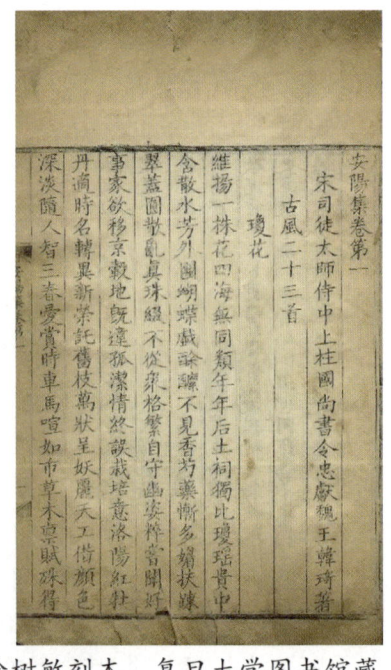

左：《安阳集》，清康熙五十六年徐树敏刻本，复旦大学图书馆藏
右：《安阳集》，清乾隆四年陈锡辂刻本

乾隆四年，知县陈锡辂再刻《安阳集》于安阳。锡辂字岂凡，浙江嵊县人。曾任郏县、内黄等县知县及陕州知州、归德知府，主修《安阳县志》《彰德府志》《归德府志》等。此刻从徐本翻刻，行款版式悉依其旧，但无刻工。书板从万历之例，藏韩魏公祠昼锦堂。乾隆四年锡辂序云："至国朝康熙时，前令昆山徐公重加校刻，携其板而南。乾隆戊午，锡辂修辑邑乘，工既竣，亟谋梓之。请诸郡守三韩满公、司马安溪李公、别驾雉皋丁公，咸喜其事，各捐清俸，与邑之荐绅先生共襄厥成。自客冬迄今仲夏，凡八阅月而剞劂告毕。……居是邦、官斯土者，所当相与流传而勿替也。"满公即彰德知府满云鹕（镶红旗人），李公即彰德同知李光型（福建安溪人），丁公即彰德通判丁曾（江苏如皋人）。

乾隆三十五年，彰德知府黄邦宁再次重刊。邦宁字远亭，福建同安人，监生，乾隆二十年任岳州府同知，三十一年任彰德知府。三十九年擢分巡广西右江道，四十一年六月，以涉秦廷基案处斩。邦宁在安阳任上，颇重文化，修文峰塔、后魏孝文帝庙，辑刻《岳忠武王文集》，递修崔铣《洹词》，又曾编刊痘疹医书《增订保赤金丹》，深受好评。所刻诸书，俱义例得法，校勘严谨，因而行销广泛，并屡为外省翻刻。

当时陈锡辂刻本《安阳集》书板虽有漫漶，但大体完好，而邦宁却以其编次未协，体制字画仍有舛误，乃以明以来旧本核校，重加编排，厘为十集。卷首为朱印御制论、赞、祭文，并韩琦遗像（摹自韩氏家藏刻石及韩魏王祠所藏绘本），继之《家传》《别录》《遗事》，次《文集》正文，末附欧阳修、苏轼二记。此本为韩集佳刻之一，《例言》于版本源流有清楚交代。前有昼锦书院掌教、山阴沈凤来序及河南按察使谭尚忠序，末有汤阴知县李林跋。刻成，书板亦依例藏昼锦堂。咸丰二年，诏以韩琦从祀文庙，彰德府于卷前增刻《谕河南巡抚以韩琦从祀文庙奏复》，亦朱印。

自明正德九年至此，安阳公私所刻韩琦集凡五次，乡邦文献一脉传承，此可谓经典之例。

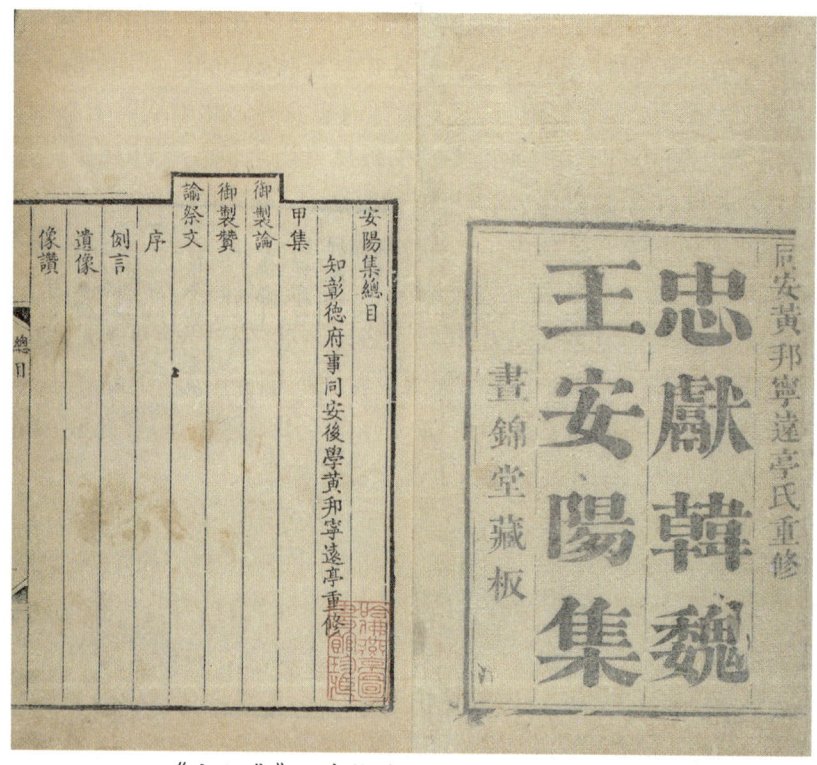

《安阳集》，清乾隆三十五年黄邦宁刻本

岳武穆文献，南宋由岳珂整理，成《金佗稡编》。入明，浙江按察佥事徐阶辑有《岳集》五卷，嘉靖间刻于杭州，以杭为岳墓所在也；湖广巡抚李桢辑有《岳武穆集》六卷，万历间刻于武昌，以其地为鄂王封国也。陈继儒亦辑有《岳少保忠武王集》一卷。以上三书大抵俱从《金佗稡编》选录。

乾隆间，彰德知府黄邦宁刻《安阳集》后，又辑岳飞诗文为《岳忠武王文集》。是书亦据《金佗稡编》《桯史》等辑录，但多方搜辑，增益甚多，计文百五十九篇，诗十四首，词二首，共百七十五篇，依文体厘为八卷。另卷首一卷，载乾隆御制论、诗、祭文，岳飞遗像及邦宁所编武穆《年谱》；卷末《附录》一卷，收

《忠武王遗事》《创建精忠庙碑记》等。乾隆三十五年刻于安阳。前有河南布政使何煟、河南按察使杨景素及谭尚忠、开封知府周于智、卫辉知府朱岐四序,末有汤阴知县李林、昼锦书院掌教沈凤来二跋。黄氏自序云:"要其忠言谠论,激发人至性,固当与《安阳集》并传。是用及时采辑,俾不至如韩陵片石之芜没焉。斯亦守兹土者之责也夫!"

黄刻《岳忠武王文集》分类得当,校勘认真,凡旧籍缺字俱加注明;辑佚之文并志出处,为当时收录最完善之岳飞诗文集,故流传极广。乾隆以后多次递修,各地翻刻不绝。惟文中遇"胡虏"之类避讳,皆为更改。

此刻成后,书板先存二如堂。存本封面有"二如堂藏板"者,应即刷印较早之本,卷首御制与《安阳集》同例以朱印。二如堂为彰德府衙二堂,见《乾隆彰德府志》卷首《府官廨图》。约嘉庆间,板移汤阴岳祠。同治三年湘潭唐昭俭翻刻本《校刊姓氏》中,有"板存汤阴精忠庙"记载。存本封面有铲去"二如堂"、仅存"藏板"二字者,大抵刷印于迁板之后。嘉庆二十一年,安阳知县、天津郝延年曾捐俸补板,典史、绍兴胡昶督工。此后多次递修,所见中国科学院藏本,补有嘉庆二十二年汤阴知县侯兴霖《重修岳忠武王庙序》,岳氏二十二世孙重光补刻《家庙纪略》(未署年月),同治十二年周汉跋。书板民国间犹在。

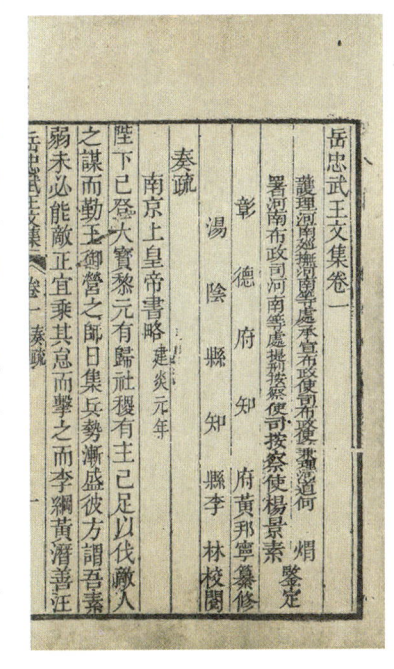

《岳忠武王文集》,清乾隆三十五年黄邦宁刻本

嘉庆以后《岳集》大行，公私坊间翻刻，数以十计，大都依据黄辑本，或于序跋中言其所据，或存黄本序跋及卷端题署，甚者直接摹刻黄本。如嘉庆十二年钱塘梁玉绳刻本（板藏杭州岳庙庙塾），道光十四年四川井研教谕潘泰行刻本（从嘉庆二十一年郝延年递修本翻刻），道光二十七年扬州刻汪廷儒校本，同治元年、三年唐昭俭刻本，同治十二年三原刘质慧述荆堂刻本，光绪二年孙士达（竹堂）刻本，光绪十二年上海简玉山房刻本，光绪十三年广东刻本，民国元年上海江左书林石印本，民十年湖北排印本（曹锟、吴佩孚序）等。其中光绪十二年简玉山房本，据黄本摹刻，行款版式大体不差，御制亦朱印，惟原版左右双边，此卷一首页等为四周双边，封面背后有"光绪十二年上海简玉山房刊"牌记；存本脱牌记者，多误著录为乾隆间安阳刻本。

翻刻本与豫中相关者，有师长怡刻本。长怡字蔼卿，陕西韩城人，咸同间任信阳、柘城、汜水、河内知县，同治五年升怀庆知府。所刻岳集，卷八补《宝刀歌》一首，卷端题"韩城师长怡重刊""锡山邹钺、仁和叶尔安校字"。邹钺曾任新乡知县，叶尔安曾任新乡、孟县、商水、滑县知县。其刻约在咸同间，书板置开封乔文耀斋，标价供付资刷印。乔文耀斋所刻图书，所见尚有产科医书《达生编纂要》，刻于同治三年。

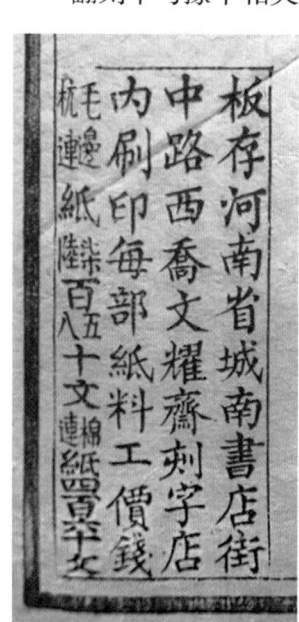

清师长怡刻本《岳忠武王文集》牌记

宋代理学著作《二程全书》，入清最早有吕留良宝诰堂刻本。留良为清初志士，先世汴梁人，宋建炎中迁崇德。明亡不仕，隐居崇德,设天盖楼,经营刻书。卒后,雍正间以文字狱案被戮尸枭示,子孙或被斩,或徙宁古塔为奴,极酷烈。所刻《二程全书》,封面镌有"御儿吕氏宝诰堂刻"字样。

康熙间,程氏二十二世孙、永宁(今洛宁)程湛、程福亮重刊二程遗书。湛字止水,顺治五年拔贡,授安陆府通判,历户部主事、兵部武库清吏司郎中。福亮字大功,曾任故县关署总镇、怀庆总兵。康熙间诏修《一统志》,采天下书,命内外臣工进呈。程氏兄弟因刻二程书以献。其书据明弘治河南府刻本重刊,通编卷帙为五十一卷,封面题《二程先生全书》,上书口题《程书》,前有康熙二十五年程湛序,封面署兵部武库司郎中程湛、陕西挂印总兵程福亮,未详刻于何地。《四库提要》入存目。

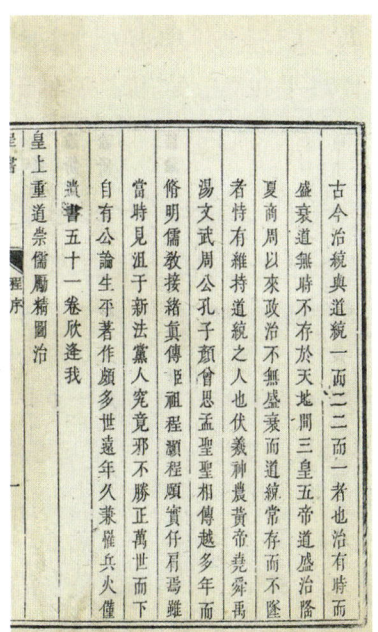
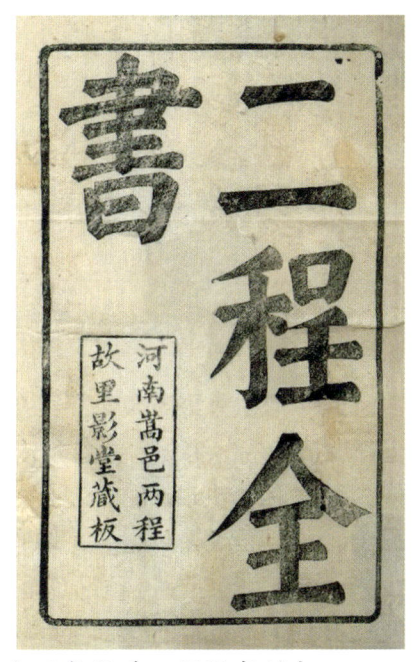

左:《二程先生全书》,清康熙二十五年程湛、程福亮刻本
右:《二程全书》,清同治五年嵩县程德尊、程德宝刻本

《二程全书》在豫中有同治间嵩县刻本，程氏二十八世孙德尊、德宝出资，二十七世孙指南监造校对，同治五年刊成，板藏嵩县两程故里之影堂。其书据宝诰堂本摹刻，字画版式悉遵其旧，非细审不易辨。封面更吕氏牌记为"河南嵩邑两程故里影堂藏板"。前有同治五年二十七世孙指南序，述其刊刻缘起。

邵雍著作，康熙间河南府庠生、邵氏二十八世孙养定、养贞曾刻《伊川击壤集》。据此刻序跋，康熙时邵氏书在洛阳仅存《三世名贤》《无名公传》《孝弟诗》。有西蜀白良玉者，康熙二年过访安乐窝，以所携《击壤集》相赠。养贞家贫，仍勉力重刻其书于康熙八年。考四川梓潼有白良玉字田生者，顺治十一年举人，康熙六年任高平知县，赠书者疑即此人。

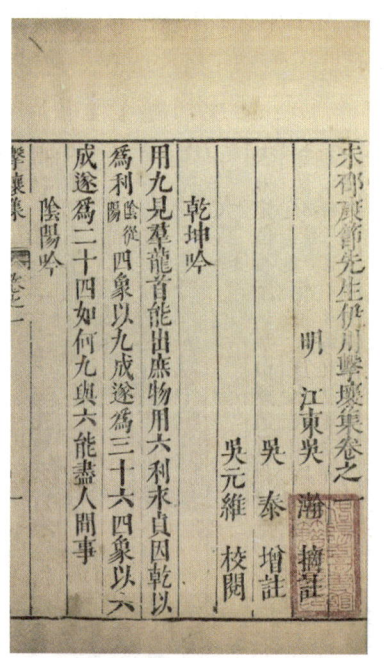

《宋邵康节先生伊川击壤集》，清康熙八年洛阳邵氏刻本

此本据明万历三十三年江东吴元维刻本摹刻，吴瀚摘注、吴泰增注，十卷，末附《无名公传》《邵康节先生传》；除邵雍自序、门人邢恕后序外，有明王畿、吴元维、吴应试序。行款版式一仍原刻，惟版心改黑鱼尾。另增康熙八年邵氏二十七世孙、太常寺少卿、姚江邵秉节跋，洛阳知县、秀水吴源起序，洛阳孟长安跋及养贞跋。前另附《三世名贤》（《洛阳邵氏三世名贤行实图像》）、《无名公传》、《孝弟诗》等杂录，不分卷。杂录原为明嘉靖十五年邵氏二十二世孙婿、洛阳孙应奎辑刻，有是年孙氏后序。吴元

维刻本《击壤集》传世甚稀，书贾或以此本撤去序跋以充明刻。

书刻成后，板曾存洛阳邵氏祠安乐窝，历代多递修补刻。所见原刻有二，卷首杂录中，孙应奎序之后，一题二十八代嫡裔、府庠生邵养定、养贞率男东平、兴平、永平重刻薰沐录，一题二十八代嫡裔、府庠生邵养醇率男国璋重刻薰沐录。

后世递修本，卷前杂录增补甚多，编录乏次，颇嫌杂芜。增刻者如卷首康熙二十六年《御匾图》，乾隆十五年三十世孙富学增刻《御祭祝文》，道光二十年三十四世孙启运增刻《重建安乐窝序》等，光绪十五年三十六世孙毓嵩增刻安乐窝图等。

咸丰元年，洛阳又刻有《皇极经世》六十卷，附《观物外篇》二卷，王宗峄校订，封面题"俞大宗师鉴定"。宗峄字桐山，遂平人，贡生，著有《桐山文集》《桐山诗集》等。俞大宗师即俞长赞，道光二十八年至咸丰二年任河南学政，其间屡为豫人文集作序，如耿介《敬恕堂文集》、范正脉《龙图诗集》等。此本有咸丰元年俞长赞序。自此本出，邵子著述方于洛阳广为流传。

《皇极经世》，清咸丰元年洛阳安乐窝刻本

《皇极经世》板亦藏安乐窝，有与《击壤集》合印本。光绪十九年，裔孙毓菘又增刻附录《观物篇解》《邵子文先生皇极经世书说》等五种。

元儒许衡著作，康熙间河内县许氏后裔曾刻《鲁斋心法》一卷，卷末牌记云："大清康熙四十四年岁次乙酉仲春日，十二代裔孙系河内县学生许士毅，谨遵明郑王重刻高祖《鲁斋心法》遗稿一册，敬写重刻，板藏于家。"并列裔孙许雅等校证者姓名。其本从万历四年郑恭王朱厚烷刻本重刻，首载前刻韩士奇及郑王序。南京图书馆藏有孤本。万历刻本今已不存，故此本虽晚出，仍有重要价值。

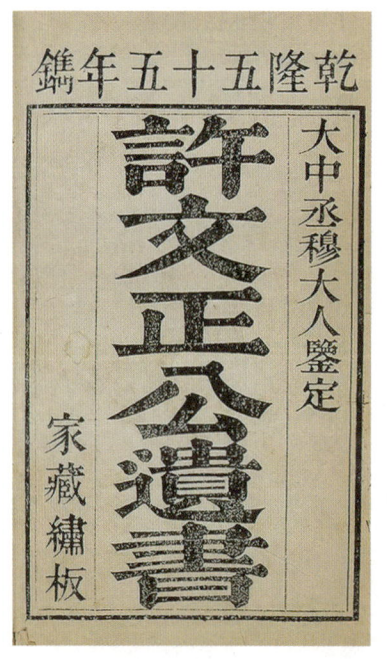

明万历间怀庆府刻本《鲁斋遗书》，书板入清后尚存，雍正间曾重印，卷十四补河南知府张汉《谒许文正公祠》一篇。板不知毁于何时。乾隆间，许氏后裔天祎等呈请知府重为刊刻，于是又有布颜重编本《许文正公遗书》。布颜，镶黄旗人，乾隆四十九年至五十三年任怀庆知府，曾主纂《怀庆府志》。

《许文正公遗书》，清乾隆五十五年刻本

此刻凡十二卷，另卷首诏诰一卷，卷末碑传杂录二卷。乾隆五十三年布颜序云："公之裔孙天祎等复进请校勘公书。窃惟公之遗言，固不可不力为从事。……近年开四库馆，儒臣采辑《全书》，条其篇目，我皇上悉加钦定，而《文正遗书》遂得抄写进呈，恭蒙御览，藏诸玉府。……然而公之遗书行于民间者，讹误特甚，读者难之。因为合勘诸本，咸为是正，更为博稽记载，集成专书。"但其书不过依万历本略加次序调整，另抄《元史·历志》之《授时历经》编为卷十二；抄《元史·郭守敬传》所引"守敬与诸臣同上奏"文，冠名《更历疏》编入卷七《奏议》；节抄《元史·历志》小序，更名《授时历经序》，署宋濂之名（濂为《元史》总裁）。以上又俱未注明。前代《鲁斋遗书》数次编刊，多经名家手，此一言蔽之曰"讹误特甚"，大失公允。

依布颜序，此本应为怀庆府官刻，但作序当年，布颜以膺荐入京，继任者杜琮是否踵其事，未见记载。存本刻于乾隆五十五年，封面题"家藏绣板"，则书板归许氏家藏。封面又题"大中丞穆大人鉴定"，穆大人即穆和蔺，正黄旗人，乾隆十二年举人，乾隆五十五年至五十九年任河南巡抚。光绪六年，河南巡抚涂宗瀛又曾据此本重刻，详后。

宣统间，河南巡抚吴重憙辑《豫医双璧》，当是清人整理宋元中原著述最晚者。重憙（1838—1918）字仲饴，山东海丰人，同治元年举人。重憙久在豫中为官：光绪六年任陈州知府，历开封知府，南汝光道；光绪三十四年至宣统二年又任河南巡抚。吴氏好金石、藏书，亦好刻书。刊有《九金人集》百余卷，其中《滹南集》光绪十二年刻于陈州，《庄靖集》光绪十六年刻于开封，《拙轩集》光绪二十年刻于信阳。总目跋于宣统元年，时在河南巡抚任上。光绪二十年，其在信阳有《重刻邃谷集序》，见《民国重修信阳县志》。《邃谷集》为明信阳戴冠之集，光绪刻本今未见，未悉是吴氏刻否。

《豫医双璧》乃两部豫省医学旧籍合辑，一为宋洛阳郭雍《伤寒补亡论》，一为金考城张从正《儒门事亲》，铅字排印，牌记标"光绪元年冬排印于梁园节署"。时西医方兴未艾，中医则渐行没落。吴氏以为，"大抵剖视之法，西医为确；生克之理，中医为精"，因汇辑二书印行。宣统元年吴序云："予先后宦豫逾二十年，视豫犹桑梓。前在豫时，先得宋河南郭雍著《伤寒补亡论》二十卷，为传钞之秘，足以补医圣之未完。嗣又得东洋本金考城张从正《儒

门事亲》十五卷,是书仅知明代曾刻入《古今医统》,其本久不传。……二书奇正相生,正可相需为用,因汇而刻之,题以《豫医双璧》。"《伤寒补亡论》由王如恂校订,有同年王如恂序。如恂,天津宝坻人,清末任渑池、原武知县,时受聘为河南官医学堂监督。《儒门事亲》乃据日本正德元年(1711)洛阳(京都)渡边荣松下睡鹤堂刻本翻印。

《豫医双璧》,清宣统元年吴重憙排印本(吴序木板刻)

## 四、明代旧籍编刊

清代虽去明未远,然经鼎革兵乱,明人旧籍刊板多有湮漫、散佚,于是清人或递修补刻,或重新编刊。名人后裔,往往多与其事;官府有识之士,亦不乏人。

顺治间,杨时荐递修重印明王廷相《王氏家藏集》,为清人整理明代著作较早者。时荐字仲升,直隶巨鹿人,顺治三年进士,历官至都察院左副都御史、兵部右侍郎。顺治十年以按察司佥事充河南通省驿传盐法兵备道,公署驻仪封。时同年兰阳陈衷一以《王廷相集》相嘱,及履职,"即搜询原板,果经寇焚之余,残缺散落,亡其什之二三。因索之王生家藏中,得如干篇,拣其无板者授之梓。暨工竣,灿然复还旧观"。(杨序)《王氏家藏集》规模巨大,邑人梁羽明曾谋重梓者再,绌于资费未成。此为杨氏"分俸梓补"。(曹之锦跋)前有杨时荐序,仪封知县、上谷崔维雅序,太常寺少卿、兰阳梁羽明序,黟县知县、兰阳曹之锦跋,俱署顺治十二年。此本补刻甚工,书影已见前。书贾往往撤去顺治诸序以充嘉靖刻本,今公藏者亦多因无顺治诸序而误著录为嘉靖本。

渑池县所刻《曹月川先生文集》,亦在顺治间。明代中晚叶,渑池县曾刻曹月川著述多种,万历间还曾汇印。入清,不过五十年,不但书板无存,印本亦难寻觅。知县张璟,先访于裔孙曹继颜家,又搜之于晋于秦,辑遗书为《曹月川先生文集》,捐俸倡刻,邑中士绅出资为助,刊于顺治十五年。璟字天弓,良乡人,顺治三年举人。顺治十一年任渑池知县,曾主纂《顺治渑池县志》。其《重编增修曹月川先生文集序》云:"方付枣梨,复奉大参崔公崇重理学之檄,而多方搜者,邑明经韩君员起之力,缙绅士庶又皆趋事乐成者也。"(所见张序,顺治本与道光本末页不同,盖顺治时张序有先后两刻,此从道光本引)大参崔公即崔起鹏,辽东广宁人,时以河南右参政分守河南道。是年崔氏行文渑池,购求月川遗书,得知张氏刊刻,引为同道,并为《曹月川年谱》作序;张璟亦冠其名为"总裁",置于卷端。

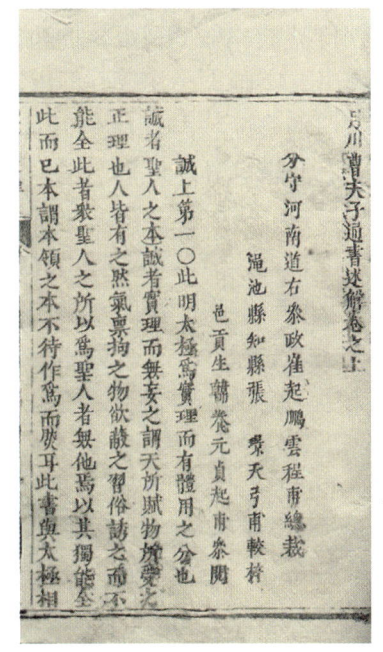

《曹月川先生文集》,清顺治十五年渑池县张璟刻本

此集《太极图说述解》一卷、《西铭述解》一卷、《月川曹夫子通书述解》二卷、《夜行烛》一卷、《曹月川先生家规辑略》一卷、《正学曹月川先生语录》一卷（赵邦清辑）、《月川曹先生录粹》一卷（孟化鲤辑）、《明理学月川曹先生年谱》二卷（张信民编、韩养元续编），总十卷。前代所刻《理学证印要览》，时已未能觅得。《年谱》为韩养元（字贞起，渑池人）续编，记事至顺治十五年。

璟早年曾从孙奇逢游，刻书前一年，访奇逢于苏门，询以月川事，并以《太极图解》相示；奇逢以其《中州人物考》示之，详顺治十四年张璟《中州人物考跋》。盖因是往来，此刻《年谱》《夜行烛》等得有孙氏笺序，《通书述解》后有顺治十五年孙氏《太极图西铭述解序》。

至乾隆间，此刻亦不易寻。纂修《四库全书》时，河南巡抚呈进，只《太极图说述解》《通书述解》《西铭述解》三种，《月川语录》《夜行烛》《曹月川集》俱为别本。《四库全书》于沈刻三种评价甚低，称"刊板颇拙恶，排纂亦无体例，每句皆以正文与注连书，字画大小相等，但以方匡界正文每句之首尾，以为识别，殊混淆难读"。当沈氏刻书时，丧乱平复不久，曹氏著作散佚殆尽，能有此辑已难能可贵，不当苛责。

道光十二年，河南巡抚杨国桢（四川崇庆人），取张璟旧刻，加以整饬，更名《曹月川先生遗书》，重为刊行。杨序云："诸书兵燹后皆散佚，我朝定鼎之初，渑池令张君璟多方购辑……汇而梓之，盖存什一于灰烬之余，使先生之学不泯没于后者，张君之力也。惜仍帕书之陋，纷错纠戾，为学者病。余监抚豫疆，檄取先生遗书，仅得是本，字画益摩灭污漫。……因厘其体例，重订讹脱，梓而布之。"此于张璟之评，较为公允。此刻规范严整，前有《凡例》交代编刊原则。全书仍旧编为十卷，惟原本《年谱》上卷为谱，下卷为曹氏卒后事件系年，不合谱例；此则改下卷之题为《颂言》，并移诸书序跋之次要者入《颂言》中。

咸丰九年，河南巡抚瑛棨、学政李鸿藻奏请以曹端从祀孔庙。十年，得准。邑人周尚冕辑前后呈文及圣旨，为《明儒曹月川先生从祀录》一卷，次年增刻于《遗书》末。

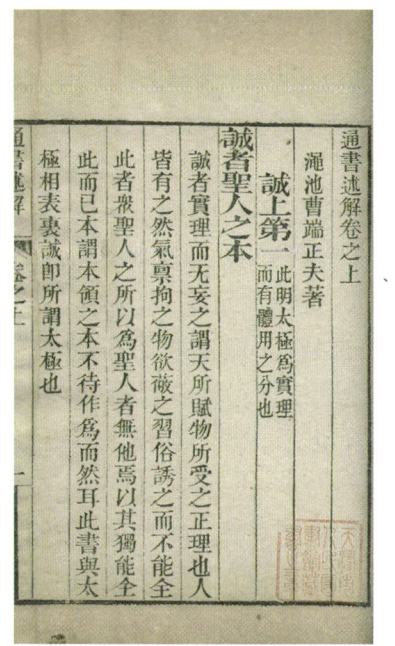 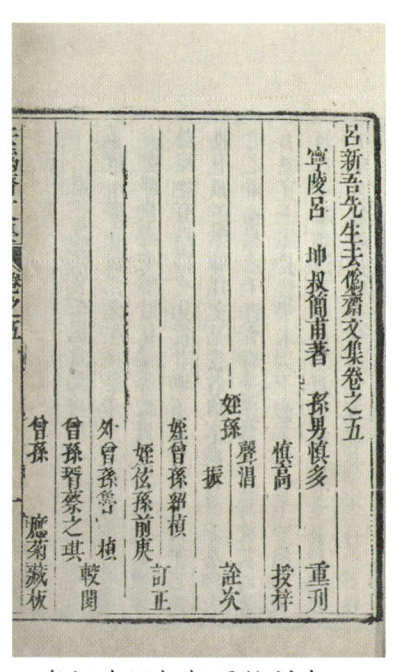

左：《曹月川先生遗书》，清道光十二年河南巡抚杨国桢刻本
右：《吕新吾先生去伪斋文集》，清康熙十三年宁陵吕慎多刻本

中州名儒吕坤，著述与曹月川类似，语多通俗实用，故公私整理编刊甚多。其《呻吟语》《小儿语》等万历间刻于家者，入清板尚存于宁陵吕氏祠；《文集》万历间刻于金陵，入清板已残毁。康熙以降，吕氏后裔多次递修，递修板较多之品种，几等于重刻。

康熙十三年，吕坤之孙慎多，率族中后裔重刻《文集》，宁陵知县李之骥为之序。慎多字减之，顺治三年进士，授德安府推官，升刑部主事员外郎。此刻依万历本翻刻，封面题"本衙绳其居藏板"，卷端题"曾孙应菊藏板"。

其他重刻、递修见于记载者，曾孙应菊照《文集》版式，重刻《吕新吾先生闺范图说》四卷；康熙十八年，侄曾孙绍桢递刻《宗约歌》一卷；嘉庆二年，八世侄孙誉安重刻《吕新吾先生实政录》七卷。嘉庆末，宁陵知县栗毓美捐资修补书板。

宁陵吕氏外，李敏修《中州先哲传》载，新安吕氏裔孙吕燕昭，"重刻吕坤《呻吟语》《实政录》《小儿语》《闺诫》《明职》诸书下县，兴教劝俗"。其存者今知有《呻吟语》《救命书》，乾隆五十九年刻于江宁，时燕昭署江宁知府。

吕氏后裔外，与豫人相关者，康熙间王培于直隶新河刻《小儿语》等四种。培字益仲，宁陵人，寄籍柘城，时任新河知县。此本今未见存世，道光间栗毓美重刻，曾参照此本。当时平湖陆陇其为灵寿知县，宜兴陈宗石为安平知县，同官为僚，相与切磋吕书。康熙二十六年，陆陇其刻《呻吟语》于正定，底本即得之王培。陆本原刻今未见。陈宗石字子万，明末四公子陈贞慧之子，陈维崧之弟，幼与侯方域女定亲，顺治十四年入赘商丘侯氏，遂为商丘人。嘉庆元年，陈氏后裔曾重刻三人鉴定之《呻吟语》于商丘，卷端题《吕新吾先生语录》。

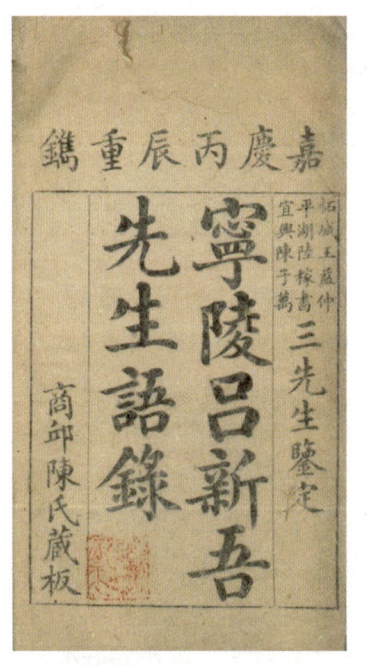

《吕新吾先生语录》，清王培、陆陇其、陈宗石鉴定，清嘉庆元年商丘陈氏刻本

乾隆间，河南巡抚尹会一（直隶博野人，乾隆二年至四年任）曾辑选吕氏著作《吕语集粹》《明职》两种。

《吕语集粹》四卷,选自《呻吟语》。乾隆三年尹序云:"吕新吾先生著述甚富,皆心得之学,明体达用之书也,而《呻吟语》为最。……因与监司黄君约取成编,用付剞劂。"署"乾隆三年秋七月博陵后学尹会一题于大梁使院"。监司黄君疑为黄叔璥,乾隆元年任分巡开归陈许河务兵备道、分守通省粮储驿盐道。所见此书初刻,为乾隆间武安知县蒋光祖刻本,蒋跋称以尹氏所示定本刊刻,捐俸刷印,未署日期。武安时属河南,蒋任职武安,在乾隆元年至五年间。清华大学藏有尹氏健余堂刻本,未及见。健余堂乃会一乾隆五年七月辞官归里后,为奉养其母而筑(吕炽《健余先生年谱》),健余堂本当晚出。《吕语集粹》后世影响甚广,各省多有翻刻,甚至有满汉合璧本刊行,民国间收入《丛书集成》。俗谚"种瓜得瓜,种豆得豆",即因此书广为流传。

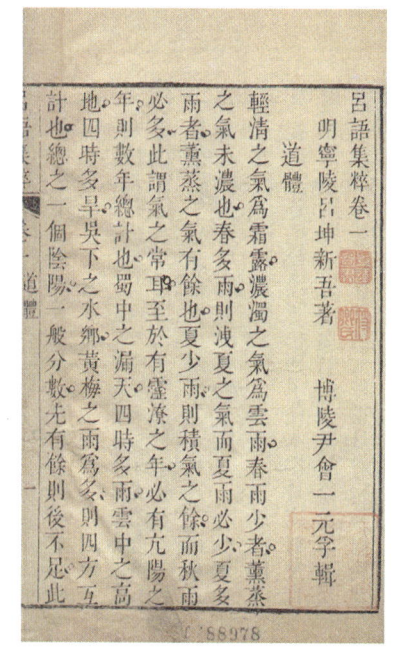

《吕语集粹》,清乾隆间武安知县蒋光祖刻本

《明职》一卷,辑自《实政录》,有乾隆四年尹氏序,署衔"巡抚河南使者"。《健余先生年谱》记刻于乾隆四年四月,"刊以遍示诸生",其刻应在河南。中国人民大学藏本封面镌"健余堂藏板"者,盖书板携归后之印本。

道光六年,诏准河南巡抚程祖洛等奏,以吕坤从祀文庙。祖洛因命开封知府栗毓美及河南候选知县王庆麟,整理编刊吕氏著作。毓美字含辉,山西浑源人,嘉庆二十年补宁陵知县,在任曾捐资递修吕氏书板。道光五年至八年任开封知府。后升河南布政使、河东河道总督。晚岁以治河名，呕心沥血，甚有成就。道光二十年卒于郑州胡家屯河工工地，上震悼，谕加太子太保，谥恭勤。"柩旋豫，民绕绋攀号，亘千里不绝。"（林则徐《栗恭勤公墓志铭》）庆麟字澹渊，松江华亭人，嘉庆十二年举人。因毓美曾任职宁陵，且补刊吕书，故程祖洛以刻书事嘱之。

此次整理，历时十余月，成丛书二十五卷：《去伪斋集》十卷（并《附录》一卷、《阙疑》一卷），《呻吟语》六卷，《实政录》七卷，总名《吕子遗书》，道光七年刻于开封府。丛书前有河南巡抚程祖洛、继任巡抚杨国桢、按察使阿勒清阿及栗氏总序，诸书前又有栗毓美序。同年，栗氏又汇集吕氏《小儿语》《好人歌》《宗约歌》《闺戒》为《吕书四种合刻》，一并印行。

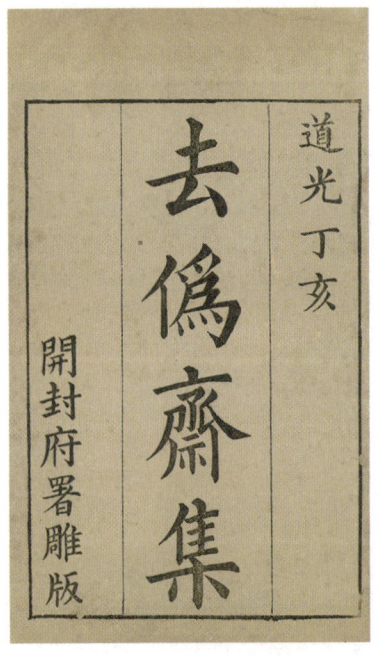

《吕子遗书》，清道光七年开封府刻本

栗氏此刻校订严谨，每用多种版本互核，底本来源俱有明确说明，书前《凡例》明校勘体例，述前刻优劣；《去伪斋集》并附《阙疑》，汇疑似讹误之原文于一卷，堪称清代古籍整理典范，深得后人好评。乾嘉闻人刘大观云："重刊诸序，深醇雅饬，无一字不切实。其排纂次第，网罗散逸，检校讹脱，虽参赞有人，而商订斟酌，耗心血亦复不少。若《实政录》，当时编辑无好手，指其六病而更正之，非徒以重梓先贤遗书，博嘉名于士大夫之口也。……今刊本字大纸鲜明，易于吟讽，一展卷一快意，若病肝郁者服逍遥散也。"（《玉磬山房文集》卷三《覆栗朴园太守书》）以其刻书之功，身后宁陵县祀于三贤祠及吕坤祠。

以上为官刻、私刻。晚清，豫中亦有坊刻吕书，即光绪二十九年开封朱聚文斋藏板之《实政录》。此刻完全从嘉庆二年吕誉安刻本摹刻，字画逼真，未悉是吕家重雕、置板于汴梁，抑或朱聚文斋自行刊刻。朱氏聚文斋为汴梁刻书名店，民国间尚在。所刻诸书，传世尚多。

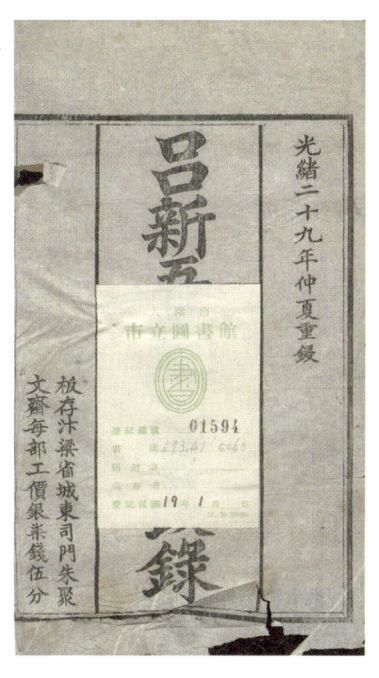

《吕新吾先生实政录》，清光绪二十九年刻本，汴梁东司门朱聚文斋藏板

康熙间，家刻先人旧籍有代表性者，还有新郑高拱侄曾孙高有闻所刻《高文襄公文集》。有闻字伯昌，邑增广生。其父高瑞雏，曾任南京右军都督府经历。高氏著述经明末战乱，入清家藏书板已荡然无存。瑞雏存有其书，"宝藏珍惜，沧桑之际，颠沛流离，未尝一日去诸怀也"。（高玉生《高文襄公文集跋》）及解绶归里，有重刊之志，而"资斧不给"，遂遗嘱有闻。适康熙二十五年召修《一统志》，命各省搜集书籍进呈，府县查取《高文襄公集》，高家仅得以旧本抄解呈上。有闻乃聚族而议，承其父遗愿，呈文禀新郑县准，鬻田五百亩为资，重刊《高文襄公文集》。事始自康熙二十五年，成于二十八年，板藏有闻笼春堂。

此为高拱著述全集，刊刻时间依次为：康熙二十五年刻《政府书答》《问辨录》《本语》，二十六年刻《南宫奏牍》《掌铨题稿》《春秋正旨》，二十七年刻《程士集》《玉堂公草》《纶扉稿》《边略》，二十八年刻《外制集》《献忱集》《日进直讲》《病榻遗言》。二十八年有闻《自序》及《重刻高文襄公文集小记》，述刻书始末甚详。三十三年又增刻《诗文杂著》一种。另有《世恩录》五卷（汇录高氏一门封赠制诰等）及碑传文杂录若干。《世恩录》初由高拱嗣子务观辑刻于万历三十年，此编则录有崇祯间文，卷四末注康熙二十九年高有闻校梓，应是有闻续补；杂录所收碑传，最晚者为有闻父瑞雏，盖有闻辑。

《高文襄公文集》，清康熙间高有闻刻本，笼春堂藏板

有闻《重刻小记》称，其堂弟纬之，曾在常州得明万历间马之骏刻本，"板虽与寒家原本稍别，而字句文义点画不殊"。高氏此刻所据者，盖为其父藏本，所谓"寒家原本"者，诸书封面俱有"遵依原本"字样。较之嘉靖、隆庆及万历早期刻本，此刻提行、平阙之类，大抵相同。今早期刻本多有不传，赖此略存面貌。但高拱文多涉边事，此刻凡"胡虏夷狄"之类，俱已改易。

《重刻高文襄公文集小记》，末附有闻为刻书事呈新郑知县闵圻申文一篇，可备豫中刻书掌故，录于此：

儒学增广生员高有闻，系前南京都察院右金都御史提督

操江捷嫡长曾孙,少师兼太子太师吏部尚书中极殿大学士兼掌吏部事加柱国赠太师谥文襄拱胞侄曾孙,禀为重刻祖书以备购求事:

  窃惟大儒名高千古,必有不朽之文章;相臣功立百年,讵无可传之事业?前代具有遗迹,后世贵乎称扬。我祖文襄公弼亮两朝,当年之政绩可采;著书数卷,此日之笈编仅存。板已刊于故明,自流寇讧而化为灰烬。书既遭乎兵火,及式微后而难致焕然。嗟哉!我祖以为德为民之壮猷,几同河汉;而爱君爱国之荩谟,竟尔沦亡。苗裔虽有多人,苦刊刻之无资,翻辑固所应尔,奈供给之谁承?幸遇当今崇文重道,搜求天下藏书,正我祖之遗文隐而复见之会也;且蒙神君尊儒敬贤,又我祖之残编困而当亨之时也。此时不早为重修,恐一时购采忽来,其何以应上人博访之至意?将亟为整理,奈一时资斧未充,亦难以慰慈父表扬之深心。不得已,先祖之遗产,宁使后人有不能保守之名,而先祖之遗书不可使后人有不能光大之事。木板皆已置办,指日举行;匠役皆已募招,起工在即。用是薰沐上告,敢不叩陈下情?伏愿仁慈老父师,垂念先祖之事业文章,勿令湮没;俯准后嗣之剞劂纂辑,得尽显扬。则文襄九泉之灵,衔环有永;而高氏一家之众,顶戴无穷矣。为此具禀,须至禀者。康熙二十五年六月二十五日具禀。

县批:重刊祖集,显扬先烈,亢宗美举,钦羡钦羡。

  此刻乾隆间书板已有残缺,有闻孙玉生,雍正四年武举,曾任江南运守备,归里后乃于乾隆十六年递修补刻。今所见乾隆本,其一种总目不分元亨利贞,子目全。另一种总目分元亨利贞四集,《边略》下注"失传",集中亦无《边略》。《边略》乾隆四十四年被禁,疑此为禁后重印时抽去。

信阳何景明著述，入清也多次刊刻。最早为康熙五年金镇所辑《何大复先生诗集》十二卷。镇字长真，浙江山阴人，顺天宛平籍，顺治十五年至康熙十二年任汝宁知府。信阳为汝宁属州，因选刻其诗。康熙五年施润章序云："吾友金长真，以比部郎出守汝宁，盖何氏大复之乡也，因取其诗雠定而重版之。"此刻下书口有"修永堂"字样，封面刻"修永堂藏板"。未悉是金氏私堂，抑或府署中堂名。时金氏还曾拟刻新蔡张九一《绿波楼集》，未果。

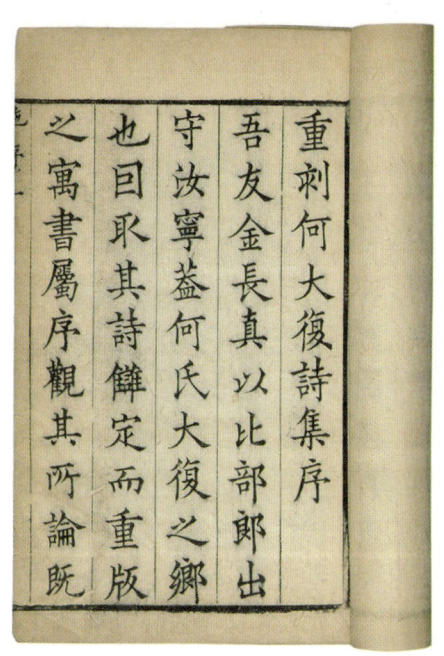

《何大复先生诗集》，清康熙五年金镇汝宁府刻本

乾隆间，信阳何氏后裔何辉少主持，再有何景明集之刻。辉少字诵芬，大复七世侄孙。曾祖何瑞征，字含誉，崇祯元年进士，历官国子祭酒，入清授礼部右侍郎，著有《赐策堂集》。此本《何大复先生集》三十八卷，依明万历间南监本翻刻，卷端题何氏四世校梓者姓名，《附录》增《明史》《皇清河南通志》及《乾隆信阳州志》之何景明传，封面题《何大复先生全集》，并"赐策堂藏板"。末有辉少乾隆十五年《重刻先学宪大复公集跋》，略云："诗文诸集，经当代名公卿选订者，北潞南都，亦经数刻，播之四海矣。鼎革以来镂版寝轶。辉少……竭力从事，《赐策堂集》已寿诸梓，而《学宪公集》更自皇皇以为己任。兹幸观察任公以中翰监莅斯土，与郡伯张公俱留心文献，时为诏勉，而族祖广宁东山公

适以许之参军分摄州事,慨省清俸,共勷厥成,乃于《州志》工竣之际,获新梨枣焉。"知其刻虽为族中事,而得地方官僚捐俸资助。任公即河南按察副使分巡南汝光道任弘业(浙江山阴人),张公即信阳知州张钺(直隶清苑人),东山公则不知何许人。《赐策堂集》刻于雍正间,仅有残本存新乡市图书馆,信阳刘海涵旧藏,中州文献征辑处征得。

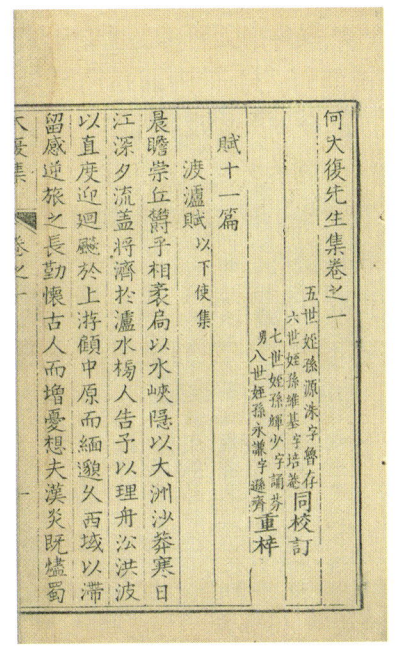
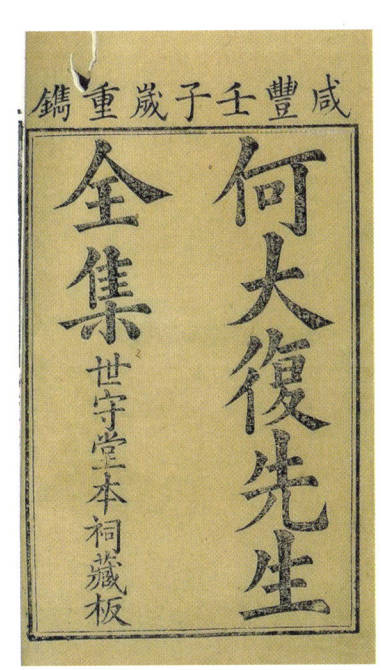

左:《何大复先生集》,清乾隆十五年何辉少赐策堂刻本
右:《何大复先生集》,清咸丰二年世守堂重修本

咸丰二年,赐策堂刻本曾递修重印,重印者卷端剜去何氏四世校订者姓名,末并删何辉少跋,前增康熙间施润章为金镇刻《诗集》所作序,封面题"咸丰壬子岁重镌",并"世守堂本祠藏板",未悉其中变故。

此外,光绪十七年,兵备南汝光道朱寿镛创建信阳豫南书院,十九年,豫南书院曾刊刻《何大复先生集》三十八卷。

崔铣《洹词》,明赵府味经堂所刻者,入清书板尚存,历代多有递修。其间零星修板补刻无论,大规模递修凡四次。传世之本,多非完帙,或脱封面,或序跋不全,故著录多有差异。

第一次修板在雍正二年,倡其事者安阳柴、黄二孝廉,知县刘而位捐资为助。是年刘叙云:"《洹词》一集,相传始刻于赵藩王,其岁月已无可考。重刻于武安王紫野先生,则嘉靖己酉年也。迄今岁久,残缺糢糊,字画莫辩,读者苦之。雍正甲辰夏,邑孝廉柴、黄二公谋重加补剔,余欣然跃喜,曰:'是余之志也。'遂捐俸共勷厥事。"柴、黄二孝廉已不可考,刘而位山西汾阳人,康熙五十二年举人,雍正元年至六年任安阳知县。

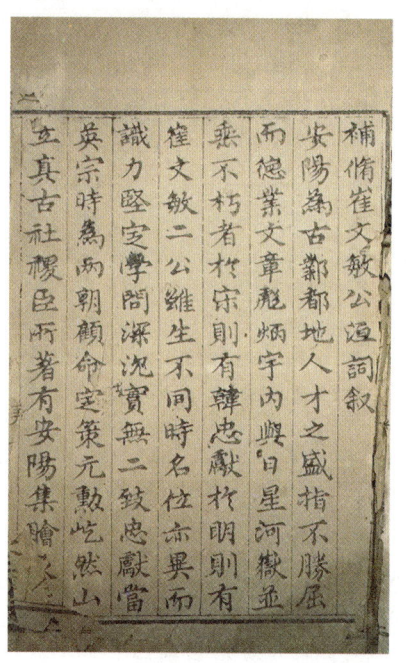

《洹词》,清刘而位补修叙,清雍正二年补修本

第二次在乾隆二十七年,彰德知府蒋希宗递修。周国瑞《崔铣洹词选》(中州古籍出版社,1993),引有乾隆二十四年蒋希宗跋,云:"见其集中字迹皆模糊,惧其久而将湮也,爰捐俸集工,另易枣梨者若干,剔蠹而清其笔画者若干,阅四月而竣。"此跋余所见河南省图书馆藏本脱,但卷前有乾隆二十七年蒋氏序,未及补刻事。希宗字思朴,吴县人,乾隆二十四至二十七年任彰德知府。

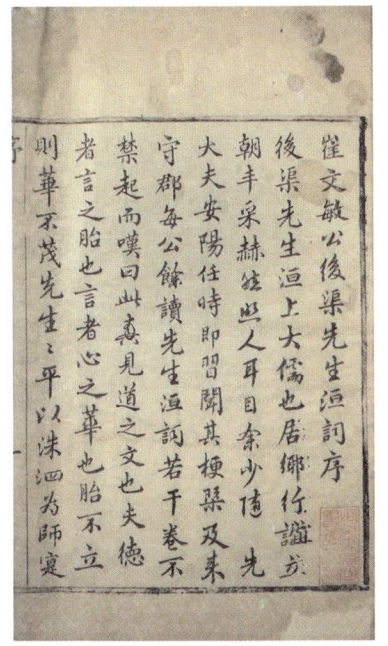 

左：《洹词》，清乾隆二十七年蒋希宗递修本
右：《洹词》，清乾隆三十六年黄邦宁递修本

第三次在乾隆三十六年，彰德知府黄邦宁递修。此为黄氏整理之第三部彰德府古籍，封面有"本祠藏板"字样，盖板藏安阳崔文敏公祠。前有是年黄氏《补修明崔文敏公洹词序》，同年河南按察使谭尚忠序、临漳知县陈振烈跋，并增马理《崔文敏公传》及明世宗制于卷首。陈跋云："《洹词》一帙，前明赵藩曾锓板行世。惜年祀久远，罕有藏诸笥箧者。厥后间有编辑，不免舛错。至今半失甲乙，夥鲁鱼矣，颠倒模糊，几令全帙并废。则是书也，传将不果。郡守黄公雅志搜罗，觅得原本，因为补其残缺，序其失次，翻阅一遍，编珠缀玉，完缮如初，爰付剞劂，俾垂永久。"此次修板，以其友包一峰所得邑孝廉柴君所抄白本参订校雠。

此前两次递修，补板悉照赵府原板摹刻。本次递修亦同，但书口无"赵氏味经堂"字样。至此,赵府原板已基本不存。

第四次在同治二年,安阳知县金宝符递修。是年金氏《重修崔文敏公洹词序》称:"由今计之,仅百余年耳,而黄郡伯所刻板片,又亡去十之八九。岁壬戌,余出宰林城,得晤林虑世好李庶常(祖光),向余唏嘘言之。余曰:'兴废举坠,是余之责也。'适以筹防逆氛,未暇商订文艺。夏初撤防,亟捐廉付梓开雕,缺者补之,存而漫漶者易之。校雠之役,则同年任孝廉(祥元)司其事。任君亦情殷仰止者,盛暑勘磨,不殚劳勚。"宝符字西农,山东历城人,道光二十三年举人,同治元年至三年任安阳知县。李祖光,林州人,同治元年进士,以翰林院庶吉士改户部主事。任祥元生平未详。

此刻封面镌"同治癸亥孟冬重锓""本祠藏板"。至是,乾隆间黄氏补刻之板,仅存十之一二;味经堂旧板,已一无所存。故此本几同重刻。卷前金序外,另有同治三年河南学政景其浚序,并录前代递修序跋。此次递修,增刻有崔铣《年谱》,最为珍贵。

《洹词》,清同治二年金宝符递修本

《年谱》为崔铣之子崔汲编,向未流传,时手稿藏汤阴李锡黻家。金序云:"又闻相州上舍李生(锡黻)藏先生《年谱》,趋郑生(文谟)往而索之,欣然相示,余不揣固陋,谬加厘订,冠诸卷首。"《年谱》前又有金氏小序云:"汤阴上舍李生锡黻,出旧藏公少子汲所记原本相示，三百年来，获睹墨迹，亦阐扬之一助也。"惟刊刻时，金氏曾有删略。今同治递修本流传不广，《北京图书馆藏珍本年谱丛刊》等亦未收录此谱。

与《洹词》相类似者，明万历三十年浚县所刻卢柟《蠛蠓集》，入清板存丁县衙，历朝邑人多有补修，传世者有乾隆十年、乾隆十五年、咸丰间、同治四年、光绪二十年等递修本，然除序跋外，未有内容增刻。他如道光二十八年怀庆府递修万历间刻《何文定公全集》十一卷，亦属此类。

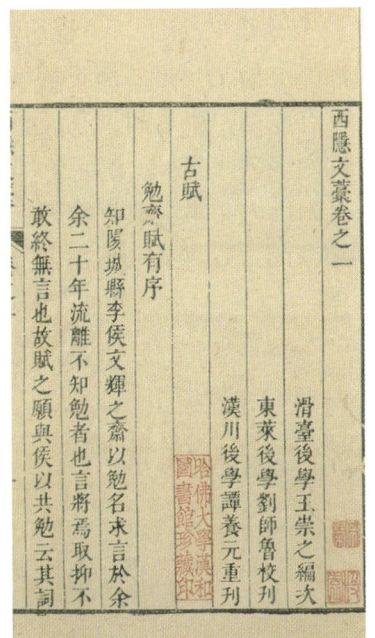 

左：《西隐文稿》，清乾隆三年滑县刻本
右：《拟学小记》，清同治三年洛阳县刻本

明人著述书板之不存者，入清也多有翻刻。如乾隆三年，滑县知县谭养元，延请宋讷后裔依万历本重刻《西隐文稿》；乾隆十五年，郭维藩后人重刻《杏东先生文集》；乾隆二十三年王尚绅后裔重刻《苍谷全集》等，俱可称精善。再晚，道光间鄢陵苏氏刻有其先辈苏宇《中曲山房诗集》，同治三年洛阳县署刊有明儒尤时熙《拟学小记》，光绪八年浚县知县黄璟依翻刻有王越《黎阳王襄敏公集》等。

以上皆明代著述整理刊刻，流传于今者，而失传之本，盖非一二。其可述者，有襄城王锦，才人也，成化五年进士，授翰林院庶吉士，制敕诗赋，挥笔立就，同馆号称文虎。出为四川按察司副使、提督学政，未几告归，才二十余，日以吟咏为事。诗作有《咏梅集》百首，父老相传，锦钟情一女子，为武人携去，因眷恋成咏。"虽病甚，犹推敲不懈，三稿未竟而笔绝焉。"正德初，锦殁后之十五年，湖广左布政使、无锡邵宝为之刊行。邵氏弘治初曾知许州，与锦相善，顾念旧谊，故有此刻。康熙间，襄人恐其散佚，曾为重梓。两刻今俱失传，惟刘宗泗《襄城文献录》节录有初刻本其弟王銮后序，刘青藜《高阳山人文集》收有重刻本序。刘序谓："予读其集，如'满林大都花无几，好物从来不在多'，

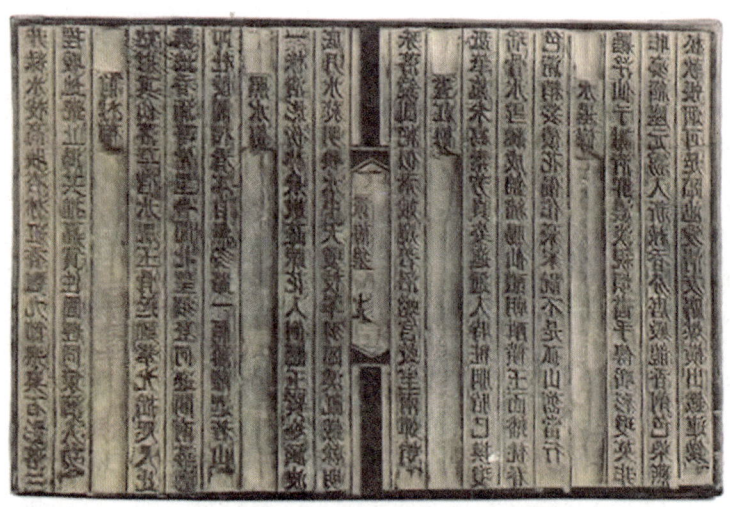

《咏梅集》，清康熙间刻本书板

'陇头终寄诗筒去，传得江南半段春'及'相看本自无多路，一隔藩篱杳若仙'之句，大抵宛转凄楚，依依动人，要非无故漫作者。古人如韩舍人翃、赵渭南嘏，往往溺情声妓，亦政不必为公讳也。"余在襄城县档案馆网站，见旧书板图像一帧，辨为《咏梅集》康熙刻本第十九页，幸有雪泥鸿爪，差可慰藉。

## 五、晚明名家著述编刊

明清鼎革之际，社会剧烈动荡，个人命运随之起伏，因缘遭际，各有不同。以当时观念论，多有可歌可泣者；以今之眼光视之，亦可感可叹，而难以径断其是非。其间豫中才人辈出，或以气节彰扬，或以才情而著称，或以理学传世。其著述大都入清后始有结集整理。今依惯例，以卒于明末者列本节，略选数家介绍；仕于清者入下节《当代名家著述编刊》。

新安吕氏，为豫中吕氏望族另一支。其显始自晚明一代名儒吕维祺。维祺（1587—1641）字介孺，万历四十一年进士，历官至南京兵部尚书。后居洛阳，聚徒授学。崇祯十四年李自成下洛阳，被俘不屈，死节。所著《孝经本义》《音韵日月灯》等，明末大都刊刻，入清板不存。康熙初，其后裔、门人重辑为《慎独堂全集》。是集迄今未有点校整理，诸家著录亦欠完善。

《全集》编刻在康熙二年，主持者其子兆璜、兆琳及馆甥张瑁；与其事者，《明德先生文集》卷前有"较正受业门人姓氏"，列姚庚唐等三十九人，并兆璜等族裔。兆璜字伯玉，维祺长子，拔贡，授汶上知县，顺治十八年至康熙五年任解州知州。兆琳字叔玉，维祺次子，王铎婿，顺治十八年进士，家居候补，康熙八年授西乡知县，见耿介《吕叔玉先生墓志铭》(《敬恕堂文集》卷九）。张珣字伯润，号蓝孺，永宁人，维祺婿。顺治间贡生，荐授户部江南司主事，康熙元年至三年任淮安知府，详吕履恒《蓝孺张公暨吕宜人合葬志铭》（《冶古堂文集》卷四）。

施化远《吕明德先生年谱》记康熙二年事云："是年五月，诸门人与子璜、琳刻先生全集于淮南：《孝经本义》二卷，《大全》二十九卷，《或问》三卷，《文集》二十六卷，《存古篇》六卷及先生《年谱》《忠节录》行世。"其刻于淮南者，以张珣时任淮安知府故。珣与吴伟业善，伟业《吕忠节公神道碑铭》（《梅村家藏稿》卷四十一）亦记其事："今吕公之子兆璜知解州，而兆琳成进士，于故家遗老访购公之遗文；淮安守吾友张公蓝孺，实公之婿，手自雠校，刻之于淮上。"《全集》未见有汇印本存世，《中国丛书综录》亦未著录。验之单行存本，其详如次：

《孝经》三种，存原刻本，计《孝经大全》二十八卷，前附《进孝经表》等，末附《孝经诗》一卷；《孝经本义》二卷，《孝经或问》三卷；另附维祺弟维祜《孝经翼》一卷。《大全》《本义》二书维祺序后，镌有"男兆璜、兆琳重梓"字样。康熙二年九月兆琳《刻孝经大全后跋》，中有"癸卯〔康熙二年〕之秋梓于淮上"语。三书有汇印本。《续修四库全书》所收者，为修业堂藏板，缺《孝经本义》。

《存古约言》六卷，原刻未见，有乾隆四年慎独斋刻本，末存兆琳识语："癸卯刻先太傅文集，因附录《存古约》后。"

《明德先生文集》二十六卷，附《制艺》三篇（门人石岳辑）、《新安定变全城记》一篇（张鼎延撰），存原刻本。按，明崇祯十三年，吴伟业曾辑维祺奏议书启为一编，并为之序。此则璜、琳重辑，末有康熙二年仲夏兆璜跋，前又有同年中秋日兆璜《吕明德先生慎独堂文集义例》，署兄弟二人名，略谓："未刻文集，时经兵火，岁久益散失，不可复问。不肖兄弟痛心搜讨，不遗余力，或得之于宦游旧地，或得之于戚友家藏，或得于残碑断碣、鼠啮蠹食之余，积有岁月，录至二十六卷，仅存什一，因梓而成集。"

"及张蓝孺妹婿出守淮上,贻书相勉,璜以一官鲍系,竭清俸不足,复与弟琳益以称贷,匍匐捧书走千里。蓝孺退食之暇,相与手较。时浦子甄玉、张子庆余共为订正,始得成书。……《文集》《年谱》诸书,始于河洛受业诸子,参订二十余年。于兹谊不敢泯,并列尊字于右。"云云,颇不易也。集前又有吴伟业序(为崇祯间所辑维祺奏议书启而作)、康熙二年河南府推官黄绥序。

此外《吕明德先生年谱》四卷,门人施化远编。存原刻本。末有康熙二年门人孟珺跋。《忠节录》未见传本,《年谱》卷首《采辑家刻书目》中列有此书。

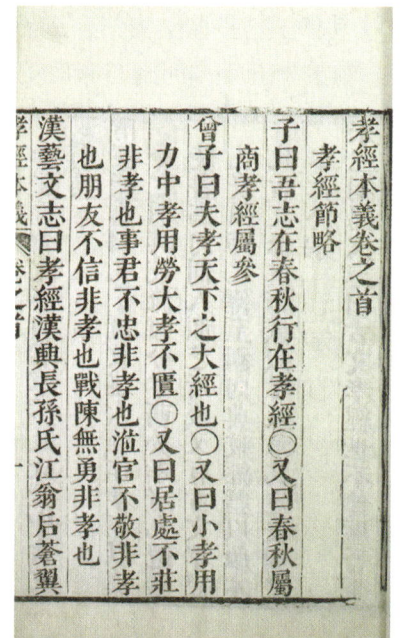

左:《孝经本义》,清康熙二年吕氏刻本
右:《明德先生文集》,清康熙二年吕氏刻本

《全集》刻成后,板归新安吕氏故居,为时未详。今康熙二年原刻初印本未见,所见俱重修本。如《孝经大全》《明德先生文

集》，卷前有康熙七年吴江计东序，是补刻于此后。《文集》前"较正姓氏"列有吕履恒，注"进士、知县"。履恒康熙三十八年任宁乡知县，四十三年行取广西道按察御史，补刻应在此间。乾隆四十七年裔孙公溥抽板重印，已见前述。其大部分书板近世尚存。

刘理顺（1582—1644），字复礼，杞县人。崇祯七年年五十三，崇祯亲擢进士第一。官至经筵兼东宫讲官。崇祯十七年李自成占北京，国破，举家自缢殉难。

当其殉国时，大顺军中多豫人，至其居，曰："此吾乡杞县刘状元也，居乡厚德，吾军奉李将军令护卫公，何遽死也？"数百人下拜泣涕而去。（《明史记事本末》）其仆王辂护取文集归，其子圣箴，临终曾遗嘱子始菖辑刊文集。顺治十五年，河南右布政史杨思圣首刻《刘文烈公全集》，并撰《刘文烈公世系》附卷前。是年叶先登序，有"方伯犹龙杨公慕先生义，刻先生集行世"云云。思圣字犹龙，直隶巨鹿人，顺治三年进士，顺治十四年至十五年任河南右布政使。

《刘文烈公全集》十二卷，卷端题男圣箴辑，孙始菡、始菖等纂，曾孙忠裔等编。而任编校者，实非刘氏后人，卷前"校阅姓氏"，列吴淇、彭羽廷、孔胤機、李笃四人。《凡例》署吴淇，述编纂体例甚详，又云："公殉难时，家事无主，仆人王辂独能护取公之文集。……但出于偬倥之际，又经流离之余，其中不无一二残缺。"吴淇字伯其，睢州人，顺治二年登乡荐。九年，会试不就廷对，里居六年，肆力于学，天文、历法、律吕、音韵、易占、勾股、算术及西洋奇器之学，无不精诣。顺治十五年成进士。详汤斌《吴公墓志铭》（《汤子遗书》卷七）。《全集》编校，在其登进士第之前。彭羽廷杞县人，吴淇同科举人。孔胤機生平未详。李笃杞县人，理顺之甥，岁贡，时任上蔡县儒学训导。上蔡修志，刷印《十三经》《廿一史》，笃俱与其事。

此本卷前顺治十五年叶先登序外，又有同年江禹绪序，略云：

"先生殉国后，诗文遂致散轶，仅存若干卷。长公孝廉讲山会病未及，举遗命冢孙菖石为之。菖石克绳先志于苫次中，即携而过余，谋授剞劂。"又有是年梁羽明序，中有"元孙菖石搜其著作，梓以行世"语，则谓理顺孙始菖（字菖石）谋刻。身为刘氏后裔，始菖自当参与书之辑刻。书成之后，始菖曾持以求诸名家作序，故存本又有顺治十六年贾开琮序，顺治十七年许作梅、孙奇逢序，俱增刻补印者。补刻诸序，字体略瘦。

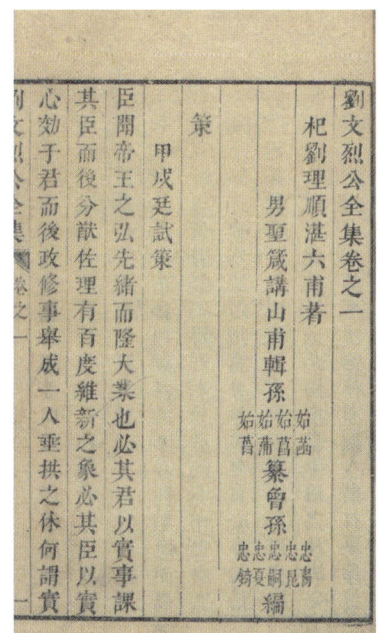 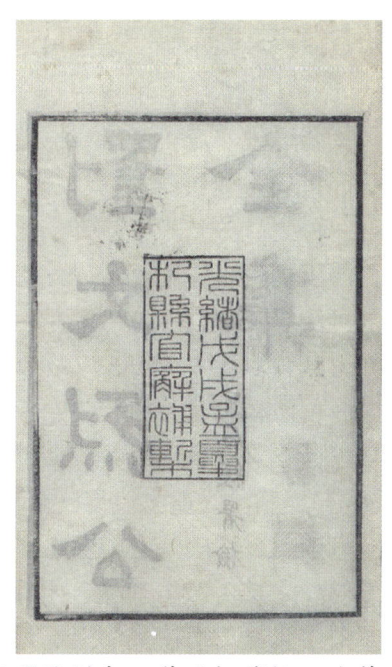

左：《刘文烈公全集》，清顺治间杨思圣刻本，觉于轩藏板，哈佛大学藏

右：《刘文烈公全集》，清顺治间刻、光绪二十四年杞县递修本

此刻盖入清后河南布政司最早刻印之书。今初印本未见，所见俱载孙奇逢等序，系顺治十七年后增刻本，以哈佛大学藏本刷印最早，封面镌"觉于轩藏板"，未详为何人堂号，卷端纂编者姓

氏，末为曾孙"忠锜"。北京大学藏本亦觉于轩藏板，纂编姓氏末人改为"忠羽"，并附康熙四十六年获嘉知县跋。其板晚清藏杞县县衙，重印者有光绪元年知县查以谦（直隶宛平人）补刻本、光绪二十四年杞县官廨递修本。

史可法（1602—1645），字宪之，祥符人，大兴锦衣卫籍。崇祯元年进士。崇祯自缢后，可法拥立福王于南京。弘光元年，以武英殿大学士、兵部尚书督师扬州。多铎破扬州，被执不屈，就刃死。以扬州不降，清军屠城。

可法死军中，甲申史籍又为清廷讳，故其著述流传甚微，传承莫能详细。今可考者，以遗书传播最广。可法无子，城将破，呼部将史得威诀曰："我无子，汝为我嗣，以奉吾母。"并以遗书五通付之，分致豫王多铎、太夫人、夫人、叔父兄弟及得威。及可法就刑，多铎释得威以保忠臣后裔。得威乃得奉遗书至南京，复可法母及夫人，之后葬可法衣冠于扬州梅花岭。其间曲折艰难，详得威《维扬殉节纪略》。顺治十二年，高宇泰辑《雪交亭正气录》，录有可法遗书及《初上弘光帝书》；顺治十八年《祥符县志》记可法事云："扬州城破，死之，遗有乞骸骨，葬钟山。书读者莫不流涕。"是顺治间遗书流传已广。

前此，可法幕府士王之桢、欧阳斌元（字宪万），曾受命辑其奏议。之桢《跋史师相乞闲咏叙》（见陶性坚辑《射州文存》，从罗振常辑《史可法集》引）云：

> 余在幕府，曾授奏议数十卷，命江与右、欧阳宪万分任雠较。寒河冰雪中，相与共灯披读，叹为陆仲宣以后一人而已。精核其章疏，可传者五十余通。……广陵之变，幕府文书及余辈随军纪载，一朝化为灰烬。余归而裒次其制举义刻之，聊以尽心丧中思成之万一尔。……师相生平好善容才，从未尝以文字与章句之士争高下，世之传其为人，与师相之

自为可传，总不系此；而搜而刻之者，似亦不容师相名字冷落。于二十年来，又以见卧龙鳞片散在人间者，不可不亟为收拾。

之桢字筠长，盐城人，《盐城县志》有传甚详，称其"辑遗文轶事成集，多史所未载者"。跋作于康熙四年，知此前之桢曾刻可法制艺等，并有编刊文集之意。而后，康熙十九年，之桢与弟方臣辑可法文为《史阁部遗文》若干卷刻之，王源为之序。此刻已不存，王序尚见《居业堂文集》卷十二，略云：

> 乙酉，前督师史公驻广陵，其门人王君筠长居公幕，辑公奏议数十卷，未就。城陷，公死，稿遂失。王君弃儒冠归隐海滨。久之，简所存公制艺十二首，梓以传。庚申，其弟方臣以一编授源，曰："子不可以无言。"源读竟，慨然流涕。……王君从败磷残甃中补辑遗文，附载公轶事以传。荒台白日，望南云以哭知己，比之皋羽，何多让焉？方臣以总角之年，毅然与兄偕隐三十余年，饥寒困厄而不悔，可不谓难乎？源与公同里，既悲公志不就，又重王君兄弟之义，敢不敬勒数言，自托于门下士之末而附骥以传焉。

后数年，源遇之桢于京师，为道杨遇藩及史可法遇难事，因作《自书史阁部遗文序后》，见《居业堂文集》卷二十。源字昆绳，清初名士，大兴人，亦锦衣卫世家，故称可法"同里"。

今所存史可法集最早者，为张纯修辑刻本。纯修字子敏，汉正白旗人，父滋德（亦作"自德"）历官河南、陕西、山西巡抚。纯修好文，书画亦佳，与曹寅、纳兰性德等相善。历官扬州府江防同知、庐州知府等，曾主修《庐州府志》。

康熙三十六年，纯修在庐州知府任上，辑刻《五名臣遗集》，中有《史道邻先生遗稿》一种，凡奏疏一卷、书牍一卷、杂文一卷，无诗。杂文中又杂入徽人《史中丞功德记》等文，末附黎士

《史道邻先生遗稿》，清康熙三十六年张纯修辑刻本

弘《书部史公扬州事》。此本所辑文章来源不明。张序仅云："博为搜求，得此数卷。"按，崇祯间可法曾以右佥都御史巡抚安庆、庐州、太平、池州等处，开府六安，政声甚著，邑人为立生祠。故其诗文，当地传抄当不少。纯修为庐州守，搜罗逸文，亦有地利之便。其刻流传极少，仅北京大学藏有孤本。

乾隆四十一年，赐谥可法"忠正"。前此，乾隆敕修《宗室王公功绩表传》，读摄政王多尔衮致史可法劝降书，思阅可法复书，"因命儒臣物色之书市及藏家，则亦不可得。复命索之于内阁册库，乃始得焉"，因撰《御制书明臣史可法复书睿亲王事》记之。四十二年，彭元瑞进呈史可法像及遗书手迹二通，乃二十八年蒋士铨购于琉璃厂者。乾隆作题像诗一首，敕以画像、遗书并可法《复摄政王书》及《御制书明臣史可法复书睿亲王事》，发两淮盐政，置扬州梅花岭可法祠中，摹刻祠壁。事具《扬州画舫录》《清容居士行年录》等。

时守祠者史开纯，甘泉县庠生，自谓得威曾孙，乾隆四十九年重辑可法诗文为《史忠正公集》，序称"谨就先府君所付遗稿，分编列为四卷"。凡奏疏一卷，书一卷，家书一卷，杂文及诗一卷，并乾隆宸翰为卷首一卷，可法传、记、后人题赞、祭文等为卷末一卷，总六卷。卷端题曾孙山清辑，玄孙开纯、友庆校。

其正文四卷，实从张修纯刻本而来，增者无多，如诗仅三首。而于张本原刻，又妄加删削，颇为恶劣。今存本以封面镌"教忠堂藏板"者较早，所知有两种，俱载乾隆五十三年顾光旭后序，版式亦相同，惟一为刻本，如北京大学藏本（《明别集丛刊》影印者），一为活字本，如复旦大学藏本（《续修四库全书》影印者），未悉孰为后先。教忠堂疑为史祠中之堂名。

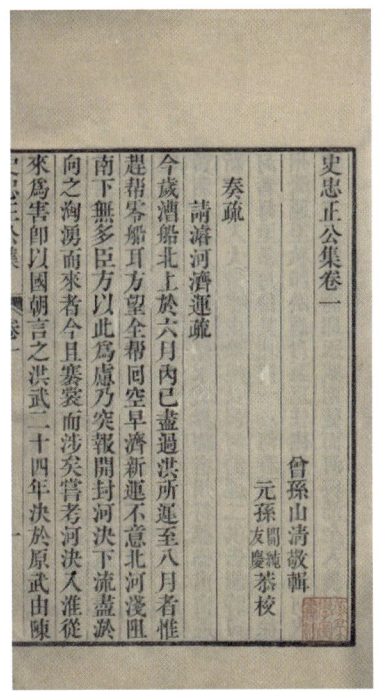 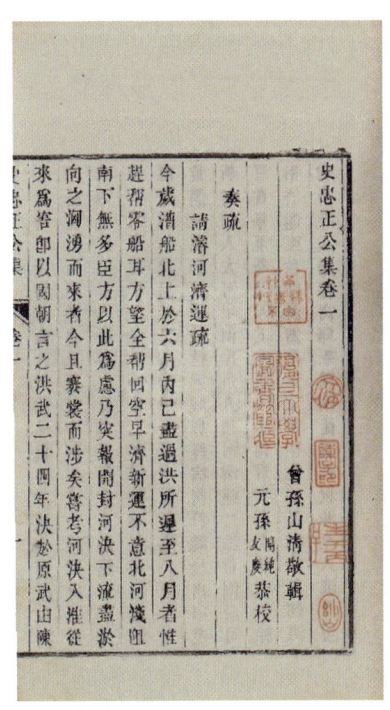

左：《史忠正公集》，清乾隆间刻本，教忠堂藏板，北京大学藏
右：《史忠正公集》，清乾隆间活字本，教忠堂藏板，复旦大学藏

此本流传甚广，后世刊刻，皆由此出。洪杨之变，史祠尽毁。咸丰六年，七世孙兆霖以贫无力修祠，先以此书重刊，并以家藏碑像卷帙，摹刻可法遗像附卷端，板藏追远堂。其他翻刻之本，徽中有道光三十年六安典室刻本、同治六年合州章士堂刻本及《乾

坤正气集》本，京中有《畿辅丛书》本等，其他地方刻本亦多，独吾豫未见刊刻。

可法籍里，《顺治祥符县志》云："祥符人，祖居城西狼城岗。"《明进士题名碑录》题河南开封府祥符县民籍。其先世为锦衣卫百户，以此隶大兴锦衣卫军籍。祖应元，《康熙大兴县志》称"锦衣卫人"。崇祯十三年，六安为可法立生祠，宋之正作《六安生祠记》，末称"顺天府大兴县籍，开封府祥符县人"。今史可法祠以扬州梅花岭最驰名，京中史家胡同亦有之，惟祖居豫中无影响。今述史集整理，以涉刊刻之地，检核旧籍，乃知扬、京两地史家，俱非正宗，事为前人所未发，附考如次。

史得威（或作"德威"），山西大同左卫人，从可法后更名直，见王之桢《跋史师相乞闲咏叙》。《康熙扬州府志》亦云："养子直，求其尸不得，招魂葬衣冠于梅花岭。"后得威流寓江淮，终于溧阳。《嘉庆溧阳县志》为立传，谓得威号愚庵，葬可法后，"悉让所有于可法之弟可程，而携孥避居溧阳，诗酒自遣，不与外事。惟定省拜扫，时时一往，始终勿懈焉。得威无子，与妻龚合葬社坛村北"，注出处为锺采《梅花岭墓图记》及陈药林撰得威《墓表》，当可信。锺、陈皆溧阳名士，邑志有传。得威《史忠正公梅花岭墓图卷》并附祭可法文手稿，晚清尚存，秀水杨象济有诗题咏，见《汲庵诗存》卷八。民国间罗振常《史可法别传》称："德威既立公墓，绘梅花岭墓图，征名流题咏，乃归金陵。"或罗氏曾见其图。又靳应升《送史愚庵梅花岭表墓》自注云："愚庵，道邻子，鼎革后流寓山阳。"（见孙璧文《考古录》卷五。他书引，"表墓"作"展墓"。史可法纪念馆编《亮节孤忠史可法》录有靳诗《和史愚庵梅花岭展墓》，或即此）李楷《和史愚庵韵》小序（《河滨诗选》卷七）云："潼关邂逅，乃感枢辅扬州葬衣冠事，其再祭之文，石人迸血矣。"此皆可以印证《溧阳志》者。

《溧阳志》既载得威无子，则后所谓得威后裔者，皆系假冒。扬州史氏开纯世系，据《史忠正公集》卷端题署及卷末《家祭文》，得威生纂，纂生山清，山清生开纯、友庆。其来历俱出自述，无其他文献可证。《集》中乾隆十年史纂《家祭文》，称得威康熙九年自山西来扬，旋病殁。纂时尚在襁褓，乃随母就外家养，流离困苦数十年。雍正四年来扬谒墓，地为豪强占，请于官府驱除，筑围砖圹，云云。文中于地名俱虚之。乾隆四十年，扬州知府谢启昆作《明阁部史公墓祠记》(《树经堂文集》卷一)，记开纯（原文作"开绳"）自称得威曾孙，得威葬可法后归里而终。后数十年，其父来扬，见土人侵墓地，请于官清还。乾隆三十三年又请于盐运使，得库银二百八十五两，建祠三间。今又请于运使，复得库银五百七十八两，修置门楼土墙云。《史忠正公集》收此文，删原文银两数，文辞亦有改窜。此扬州史祠之由来。今观《史忠正公集》，于《梅花岭墓图》一无影响，卷末录后人拜墓诗多首，而得威所作，仅《祭墓文》一首。则开纯之于得威，知之甚少。惟其能保可法祠墓并刊行其书，亦可谓有功。

当时自称可法后裔者，不止一人。《茶余客话》卷八载雍正初上元县学童生史某，自称可法孕妾遗腹子，文笔纰漏百出，江南学政邓仲岳"遍询诸老生，对无异"，以忠臣后，录为庠生，"史生得以青衿终，而家亦稍裕焉"。

《扬州画舫录》卷三又记云："祥符史氏族系繁衍，乾隆庚子，其族裔史鸿义刻《褒忠录》，即今祠壁拓本，并蒋心余诗跋萃之成帙。"此乾隆刻本《褒忠录》，今未见，加拿大史元庆《史可法年谱》引有其书。鸿义并非祥符裔，乃浙江会稽人，字乙山，系出宋史浩，父容迁京师，寄籍宛平，乾隆四十四年顺天府举人，详朱珪《史乙山墓志铭》(《知足斋文集》卷五）。

史氏后裔刊《史忠正公集》者，还有宛平史致康。致康原名致昌，号叔平，浙江山阴人，寄籍宛平。其后裔曾贴世系于网上某论坛，称亦史浩之后，道光八年顺天府举人，十八年考取觉罗官学教习。其人与豫中相关，道光二十年至二十八年顷，受聘汴梁彝山书院主讲。书院创于道光八年，知府栗毓美建，专课童生。

时钱仪吉主大梁书院，道光十九年又兼彝山书院主讲。致康为钱氏婿（史氏《修筠阁诗草自序》称钱为外舅），其掌彝山，当为钱氏推荐。史在彝山，颇有好评，道光二十三年编刻有《彝山书院志》，二十六年又有增刻。其中《院长史存书院书目》，列有河南方志八十四部，知其颇重中原文献。道光间钱氏刻《夏峰集》，史曾与校勘事。其在彝山用"致昌"名，道光三十年任四川珙县知县，改名"致康"。史作有《修筠阁诗草》，咸丰二年陆芝田序称："史叔平明府，山阴华胄，姚浦名家。谱其族，祢阁部，继南史北史之臣；溯其遐，宗仓颉，实史皇史臣之神祖。""阁部"即谓史可法。同年，致康翻刻《史忠正公集》，时任四川仁寿知县。

回顾豫中，不惟未刻史集，今祠亦无踪。所谓世居之狼城岗，今为狼城岗镇，隶中牟。其地滨河，崇祯以来河决多次，村落尽失其旧，近人调查，指为后史庄村，详王宴春《史可法故里调查》（《开封文博》1990年第1—2期）。故老相传，开封亦有史可法祠，建于乾隆间，今为开封八中，见高科恒《史可法祠及故居琐记》（《开封文史资料》第二十期）。

## 六、当代名家著述编刊

清人有文集传世者，据《中原文化大典·著述典》，凡五百三十三家、七百零四种，可谓盛矣。影响较著者，大抵在顺康间。乾隆以降，文领一代风骚、学为天下所宗者，几于无人。今以著述汇编整理为主讨论，而不限于诗文别集，举其有足可述者，择要述之。

孙奇逢（1584—1675），字启泰，万历二十八年举人。原籍直隶容城，顺治十四年入辉县籍。晚明以营救东林党人闻名。时值兵乱，奇逢曾聚兵勇以自卫。入清屡征不就。顺治三年，田庐为贵胄采地所占，流寓新安。六年，慕苏门百泉之胜，为邵雍、许衡等讲学之地，乃移家焉。卫河使马光裕（山西安邑人）慕其名，多有眷顾，及顺治九年罢官归，以夏峰村庐舍相赠，奇逢遂聚徒于此，躬耕讲学，构兼山堂，著书立说。康熙十四年卒，寿九十又二，世称"孙征君""夏峰先生"。奇逢为清初硕儒，与黄宗羲、李颙并称。其说初承陆王心学，后趋务实。弟子众多，如汤斌、耿介等，皆有成就。黄宗羲《明儒学案》称："北方之学者，大概出于其门。"

奇逢晚年笔耕不辍，著述等身，有《读易大旨》《书经近指》《四书近指》《理学宗传》《中州人物考》《畿辅人物考》《圣学录》《甲申大难录》《取节录》《乙丙记事》《新安县志》等，虽有散佚，而大多留传，经门人、后裔整理，初刻在豫中者不少。弟子汤斌、耿极等作《孙夏峰先生年谱》，于著作刊刻每有记述。康熙十六年，门人柏乡魏裔介作《孙征君先生传》，云：

> 自之卫后，有《日谱》，卷帙浩繁；《宗传》外有《四书近指》二十卷，孔学使刻于大梁，余为之序；《四礼酌》一卷，李居易刻于密县；张元枢刻《答问》于覃怀；魏一鳌、常大忠刻《答问》《文集》于上谷，余为之序。公殁后，赵刺史刻《书经近指》于滏阳；《取节录》六卷、《孝友堂家乘》八卷，旧刻于上谷；《读易大旨》《圣学录》《两大案录》《畿辅、中州人物考》《甲申大难录》《岁寒居全集》尚未授梓。

《宗传》即《理学宗传》，康熙五年内黄知县张沐捐俸刻，工未完被罢免，卫辉知府程启朱继其事，刻成于康熙六年。此清初孙氏在世时，著述编刊之大略。

夏峰诗文别集，魏一鳌、常大忠刻于上谷者，今未见流传。孙氏卒后，康熙十七年顷，门人辑遗稿为《孙征君先生文集》五十余卷，汤斌作《孙征君先生文集序》，谓："先生殁后三年，门

上：《四书近指》书板，清康熙二年河南提学使孔允越刻于大梁中州学署

下：《容城锺元孙先生文集》，清康熙十八年容城刻《容城三贤集》本

人汇辑诗文、语录为若干卷，属斌为序。"足本今已不传。次年，故里河北容城，选编为《容城锺元孙先生文集》四卷，与容城先贤刘因、杨继盛集合刻为《容城三贤集》。是为夏峰文集存世最早之刻本。前载汤斌序、夏峰像及像赞，末载魏氏《孙征君先生传》。卷前《合刻纪事》云："征君著述甚多，刊布者已有数种。近闻其受业士搜辑遗文五十余卷，兹先梓其文，录数十首，汇成《三贤合刻》。他日有刻全书问世者，此其前茅也。"

康熙间，奇逢孙淦重辑其诗文语录，编为《夏峰先生集》十四卷，康熙三十八年淦子用桢主持刊刻。淦字静紫，号担峰，康熙二十一年进士，授内阁中书，以父弃养，绝意仕进。用桢，避雍正讳改名用正，字惭人，康熙三十五年举人，历禹州学正、许州府学教授。卷前康熙三十八年孙淦《纪事》，云：

> 先大父征君公旧有《岁寒集》三十卷，盖六十岁以前所著，答问、诗文皆载焉。嗣有《岁寒续集》若干卷，专载六十岁以后之文，而未备答问与诗，则门人子孙各有钞本。……岁戊午〔康熙十七年〕，王子伯生过夏峰，率予兄弟子侄倾筒钞录而去，与赵子宽夫选择删正，名曰《传信录》，自是先大父始有全集矣。独是宽夫性癖，秘不以示人。虽淦等亦不肯令一寓目。淦恳之再三，止出示其序文，展读再过，辄取而函之。

伯生即王埙，直隶卢龙人；宽夫即赵御众，直隶滦州人，后入密县籍，俱夏峰门人。其下略谓，御众卒而稿失传。传耿介曾录副，访之耿子，得残本舛驳脱落，绝不似经意选订者，且无序例，未悉抄自赵本否。乃据以订为十四卷，二十四万余言，计其数才十之二三，名之曰《夏峰先生集》。又云："欲请正当世大人先生，而荒村艰于钞誊，贫家又乏剞劂之力。适有旧梓工柏国翰等来，愿减价效力，且肯从容陆续从事。儿子用桢慨为办理，两年始得告竣。"

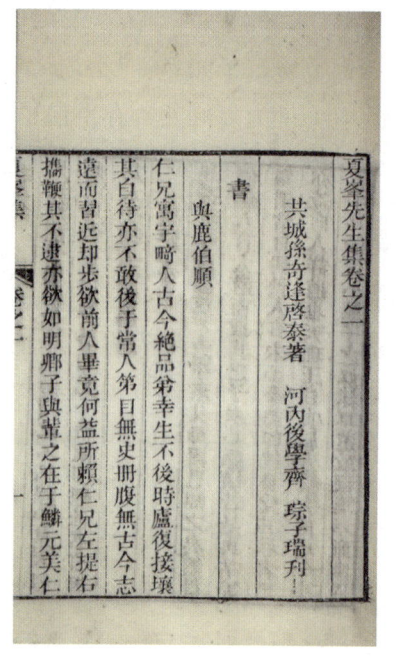

此刻封面镌"兼山堂藏板",目录后有"曾孙用桢较刊"一行,但卷端署"河内后学齐琮子瑞刊",未悉何人。前有张心镜、魏裔介、汤斌、常大忠、戴明说、李衷灿、赵御众序,并戴明说、张元枢《语录序》。知诠之搜集,颇为用心。

《夏峰先生集》,清康熙三十八年孙用桢刻本

康熙刻本流传较少,降至道光,几不可见。大梁书院钱仪吉之子访得奇逢七世孙锟藏本,由河南学政许乃钊倡捐、钱仪吉主持,道光二十五年刻于大梁书院。此本虽出康熙本,但又有增删,"语涉禁避者,遵乾隆间廷议删去数篇。及酬应之作,亦间汰一二。其《语录》本在诸体之后,今以冠首者,从朱子手定《二程全书》例也"。此外增《语录》若干条,又从志乘及所见手迹增文数篇,附《家规》一卷于末,总为十六卷。钱氏虽总持校勘事,而具体核校,仍由当时汴梁士子为之,各卷末镌有核校者姓名,卷端题"大梁书院重刊"。

当康熙间,孙氏后裔以用桢整理夏峰著述最为用力,未刻《夏峰集》时,康熙三十七年刻《孝友堂家规》;既刻《夏峰集》后,又拟汇刻《夏峰遗书》。为此康熙四十八年南下福州,谋之福建巡抚张伯行,适张移调江苏,未及见,遂海行而西,赴广州,谋之广东肇高廉罗道副使丁易(永城人,号学田,康熙十八年进士)。丁慨然曰:"表彰先贤,是予之责也。"走书与张伯行相订。用桢因再往吴中,拜见伯行。张曰:"君家征君乃千古公共之人,遗集

乃千古公共之书，意尚有所商，容徐图之。"用楨乃怏怏归。此役行程两万里，历时一年，用楨有《南游》一卷，录此行之作，收入《缄斋集》。此后又刻耿极编《读易大旨》，其《义例》末署"曾孙用正沐手"，注"原名用楨"，未署日期，当刻于雍正以后。

今存夏峰著述汇编本，最早为《孙征君五种》：《中州人物考（理学编）》一卷，康熙元年耿极刻，有是年耿跋；《乙丙纪事》一卷，刻年未详，有孙淦、魏一鳌跋；《答问》一卷，刻年未详，有顺治十三年孙立雅跋；《游谱》一卷，刻年不详，有张凤翔等序；《年谱》二卷，赵御众、汤斌、魏一鳌、耿极编，方苞订正，乾隆元年钱江吴维垣刻，末有吴跋，谓其"就养许昌"时，得之孙用楨（时用楨为许昌府学教授）。各书版式不尽相同，应是集旧板汇印。原本亦无总名，后世书商命名如此。颇疑即用楨汇印。其中《乙丙纪事》《游谱》《中州人物考（理学编）》俱罕见，前二者未曾再刻；后者虽仅"理学"一编，但与道光刻本差异不小，智天成先生点校《孙奇逢集·中州人物考》，曾以入校。

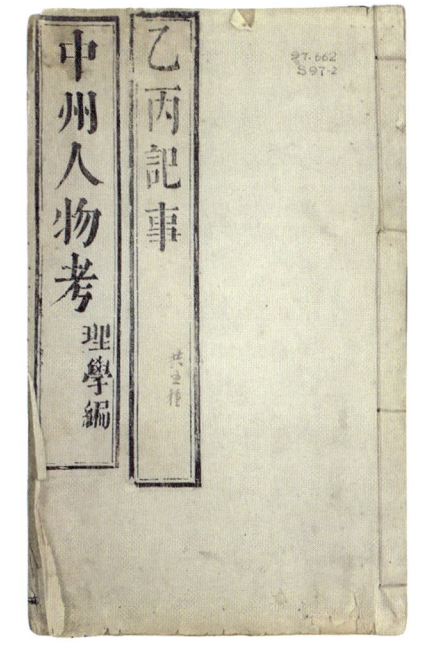

《孙征君五种》，清刻本，河南省社会科学院图书馆藏

道光二十四年，八世孙家秀整理《中州人物考》八卷，汜水知县、桐城谢益捐资，家秀主持刊刻。前此，谢氏还曾重刻《理学宗传》二十六卷。同治三年，九世孙世玟（士佩）刻《四书近指晚年批定》十七卷。《四书近指》初刻于征君生前，奇逢每有新

得，批注其上。批本后为巩县冯敦五收藏，咸丰三年赠之世玟，世玟遂募资刊印。同治八年，郑元善（直隶广宗人，同治元年任河南巡抚，时已离职）倡捐，世玟又刻《畿辅人物考》八卷。

至此，夏峰著作重要者，《日谱》之外，大抵俱已刊行。《日谱》为孙奇逢抵苏门之后日记，向为孙氏传人所重视，但篇帙浩繁未能刊刻，以稿本抄本流传者二百年。清末，世玟及子金桂（馥堂），请王辂整理，募资刻于兼山堂。其间坎坷，世玟有《纪事》记之，作于光绪十一年：

> 先征君《日谱》共三十六卷，自顺治六年十一月告墓移家起，至康熙十四年止。一言一动，一笔一墨，皆先征君所手著也。门人子孙各有钞本藏于家。道光壬寅，玟取出观之，蠹蚀虫穿，不能展卷。傅荫轩表兄见之，恐其遂就湮废，即命裱工通为裱出，订为三十本。时林县徐龙溪先生假去，写成七分，未克终卷。丁未，南阳府内乡县王子涵观察欲独力付梓，将原稿取去，旋因宿疾绵延，未能刊刻。玟自此不见原稿者二十余年，因借龙溪先生钞本写出数卷。至于原稿之存亡，几有不可知者矣。同治癸酉，玟以事至汴，适子涵先生少君之江及令孙在焉。玟访而询之，咸曰：征君夫子《日谱》，存吾家者有年，今既相遇，即当归于君家矣。玟不胜欣喜，遂自南阳取回。惟期敬谨收藏，尚未敢遽言付梓也。甲戌，玟以事至广平，詹一峰先生谓玟曰：《日谱》既获原稿，即当刊刻，不可延缓。遂以朝服典十金，作为捐资，曰：此事我先开端。武酌堂先生于是写一公启，遍告同人，而捐资乃稍稍集矣。玟遂以校对之事属之武陟王少白先生，先生慨在不辞，即于是年冬日开雕，陆续刊成数卷。旋以捐资告罄，兼值光绪三四年豫省大荒，遂以停工。越光绪庚辰，江右陈右铭大人观察河北，邑侯潘公即以《日谱》公启禀呈道宪，首先倡捐，而捐资因之骈集，于是又复开工，越今岁而告竣。

詹一峰即詹桂，直隶通州人，道光二十四年举人，历官遵化学正。武酌堂即武汝清，直隶永年人，道光二十年进士，曾任刑部主事，后主讲磁州书院、清晖书院，名噪河北，亦曾与校勘《四书近指晚年批定》。王少白即王辂（1811—1891），武陟人，河朔名儒，道光十七年拔贡，主讲新乡廊南书院、武陟致用精舍，后以河南学政廖寿恒荐，授获嘉教谕；又以河南巡抚鹿传霖荐，加内阁中书衔。其所讲授，皆以躬身实践为要，不尚空谈。弟子甚众，新乡王安澜，汲县李敏修、王锡彤，俱曾从其学。《日谱》编校，至为繁难，辂跋云：

　　此书历年既深，残阙已甚，雠校大非容易。通阅数过，有遗失不能接续者，有事实未能尽明、无从考据者，有原稿既有阙字、后人漫为填补、未知其与否者，有前册已见、后册复出、难辨其为何时之言者。因但就其录出之稿，与原稿详细对阅，改其错讹，俾之授梓，虽简断编残，难称完璧，然先生当年进德之隆、门墙之盛，与当时海内贤豪往来酬赠之情事，亦可以识其大略矣。

此刻卷端题《孙征君日谱录存》，除康熙旧序外，新增光绪间序跋甚多，光绪九年河南巡抚鹿传麟亦为之序。目录前附助资者数十人姓氏，不乏名流，如桐城方宗诚、义宁陈宝箴、无棣吴重熹等。

《日谱》封面书板，题"武陟王少白先生校订""兼山堂藏板"

约道光末至同治初，世玟汇集已刻著作若干种，合印为《孙夏峰全集》，亦称《夏峰遗书》。《全集》未见有总序，亦未见正式总名，后世命名如此。其书为旧板补修重印，除兼山堂原藏康熙以来书板外，道光间大梁书院刻《夏峰先生集》，书板此时亦归兼山堂，故《全集》所印此本，为大梁书院原刻。

汇印非一时之事，提及《全集》最早者，为同治三年世玟《四书近指晚年批定·纪事》，称其得冯敦五赠书时，"取《征君全书》为酬，冯子拒不受，曰：'但得此书传布海内，吾愿足矣，何以酬为？'"此时《四书近指晚年批定》《畿辅人物考》尚未刊刻，必不在《全集》之列。后光绪三年卫荣光《日谱序》，有"《全集》先以梓行，而《日谱》独后出"语，则其时之《全集》，不含《日谱》。迨《日谱》出，亦汇入《全集》中，总计十三种一百四十七卷。光绪间，《全集》板藏百泉夏峰祠。十九年，板蠹数十片，时世玟已殁，金桂为之募资补刻。二十年，河南学政邵松年为之序，云：

> 所著书若干种，历经先达捐资刊布，板汇存于百泉祠内。先贤矩矱，后学津梁，诚吾人所共当保护者。甲午孟夏，吾师曾与九先生书来，言征君十世孙馥堂茂才以旧刻日久，渐就漫漶，将集资修补，兼以新修《日谱》一种携示。因亟告知当道，共得资如干，交馥堂将《全集》一律整理。

1949年后，书板由百泉文物管理所保存，今则归辉县市博物馆，虽有残缺，但大体完好。

此外，以奇逢原籍河北，光绪五年，河北辑刻《畿辅丛书》，亦有《孙夏峰遗书》，收录《夏峰先生集》《语录》《答问》《孝友堂家规》《孝友堂家训》及《孙夏峰先生年谱》六种。

征君著述，自康熙以来三百余年，经历代公私整理、守护，诸多手稿、书板幸存于今，可谓中原文献史上奇迹。惟迄今点校整理，尚无善本。

王铎(1592—1652),字觉斯,孟津人,天启二年进士,历官至礼部尚书。崇祯殉难,福王监国后,以避乱怀庆时与铎有旧,亦得史可法力请,授铎东阁大学士,入为内阁次辅。清军临金陵,铎与钱谦益等出城奉表迎降。及弘光帝被执来江宁,诸臣皆拜,铎独直立戟手,数其罪恶。顺治三年,召复礼部尚书管弘文院学士事,后充明史副总裁,加太子少保。卒谥文安,钱谦益为作《墓志铭》。铎以书法名,而诗文宏富,多有刊刻。北京师范大学张升有《王铎著述考》(《河南图书馆学刊》2002年第1期)、《〈中国古籍善本书目〉勘误三题》(《古籍研究》2007年上卷),述之甚详。今以时为序述如次。

铎在世时,先有《拟山园初集》百四十余卷,崇祯三年刻于孟津。后有续刻,总为诗一百卷,文二百卷,今无足本存世。顺治七年,商丘贾开宗选其诗二百九十首,为《王觉斯先生诗选》,亦未见存世,惟贾序存于《溯园文集》卷一。

铎卒后,顺治十年,其弟镛、鑨选其诗文为《拟山园选》,刻于苏州。镛字仲和,以从福王渡河翼卫有功,授锦衣指挥使。及降清,授睢陈兵备道佥事,升浙江金衢严道右参议。鑨字子陶,顺治元年豫王考授贡生,授鹿城知县。清军取金陵,置鑨于军中,以笼络王铎。后迁昆山知县,豫中《同治河南府志》称其在任上"收遗骸,兴学校,百废悉举"。苏中《道光昆新两县志》则称"邑自兵燹后户口凋零,邑令王鑨苛虐,有墨声"。

《拟山园选》未见,今各家书目著录之顺治十年刻本,实应为顺治十五年王无咎刻本,此刻有顺治十年王鑨序,云:

> 其卷帙浩繁,约有万卷,装潢牙签,凡五十余帙。其寿梨也,一举金阊,再镌白下。余令昆山时,复锓之署所。兹癸巳秋,仲兄仲和与余假寓吴门,再取成书,详为校阅,益以新篇,从石斋、鸿宝、太青诸先生之所选定者,仅存十之四五,汇为一集,名曰《拟山园选》,征取良工,重为剞劂。

顺治十五年，铎子无咎再次辑刻《拟山园全集》于金陵。无咎字藉茅，铎次子，顺治三年进士，历官至江南右布政使、太常寺卿。康熙间，其跋三十二卷本《拟山园文选集》（详后）云，顺治十五年之金陵，督理三吴财赋，乃"鸠工取材，校梓于梁园，就选定者梓之，而燎于舟次者不能问诸水滨矣。逾年集成，敢以质之海内"。时无咎在江南右布政使任上，梁园在玄武湖，梁昭明太子所建。传世铎集，以此刻所收最全。卷端题《拟山园选集》，分为文集、诗集，存世未见两者合印之全帙。

文集依文体分类编排，通为八十二卷。存世有中国科学院图书馆藏本（《四库禁毁书丛刊》底本），卷一首页书口有"书办高科督刊"字样。国家图书馆藏本（《北京图书馆古籍珍本丛刊》底本），与前本同版，但只八十一卷，缺末卷，目录亦未列卷八十二，或系书贾挖改以充全书。其卷前录有王氏文集明末历次刻印序跋，多至十五通，包括豫中名宿吕维祺、马之骏等，然大抵皆谀辞，无足观。此外并录顺治十年王鑨序。另有南阳彭而述《王觉斯先生集叙》，虽未言及刻书，但系应无咎之请而作。卷七十六《王氏谱》，记事至顺治十四年。

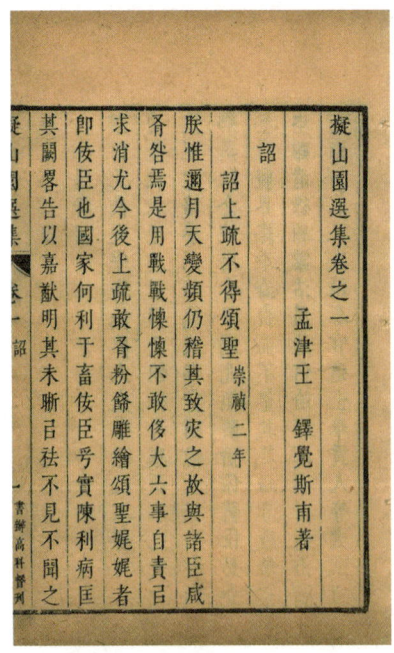

《拟山园选集》（文集），清顺治十五年王镛、王鑨刻本，河南省图书馆藏

诗集依诗体分类，各体均自卷一起，全书卷数未通编，不详总卷数几何。今传世者，以国家图书馆藏本最全，存七十五卷，

或即全本。此外台北"国家图书馆"藏本(《历代画家诗文集》影印底本)存五十四卷，北京大学藏本存四十四卷，两者内容俱在七十五卷本之内。国图及台北藏本卷前序跋，与文集大抵同。《赋》《今乐府》《五言古》等体之卷一，卷端署弟镛、鑨等，男无党、无咎等姓名。其他各卷端署有黄道周、倪元璐、钱谦益等选阅人姓氏，则袭旧刻而来。

康熙朝，阳武赵宾、祥符周亮工，辑王铎、王鑨兄弟唱和诗作为《孟津诗》十九卷，刻于康熙五年。铎诗由赵宾选，鑨诗则亮工采辑。宾字珠履，号锦帆，顺治三年进士，授淳化知县，迁刑部主事。亮工前此即有选编铎诗刊刻之意，康熙二年充山东青州道，次年王鑨擢山东提学道，同省为官，因得共襄诗选。此刻前有康熙五年周亮工序，称"《拟山园集》传播海内，海内士之闻风而兴起者，亦既如岳之尚嵩、河之宗海矣"；称鑨则谓"人皆比于荀休若陆士龙，实犹骎骎过之"，奉承太过。封面镌"王允明梓行"，则未知何许人。书末附《续集》一卷，系铎、鑨子侄无咎、无忝等追念父执辈诗作。

稍晚，柏乡魏裔介辑选商丘宋权及王铎诗，为《宋文康公王文安公诗选》，商丘宋荦刻之。宋文康公即宋权，宋荦之父。裔介曾受知于王铎，又与无咎为同年进士，多有交往，以是有此选。此本未见存世，魏裔介《宋文康公王文安公选诗合刻序》，尚存于《兼济堂文集》卷三；张仁熙《书宋文康公诗后》，存于《藕湾文集》卷三，云："牧仲先生守黄之五年，入觐京师，柏乡魏公手选公诗及孟津王文安诗以授牧仲，序而合刻之。"牧仲即宋荦，其授黄州通判，在康熙三年，知书刻于康熙七年。

康熙间，无咎子鹤，就《拟山园全集》选为《拟山园文选集》三十二卷，鹤子眉谷、眉年刻。鹤字拟山，康熙间历官至陇州知州。眉谷字龄伯，鹤长子，仕至九江知府；眉谷仕至正定同知。此刻有鹤跋，云："庚子后家门零落，杞宋无征，缅维梨枣，金陵散败。……罗博旁求于海南、会稽诸选本，愧鹤望道未见，鱼鲁亥豕，茫茫莫辨，昼夜与太仓张子薰沐披读，先校若干卷，征良工梓之成书。"南开大学存有孤本。另山西祁县图书馆藏有《拟山园诗选集》二十卷，疑亦此时王鹤编选。

顺康之际，清廷为笼络民心，于降臣优恤有加。乾隆间承平已久，方略乃变。乾隆四十一年十二月谕，指名王铎等"在明俱曾跻显秩，入本朝仍忝为阁臣"，命于国史立《贰臣传》一门，专记"大节有亏"诸人。史臣乃以铎并子无党、无咎入《清史列传·贰臣传》。时值查禁违碍图书，军机处第一次奏请禁毁书目，即列《拟山园集》，云："铎事明福王为大学士，后仕本朝，大节有亏。集中语句亦有干碍，应请销毁。"《四库全书》不收铎集，《存目》亦只字不提。《四库全书》收有明申佳胤《申忠愍诗集》六卷，佳胤殉难于甲申之变，馆臣《提要》云："旧本首载孟津王铎序……后人重刻此集，仍录以冠首。然铎何如人，乃操笔弁冕佳允诗？今特削之，俾无为佳允辱焉。"至此，铎名遂裂，著述亦式微，直至晚清光绪二十二年，王鹤所辑《拟山园诗选集》方有重刊。

张缙彦（1599—约1672），新乡人。崇祯四年进士。崇祯十六年超擢兵部尚书。李自成破京师，率百官降。清兵入关后逃归故里。福王立，驰疏称自聚义勇收复列城，福王授以原官，并总督河北、山西、河南军务。清军定中原，逃匿六安商麻山中。顺治三年降清，历官山东右布政使、浙江左布政使、工部右侍郎等。十七年被劾，籍没家产，流徙宁古塔。

缙彦虽政治上反复无常，而诗文颇负声名。其在浙江，与江南名士钱谦益、谷应泰等多有往来。生平著述，有《菉居封事》《菉居诗集》《菉居文集》《依水园文集》《河朔杀贼始末》《商麻应诏始末》等，大都刻于崇祯、顺治间。缙彦又好刻书，在山东曾补刻《岱史》。及被劾，罪名之一即刻书以文过饰非。御史萧震疏曰："官浙江时，编刊《无声戏》二集，自称'不死英雄'，有'吊死在朝房，为隔壁人救活'云云。冀以假死涂饰其献城之罪，又以不死神奇其未死之身。"(《清史列传·贰臣传》)《无声戏》为李渔所著小说，今存初集，缙彦所刻二集已亡。

关于中原文献，缙彦曾重刊《杜诗分类》，已详前。此外还评阅南阳彭而述《禹峰先生文集》。顺治十七年主修《新乡县新志》，孙奇逢、刘正宗、魏裔介为之序。孙序盛称："新乡坦公先生，所称具识力而能文章者也。其邑志虽奉像中丞贾公檄，实出先生之手。酌旧志之所详略，而一衷于理道，既无所遗，又无所滥，洋洋乎大观也哉！"此《志》已佚，序跋见《康熙新乡县续志》。

宁古塔在今黑龙江省海林市长汀镇古城村，流放之后，缙彦坦然处之，与吴兆骞、姚其章等结七子诗会，吟咏唱和。并作《宁古塔山水记》一卷，为当地最早的地理文献，极珍贵；《域外集》一卷，录序说传论等二十二篇。钱威序称："十余年来，无几微怨尤，故能网罗幽异，以使人可传而可述也如此。"邑名人殷元福跋云："其文雄深雅健，与子厚相颉颃，即零记碎书，皆露坚光，较其旧作，殆削尽铅华，独存真液者也。"（此跋存本脱，从《乾隆新乡县志》录）

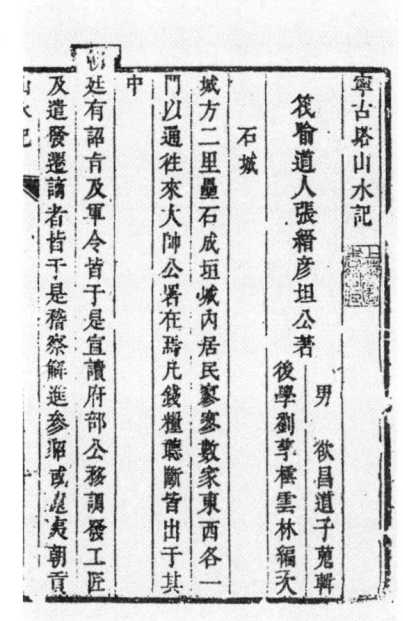

《宁古塔山水记》，清康熙间张欲昌刻本，松石斋藏板

二书仅上海图书馆存有孤本。原本刻于康熙间，封面镌"松石斋藏板"，卷端署男欲昌搜辑、后学刘蘖樘编次。欲昌为缙彦子，号道子，例监，康熙二十八年授安徽望江知县，以计典去。《乾隆新乡县志》《乾隆望江县志》俱有记载。刘蘖樘字云林，新乡人，

增广生员，康熙二十九年曾与修《新乡县续志》，卷首《纂修续志姓氏》中列有其名。《宁古塔山水记》为欲昌刻，殷元福跋，有"嗣君出其遗编，剞劂问世"语，盖刻于新乡。缙彦卒于宁古塔，其稿能迢迢万里回归故土，刊刻流传，委实不易。

清初大家周亮工，生平已详前。其著述大都刊于生前，然而晚年将书板付之一炬，可谓惊世骇俗。周在浚《行述》记康熙九年庚戌事曰："一夕，慨然曰：'一生为虚名误，老期闻道，何尚留此耶？'命尽火之。"姜宸英《墓碣铭》亦云："庚戌再被论，忽夜起彷徨，取火尽烧其生平所纂述百余卷，曰：'使吾终身颠踬而不偶者，此物也！'"周在延《书影序》记为康熙十年事。

亮工卒后，长子在浚遍访其生前友好，搜求遗文，重辑为《赖古堂集》，又名《赖古堂焚余诗文集》，凡诗十二卷、文十二卷，并附碑传文及年谱，康熙十四年刻于金陵。钱谦益、毛奇龄、吕留良等名家为之序。乾隆二十一年，周氏怀德堂曾摹刻重刊。

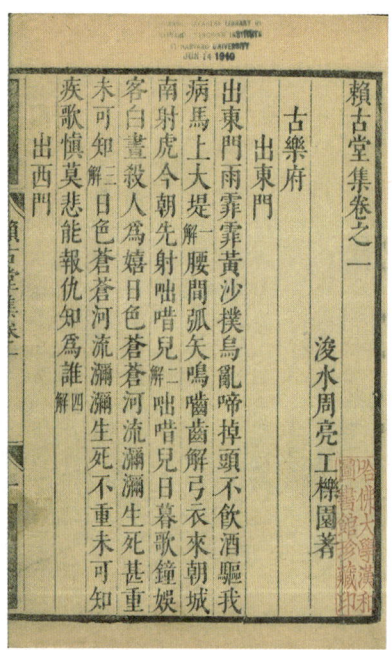

《赖古堂集》，清康熙十四年周在浚刻本

亮工生前曾辑刻丛书《赖古堂藏书》，仅成七种；康熙四十九年，其五子在都续刊三种，补成十种，取名《赖古堂藏书甲集》，《凡例》署"大梁周在都谨识于朱丝玉壶堂"，未详何地。三子在延，祥符县庠生，雍正三年曾重刊《因树屋书影》于金陵。

叁：清代中原文献整理

乾隆以降，亮工诸书遭禁毁，后裔亦散居各地，未见有承继刻书业者。故周氏著述，流传颇少，但亦不乏重刊，尤其《闽小记》《读画录》等地理、艺术类著作，多为晚清、民国丛书收录。其与豫中相关者，所知有两种。

嘉庆十九年，亮工五世孙恒福，刻《因树屋书影》十卷。据是年恒福《重锓因树屋书影跋》，证之方志，其事大体如次：恒福幼随父宦居广州，乾隆四十四年，方八岁父卒于任。嘉庆七年，从舅马慧裕（字朗山，奉天铁岭人）巡抚河南，母携之归宁汴梁。恒福祖、父两代，俱有刊亮工遗书之志，而力有未逮。嘉庆八年，从兄景福（祥符人，监生）以功擢夔州知府，道经汴梁，亦拟镌刻，然嘉庆十二年顷卒于任，终未成事。后恒福授黄梅县佐，于县署汪思泉处得《书影》，遂为刊刻。黄梅自乾隆至光绪未修志，嘉道间事多缺如，今《光绪黄梅县志》未记其人。《光绪应城志》载巡检有周恒福，祥符人，道光二年任，似即其人。恒福《跋》署"跋于鄂城旅舍"，则书当刻于黄梅。其本据雍正三年周在延刻本翻刻，清末上海士林精舍石印本即由此本翻印。

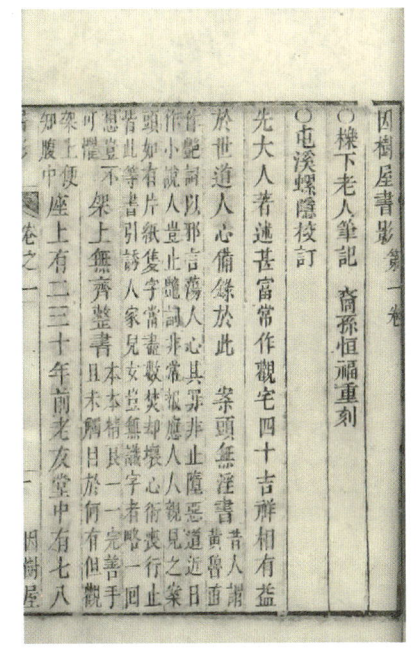

《因树屋书影》，清嘉庆十九年周恒福刻本

道光九年，亮工裔孙周銮，曾覆刻《赖古堂集》。周銮，道光五年至十二年任广安知州，《光绪广安州新志》有传，此本之刻，即在广安任上。周銮素有重刊亮工全书之志，因此四方搜罗，此刻卷首《序》，亦为征书告示，略谓："銮家从来宦籍无常，藏书旧板屡经迁徙，岁久漶漫，今且遗落殆尽，并其书亦鲜有存者。銮窃欲缵承先绪，重付开雕。每从坊市购求，旧本间有所获，皆残缺无完帙，故迄今尚无所借手，以成此愿。近代积书家定有旧藏《赖古堂全书》者，无论种类多寡，幸慨然借惠，俾得汇而梓之，不独前贤遗迹有赖表章，并使我先人手泽不就湮没。……谨先刻《赖古堂集》一种，并诗文全集，附志数行，布告当世览者鉴之。此板仍邮存家塾，愿世守之勿替云。"

左：《赖古堂集》，清道光九年周銮广安州刻本
右：《赖古堂集》，清道光九年周銮刻汝南重印本

据《广安州新志》，銮为"顺天宛平县监生"，疑为占籍宛平，而实汝南人。周《序》中"先刻《赖古堂集》一种……板仍邮存家塾"者，即寄汝南家塾，后并刻《赖古堂藏书甲集》十种。板

在汝南,曾行重印,封面标"汝南家塾藏板"。惟今汝南方志中,未见其人记载。然考周氏家族,在汝南亦有迹可寻,周在延雍正三年《因树屋书影重刊序》中,有"辛丑〔康熙六十年〕,由汝宁之武昌,道过固始"语,是发自汝宁,似汝宁有亲属在。

侯方域(1618—1655),字朝宗,商丘人。清初豫中才子最负盛名者。性豪迈,少负才气,崇祯十二年南京乡试,以指斥时政,不录。居金陵,主盟复社,放意诗酒,一时文士俱推重,与冒襄、陈贞慧、方以智并称"四公子"。顺治二年归里,与贾开宗、宋荦等结雪苑社,肆力诗古文。八年应河南乡试,中副榜,既而悔之。十一年卒,年三十七。朝宗在金陵,流连秦淮,与李香君恋,志合情投,为作《李姬传》,传诵至今。康熙间孔尚任作《桃花扇》歌其事,观者无不泪落云。

朝宗著述,生前刻有《壮悔堂文集》十卷,《四忆堂诗集》六卷,社友贾开宗、宋荦等为之评阅。及卒,顺治十三年,长子晓(字彦室)辑遗文为《侯朝宗遗稿》,增刻附《壮悔堂文集》《四忆堂诗集》末。《文集》有徐作肃、徐邻唐序,贾开宗本传,增刻本并有顺治十三年贾开宗《侯朝宗古文逸稿序》;《诗集》有贾开宗、宋荦、练贞吉、彭宾序。是为商丘侯氏家刻本。存世又有封面镌"退斋藏板"者,审即顺治版。

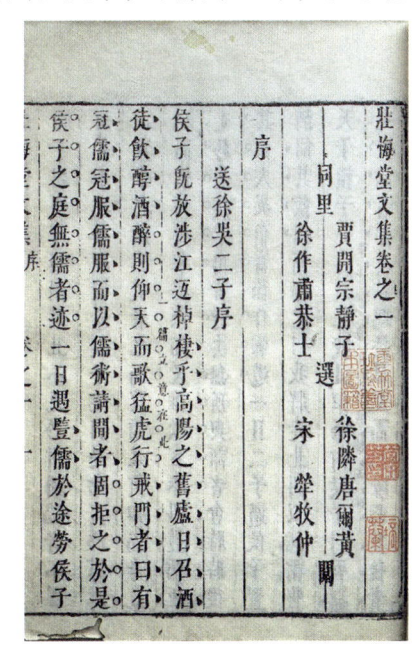

《壮悔堂文集》,清顺治十三年侯晓增刻本

康熙三十三年，宋荦在江苏巡抚任上，辑选侯方域、魏禧、汪琬三家之文，刻为《国朝三家文钞》（执笔政者为江苏学政许汝霖），中有《侯朝宗文钞》八卷。其书影响极大，自此侯、魏、汪有"清初古文三大家"之称。

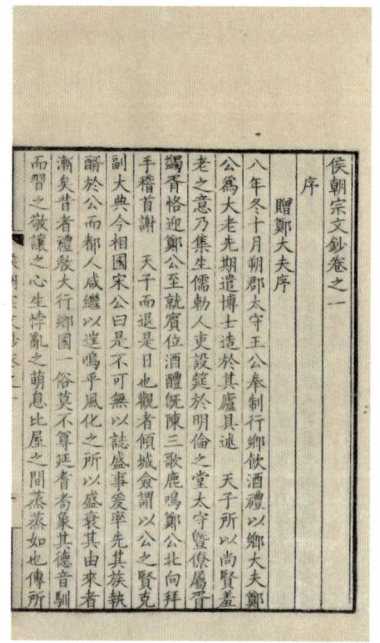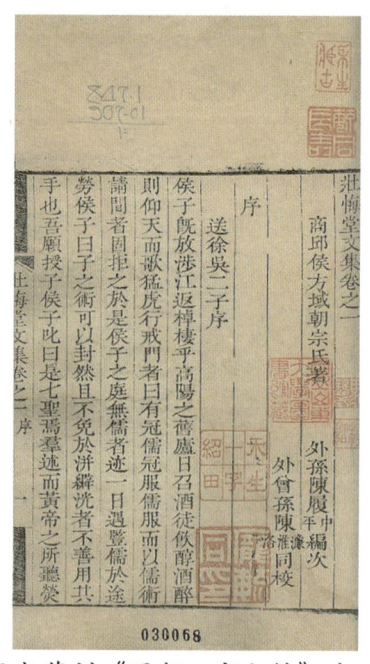

左：《侯朝宗文钞》，清康熙三十三年宋荦刻《国朝三家文钞》本
右：《壮悔堂文集》，清乾隆十四年商丘陈氏刻本，强善堂藏板

乾隆间，朝宗外孙陈履中、履平，重新整理刊刻侯氏诗文。二陈为陈宗石之子，宗石入赘侯家，遂为商丘人。履中为长子，字执夫，康熙五十一年举人，历官工部员外郎、广西道御史等。著有《宋州人物志》等。履平字勉夫，历官吏部文选司郎中、巡城御史等，丁母忧，遂不仕，与兄优游林泉，探讨文史。此刻较顺治本略有删削，顺治本所附遗稿，依类归入各卷，尽删圈点、评语及旧序，益以乾隆五年阳羡储大文序、乾隆十一年李绂序等。

两集均有陈履中序，《文集》序署乾隆十四年，《诗集》序署十五年。封面镌"强善堂藏板"，强善堂为陈宗石堂号。

乾隆二十三年，方域玄孙必昌及其四子讱、强、畏、改，又曾重刻诗文集。此本《文集》前多睢州田兰芳《侯朝宗先生传》、康熙三十四年胡介祉《侯朝宗公子传》，另多《年谱》一卷，末分两行署"吴支五世族孙侯洵辑""五世孙侯讱较"。遗稿前多顺治十二年任元祥《侯朝宗遗稿序》。封面镌有刊刻年代及"力轩藏板"字样。必昌及诸子生平未见方志记载，待考。此本辑录较为完善，日本万延二年（咸丰十一年）曾行翻刻；同治前后翻刻者，亦多据此本。

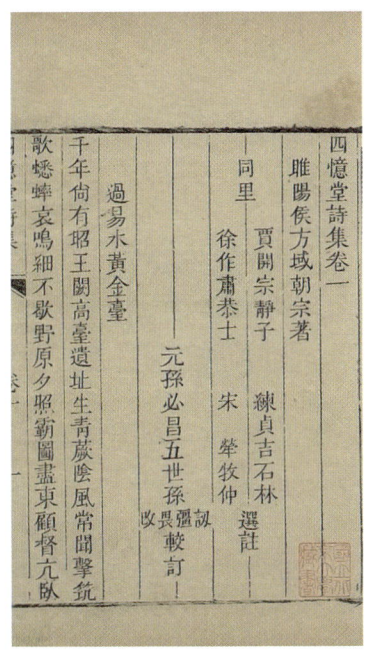 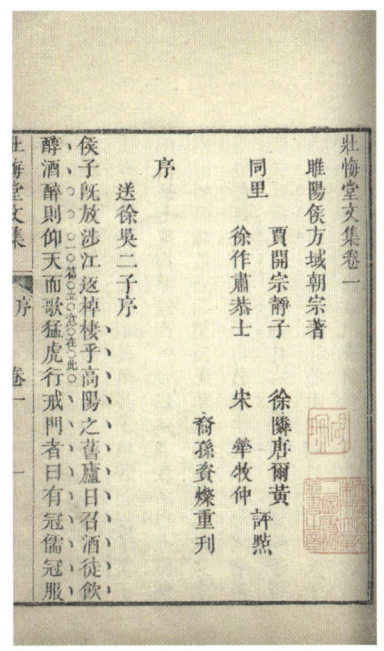

左：《四忆堂诗集》，清乾隆二十三年刻本，力轩藏板
右：《壮悔堂文集》，清嘉庆十九年侯资灿刻本

乾隆间纂修《四库全书》，侯氏诗文集被列为禁书，《四库存

目》亦不列入。但其书禁而不止，嘉庆以后反而大行。

嘉庆间，杞县裔孙侯资灿委托朱锡谷校订，再次重刻《壮悔堂文集》。资灿已详前。锡谷字菽原，福建侯官人，嘉庆六年进士，曾任泸州知州，与资灿过从甚密，嘉庆二十一年资灿辑侯方曾《澄志楼诗稿》，锡谷为作序。此本《壮悔堂文集》依顺治本重编，嘉庆十七年朱锡谷跋谓："归德侯朝宗先生《壮悔堂文集》，其板久漫，裔孙资灿谋重锓，属锡谷佐校雠之役。按，宋牧仲先生作先生小传，称《文集》十卷，《遗稿》一卷，皆板行。今遗稿已不可见，参之《三家文钞》，所录有出于本集之外者，取以补之。增入文七篇，汰去文十五篇，凡文百二十有三篇，卷如原刻之数。"卷端署"裔孙资灿重刊"，封面刻"嘉庆甲戌重镌"。嘉庆二十四年，资灿辑刻《大梁侯氏诗集》，又收入《四忆堂诗集》。

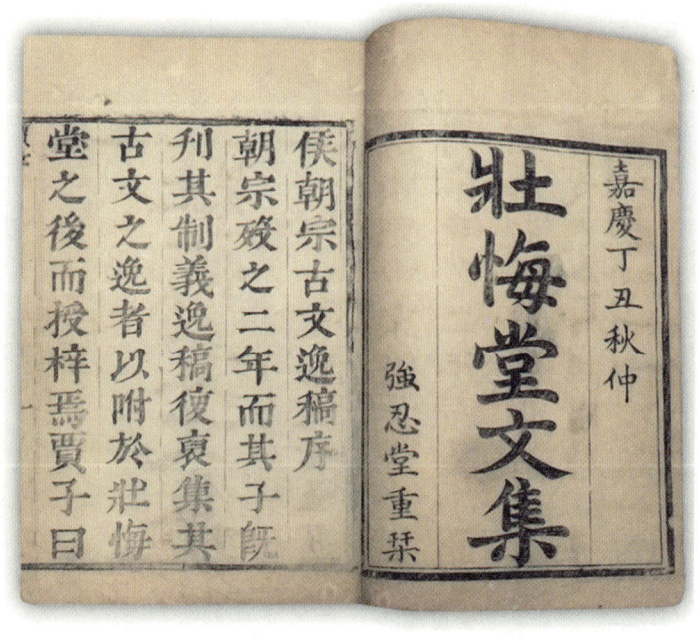

《壮悔堂文集》，清嘉庆二十二年强忍堂刻本

嘉庆二十二年，则有强忍堂刻本《壮悔堂文集》。强忍堂未见记载，此本乃据顺治本摹刻，贾开宗《侯朝宗古文逸稿序》同顺治本用大字刻，但刻工较顺治本劣。其明显不同者，卷一首页所署贾开宗、徐作肃选，"选"字位置上移近一字。存世如北京大学藏本（SB/810.69/2104.2/C2）、辽宁大学藏本（712.83/2704）、哈佛大学藏本（T 5442 1873），俱与此刻为同板刷印，或缺封面标识，因著录为清初刻本或清初刻后印本。

所见《壮悔堂文集》，又有封面镌"商丘侯氏藏板"者，审与强忍堂本同板，而刷印较后。未悉强忍堂与商丘侯氏为何关系。或谓"商丘侯氏藏板"者刻于康熙五十一年，不详所据。

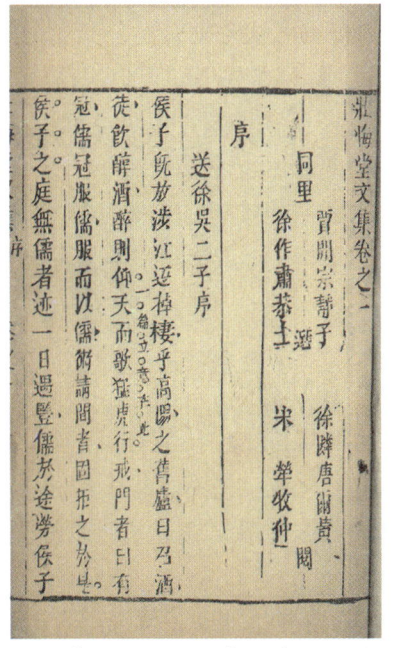 

左：《壮悔堂文集》，清强忍堂刻后印本，商丘侯氏藏板
右：《四忆堂诗集》，清同治十三年刻本

河南省图书馆所藏"商丘侯氏藏板"《壮悔堂文集》与《四忆

堂诗集》合印（42.6.1/124/-1），《四忆堂诗集》为同治十三年刻本，封面有"同治甲戌仲春月重镌"字样，乃据乾隆间侯必昌刻本翻刻，卷端删去必昌及其子姓名一行。卷首贾开宗、宋荦、练贞吉三序为手书，书法虽不善，但各序末俱有印记，凡此皆外人不可得，当出自商丘侯氏。但其刷印已在清末民初，详后。

同治前后，侯集翻刻流传最广者，为封面镌"本衙藏板"之本，盖出坊间。所见至少两种刻版，各有递修重印。其相同者，《文集》据侯必昌本摹刻，《诗集》据顺治刻本摹刻。诗文集合印者，另加封面，题《壮悔堂集》。其一种为赵承恩刻，有赵氏同治十一年序（如哈佛大学藏本，5442/1873B）。赵为江西金溪书坊刻书名家，《江西通志稿》有传。所刻通俗读物遍行天下，咸同间以"丽泽书屋"名义刻书，同治十年刻有史可法《史忠正公集》。此后改以"红杏山房"名义刻，《壮悔堂集》亦有"红杏山房藏板"者，一种题"同治癸酉〔十二年〕新镌"，一种题"光绪戊寅〔四年〕镌"，俱为重刷，并非重刻。光绪四年本又有标"旧学山房藏板"者，亦为同版。赵序也有两种，另一种较短，未署日期。其他还有"步月山房藏板"、光绪十年钤印"汉镇森宝斋发兑"者等，与豫中无关，不具述。

康熙朝名臣汤斌（1627—1687），理学名臣，字孔伯，晚号潜庵，睢州人。早年从孙奇逢学，顺治九年进士，历官江苏巡抚、礼部尚书、工部尚书等。曾充《明史》总裁，撰有《拟明史稿》。生平不欲以作者自居，著述除受师命所作《洛学编》及《夏峰先生年谱》外，生前都未刊刻。

康熙二十六年，斌卒后三月，长子溥搜集遗文，付之田兰芳，为校订批评而刻之。是为汤氏著述第一次汇刊。溥字元博，邑诸生，不仕。兰芳字梁紫，号篑山，睢州人。一生精研性理，学者尊为宿儒，门人众多，与本郡刘榛、郑廉并称"归德三茂才"。兰芳与斌为挚友，斌卒，兰芳作《墓志铭》。此次刊行在康熙二十七年,田氏《潜庵先生遗稿序》云:"公卒之三月,其子溥搜得常所迫不得已者,凡为诗文若干卷,在史局有《明史稿》若干卷,在苏州有奏疏若干卷,属余是正而刊之。"

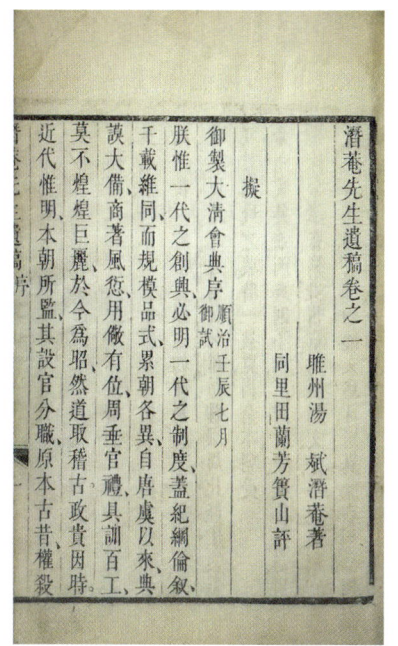
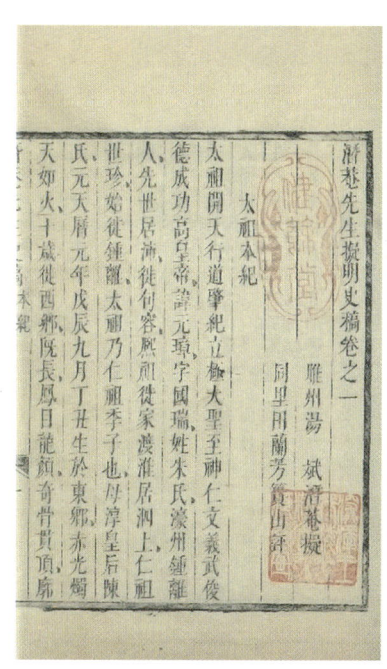

左:《潜庵先生遗稿》,清康熙二十七年刻本,忠恕堂藏板
右:《潜庵先生拟明史稿》,清康熙二十七年刻本

"诗文若干卷",即《潜庵先生遗稿》五卷,前有康熙二十七年五月田兰芳序,封面题"潜庵汤大司空遗稿""忠恕堂藏板",文中刻有田兰芳夹批,文末有尾批。今苏州博物馆藏有汤斌手书文稿六册,有田兰芳批,应即此刻最初之底稿。田序之《明史稿》,即《潜庵先生拟明史稿》二十卷,为汤斌修《明史》所作文稿,书前亦有康熙二十七年田兰芳序,封面题《汤潜庵先生分纂明史稿》。"苏州奏疏"未见原刻本存世,后世刻本曾行收入。

未几,河南巡抚阎兴邦重刻田批本《遗稿》,具体年代不详。

兴邦字弢仲，号梅公，直隶宣化人，隶籍汉军镶黄旗，康熙二年举人。康熙二十七年至三十一年任河南巡抚。重刻本有康熙二十九年阎兴邦序，但仅称"己巳〔康熙二十八年〕三月……乃遣役束生刍致祭，适嗣君以《遗稿》五卷见投"，未提及刊刻。康熙四十二年王廷灿刻《汤子遗书》，徐釚序有"往时豫省阎中丞曾为梓其集而未备"语；毛奇龄序亦称："闻河抚阎君曾为梓其集，而未备也。"知兴邦确为刻者。此刻文末增阎氏评，凡阎氏评语，末注"梅公"。卷端题"宣镇阎梅公甫评定""同里田兰芳簀山较"，并删田序。

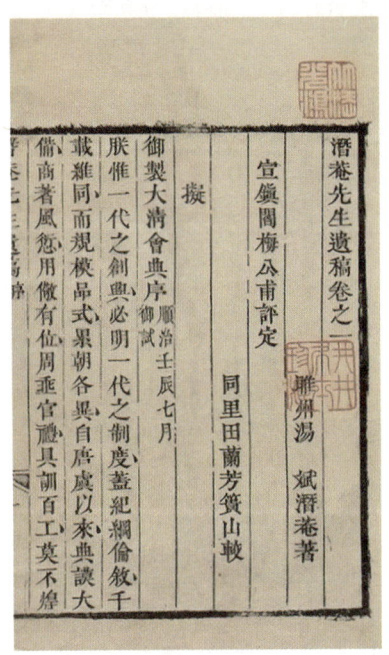

《潜庵先生遗稿》，清康熙间阎兴邦刻本

阎刻本书板后归汤家，故此刻有汤氏后裔增补递修之本。以今所见，存本或有康熙三十四年胡介祉跋，应即后印增刻者。乾隆九年，汤斌曾孙定祥补刻田兰芳序，置于卷前，但删原序日期，末有"乾隆九年曾孙定祥补刊"字样。河南省图书馆所藏重印本，未详日期，封面镌"敬止斋补校"，蒋藩旧藏。再晚之递修重印本，如河南省图书馆藏本（42.6.1/225），卷端"宣镇阎梅公甫评定"一行，挖改为"宣镇阎兴邦梅公评"，并下移与田兰芳一行齐，又增《泰山庙碑记》（卷一末）等，卷首田兰芳序，则摹刻同治九年苏廷魁本。

汤斌在江苏任上，政声颇著，故江南门人亦辑其遗文刊刻。

康熙三十八年，长洲门人彭定求，节录其遗文，编为《汤潜庵先生文集节要》八卷，刻于吴中。卷端署汪立名、汪泰来校，立名为江南刻书名家，已详前。道光八年，休阳程芝云曾重刊此本。

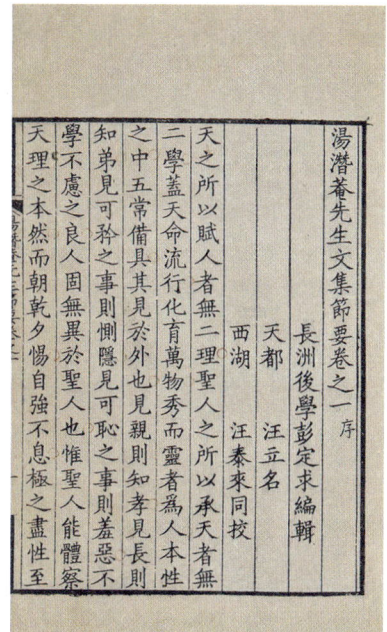 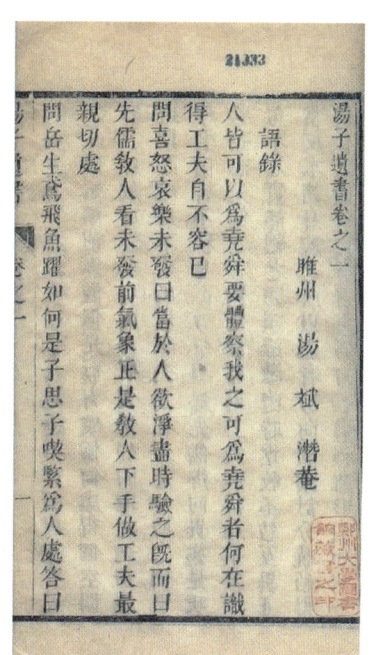

左：《汤潜庵先生文集节要》，清康熙三十八年彭定求刻本
右：《汤子遗书》，清康熙间蔡方炳刻本

稍后，门人蔡彬（浙江德清人）及其宗人蔡方炳（字九霞，江苏昆山人，以刻《广舆记》等书知名）等，谋辑汤斌全集，但仅成诗文八卷，取名《汤子遗书》，由蔡方炳刻于吴中。

康熙四十二年，门人王廷灿再辑汤氏遗著，依蔡方炳《汤子遗书》旧名，刻于吴中。廷灿字孝先，浙江钱塘人，寓平湖。康熙二十年举人，曾任吴县、崇明知县。此本《汤子遗书》十卷，卷一语录，卷二奏疏，卷三至八为文，卷九告谕，卷十诗词，并集碑传文、《年谱》（廷灿撰）及时人挽诗等为《附录》一卷。前

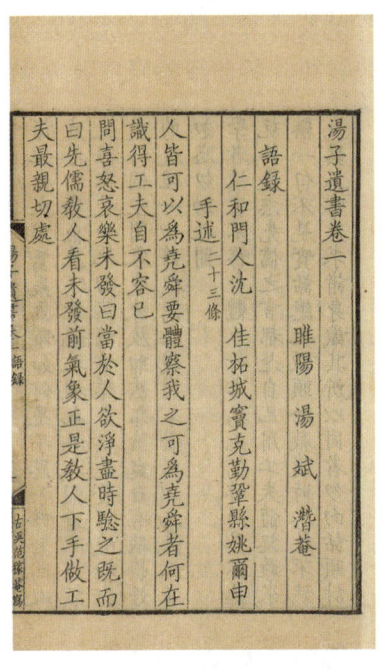

有宋荦、毛奇龄、徐釚序,并录田兰芳、彭定求旧序。此本搜罗丰富,流传较广,《四库全书》即以此为底本。书板由吴中名手范稼庵手书,刊刻精良,为藏书家所珍。

《汤子遗书》,清康熙四十二年王廷灿刻本

但乾隆间杨椿《汤文正公年谱定本》云:"公既卒,门人王廷灿集其语录、奏疏各一卷,诗文七卷,公移五卷,告谕三卷,为《汤子遗书》。"卷帙与存本不尽合。其中《公移》五卷不见于存本,当另有续刻而今已不存。《年谱》未记者,康熙五十一年,廷灿在崇明知县任上,还刻有《洛学编》四卷,乾隆元年汤定祥《洛学编跋》云:"初刊于崇明令王公廷灿。崇明盖先文正公门人也,携其板以归,故家藏寥寥。"今云南大学藏《洛学编》,尚存廷灿跋,署"跋于崇川之敬修堂"。

雍正十一年,诏立汤斌位于京城贤良祠,并祭于本籍。乾隆元年,赐谥文正,颁碑文、祭文。在此前后,豫中汤氏后人,多有汤斌著述整理刊行,最致力者为汤沆。

汤沆字淑源,斌三子,以廪贡生任襄城训导,升国子监丞。《光绪续修睢州志》称其致仕归里后,"以纂修先绪为急"。乾隆二年,沆重刻《汤子遗书》十卷。此本以王廷灿刻本为基础,益以家藏，首载御祭文、像赞、本传等。除王刻本原序外，有乾隆二年汤沆序。下书口镌"树德堂"，封面题"汤文正公遗书"，并"树德堂藏板"字样。树德堂为汤沆堂号，沆编《汤氏家乘》，序署乾隆四年识于树德堂。《遗书》此刻存本，或载乾隆六年无锡邹升恒（雍正间任河南学政，疏请追谥汤斌"文正"）序，应为乾隆六年后增刻。乾隆八年，沆又刊方苞撰、杨椿重订之《汤文正公年谱定本》，并附碑传文等为二卷，亦树德堂刻。此外，云南大学藏《洛学编》（《四库全书存目丛书》影印底本），卷端署"男沆较刊"，著录为康熙间树德堂刻本，或有封面标识，今未阅原刻，未知其所以然。

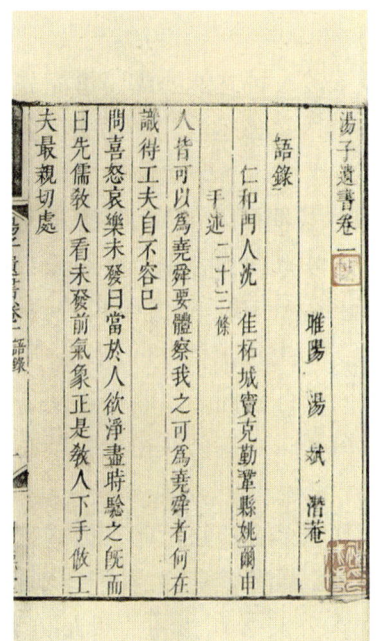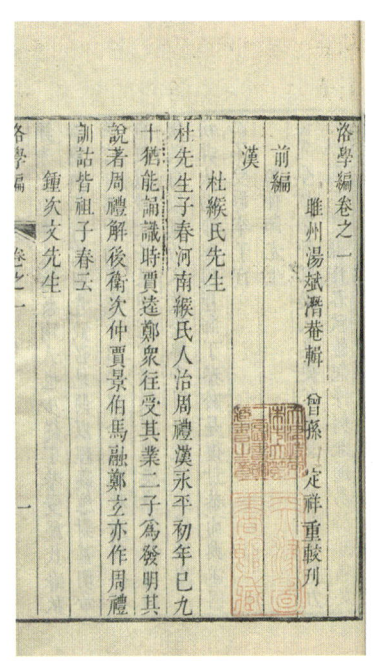

左：《汤子遗书》，清乾隆二年汤沆树德堂刻本
右：《洛学编》，清乾隆元年汤定祥刻本

汤斌曾孙定祥，监生，亦用力于汤斌著述整理，乾隆元年重

刻《洛学编》四卷。是年定祥跋云："余小子因踵崇明旧本，倩诸同人重加校阅梓行，俾无鱼鲁豕亥之讹尔。"此刻行款一如汤沆校刊本，审为摹刻，惟卷端题署，改"男沆较刊"为"曾孙定祥重较刊"。因疑汤沆本即王廷灿刻本。定祥重刻本，存世者后多河南巡抚尹会一所撰《续编》一卷，编为卷五，前并有乾隆三年尹会一序，盖乾隆三年或稍后补刻。存本或有封面，镌"怀涧堂藏书"字样，未悉为定祥堂号否。乾隆九年，定祥又补刻康熙间阎兴邦刻本《潜庵先生遗稿》。

稍晚，则有汤斌孙之暄，字亮宇，乾隆间例贡，著有《贻安堂咏古诗》等，《河南艺文志稿》著录。乾隆十七年，之暄汇辑汤斌在京时所寄书瀚为一册，为《潜庵文正公家书》一卷，请考城梁宾、钱塘桑调元序，刻于贻安堂。

其他汤氏后裔所刻者，还有汤斌子浚、孙之旭所编《潜庵先生疏稿》，曾孙发祥所藏《乾坤两卦解》，玄孙巡重刊《汤文正公年谱》等。

此外，汤斌《志学会约》，原已收入《遗稿》卷四，后家祠书板遗失。道光六年，柘城知县、永春周联登曾为补刻，并跋云："联登读先生遗书，录标题缺《志学会约》一册，询之令裔若轼，曰：'州中借板去，归已脱落，未补也。'"书板出借外间刷印，有记录者较少，此为一例。若轼为汤斌六世孙，同年，联登还从若轼处得《困学录》一卷，序而刻之。另《汤文正公从祀录》疑亦周刻。其板俱藏汤祠。

至此，汤氏家祠书板积累渐多，其间多有递修汇印。如诸家书目著述之天津图书馆藏《潜庵先生遗稿》《洛学编》二种汇印本，北京大学藏《潜庵先生遗稿》《潜庵文正公家书》《潜庵先生疏稿》三种汇印本（SB/081.57/3603.1），北京师范大学藏《潜庵文正公家书》《潜庵先生疏稿》《洛学编》《困学录》《志学会约》五种汇印本，北京大学藏《潜庵先生遗稿》等九种汇印本（Y/9117/3204.42），以及《中国丛书综录》著录之道光七年刻本

《汤文正公遗书》等,虽未一一寓目,大抵皆此间汇印。其书原无总名,故各家著录不一。要之,宜称康熙至道光间刻、道咸间汇印本,其晚者,至迟在咸丰三年。

咸丰三年,捻军占睢州,汤氏家祠书板尽毁于兵燹。同治间,苏廷魁来豫,乃倡捐重刊汤氏全集。廷魁字庚堂,广东高要人,道光十五年进士。咸丰八年倡设团防局,招募东莞及三元里佛山练勇以抗英法联军。同治初,授河南开归陈许道,历河南布政使,擢东河总督。同治九年称疾辞归。廷魁在豫,先刻有《洛学编》,继刻《拟明史稿》,后重编《汤子遗书》十卷,总名《汤文正公全集》。

同治九年苏廷魁《重刊汤文正公全集叙》云:"余自承宣陟巡河,来中州近十年矣。……前以《洛学编》模千本示诸生,未及其全。刘汉台大令权刺睢州,复于公裔孙家得公《明史稿》二十卷,家书、墓志等文,都为一编,怂恿付梓。"汉台即刘廷柏,通州人,时署睢州知州。书将成,廷魁去官,吴县沈祥年继任,斌六世孙若珩以事呈,祥年亟为蒇其事,作跋于书末。《全集》计《洛学编》五卷,《乾隆两卦解》一卷,《拟明史稿》二十卷,《汤子遗书》十卷,《汤子遗书续编》二卷。刊成之后,板仍藏汤氏祠,《遗书》封面镌"本祠堂藏板"。

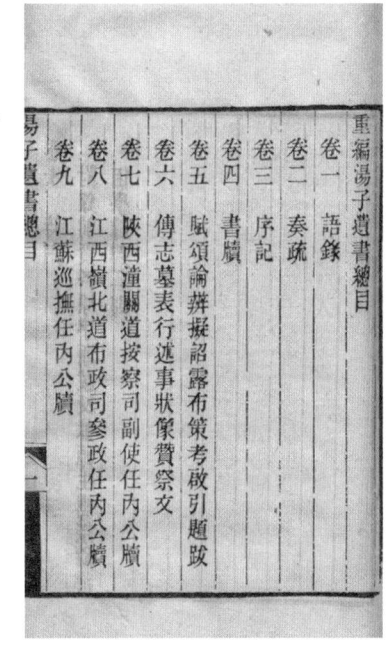

《汤文正公全集》,清同治九年苏廷魁等刻本

苏氏重辑本《遗书》，体例更善，校勘亦精。乾道间汤氏家刻之语录、奏稿、家书等，悉依类编入各卷。前有苏氏《重刻汤子遗书例言》，述其编例甚详，并记参与校订者姓名。又云："是书咸丰癸丑毁于兵燹，直隶通州刘汉台大令（廷柏）摄篆睢州，来念于余，余为倡捐，属令醵钱鸠工，重付剞劂。所有编辑校勘，则浙江萧山徐春曜大令（光第）专司其事，无间始终；又由江南甘泉李子衡观察（汝钧）、江南丹徒刘子恕观察（成忠），覆核酌定；而浙江仁和陈雨芗大令（树勋），四川涪州周子衡大令（淦），湖南善化张荫庭大令（家槐）、河南祥符王莘、樵广文（儒行）及先生昆孙春圃、广文（树茗）曾任分校，亦与有力焉。"所及"专司其事"者徐光第，字春曜，浙江萧山人，道光三十年进士，历任宜阳、阌乡、永宁知县，淅川厅同知。纂有《同治滑县志》，亦有贡献于河南文化。

豫人校刻汤氏著述，还有康熙间张伯行正谊堂刻本《汤潜庵集》，光绪间吴元炳《三贤政书》排印本《汤子遗书》。此外道光九年，商丘陈焯（字度光，陈宗石玄孙，嘉庆十六年进士）刻《洛学编》于京中；道光三十年，浚仪田佽德蔚堂曾据以重刊。光绪二年，管城李翰华在池州知府任上，以有不为斋名义刻《洛学编》。光绪二十九年，鹿邑王琛（字燕生，同治元年进士）在温州知府任上，合《汤文正公家书》及虞城沈鲤《沈文端公家书》，刻为《沈汤二公家书》等。

外省刊行汤氏著述者亦不乏人。如同治十年江西赵承恩丽泽书屋汇刊之《潜庵先生全集》，计《潜庵先生遗稿》五卷、《疏稿》一卷、《困学录》一卷、《志学会约》一卷、《汤文正公年谱定本》一卷，后亦以红杏山房名义重印。此本《遗稿》卷一末有"咸丰四年山左陈氏子饬重刊"题识一行。子饬山东淮县人，时任湖北枣强知县，是年卒于任（《胡文忠公遗集》卷二十四《奏陈鄂省员缺虚悬请不拘文法资格拣员调补疏》），疑未刻完，板归赵氏；其他多据道光间汤氏家祠汇印本翻刻。其书流传甚广，然坊间翻印，殊不足观。光绪二十六年,长沙求是书院编刻有《汤子遗书节编》十八卷,选文、刊刻及附录,尚称严饬。《学海类编》《昭代丛书》等丛书,亦多有收录汤书单本。

豫中大家宋荦,已见前述。陈廷敬《西陂类稿序》曾云:"所为咏歌风雅之文,曰某稿某集者,数之凡三十有四。"生前多有刊刻。汇编者,康熙二十七年有《绵津山人诗集》,乃以《古竹圃稿》《嘉禾堂稿》等诗集重辑而成,各卷仍题旧集原名,前有汪琬、刘榛序,并各集原序。初编二十四卷,以后陆续补刻,增至三十四卷。康熙三十四年,江苏学政邵长蘅又辑选王士禛、宋荦两人诗作,为《王氏渔洋诗钞》十二卷、《宋氏绵津诗钞》八卷,合称《二家诗钞》,亦宋荦刊。康熙四十七年,荦致仕归商丘故里,于是,康熙五十年,乃有诗文集《西陂类稿》之刻。

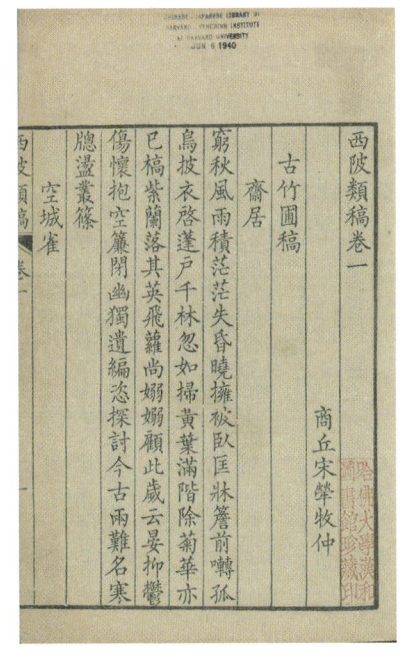

《西陂类稿》,清康熙五十年刻本

《西陂类稿》凡五十卷,卷一至二十三为诗词,大抵依《绵津山人诗集》重加增删;卷二十四至三十九为文,包括序、记、题跋、尺牍、奏疏、公移等,应即门人周龙藻所编《西陂文稿》,书成于康熙四十九年,似未单独刊刻,周序见《类稿》卷前;卷四十至五十为荦所著《迎銮纪》《筠廊偶笔》《漫堂年谱》三种。书前有康熙五十年陈廷敬序及旧刻诗词及新编文稿各序。宋荦早年在商丘与侯方域等游，其后抚江苏十四年，故豫中、苏中名士，如王铎、侯方域、汤斌、吴伟业、王士禛、汪琬、邵长蘅、尤侗、朱彝尊、陈维崧等，俱曾为其集作序，灿然可观。目录前署吴江门人周龙藻、侄之垩编次。龙藻字汉荀，吴江人，能诗，又长于史，有《恒斋诗集》，《乾隆吴江县志》有传。

宋荦一生刻书众多，以精善称，以至于康熙将其所批《资治通鉴纲目》交荦刊刻。《西陂文稿》为宋氏一生著述汇编，更系宋书中之精品。目录末镌校梓者姓名三行，以"常熟门人毛扆"居中领衔，左右为荦外孙高岑及侄孙怀金。毛扆为刻书名家，常熟汲古阁传人，时年已七十二。疑此本刻于汲古阁，而后书板藏商丘宋家。今传世初刻本，卷首多有钤"曾经御览""荦""牧仲"诸印者。

康熙五十二年荦卒，子至、致、筠兄弟，辑其晚年诗文，依类补于各卷末，并《年谱》康熙五十一、五十二年事，亦宋荦自述者，补于《年谱》末。是为补刻本。光绪四年，吴元炳在江苏巡抚任上，又曾以活字版重排《西陂类稿》，次年辑印《三贤政书》，又收宋荦之作。

宋氏著述，康熙间即有汇印。如哈佛大学藏本，凡《绵津山人诗集》二十九卷，《枫香词》一卷，《漫堂说诗》一卷，《筠廊偶笔》二卷，《怪石赞》一卷，《雪堂墨品》一卷（张仁熙撰），《漫堂墨品》一卷，《纬萧草堂诗》三卷（宋至撰）。中国人民大学藏本，多《筠廊二笔》二卷（成于康熙四十五年）。华东师大藏本，《绵津山人诗集》为三十二卷，与《西陂类稿》汇印等。汇印者虽无总名，实亦独撰类丛书，而《中国丛书综录》失收。

以上皆清前期诗文、理学名家。杂学名家，则有布衣李子金。子金（1622—1701）名之铉，字子金，号隐山；避康熙讳，以字行。鹿邑人，入柘城县学，遂家于柘城。一生未仕，致力天文、律吕、算法、文字之学，晚年著书立说，成绩斐然，为中国科技史上重要人物，尤以数学成就为高，《中国数学史大系》列专节予以评述。生平著述，有《律吕心法》三卷、《书学慎余》二卷、《算法通义》五卷、《天弧象限表》二卷、《几何易简集》四卷、《历范》三卷、《闲居五操》一卷、《传声谱》一卷、《解环谱》一卷、《周易后天图说》一卷、《狂夫之言》三卷、《蛩鸣录》一卷，凡二十七卷，二十余万言，总名《隐山鄙事》。

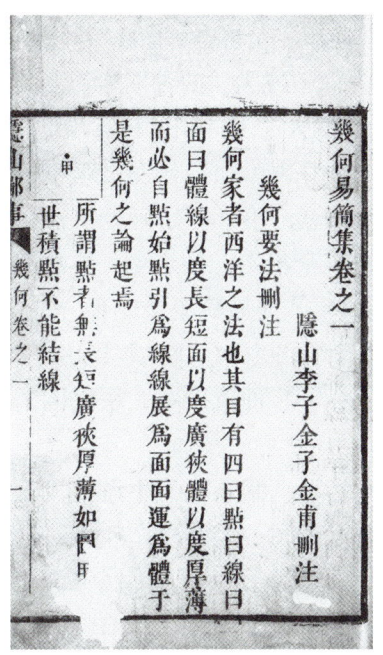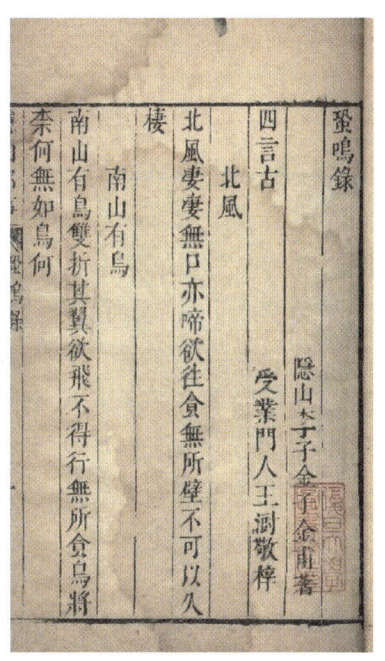

左：《几何易简集》，清康熙间刻本
右：《蛩鸣录》，清康熙间王澍刻本

其中影响较大者为数学著作：《算法通义》阐述《九章算术》之说，"或敷演为图，或推广其说"；《几何易简集》系对古希腊欧几里得《几何原本》及西儒意大利人艾儒略（Giulio Aleni）所述《几何要法》之阐述，《四库全书存目》著录；《天弧象限表》则本西洋《割圆八线表》而"变通其数、省约其文"。其他历法著作

《历范》，音乐学著作《律吕心法》，哲学著作《狂夫之言》，声韵学著作《书学慎余》，俱有独到见解。

《隐山鄙事》为李氏著述自署总名，子金有《隐山鄙事自序》，署康熙十三年。然各书大都成于此后，多数未曾刊刻。乾隆十八年《鹿邑县志·艺文志》，列《隐山鄙事》子目十二种，标"已刻"者《律吕心法》《书学慎余》《几何易简集》《蛩鸣录》四种，其余俱标"未刻"。已刻之前三种，国家图书馆存有孤本，后一种复旦大学存有孤本。而乾隆十九年《归德府志·人物志》谓："行于世者仅六种，余俱未付梓。"未详六种为何，或为"四种"之误。高宏林《清初数学家李子金》（《宋州古今学人》，新华出版社，1989）载，《狂夫之言》有乾隆三十八年刻本，柘城知县延津王永健、伊阳汉倬宗、山阴青屏莫出资刊行。今未见，不详存于何处。民国间，河南省图书馆辑《中州丛刻》，始有全集十二种之刻，但仅成《书学慎余》《算法通义》《律吕心法》《几何易简集》四种，《历范》刻成半部，详后。未刻诸书，河南省图书馆、柘城县文化馆存有零星抄本。新乡市图书馆藏有全部十二种清抄本，系民国间中州文献征辑处征集所得。

子杂之属，不比圣贤之道、经世之学，儒家视为小道末流。子金虽一生穷于此，终未能为主流文化认同，无奈以"贱人"自居，以"鄙事"名其书。而今观之，自然科学探究，为儒家文化重大缺失，子金著述，正因此价值非凡。豫中人物在其前者，仅沘川范守已通于中西历法；在其后者，亦不过柘城杜知耕等寥寥数人，通于中西数学。若子金者，涉猎既广，学贯中西，庶几可称百科全书式人物。然而，其书迄今大半仍为抄本孤帙，竟无一种点校整理，是吾辈之责未尽。

有清一代，以专门之学名于世者，又有经学、金石学家武亿。亿（1745—1799）字虚谷，一字小石，偃师人。乾隆四十五年进士，五十六年选山东博山知县，次年以忤和珅罢。后以授徒为事，潜心学问著述。时文字狱盛，人心既被禁锢，学者借研经治史为寄托，考据之学遂兴，而以金石证经补史，风气遂开。一时巨擘多出江南，豫中能立于乾嘉学者之林、令人刮目者，虚谷一人而已。既卒，当时名士朱珪为作《墓志铭》，姚鼐、鲍桂星作《墓表》，孙星衍、法式善等作《传》，阮元作《武虚谷征君遗事记》。

　　武亿生平著述宏富，商丘王树林有《武亿著作考述》(《河南教育学院学报》2004年第2期)，台湾陈鸿森有《武亿年谱》(《"中央研究院"历史语言研究所集刊》第八十五本第三分，2014)，考证其生平、著述甚详。今略述其著作编刊。

　　武氏著作刊刻最早者，为乾隆五十三年《偃师金石遗文记》。时偃师知县汤毓倬聘孙星衍、武亿修《偃师县志》，亿作《金石志》，即《偃师金石遗文记》二卷，编为县志卷二十七、二十八。《遗文记》另有单行本，上书口抹去"偃师县志"并卷数，封面镌"小石山房藏版"。同年所刊，还有《偃师金石记》八卷。

《偃师金石遗文记》，清乾隆五十三年刻本，小石山房藏版

　　乾隆五十四年，又有《经读考异》八卷、《句读叙述》二卷刊行。是年会稽王增《经读考异序》云："偃师武进士虚谷，博贯群经，著述甚富。家既贫，不能谋剞劂资，加以欿然如不及之衷，若将终秘于箧者。岁之戊申修县志，任其事者有人，无能补金石者，于是属进士为增数十种，始刊《金石遗文记》。海内士大夫之

嗜古者，不远千里而致之，靡不称快。继此，乃有《经读考异》之刊。"随后，乾隆五十五年有《小石山房文集》一卷、《授堂金石三跋》十卷，嘉庆元年有《授堂金石文字续跋》十四卷，嘉庆二年有《群经义证》八卷。

武亿嘉庆元年主修《鲁山县志》，嘉庆二年主修《宝丰县志》，嘉庆四年主修《安阳县志》，并撰三志之《金石志》，俱有佳评。张之洞《书目答问》列《偃师县志》《安阳县志》入"国朝省志府州县志善本"。纪昀为《安阳县志》作序，盛称其书可为地志之通例，并云："余性孤直，文章不能作谀词，故凡以地志求序者，均谢不为。今得此志，乃自改其例。"武亿所撰《安阳县金石录》十二卷，附刻县志后，嘉庆二十四年知县贵泰重修《安阳县志》，重刊再附后，并有单行之本。

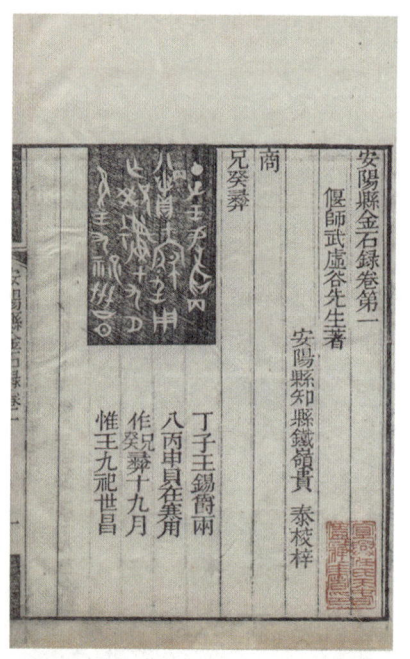

《安阳县金石录》，清嘉庆二十四年安阳知县贵泰重刻本

秀水王复（字秋塍），与亿同为朱筠门生，乾隆六十年来任偃师知县。亿遂辞东昌启文书院讲席，归偃师故里，相与探讨学问，怡然相得。其间以《偃师金石遗文记》《偃师金石录》成书之后所得石刻，合编为《偃师金石遗文补录》十六卷，刻于嘉庆二年，卷端署"邑人武亿虚谷原纂，秀水王复秋塍续补"。王复又辑刻汉郑玄《郑氏遗书》，武亿为之校勘，亦刻于嘉庆二年。同年，阮元辑刻《山左金石志》，曾引武亿为助，事具阮序。

以上皆武氏著述生前刊刻者。其书编校，多得子穆淳之力。《偃师金石遗文记》署穆淳校，《偃师金石记》《经读考异》等，署穆淳编。穆淳（1772—1832），字敬斯，号小谷，亿长子，嘉庆十二年举人，历任江西信丰、吉水等县知县。少奉庭训，后师事鲍桂星，能诗文，属桐城派，著有《读画山房文钞》二卷，《桃江日记》二卷。嘉庆四年武亿卒后，穆淳辑其诗文为《授堂文钞》八卷，贫不能刻。亿挚友赵希璜为出资刊行。

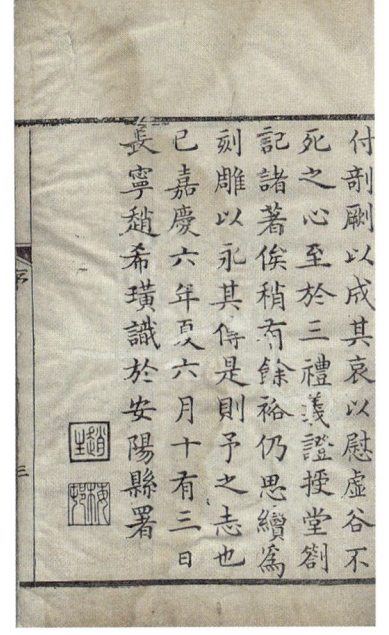

《授堂文钞》，清嘉庆六年赵希璜捐刻本

希璜字子璞，广东长宁人，乾隆四十四年举人，亦朱筠门生。乾隆五十七年至嘉庆六年任安阳知县，勤政爱民，颇有政声。遗饬其子葬之于安阳。初，希璜甫履安阳，即延亿修《安阳志》。及刻《授堂文钞》，希璜又为作序，情辞深切，今节录于此：

> 偃师武君虚谷既殁之明岁，其孤穆淳走京师，乞朱石君尚书为其先人作志墓之文，道由邺署，以予悉其先人踪迹始末特详，求为传以垂不朽，因出其旧所为古文词凡八卷示予，颜曰《授堂文钞》。……自予与虚谷同肄业于笥河先生，至今且二十余年，予以宦游陕豫间，彼此暌隔，或数年不获一晤。乾隆壬子，虚谷史博山归，予时调任安阳，凡四方宾友诣京师者，经此辄相为留连。故虚谷每道斯地，必盘聚累日，竟

日夜以谈。其或里居，亦为之札致往来，借文词以相娱乐。嘉庆三年同予纂修《安阳县志》，朝暮聚首，极尽同志之欢，至岁终始去。其明年遂疾以殁。呜乎，孰意竟成永诀邪！今其孤贫而嗜学，时以不能广传先人文为痛，故亟付剞劂，以成其衷，以慰虚谷不死之心。至于《三礼义证》《授堂札记》诸著，俟稍有余裕，仍思续为刻雕，以永其传，是则予之志也已。

嘉庆十年希璜卒，刻书事遂寝。此后，穆淳又辑其父诗作为《授堂诗钞》八卷，请法式善、熊宝泰作序，法序署嘉庆十六年。盖仍以家贫未能刻。

嘉庆间，小石山房所藏书板仍存，因此《经读考异》《群经义证》《授堂金石三跋》《授堂金石文字续跋》《授堂文钞》诸书，有汇印之本。汇印本无总名，后人名之为《授堂遗书》。存世者种数亦多寡不一，如国家图书馆馆藏本为上述五种，北师大藏本（089/103-02）著录有七种五十三卷，子目未详。

穆淳卒于道光十二年，其长子耒，能继其志，有《授堂遗书》之刻。耒字稼堂，道光五年拔贡，曾任大梁书院监院。道光间，书院主讲钱仪吉拟刻武亿未刊稿《三礼义证》，值道光二十一年河决，事遂搁置。是年聊城杨以增授河南开归陈许道员，来豫督河工。以增即海源阁主人，藏书大家。其父杨兆煜，曾从武亿游，屡为以增道其在博山知县任上事。以增后读武亿书，更向往之。及来豫中，遂捐俸嘱武耒刻《三礼义证》及《授堂诗钞》。

道光二十三年，耒最终编刊而成者，即《授堂遗书》，凡《经读考异》八卷、《补经读考异》一卷，附翟晴江《四书考异内句读》一卷，《句读叙述》二卷、《补句读叙述》一卷，《群经义证》八卷，《三礼义证》十二卷，《金石三跋》十卷，《授堂金石文字续跋》十四卷，《授堂文钞》八卷、《授堂文钞续集》二卷，附武穆淳《读画山房文钞》二卷，《授堂诗钞》八卷，《附录》二卷。总十四种七十九卷。其中《三礼义证》《授堂诗钞》为杨以增捐刊,封面镌"道光癸卯年新刊";其余俱旧著重刊,封面镌"道光癸卯年重刊"。刻成之时,以增补授甘肃按察使离汴,未遂将以增所作《跋刘松岚观察〈谒虚谷先生墓〉诗后》置《附录》卷首,以为代序。《中国丛书综录》以嘉庆间汇印本与武未辑刻本《授堂遗书》混为一谈,实为不妥。

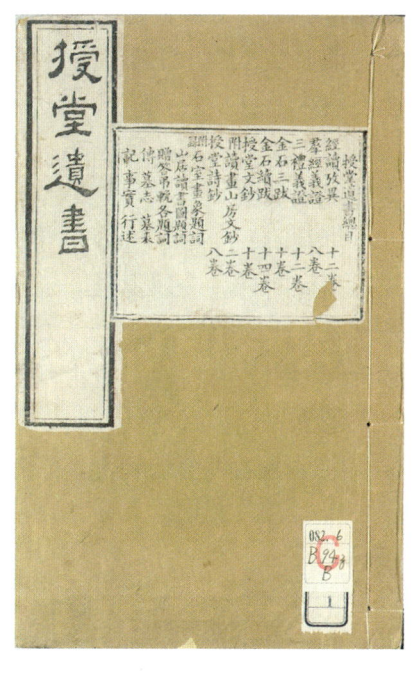

《授堂遗书》,清道光二十三年武未刻本

是书之刻,似在汴梁,而各书封面或镌"授堂藏版",或标"小石山房藏版",则版藏于偃师武氏故里。书板经历八世,至民国间尚存。邑人刘潇然忆民初事云:"我们到偃师旧城县立高小后,同学多数都知道,东大街武虚谷旧宅对面有个摆小摊的,卖纸墨笔砚和杂货,那个小商人就是武虚谷八世孙,城里人都叫他'武八世'。[旧宅]离我们学校只有几十步远。从门外往他家院内望,就可看到他家内东屋墙外,摆着大量的虚谷先生著作《授堂遗书》的雕刻的大量印板。"(《刘潇然自述》,河南大学出版社,2014)

道咸以降,豫中人物可述者,有李棠阶、倭仁,俱曾入阁辅政,为一时理学名臣,时以二人并称晚清两硕儒。《清史稿·倭仁传》曰:"初,曾国藩官京师,与倭仁、李棠阶、吴廷栋、何桂珍、窦垿讲求宋儒之学。其后国藩出平大难,为中兴名臣冠;倭仁作帝师，正色不阿；棠阶、廷栋亦卓然有以自见焉。"民四年，国务卿徐世昌《李文清公日记序》云："中州理学之传，遂又阅二百数十年而弗坠，其居最后以儒修得大名者，则倭文端、李文清二公。"然晚清末造，世界潮流大变，民主科学之风起，如倭仁者持理学而顽固抵御，终属螳臂当车；而曾国藩等以理学归于经世实务，遂开一代气象。

李棠阶（1798—1865），字树南，号文园，又号强斋，河内人，故里南保封村，今属温县。道光二年进士，授翰林院编修，迁广东学政，太常寺少卿。二十九年归，主讲武陟河朔书院。同治元年诏起旧臣，奉旨在军机大臣上行走，历工部、礼部尚书等。卒赠太子太保，谥文清。

棠阶著述生前未刊行。光绪间涂宗瀛巡抚河南，访李氏遗书，"获副本八卷"，光绪八年其友陈宝箴为刻之。宝箴时任河北道，创办致用精舍，其地在棠阶之乡，故兼以此书课士子。此刻题《李文清公遗书》，凡文稿、杂著等八卷，附《志节编》二卷，无诗。前有光绪七年涂宗瀛序、门人王辂撰《李文清公行实》，目录后有光绪八年陈宝箴跋。牌记镌"光绪八年中春刊于河北道署"。

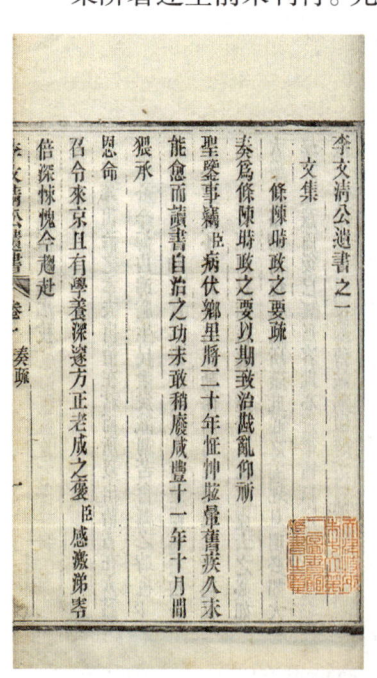

《李文清公遗书》，清光绪八年陈宝箴河北道署刻本

光绪十七年，黄舒昺辑刻《国朝中州名贤集》，选有《文园李先生文钞》《文园李先生诗钞》；光绪二十九年，冯光元辑有《李

文清公遗书摘录》,板藏河朔学堂。其余著作,民初中州文献征辑处征得稿本、抄本多种,曾部分刊行,今存于新乡市图书馆者,尚有《古本大学集解》一卷,《丧事十戒》一卷,《强斋奏书》一卷,《凭良心录》二卷,《李文清公遗文》一卷,《李文清公诗集》一卷,以及《李文清公日记》等。

倭仁(1804—1871),正红旗人,乌齐格里氏,自先世诺海康熙五十九年移防河南,世驻于此。(见《衡瑞朱卷》,《清代朱卷集成》第75册)倭仁生长于汴,故今视为豫人。道光九年进士,历官至文渊阁大学士。卒葬京西杏石口,赠太保,谥文端。光绪间建专祠于开封,《光绪祥符县志》有传。倭仁著述,生前亦大都未刻,身后有《倭文端公遗书》之辑,距今虽为时不远,但存本多无序跋,因此编纂刊刻,扑朔迷离。今试述其大略。

《倭文端公遗书》最早汇编,为六安涂宗瀛所辑。涂氏于倭仁执弟子礼,多相过从。其初刻本凡八卷附三卷:卷首《御题启心金鉴》二卷(《帝王盛轨》一卷、《辅弼嘉谟》一卷),卷一《讲义》,卷二《奏疏》,卷三《为学大指》,卷四至六《日记》,卷七《日记之余》,卷八《杂稿》,卷末《吏治辑要》一卷。无序跋,有"光绪元年六安求我斋刊"牌记。求我斋为涂氏斋号。涂时任湖南布政使,此本实由其友人洪汝奎主事,刻于金陵书局,洪氏时任金陵书局提调。其刊刻时间,其他记载不一。

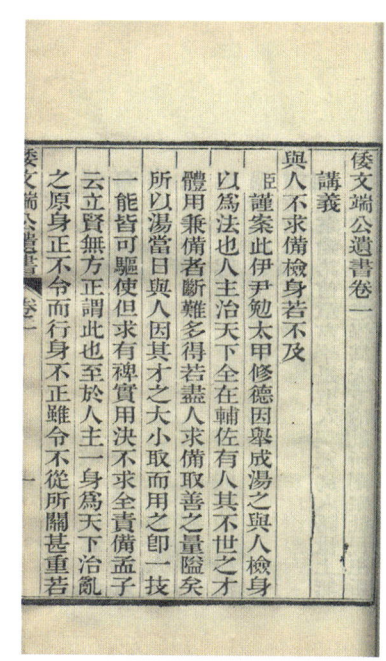

《倭文端公遗书》,清光绪元年六安涂氏求我斋刻本

继之，光绪三年有粤东刻本，系摹刻涂氏初刻本，行款俱同。其异者，卷二末增《敬陈治本疏》等奏疏五篇；改卷末《吏治辑要》为卷九，卷内并增《嘉善录》一种；另增卷十《嘉善录补录》《莎车行纪》，合卷首二卷，总十二卷。全书亦无序跋，牌记标"光绪三年粤东翰元楼刊"。按，金武祥《粟香随笔》卷三："蒙古艮峰相国（倭仁），谥文端，为近时理学名臣。……哲嗣锡亭司马（福纶）官于粤，见赠《倭文端公遗书》。"《粟香二笔》卷六又云："近年宦粤东者多刻有家集见贻。……福锡亭有其父《倭文端公遗书》。"知此本为倭仁次子福纶刻。福纶号锡廷，倭仁卒，谕"伊子广东候补同知福纶，著俟服阕后以同知留于该省，即补理藩院员外郎"（《同治朝上谕档》第21册，同治十年四月二十二日）；《衡瑞朱卷》记其职："历署广东理事同知、挈粮通判，钦加三品衔，知府升用。"

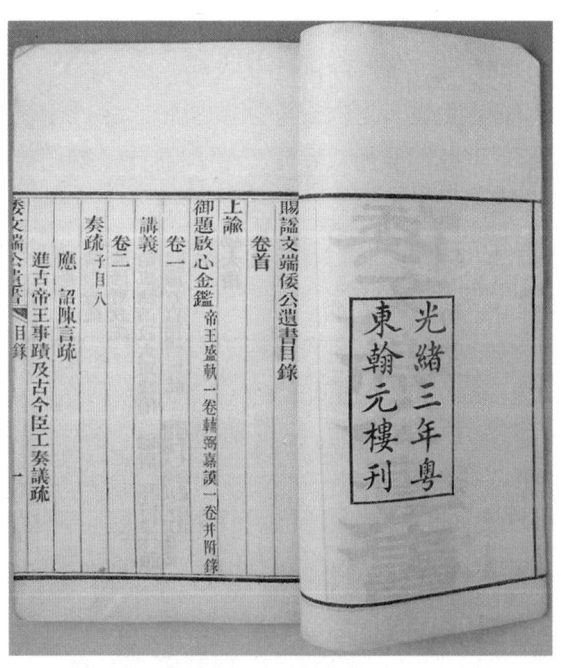

《倭文端公遗书》，清光绪三年福纶粤东翰元楼刻本

嗣后，涂宗瀛又续刊《倭文端公遗书》三卷：卷一《莎车行纪》，卷二《嘉善录》，卷三《嘉善录补》，卷端题《倭文端公遗书续刊》，合初刻总为十四卷，仍用光绪元年牌记，故多著录为光绪元年刻本。台湾华文书局《中华文史丛书》影印者即此本。

《中国丛书综录》著录洪汝奎辑、光绪中洪氏公善堂汇印本《洪氏唐石经馆丛书》，子目有《倭文端公遗书》，为含《续刊》四卷之本，注"光绪六年六安涂氏求我斋刊"，《收藏情况表》标仅上海图书馆有收藏。检上海图书馆在线书目，《洪氏唐石经馆丛书》本《倭文端公遗书》，仅有带《续刊》三卷之本，注光绪元年刻，并云："《综录》著录与此书略有不同，为续4卷，光绪6年刻。"《中国古籍总目》著录《洪氏唐石经馆丛书》与《综录》同，注称国图、日本京都大学有收藏。检国图、京都大学在线目录俱无此书；惟"日本所藏中文古籍数据库"在线目录著录有此书，与《综录》同，注京都大学东方学图书馆藏。另，复旦大学在线目录有《倭文端公遗书》，存四种，光绪六年六安涂氏求我斋刊。以上未睹原书，不得其详。

光绪十年，涂氏再增刻《评驳儒粹语编》十三则，仍用光绪元年牌记。此刻涂跋，云："《倭文端公遗书》八卷、《吏治辑要》一卷，余于光绪元年校刊于金陵书局，嗣于都门友人处觅得《莎车行纪》《嘉善录》《嘉善录补》三种，复续刊以附于后。兹于桐城方存之大令所得见文端公《评驳儒粹语编》十三则，语皆精确，爰再补刊附之。……时光绪十年甲申春二月六安涂宗瀛谨跋。"方存之即方宗诚，其《柏堂集后编》卷六有同治十三年《节录倭文端公〈读儒粹语编笔记〉跋》，记十三则之来源。

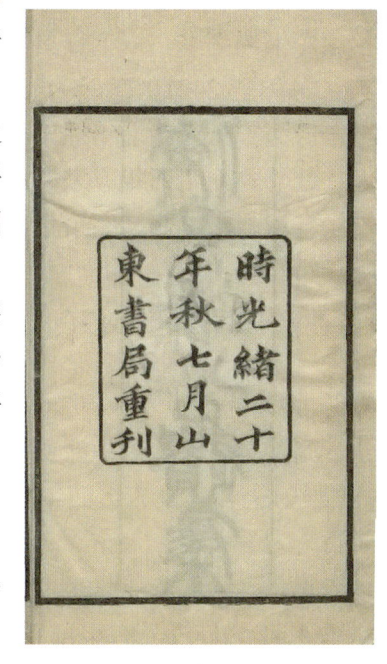

《倭文端公遗书》，清光绪二十年山东书局刻本

再晚，有光绪二十年山东书局刻本。此本大抵依福纶刻本重刻，将福纶所增内容略加次序调整：卷二末所增奏疏五篇，分别插入卷二之中；卷九改为《嘉善录》附《补录》，卷十改为《吏治辑要》，卷十一《莎车行纪》，合卷首总十三卷。无序跋，牌记标"时光绪二十年秋七月山东书局重刊"。考倭仁侄福润，附贡生，历任山东莱州、济南知府，山东布政使，光绪十七年升山东巡抚，二十年八月调安徽巡抚。则此刻当与福润相关。台湾文海出版社《近代中国史料丛刊》影印者即此本。

存世另有清刻本一种，行款版式与山东书局本全同，未悉孰为先后。若局本在前，则此本为摹刻；若此本在前，则局本为摹刻。其不同者，此刻大都不避"醇"字，偶作"醕"；局本多避作"醕"。其前涂刻本、福纶刻本，皆不避讳。所知同版刷印者，北京大学所藏两种（X/081.57/2221.1/C3、X/081.57/2221.1/C4），著录为清同治间刻本；南开大学藏本著录称十二卷、首二卷，误为铅印本；辽宁大学藏本（712.81/2221/70-77）著录为光绪二十一年山东书局刻本。以上仅见书影，未详其著录根据。哈佛大学藏本（Chi 9117.2421），著录为光绪七年刻本，今流传有 Google Books 电子版，未见光绪七年标识。凡此俱未能明。

此外，光绪四年方宗诚《节录〈倭文端公遗书〉跋》又云："余友廖縠士编修又贻余京都所刻公《遗书》，取而校之，凡前所见《帝王盛轨》《辅弼嘉谟》《为学大旨》，涂本已具，《日记》则吴公武君所钞亦皆见于涂刻中。所少者《读儒粹语编笔记》而已。其余《讲义》《奏疏》《杂稿》《吏治辑要》，涂刻有之。京都本惟有四种：《为学大旨》《吏治辑要》与涂刻同，《嘉善录》《莎车行纪》则涂本未有，其他涂所刻数种，又京都本之所无也。二本合之，当为全书。"则光绪四年之前，又有京中刻本《倭文端公遗书》，子目《为学大旨》《吏治辑要》《嘉善录》《莎车行纪》四种。此本今未见。李细珠《〈倭文端公遗书〉版本考述》（《清史研究》1997年第4期），称复旦大学藏《倭文端公遗书》存四种本共两册，第一册《为学大旨》《嘉善录》及《补录》，第二册为《吏治辑要》《莎车行纪》，断为方宗诚所谓"京都本"。如前所述，复旦藏本著录为光绪六年涂氏刻本，待考。

倭仁著作，光绪间还有单刻本及丛书所收本。如复旦大学藏《倭文端公遗书补》一册，未详辑者及刊刻年代。与豫中相关者，有光绪十四年固始张氏刻《为学大指》，牌记镌"光绪戊子六月固始张氏重刊"；光绪十七年黄舒昺辑《国朝中州名贤集》，中有《艮峰倭先生文钞》《艮峰倭先生诗钞》。

倭仁手稿，今亦有存世，中科院图书馆藏有《艮峰日录》一卷，《庚戌日记》一卷，《帝王盛轨》一卷，《为学大旨》一卷，《嘉善录》一卷。

以上所及涂宗瀛、洪汝奎、方宗诚、吴廷栋，皆徽中名宿，崇尚理学，受知于曾国藩，亦与倭仁有交往，且俱于中原文献有所贡献，兹附记于此。

宗瀛（1812—1894）字阆仙，号朗轩，六安人。道光二十四年举人，曾国藩荐为江宁知府，历官苏松太道员，湖南布政使，广西、河南、湖南巡抚，湖广总督。在豫中时，曾访得李棠阶遗书八卷，由陈宝箴刊行，已见前。汝奎（1824—1886）字莲舫，号琴西，泾县人，生于湖北汉阳。宗瀛同年举人，咸丰十一年入曾国藩幕，经理钱粮军需。同治八年以曾国藩荐，任金陵书局提调，主书局事十二年。光绪六年授两淮盐运使。洪氏早年即好刻书，尤重家族及理学文献整理。主金陵书局期间，刊刻经史著作之外，公私两济，亦为亲友刻书多种。宗诚（1818—1888）字存之，号柏堂，桐城人，桐城派名家。曾国藩荐为枣强知县。廷栋（1793—1873）字彦甫，号竹如，霍山人。道光五年拔贡，历河间知府、山东布政使、大理寺卿、刑部侍郎。

涂宗瀛以"求我斋"名义，刊刻宋元以来理学著述多种，清华大学存有汇印本《六安涂氏求我斋所刊书》六种，尚非其刻之全部。所刻多洪汝奎经办，汝奎时在金陵书局，《中国丛书综录》著录之《洪氏唐石经馆丛书》，半为宗瀛刻，吴廷栋致仕后，或任校勘之役。

涂刻诸书与豫中相关者，同治十年刻《二程全书》六十六卷。此本以康熙间吕氏宝诰堂本为底本，以明弘治间河南府刻本、嘉靖间建宁刻本、康熙间正谊堂刻本、同治五年嵩县刻本等参校，书前有《凡例》述其体例。同治十年吴廷栋跋云："石门吕氏汇刊为《二程全书》，盛行于世。洪君琴西（汝奎）早读是书，尝取元明以来旧本参稽异同，以订石门吕本，讹者正之，脱者补之，疑者阙之，两通者仍之，谋付梓未果。余友涂朗轩（宗瀛）亦潜心是书者，见之以为善本，力任剞劂，复集二三同志，相与校勘，八阅月工竣，板藏金陵书局，用公同好。"牌记标"同治十年六安求我斋刊，板存金陵"。

同治十一年刻《理学宗传辨正》十六卷。书为永城刘廷诏编撰。廷诏字虞卿，邑廪生，历考城、孟津两县教谕。因孙奇逢《理学宗传》折中关洛、陆王，不分正统，故重为梳理，以濂洛关闽为正宗，上继邹鲁，别以陆王为旁系附录，编为《理学宗传辨正》。豫中理学，自张伯行起，尊程朱，斥陆王，刘氏以程朱、曹（端）薛（瑄）为正宗，正合其变。廷诏卒，书未能刊，即抄本亦绝少。倭仁之学初本阳明，后"洗净王学，一归程朱"，及从同年进士、永城丁彦俦（字范亭，号甪垞）处得刘书抄本，乃嘱吴廷栋校刊。最终涂宗瀛以求我斋名义，付金陵书局洪汝奎，刻于同治十一年。卷端署倭仁、吴廷栋校订，前有同治七年倭仁序、吴廷栋跋，末有涂宗瀛跋。牌记镌"同治十一年冬月六安求我斋校刊"。

倭仁所得抄本，已失著者名字。吴廷栋跋云："将付梓，洪君琴西以刘先生佚其名字，读是书者无所征信，不免缺然于中。乃由书局移知河南永城县，乞核实查明。闰十月，永城县令移复云：'据刘先生侄孙、廪生刘国辅禀称，《理学宗传辨正》系廪生刘廷诏所撰。'"廷诏本无名辈，自此书刊，声誉鹊起，以至《清史列传》为立传，位列儒林。

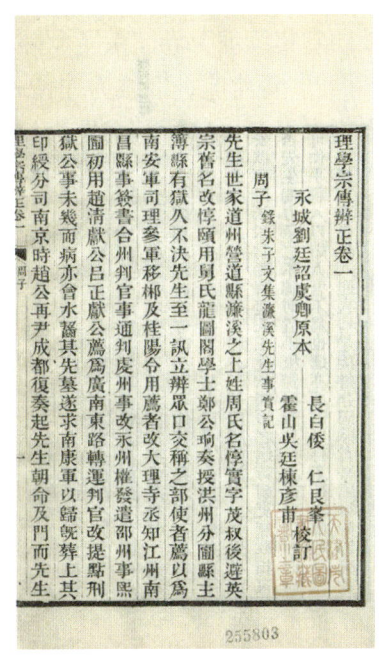
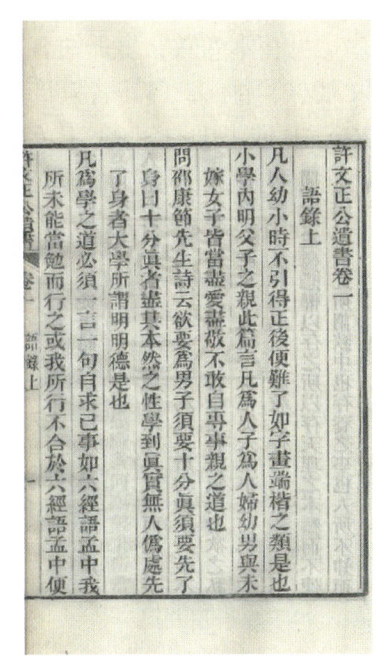

左：《理学宗传辨正》，清同治十一年六安涂氏求我斋刻本
右：《许文正公遗书》，清光绪六年六安涂氏求我斋刻本

光绪六年，涂氏在河南巡抚任上，刻《许文正公遗书》十五卷。此本据乾隆五十五年怀庆府刻本翻刻，牌记镌"光绪庚辰春六安求我斋校刊"。

先此，光绪四年六月，河南灾后大疫，洪汝奎曾"刷印《温病条辨》多部，寄涂朗轩中丞分发灾区，以资拯救"。(《洪琴西先生年谱》卷三）此即淮阴吴瑭《问心堂温病条辨》，涂氏刊本初刻于同治九年，光绪四年本据以摹刻，版虽酷肖而确为重刻，封面镌"光绪戊寅河南抚署重刊"。此非古籍整理，但属公益善举，因附记之。据此例又可知，牌记所标，亦未必实际刻书者。

咸丰十一年正月，新繁严树森来任河南巡抚，方宗诚是年入其幕，至当年十二月严氏调湖北巡抚，宗诚在豫不足一年，但与豫中文人多有交往。其间曾助苏源生编订《鄢陵文献志》，并为之序（见存本卷首，署严树森；亦见《柏堂集续编》卷三）；《鄢陵文献志》卷前，列其名为"参阅"者第二。源生卒，宗诚为作传，末云："咸丰十一年余客中州，君因太康李又哲以其所著书属为校勘，余与君固未相见也。既为之叙，还其书。凡余所删削者，君皆从而芟之，虚衷克己如此。"（《柏堂集后编》卷十一）宗诚还辑有李棠阶《李文清公遗文》，未见刊行，同治十三年所作《编校〈李文清公遗文〉跋》，尚存于《柏堂集后编》卷六。光绪二年，又作有《王子函观察〈暗修记〉跋》（《柏堂集后编》卷六。子函即王检心，内乡人，豫中理学名人），同年作《〈文清李先生言行录〉跋》（《柏堂集后编》卷七，《言行录》为孟县和铃记），光绪四年作《苏菊村明经〈省身录〉跋》（《柏堂集后编》卷六）等。稍晚，还捐助《孙征君日谱录存》刊行。

## 七、中原文献目录

豫中文献总目整理，明代仅李濂、朱睦㮮有所涉足，至清代仍未能深入。

嘉道间，固始吴其泰，编有《河南艺文志》，民国间《河南通志艺文志稿》据李敏修《中州艺文录》著录，入史部目录类，未详所据。《中州艺文录》未注明其书属性，其书今不存，故无以知其详。已见前述。

有清一代，勤于中原文献目录之学者，首推鲁山张宗泰。宗泰（1775—1852）字鲁岩，原籍偃师，后入鲁山籍。嘉庆十二年举人，屡试不第。道光二年选修武教谕，曾与修《修武县志》。二十三年升河南府学教授。宗泰勤于读书，尤长考据，亦好藏书，家贮至数万卷。著述结集有《鲁岩所学集》十五卷。

《鲁岩所学集》前三卷为史论，余皆历代典籍题跋。自序谓："积二十年如一日，每读一书已，辄旁通交推，而以他所读书为之证佐。又平日尝究心《四库全书提要》，窃仿其义例，或品评其得失，或纠正其讹舛，或增补其所未备。"其考订诸书史实之谬，纠正前人文字之误，多有精到之处。惟论事居多，编次乏类，未能见辨章学术之要。故沅江张舜徽《清人文集别录》卷十四云："宗泰校书虽勤，但能雠对文字之异同，勘比故实之舛误。慎微识小，固已贤乎博弈。若欲跻于著作之林，以上绍《四库提要》之体，则其愿固已奢矣。"

所作另有《读四库全书目录提要附录》若干卷。河南知府、故城贾臻诗集《洛中吟》中，有《洛中杂述》诗，其二咏宗泰，自注云："有《所学集》，已刊行。……又有《读四库全书目录提要附录》若干卷，余许为梓。"盖终未能刊，今已不存，未详内容如何。道光十八年，宗泰赴京应试，以其考据文字就教于阮元。阮氏颇为赏识，谓曰："国家肇开四库全书馆，每种有提要一首，以悉其源委，已历数十年矣。欲荟萃续出之书，各补作提要一篇，以附其后。惜无帮办之人。倘得足下长留此地，岂不大妙？"（《鲁岩交友记·阮芸台先生》）

宗泰与苏源生相善，源生辑《国朝中州文征》《鄢陵文献志》，俱得宗泰助。《鲁岩交友记·苏菊村源生》称："菊村创始编《中州文征》……每刻成数卷，必专人寄予，俾代为订正其舛误。菊村又辑《安陵文献志》若干卷，要予于所读之书，有资安陵者，必写出以补所未及。"

宗泰编有《中州集略》六卷，为现存第一部较完备之中原文献提要目录，著录西汉至元代豫中人物（包括流寓者）文集，凡四百四十五家，两汉三国一卷，两晋南北朝一卷，隋唐两卷，北宋一卷，南宋及元朝一卷，仿《四库全书总目》之例一一提要，叙述作者生平行实，并征引《郡斋读书志》《直斋书录解题》《文

献通考》《孙氏祠堂书目》等，证版本之真伪、论文字之异同。清以前中原文献总目专著，此为仅存之硕果。惟所收限于集部，止于蒙元。此目宗泰生前未曾刊刻，向罕于流传。民十七年，其侄曾孙新安张钫于修武得抄本七册，嘱井俊起代为校刊，铅印行世，其书方显。

《中州集略》，民十八年张钫排印本

    杨堃为晚清另一位中原文献目录家，字子方，渑池人。光绪十七年举人，授祥符县学教谕，卒在民国间。曾与修《民国渑池县志》。《民国渑池县志》有传，称其学问渊粹，留心掌故、考据之学。所著《东都文献录》十二卷，又名《河南府文献录》，乃河南府所辖一府十县人物小传，新乡市图书馆藏有稿本。

    杨堃中原文献目录著作，有《国朝中州著述考略》，《民国渑池县志》记为《清朝中州文献考略》，并注"待梓"。今未见存世，恐已失传。按，堃曾受命校订何家琪《天根文钞续集》，光绪三十二年堃跋有云："光绪二十七年冬，堃到祥符校官任，曾寓书商订所辑《国朝中州著述考略》体例，未奉手教而先生已于去岁归道山。"知其书作于晚清。光绪三十三年，《河南教育官报》创刊，前三期连载有《河南先哲艺文志总目》，或即就其书节略而成？记以备考。

一省通志之《经籍志》，本当列一省文献总目。而本省通志，明《嘉靖志》列有书目，入清，顺康雍乾四朝续修，《艺文志》俱只选历代诗文，删去书目不载。故有清一代省志，于中原文献目录整理无成就可述。然而府州县志，则承《嘉靖新修清丰县志》《万历开封府志》之绪，多有本地著述目录之编。

清代豫中府州县修志，顺治间尚无统一体例，亦未见有《经籍志》之编。康熙二十九年，河南巡抚阎兴邦通饬各地修志，颁《修志牌照》（见《康熙固始县志》等），其《凡例》于《艺文》一门，只规定"须择佳者或关邑乘者载之"，未及经籍。但此轮修志，各地已有刊载本地书目者。

《康熙禹州志》卷八《艺文志》之首，先列《著作》一类，著录先秦以来本邑图书三十一种，简录书名及作者姓名。《康熙光州志》卷十一《艺文考》，首列《典籍》，著录晋至明邑人著作及光州旧志十六种，书名、著者、卷帙之外，或加提要。《康熙河南府志》卷二十八《杂纪》，有《纪书》一目，著录本邑人士著作及记本邑事之著作八十余种，各标书名、著者、卷帙。

《康熙河南府志》卷二十八《杂纪》之《纪书》

以上各目，虽粗疏简略，未成体统，但草创之功，仍不可没。康熙间邑志列书目者，后世修志往往踵事增华，补充完善，河南府尤为典型。

《雍正河南府续志》续增有经史子集四目，《经目》《史目》列入有关本邑之典籍篇目、史事，《子目》《集目》则著录两类本邑人物或与本邑相关之著作，凡二百余种。虽其体例未善，亦杂芜过滥，然内容较前代大为丰富。至《乾隆河南府志》，卷一百十二至一百十五，专立《经籍志》一门，以四部分类，部各一卷，列历代邑中著述，上起先秦，下迄当代，标明书名、著者、卷帙、存佚、出处，多有提要，注前代史志书目著录情况。洛中文献目录，至此大备。惟其收录仍失之泛，如老子诸书等俱列入。《乾隆禹州志·艺文志》依前志重编，分为郡人、流寓、女子三类著作，虽无提要，但有较多增补，并以四部分类法编排。

乾隆间修志，增以典籍著录者更多，且多奉《汉书》之例，以《艺文志》著录经籍，诗文等另立名目汇编。

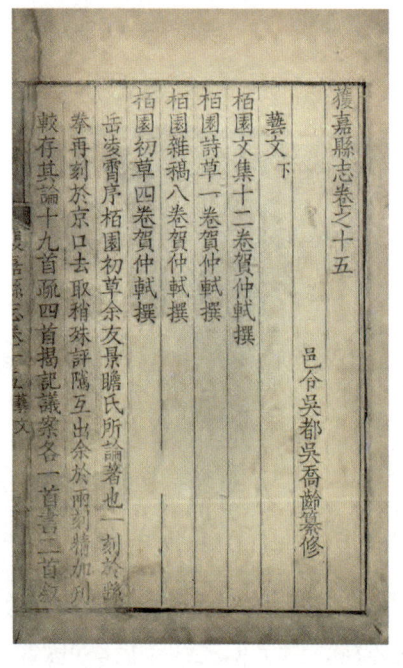

《乾隆获嘉县志》卷十五《艺文下》

《乾隆光州志》卷四十四《艺文志》，以一卷篇幅专录著作；诗文汇编十二卷，则统名《志余》，附全志之末。《乾隆归德府志》卷三十取名《艺文略》，类分为三，首《学宫经籍》，即儒学藏书目录；次《名家著述》，著录周秦至当代本府名家著述，以年代为序，标明存佚，间或简略注释；次为《金石文字》；末为《郡县志乘》，著录历代本府及属县方志。属县如《乾隆鹿邑县志》从其例，卷十二为《艺文略》，县中人物著述较少，故以本县历代方志并入名家著述。《乾隆获嘉县志》以旧志所录诗文归入相应各卷，卷十四、十五《艺文志》专录经籍，虽只列明代以来邑中著述，但多附载原书序文，故成两卷之多。《乾隆孟县志》卷六下为《艺文》，著录邑中人物著作，提要颇为详尽，多引《四库全书提要》评述。《乾隆杞县志》于末卷（卷二十四）设《叙录志》，首《旧志叙》，录历代旧志序文；次《著述总目》，胪列本邑著作曾刊行者。其他方志以《艺文志》著录经籍者，还有《乾隆扶沟县志》等。

嘉道以后，邑志著录经籍，代有增加，如《道光伊阳县志·艺文志》增《著述书目》，《道光辉县志》径立《经籍志》一目等，不具列。

豫中文献名家纂修邑志，往往重视文献，经籍著录加以提要，标其存佚，引其序跋，辨其版本，述其源流，并注明来源，严谨而有法度。如武亿所纂《嘉庆鲁山县志》《嘉庆（四年）安阳县志》，俱如此。纪昀序《嘉庆安阳县志》，特为拈出，云："《艺文》乃仿古人之目录，不似近人之附载诗文，其体例不亦善乎？而每条必有考证，不徒杂袭乎旧文，其叙述不亦确乎？"武亿子穆淳，主纂《嘉庆（二十四年）安阳县志》，于《艺文志》书目续作《补遗》，然仅列书名及撰人。

《嘉庆（四年）安阳县志》卷十四《艺文》

张宗泰与纂之《道光修武县志》卷九《艺文志》，与武亿志体例略同，考证亦详。南阳文献大家张嘉谋所纂《光绪南阳县志》，卷十《艺文志》更旁征博引，录一县之书，多至百三十五部，搜罗殆尽。

私家所编邑志，往往有更出色者，如同治间苏源生《鄢陵文献志》四十卷，虽名《文献志》，实则职官、选举、建置等门俱全，与方志无异。中有《经籍志》六卷，著录鄢陵著作。卷十六至二十为《邑人著述》，收录著作二百余种；卷二十一《职官著述》《流寓著述》《附录》，收录著作二十余种。各类以年代编排，例注书名卷帙，考订作者、辑者，间记版本、序跋。提要考订，极为翔实。鄢陵乃文献之邦，源生亦文献名家，故能成此巨帙。豫中官修邑志，大都莫能望其项背。

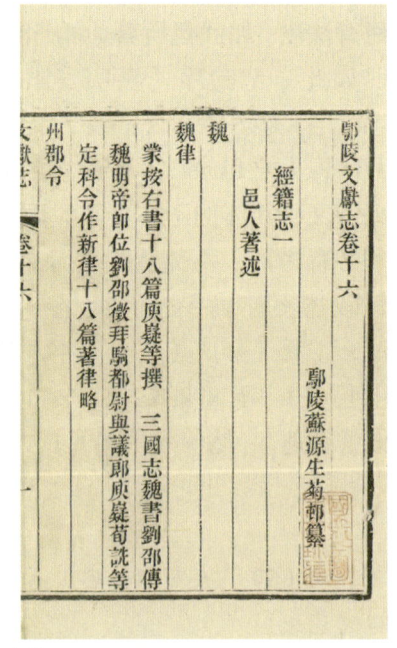

左：《光绪南阳县志》卷十《艺文志》
右：《鄢陵文献志》卷十六《经籍志》

有清一代，府州县志于著述目录整理，成就颇为可观。惟各地欲彰其名，其非本地籍名人者，略有关联，即行揽入，往往失之泛。此为地方志通病，非止豫中。较之府州县志，省志则相形见绌。以是，民国间修《河南通志》，于《艺文志》费功最多。

# 肆：民国时期中原文献整理

清末民初，各省本土文化意识渐强，整理刊刻本省文献蔚然成风，如直隶《畿辅丛书》，山西《山右丛书》，安徽《安徽丛书》《贵池先哲遗著》，东北《辽海丛书》，陕西《关陇丛书》《关中丛书》，江苏《吴中文献》《吴兴丛书》《金陵丛刻》《常州先贤遗书》，贵州《黔南丛书》，浙江《武林往哲遗著》《武林掌故丛编》《四明丛书》《绍兴先正遗著》《萧山丛书》《台州丛书》《正续金华丛书》，湖北《湖北丛书》《湖北先正遗著》，江西《豫章丛书》，广东《广东丛书》《海南丛书》，云南《云南丛书》等，竞相问世，洋洋大观。

河南地处中原，战事频仍，故文献整理，成就不如外省。而官方、民间有识之士亦尽力而为，不敢稍懈。

## 一、李敏修与中州文献征辑处

近代有组织有规划的中原文献整理，肇始于光绪末年。

光绪三十三年，《河南教育官报》创刊。自创刊号开始，设有《本省著述》栏目，连载刊登了一份中原文献总目录《河南先哲艺文志总目》。可知此时官方已有全面整理中原文献之意识。今《河南教育官报》创刊号未见，故未详《总目》由来。其第二、三两期载有《总目》，每期三页，页码连续，为第四至第九页。文末虽标"未完"，但第四期《本省著述》改登其他文章，再未继续连载。

该目收录元明清三代豫中人物著述,以人为纲编排。著录较为简略,仅著作名称、卷帙、著者姓氏及籍里,大略以著者年代为序。其目虽未臻善,却是近代中原文献整理的发端。时祥符县学教谕杨堃编有《国朝中州著述考略》,此目或即由《考略》简化而成。

《河南先哲艺文志总目续》,《河南教育官报》第二期,光绪三十三年七月十五日

《河南教育官报》由河南提学使司主办,具体由其行政机关河南学务公所操办,学务公所议长李敏修为主编。

李敏修(1866—1943),名时灿,以字行,汲县人。光绪十八年进士,授刑部主事。光绪二十七年与王安澜、王锡彤等创办经正书舍,收藏图书三十余万卷。三十二年任河南学务公所议长,三十三年任河南教育总会会长。民国二年任河南教育司司长,后当选北方政府参议院、众议院议员。他是一位毕生致力于河南教育和中原文献,为河南文化做出过重大贡献而享誉中原的学者。其弟子门生众多,有大成就者亦复不少。如巩县刘镇华,曾任安徽省政府主席;汲县嵇文甫,后成中国科学院学部委员、河南省副省长。

肆：民国时期中原文献整理

卫滨九老图，1935。前排左二为李敏修

晚清，李敏修即曾整理刊行中原文献。其主持的河南学务公所，为晚清豫中官方出版机构。下设"图书课"，职责之一，即"各种图书印刷事"（《河南学务公所章程》）。图书课并有印刷机构"排印房"（又称印刷处）。光绪三十四年，河南图书馆设立，附设售书处，售书处负有销售学务公所印刷书籍之职责（《拟办河南图书馆章程》）。学务公所主要出版物为教材，但清代河南官刻书版，大都归公所保存管理。民二十二年河南省教育厅训令《调查公家书版由》称："查河南公家雕刻书版，遗存甚夥。清光绪间多存学务公所，后展转迁移，存置开封县及文庙、现省立第十小学校等处。"（《河南图书馆馆刊》1933年第1期）其中不少为中原古籍书版。

今所见李敏修整理之中原文献，最早为宣统三年石印本许有壬《至正集》八十一卷。《至正集》流传坎坷，已见前述。乾隆间虽经《四库全书》收录，但深藏秘府，见之不易。宣统三年，李敏修在汴中见聊城邹道沂（藏书家，时任河南巡警道）藏其家传抄本，乃与项城杨凌阁（字仲唐，时为谘议局副议长）、汲县王锡彤等集资，由杨凌阁校勘，以河南教育总会名义石印行世。此本前有宣统三年邹道沂、李敏修、杨凌阁序，末有乾隆三十八年杨丙《书许文忠公至正集后》。此为《至正集》首次刊印，底本即邹道沂藏本，源自汤阴杨丙藏许氏后裔抄本，未经四库馆臣篡改，故价值绝不亚于《四库全书》本。

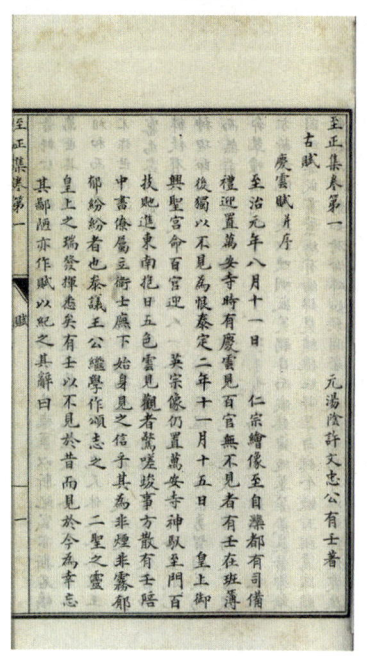

《至正集》，清宣统三年河南教育总会石印本

民三年，北洋政府国务院设清史馆纂修清史。李敏修与国务卿徐世昌为故交，得受聘为名誉协修、中州文献总编辑。世昌天津人，生于卫辉府城，其先两世为官河南，故于两地情俱有钟，因于北京设直隶、河南两处文献征辑处，专事文献采访、编辑，以供清史编纂。河南者名为"中州文献征辑处"，乃徐世昌商之袁世凯、张镇芳等，捐资开办。河南都督田文烈批准办公费用从财政厅教育经费中列支，河南督军赵倜也给予支持。

中州文献征辑处设于北京骡马市大街嵩阳别墅，由李敏修主其事。与其事者，席书锦（字相圃，汜水人，嵩阳别墅主人，光绪十一年举人，曾任嵩阳书院山长，时为徐世昌幕僚）、陈嘉桓（字肇卿，禹县人，廪生。曾创办颍滨经舍，后留学日本。1951年被镇压）、刘海涵（详后）、李馥（字香山，汲县人，光绪三十年进士，曾任卫辉师范学堂监督，其子李春昱，为知名地质学家、中国科学院学部委员）等。

征辑处在开封设"中州文献征辑处开封分处"，位于河南教育总会西偏院，聘井俊起主其事。井俊起有《雪苑戆叟自订年谱》（《河南文史资料》第三十五辑，1990。整理者更原书之名为《雪苑戆叟忆往》），记其民三年三月至五月间办理征辑处事宜甚详，略云：

> 三月十九日到开封，择定学院门教育总会（前学院衙门）西偏院为处址，颇宽敞。会长郭海封，名景岱，项城人；副会长王炎青，名卓午，宜阳人，俱保定师范毕业。文牍员王慧润，字翰孙，罗山举人，均旧相识。京处派张忠甫、张子厚（俱见前）、苏光甫（宝谦，鄢陵）、徐正雅（营初，林县）分赴四道各县采访。凡合征书册，除由采访人携带外，便寄北京或开封。故布置尚未就绪，即有送书册者。采访人以携带不便，亦多送来。一时收受汇转，各簿记联单。且有孤本稿本不愿送京者，又须雇人抄写，还须校对，终日繁忙，犹感不给。余亦不知自惜，几于废寝忘食，身体本未复元，乃至旧疾复发，余颇忧虑。

此为中州文献第一次有组织、有计划的大规模征辑，但其目的是为编修清史提供资料，故征辑范围主要是豫省清代著作。征辑处成立后的几年里，陆续征辑到一千余种清代中原文献，编印了三期《中州文献征辑处现存书目》，其中有大量孤本、稿本、抄本，许多清代中州人物著作，借此得以存世。

民四年，征辑处从李棠阶文孙绳甫处，征得李氏日记手稿，一代鸿儒墨迹，至为珍贵。李敏修遂商之河南都督张镇芳（项城人，袁世凯兄嫂之弟，李敏修同年进士），由张镇芳出资，石版影印刊行。是书题《李文清公日记》，前有民国四年徐世昌、张镇芳及李敏修序。

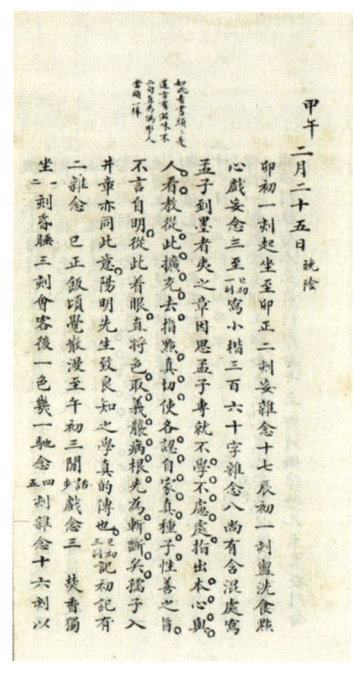

《李文清公日记》，民四年李敏修等石印本

民五年，袁世凯故后，徐世昌迁住天津，豫人在京者张镇芳等皆失势，中州文献征辑处无所依据，乃迁至汲县经正书舍。所得图书，与经正书舍图书合藏。

以征辑所得图书为基础，李敏修主持编纂了《中州先哲传》《中州文征续编》《中州艺文录》《中州诗征》，合称《中州文献汇编》，亦称《中州文献四种》。1930年代中期，由安徽省主席刘镇华捐资，开封马集文斋刊刻，以经川图书馆名义出版。

《中州先哲传》三十七卷，为清代中州人物传记之编，分为名臣、儒林等十门。初刻于民二十年（刘镇华民二十年《重刻郏四子诗集序》，有"今岁春，余与固始万君纯安校刊《中州先哲传》"语），以万自逸大梁书舍名义出版，时卷二十一、二十二《儒林》两卷尚未编成，暂付阙如。两卷成后重为补刻，以经川图书馆名义出版。

《中州文征续编》二十八卷，民二十四年刊，是续苏源生《国朝中州文征》之作，分类收录《国朝中州文征》之后的清代文章，使有清一代文选得成全编。

《中州艺文录》四十二卷，民二十四年刊，是清代中原文献总目。其编始于民七八年间，与其事者井俊起。井氏《年谱》记民七年九月至民八年五月在汲县征辑处事云："余此次到处，敏公

肆：民国时期中原文献整理 249

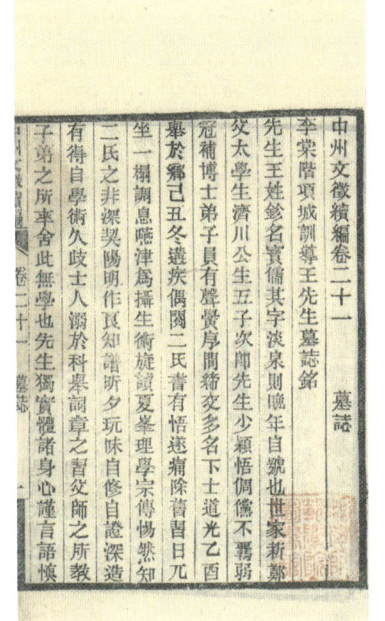
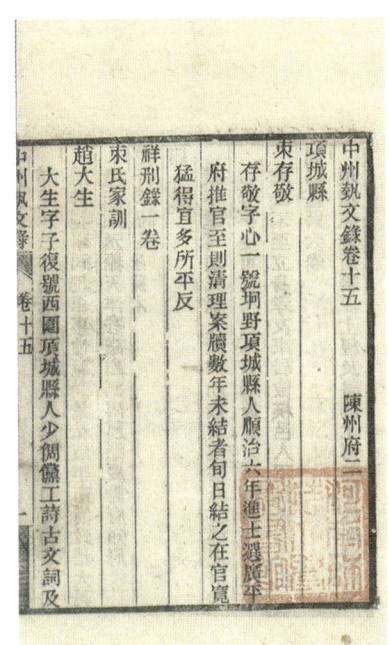

左：《中州文征续编》，民国间经川图书馆刻本
右：《中州艺文录》，民国间经川图书馆刻本

嘱编《中州艺文录》（清代豫人之著述，凡征集到处者，一律按《四库书目提要》之例，审察内容，采录精粹，并附评判之词），所编仅十二三。"是年五月井氏离任，由田春同（字荔轩，禹县人，光绪二十九年举人）接任。《中州艺文录》著录清代豫中所有著作，无论存佚。其例按府县地域分类，各类之下，以作者年代为序编排。各人名下，依四部分类为序，著录书名卷帙，或加提要，或摘录原序。此为第一部较为详赡的清代河南著述断代目录。据申畅《中州艺文录校补》统计，全目收录作者 1893 人，图书 4215 种。惟其提要不尽完善，未以四部分类，失目录学要旨。盖原本系采访目录，按地域核查最便，同时徐世昌辑《大清畿辅书征》，亦如此编排。

《中州诗征》三十卷，民二十五年刊，选录有清一代诗作，按人物编排，并附各人小传。盖因杨淮《国朝中州诗钞》屡遭物议，此选仅兼采其书，重新另编，未称杨刻续编。

《中州文献汇编》全部刻成于民二十六年全面抗战开始之前，嗣因战事日紧，省府内迁，其书刷印仅有样本，故流传甚稀。

《中州诗征》，民国间经川图书馆刻本

抗战胜利后，井俊起主河南省图书馆，曾谋重印《中州文献汇编》，其《年谱》记民三十六年事云：

> 省府秘书李季和（名在谦，敏公子，北大毕业），因敏公前年病逝禹县，前在中州文献征辑处编成各书（《中州先哲传》《中州艺文录》《中州文征》《中州诗征》四种），经刘雪公捐款刻竣，除印样本外，迄未付印，商由图书馆主办；约同许子猷、王舜钦、嵇文甫等，请省府酌拨款项印若干部，俟售出得款后，仍将省款归还。且托性一、幼侨等向主席关说。主席已允所请，即指定专款核拨，容候款出再办。

性一即齐真如，幼侨即王幼侨，俱河南省政府委员；省主席时为刘镇华之弟刘茂恩。然而，战事不久复起，重印遂不见下文。

今《中州艺文录》《中州先哲传》尚存稿本，《中州文征续编》《中州诗征》有中州文献征辑处抄本（刻本之底本），新乡市图书馆藏。

前此，民十九年至二十年，李敏修还曾与同仁王棽林（字槐三，禹县人）、田春同、陈嘉桓（王、田、陈三人，当时号称"禹州三杰"）、许鼎臣（详后）等，在北京枣林大院九号及洛阳两地，创立河洛学社，继续搜集整理历代中州文献，范围则已不限于清代。其时特重中州理学，所成有《中州学系史》《中州学术考》《中州人物名籍录》《中州艺文考》等，今俱有抄本存新乡市图书馆。详梁贵晨《中州名儒李敏修》（《新乡文史资料》第4辑，1990）及王惠敏《牧野藏珍》一书。

其中《中州艺文考》，是继张宗泰《中州集略》之后，又一部历代中州文献目录，不分卷，依四部分类法著录历代中州人物著述，每书后均有题解，现存经部、史部、子部。

中州文献征辑处征辑的图书，历经战乱，多有损失。1949年后，李敏修之子李季和，将当时尚存的图书交付平原省文管会，1953年转归新乡市图书馆。新乡市图书馆现藏738部1682册，天津图书馆亦有收藏。其中多有未经刊刻的手稿或抄本，具有极高的文献和文物价值。王惠敏《牧野藏珍》一书，述新乡市馆现藏，提要甚赡，详后。

中州文献征辑处不但征辑、保存了一大批中原文献，而且汇集和培养了一批中原文献学者，带动了中原文献整理的事业。应邀参加征辑工作的井俊起、刘海涵等人，后来都在中原文献整理上做出了重要贡献。

## 二、张凤台与《三怡堂丛书》

民国年间，河南省官方对本土文献用力最勤、贡献最大的是省长张凤台。张凤台（1857—1925），字鸣岐，安阳人。光绪二十一年进士，三十三年知长春府，颇有政声，曾汇编当地文献《长白征存录》八卷刊行。民初，任北方政府政治讨论会会员、参政院参政、临时参议院议员，其后两度出任河南省行政长官：民二年至三年任河南省民政长，民九年至十二年任河南省省长。

左：张凤台像，1923，源自《河南林务公报》1924 年第 1 卷第 2 期
右：三怡堂牌记，民十年张凤台排印本《中州杂俎》

张凤台生平好书，尤重乡邦文献。在京充议员期间，"每当风和日丽，辄徒步游书肆，与书贾讨生活。搜残订阙，恼及蠹鱼，娓娓忘倦。凡零纨断简，靡不研求，而于乡先生遗编孤本，或其著述有关本乡风土人情者，尤不惜购以重资"。（《中州杂俎序》）尝见《嘉靖河南通志》一部，乃鬻其所藏他书，重金购回（今存河南大学图书馆）。清顺治间汪价，曾与修河南志，深通中州掌故，有《中州杂俎》一书，流传甚稀。张凤台于琉璃厂得抄本，亟付厘订，由其三怡堂印行。

1920 年代张氏出任河南省省长期间，于中原文献之贡献，大者有二端：一是设立河南通志局，重修《河南通志》；二是重建出版机构——河南官书局，编纂出版《三怡堂丛书》。

自清乾隆年间至民国，《河南通志》历一百五十余年未修。张凤台呈请北洋政府批准，成立河南通志局，自任总裁，并给予通志局充足的经费，同时派员至各地收集、购买中州图籍。河南官书局前清已有之，入民国后即无影响。张凤台主政后，重设官书局于开封北兴街路西，聘方城王佩箴、信阳刘海涵主其事，重新运作。

《三怡堂丛书》是一部真正意义上的"中原文献整理"丛刊。与前代《中州名贤文表》等不同者，《三怡堂丛书》不仅收录豫籍人物文集，且收录史部等其他门类著作；同时，所收之书，俱非选编，而是全本整理翻刻。参与其事者，俱当时豫中文献名家。其书之刻虽去今不远，但过程复杂曲折。盖成书非一时之事，陆续刊刻，随时汇印，因此存本各不相同，各家著录亦多差异。其全编收录几种几卷，迄今无人明晰言之。兹据所知，考述如次。

民十一年，张凤台促成省政府出资，成立河南官书局，拨款整理出版河南地方文献，其初曾拟名《河南丛书》。民十一年邵松年《辎轩博纪续编序》，有"今闻省长筹办官书局，拨款刊刻《河南丛书》"语。民十二年张凤台《重刻师竹堂集序》亦云："予性嗜古籍，老而弥笃。尝拟搜刻乡贤遗帙，汇为《河南丛书》，以饷后学。兹值官书局开办之初，委怡宣经理之。"

最终，此书取名《三怡堂丛书》。书前虽无总序、总目，但各书封面或卷端，俱有"三怡堂丛书"标识。"三怡堂"为张凤台室名。官刻之书命以私室之名，略贻口实。

《三怡堂丛书》于民十一年开始刊刻，两年之间，计刻成十一种。子目依刊刻年代如下：

《辎轩博纪续编》四卷，民邵松年编，民十一年七月
《豫变纪略》八卷，清郑廉撰，民十一年九月

《汴宋竹枝词》二卷，清李于潢撰，民十一年十一月
《玉楮集》八卷《附录》一卷，宋岳珂撰，民十一年十二月
《孟有涯集》十七卷，明孟洋撰，民十一年十二月
《汴京遗迹志》二十四卷，明李濂撰，民十一年十二月
《李子田诗集》二卷，明李蓘撰，民十二年二月
《圭塘小稿》十三卷《别集》二卷《附录》一卷《续集》一卷《续附录》一卷，元许有壬撰，民十二年五月
《过庵遗稿》八卷，明陈卜撰，民十二年六月
《师竹堂集》三十卷，明王祖嫡撰，民十二年八月
《紫山大全集》二十六卷，元胡祗遹撰，民十二年十一月

以上十一种百四十八卷，除前二种外，牌记均有"河南官书局刊"字样，版式亦相同，十行二十二字，黑口四周单边。各书封面或卷端有"三怡堂丛书"字样。此当是张凤台在任时汇印。民国间谢国桢撰《续修四库全书总目提要》之《三怡堂丛书》提要，只列此十一种。国家图书馆、北京大学图书馆、清华大学图书馆等，各有收藏。

据开封马集文斋掌柜马志超回忆，《三怡堂丛书》大都为马集文斋刻印，详《马集文斋版印书籍及开封刻字业纪略》(《河南文史资料》第九辑)。

民十二年底张凤台离职，留汴养疴，仍参与通志局修志，同时继续整理乡邦文献，以《三怡堂丛书》名义，重刊康熙间许三礼、王槐一所刻《安阳四子诗集》四种，但至民十四年归里，七月故世，仅刻成两种：

《岳起斋诗存》二卷，清吴振周撰
《石鱼斋诗选》二卷，清李维世撰

二种版式相同，八行十九字，黑口四周单边，无刊刻日期及牌记。目录卷端有"三怡堂丛书"字样，卷首题"后学张凤台鸣

岐重刻"，卷末署"安阳后学许协寅校勘"。协寅为安阳诸生，曾助张凤台校订《中州杂俎》。《岳起斋诗存》前，尚存康熙间许三礼《四子诗总序》及王槐一为刻《四子诗》所作《跋》。此后，民二十年，刘镇华为补刻剩余两种而成全书，详后。

稍后，河南官书局仍有豫中文献整理刊行：

《东京梦华录》十卷，宋孟元老撰，民十四年十一月
《如梦录》一卷，明佚名撰，民十五年冬

以上两种十一卷，牌记有"河南官书局"字样，《如梦录》卷末有"开封马集文斋刻板"字样，版式与前十一种同，但已不见"三怡堂丛书"标记。两种为翻刻河南省立图书馆刻本，原本刻于民十年冬，不知当时刊刻，与张凤台有关否，详后。

《黄谷谰谈》四卷，明李蓘撰，民十八年九月

以上一种四卷，版式虽与前十一种同，但有"陶然斋开雕"牌记，书板实为张嘉谋所刻《南阳先民集》（详后）之一种，并有张氏序。

《天根诗钞》二卷《天根文钞正集》四卷《天根文法》一卷
《天根文钞续集》一卷，清何家琪撰，光绪三十二年

以上一种八卷，牌记题"光绪丙午刊于大梁"，据杨堃《天根文钞续集跋》，乃河南学政王垿鸠资刊刻，则操其务者，应为河南学务公所。

自《岳起斋诗存》以下六种，合前十一种，共十七种，为《三怡堂丛书》另一汇编本，见于1959年上海图书馆所编《中国丛书综录》著录。此外：

《师竹堂尺牍》二卷，明王祖嫡撰，民十一年十二月
《报庆纪行》一卷，明王祖嫡撰，民十二年正月

《王师竹先生年谱》一卷附录一卷,民刘海涵撰,民十二年九月

以上见阳海清《中国丛书综录补正》著录,是其所见多此三种。三种书板,俱为刘海涵所刻《龙潭精舍丛刻》(详后)。合前共计二十种。

 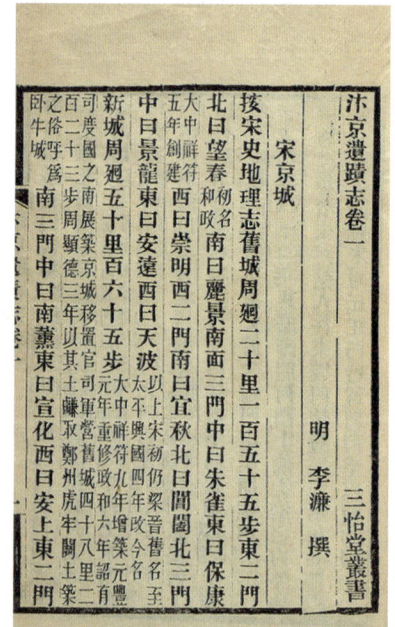

《三怡堂丛书》之《汴京遗迹志》

此十七种或二十种本,为民二十二年以后河南图书馆汇印。今存世者全帙不多,盖因汇印时间不同,子目有多寡之异。

河南官书局民十五年以后再未见记载,不知所终,所刻书板,民二十二年顷归河南图书馆。时河南图书馆征求公私所藏古籍书板,修补重印。是年四月该馆发表工作报告称,《三怡堂丛书》书板"方在征求"(《河南图书馆馆刊》1933 年第 2 期),未几清点馆藏书板,不全者有《三怡堂丛书》,而完整无缺之《天根诗钞》

《文钞》，并不在《三怡堂丛书》之内。《丛书》书板，迄今存于河南省图书馆者，2009年公布的数字，尚有1440块（《河南省图书馆志》）。盖当旧版重印时，杂合所得其他与中原文献相关之书板，一并以《三怡堂丛书》之名印行。

1990年代，北京中国书店曾借出《丛书》书板，又杂以河南省图书馆所藏其他书板两种，仍以《三怡堂丛书》之名刷印，前增《重印说明》及总目录。

此为《三怡堂丛书》第三种汇印本，《重印说明》及总目列十九种，但《王师竹先生年谱》《报庆纪行》《师竹堂尺牍》三种，附列《师竹堂集》之后，未计种数，计入则总二十二种。较前二十种本多出之二种为：

《菱溪诗集》四卷，明何彝光撰，民十五年
《妙远堂诗钞》五卷，明马之骏撰，民十九年十月

《菱溪诗集》为河南官书局单刻，原未入丛书；《妙远堂诗钞》为《南阳先民集》之一。

另，民十四年，河南官书局尝刻明王鸿儒《王文庄公集》十卷，张嘉谋民十二年跋称："今安阳张公重长乡邦，设书局，属校公集付梓。"则亦张凤台倡印、未入《三怡堂丛书》者。

《马集文斋版印书籍及开封刻字业纪略》文中记《三怡堂丛书》，尚有何景明《何大复文集》四册。今《丛书》中未见有此书，颇疑为《龙潭精舍丛刻》之《何大复先生年谱》及附录等书之误记。

《三怡堂丛书》虽不及他省《畿辅丛书》《安徽丛书》等规模之巨，但却是近代河南省第一部重要的省编地方文献丛刊。

张凤台毕竟为旧时代人物。"五四"之后，徐世昌授意张凤台，在北京创立四存学会，宣扬孔孟儒家学说，抗衡新文化运动。及至张氏出任河南省长，民九年又在开封成立四存学会河南分会。次年，商之河南督军赵倜，重新修补《经苑》书板，刷印颁给各

属学校。以今视之，此举虽不合时宜，而于文献保存，则不无裨益。本次递修，由省长公署秘书赵儒灏董其事。书前有民十一年赵倜、张凤台序。但各书牌记，又使用了四存学会河南分会的名义。实际补刻刷印，亦为开封马集文斋，马志超云："张凤台任河南省长时，印成二百部，版片存于省府西街二贤祠中。"今河南省图书馆仍存有书板2120块。

《补镌经苑》，清道光间大梁书院钱仪吉刻民国十一年重修本

## 三、井俊起与河南图书馆

河南图书馆创建于宣统元年，成立之初，即承担有中原文献保存责任。民国元年《河南省图书馆暂行规则》第八条云："凡河南人所著图籍，但非涉及荒诞鄙俚猥亵等类，概予收藏，以存文献。"

民十年，河南省立图书馆（当时名称）曾刊行中原文献《东京梦华录》《如梦录》两种，俱汲县赵文琳（光绪十一年举人，曾任陈留儒学训导）校订，馆长武玉润（开封人，光绪十五年进士）题写封面，署"民国十年冬月"。《东京梦华录》为宋人名著，此刻据明沈士龙、胡震亨校刻《秘册汇函》本翻刻。《如梦录》作于清初，是明遗民追述往日汴梁繁盛之作，撰人姓名已佚，一向罕于流传，清咸丰间汴梁常茂徕访之三十年，得抄本，为之增删补录。民初，常氏此稿散出，祥符宋保蕃得之，与寓汴画家、无锡邹廷銮共同校订，由写梦庵以活字版印行，是为此书最早之刊本，省立图书馆即据此本翻刻。

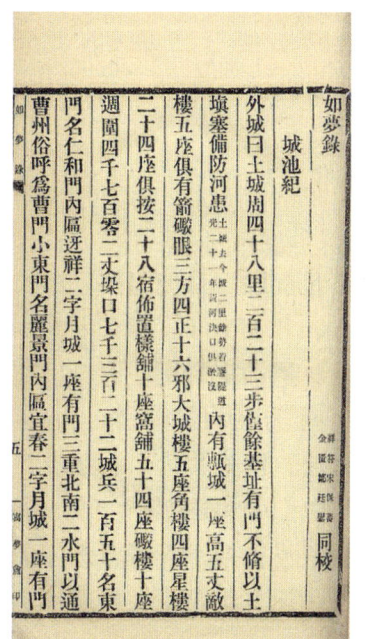
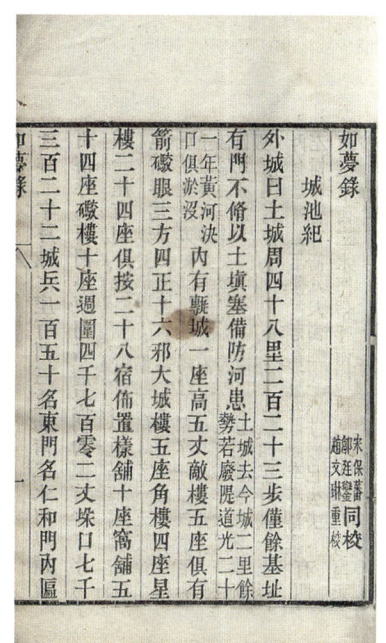

左：《如梦录》，约民初写梦庵活字印本
右：《如梦录》，民十年河南省立图书馆刻本

民国间历任河南图书馆馆长中，以井俊起任职最久，对中原文献贡献最大。

井俊起（1875—1958），名伟生，以字行，商丘人。光绪二十九年举人，三十三年加入同盟会。宣统二年经李敏修介绍任教于卫辉中学堂。后曾任商丘县知事、河南省参议员、镇嵩军总部秘

书、河南省议会秘书长等职。民十六年受聘为河南通志馆纂修,二十一年任河南图书馆馆长。被誉为民国"中州八大名流"之一。1949年后仍任河南图书馆馆长,1954年任河南文史研究馆馆员,为河南省第一届人民代表会议特邀代表。

井俊起像,1951

长期以来,河南图书馆存在经费不足问题。井俊起接任馆长后,联合文化界人士吁请政府增加投入,几经交涉,得获批准,每月经费增至四百元,另拨专款二万元,遇大宗书籍,可以呈准动用。至民二十六年河南图书馆因战事南迁,井氏担任馆长五年间,增加图书十万余册,连同前藏七万册,馆藏共达十七万册。

井氏在河南图书馆,创办了学术刊物《河南图书馆馆刊》,促进了豫中文献学研究。同时在民众文化科学普及、管理、教育诸方面,多有建树,深受各界好评。其于中原文献收藏、整理,不遗余力,贡献约有以下诸端:

其一,致力中原文献收藏。

井氏接任馆长后,更致力于地方文献征集、收藏与保护,制定了《河南图书馆征求本省书籍例程》,刊于本省及京、沪各大报刊,全文如下:

一 自明清至近岁,凡本省先正遗著,稿本副本,或流布未广之刊本,或曾经批校之古书,不论何部何类,一律征求。

二　自汉以来，本省先正遗书之刊本，不论本省人刊外省人刊，一律征求。其在汇刊本之内者，单送全送均可。

三　本省人刊行，或印行书籍，不论单行汇刻，凡未习见者，一律征求。

四　上列各书，应征办法如次：
　　甲　代为保存。
　　乙　收买。
　　丙　录副。
　　丁　代为刊印。

五　上列四项，除甲项外，由本馆与应征人酌量议价，或其他酬报。

六　本例程自公布日施行。

河南图书馆，原载《河南图书馆馆刊》1933年第1期

此举极大地丰富了省馆本土文献的馆藏。迄今河南省图书馆藏本省文献最富，即得益于井氏当时奠定的基础。

其二，致力保护中原文献书板。

民二十一年，为保护豫省晚清以来官方雕刻的书板，河南图书馆奉河南省教育厅指令，对存放于开封县及省立第十小学的书板进行了调查，将结果呈报省教育厅，同时请求将书板移归河南图书馆保存。这一请求得到批准。其间教育厅训令《调查公家书版由》等往来公牍，刊于《河南图书馆馆刊》1933年第1期（2月1日出版）。省立第十小学位于文庙，即前清河南学务公所驻地；所藏书板，应即学务公所所储书板。此后河南图书馆又多方搜求本省书板。《河南图书馆馆刊》1933年第2期（4月1日出版）所载工作报告中，有"搜集书板"一项，云：

> 本省官刻私刻，书板甚夥，或存官舍，或藏民间。损毁遗失，均属可惜。兹为保存起见，特广事搜罗。……《经苑》《三怡堂丛书》《安阳四子集》等板，方在征求。

经过努力，省图书馆汇集了不少河南公私所刻书板，并设立书版室，专事保存管理。民二十二年，省馆对书板进行了全面清理。井氏《年谱》记为二十三年事，云："本馆书版室凌乱无次，并未详细登记，乃于员工暇时督同点验，先分某书各置一处，再按卷按页清查，费时五六月始得完竣。"清理结果，当时

今河南省图书馆所藏书板

所存与中原文献相关书板，完整无缺者有《梦华录》《如梦录》《中州名贤集》《天根诗钞》《天根文钞》《志远堂文集》《大观楼诗钞》《安阳四子集》《佩渠文存》《佩渠随笔》《京澳纂闻》《开封府志》《祥符县志》以及《经苑》，计十四种；不完全但缺损无多、尚可补刊者，有《河南通志》（两种），另有《王文庄公集》《洛阳伽蓝记》《三怡堂丛书》《中州彰善录》，计六种。

这些书板，连同不久后河南图书馆刊刻的书板，历经近百年风雨战火，迄今存于河南省图书馆特藏部者，有 34427 块，已成豫省珍贵历史文物。

其三，编刊中原文献丛书《中州丛刻》。

书板清理之后，井俊起即约同河南大学教授邵瑞彭等，谋刻本省历史文献丛刊。《年谱》记云：

> 当点验书版时，仲甫、恢吾、舜钦、次公等皆曾目睹，遂议请拨经费，刊刻本省先哲遗著，并补刻存书缺版。余约同仲甫、恢吾、舜钦、子猷、怡宣，亲往省政府秘书处、教育厅、财政厅、教育款产处，面见当事人，陈明理由，留给说帖，并请次公向刘经扶主席关说（刘甚重次公，时约相见，所言莫不听从，为刘前文人之最承信任者）。结果准拨经费，按月领支，邀请次公、仲甫等，于开读书会时商谈应刊各书。决定以常秋崖《石田野语》、常槐街《臆见随笔》及李子金《隐山鄙事》为开始，雇定刻工五人，常川在馆（以东面亭子为刻版处），每日规定字数，约名书家陈玉璋（开封人），仿宋精写付刊。……复请拨专款，刷印存版，各书各若干部。设售书处，约怡宣为经理，另派一勤务专司其事。并与各省图书馆（北平图书馆寄售最多，南京、江苏、浙江、湖北、湖南、广东、四川、云南各图书馆均有）、各大书局（北平直隶书局、上海中国书店寄售最多，武昌、长沙、杭州、苏州、成都、西安、天津、太原各书局亦皆有寄售）订约，互相代

售书籍。

仲甫即张嘉谋（其字本作"中孚"），恢吾即蒋藩，舜钦即王舜钦（无字，兰封人），次公即邵瑞彭，子猷即许钧，怡宣即刘海涵，俱一时豫中名流，大多为井氏在河南通志馆修志时同仁。经扶即河南省政府主席刘峙。《年谱》以此事记入二十三年，但据民二十二年《河南图书馆馆刊》，是年《石田野语》已刊成。盖《年谱》为晚年追忆，时间容有不确。

刊刻中原文献之议，至少谋划于民二十二年初，河南图书馆有呈省教育厅文《拟刻本省名人遗著由》，刊于《河南图书馆馆刊》1933年第1期：

> 本省名人遗著，未经刊刻者甚多，深恐日久湮没。兹为表彰起见，拟即详慎征辑，陆续付刊，汇为《中州丛书》，以广流传。所有雇员缮写、佣工剞劂，以及纸张、木板等费，拟由补发十九年积久余款项下，樽节开支，实报实销。

《馆刊》并载省教育厅批准文件。由此知其费用，初拟从省馆结余经费中自行解决，最终经关说，乃由省政府拨款资助。

《馆刊》1933年第2期工作报告，正在进行之事项中，有"刻先贤著述"一项：

> 本省名人著述未刻者颇多，深恐日久湮没，兹特登报访购，陆续校刊，汇为《中州丛刻》，以广流传。现已雇定工人，先刻常秋崖《石田野语》、王协之《毛诗折［析］疑》、张调元《左传服氏解谊》、李子金《隐山鄙事》等书。

同期《馆刊》发布《石田野语》刊成的书讯，并登版式照片一帧。邵瑞彭主持的《河南民国日报·国学周刊》也发表了书讯。开封常茂徕《石田野语》二卷，一向罕见，此据手稿刊刻。井氏作《石田野语跋》，《跋》并刊于《馆刊》1934年第4期。其后，继刊茂徕之弟茂绩《臆见随笔》二卷,合为《常氏遗著二种》,邵瑞彭为之序。马志超《马集文斋版印书籍》记《臆见随笔》刷印云:"书印红字。本书刻印时常茂绩尚在世,亲任校对。"

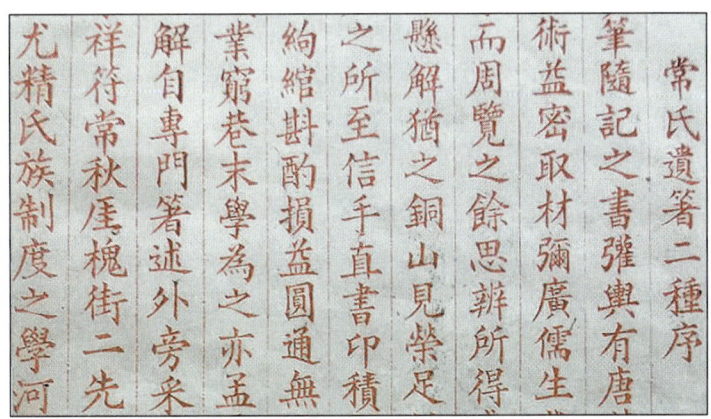

邵瑞彭《常氏遗著二种序》,民二十二年河南省立图书馆刻本

继之,李子金《隐山鄙事》开雕。是书已见前述。《馆刊》1933年第1期有消息报导《隐山鄙事之近闻》:

> 柘城李子金先生,顺治间人,精通历术声韵之学,著书十二种,总名《隐山鄙事》。本馆征得四种。近闻柘城吴氏,藏有全部,已由本馆派员前往录副,拟次第重刊于《中州丛刻》。留心文献者,当所乐闻也。

《中州丛刻》所收各书,俱豫中罕见旧籍。拟目除常氏兄弟《常氏遗著二种》、王嗣邵《毛诗析疑》、张调元《左传服氏解谊》、李子金《隐山鄙事》外,1934年12月出版的《河南图书馆馆刊》第4册,载张嘉谋《柯亭子集跋》,言及在大梁书舍见清周沐润所撰《柯亭子诗初集》八卷、《柯亭子诗二集》十卷、《柯亭子文集》八卷、《柯亭子骈体文集》六卷,"以其为乡哲遗籍,商诸舍主人,归伟生馆长,以备《中州丛刊》之选"。

至民二十四年，《隐山鄙事》刻成前四种，新任教育厅长李敬斋反对木板刻书，遂撤销省馆刻书处。《中州丛刻》编纂刊刻，就此终止。井氏《年谱》云：

> 七月，教育厅长齐性一辞职，李敬斋（汝南人，美国毕业）继任，崇尚新学，不赞成刻木板，提议撤销本馆刻书处，将余款缴还（刻成《石田野语》《臆见随笔》。至《隐山鄙事》十二种，仅刻成《书学慎余》《算法通义》《律吕心法》《几何简易》四种，《历范》刻半部，未完。余皆未刻)。

《年谱》记为二十五年事，查教育厅长齐真如辞职，在1935年5月，5月28日各大报纸俱有报导；李敬斋以省府委员兼教育厅长，在1935年6月，国民政府指令发布于1935年6月27日，见《国民政府公报》1935年第1780号。知《年谱》时间有误。

《中州丛刻》是继《三怡堂丛书》之后，河南省第二部官方整理出版的中原文献丛书，选录甚严，大都为善本孤帙，其未刻成的若干种，今绝难睹，或竟失传。书板由河南图书馆员工、开封书法家陈玉璋（1898—1976）缮写，楷书劲秀，精美绝伦。其下书口镌"中州丛刻"，并"河南省立图书馆"字样。当时多交马集文斋刷印，今所存者，多为朱印本。其书为民国间河南图书编印之上佳珍品，反映了当时本省线装书出版的最高水平。其板存于今河南省图书馆者，有295块。

民二十三至二十四年间，河南图书馆所设刻书处、售书处，时事实上已成为官办的豫省古籍整理专业出版发行机构，为时虽仅两年，但卓有成就。

其四，辑录《中州诗钞》。

《中州丛刻》终止后不久，在张嘉谋、许钧倡议下，井俊起谋得刘镇华赞助，开始编纂《中州诗钞》。井氏《年谱》载：

> 仲甫、子猷等关心本省文献，因刻书中止，复议请刘雪

公捐款（前曾有此议，雪公已允，因余赴安徽，遂暂未办），补选《中州诗钞》（清道光时，宝丰杨淮字笠舟，选刻《中州诗钞》，一时知名之士对其所选多不满意，且只限于清代至乾隆时。密县钱九韶字南浔，所选《河岳集》，则采辑历代中州人诗，颇为广备，但当时交通不便，私家搜集尤难，且缺乾隆以后，并未付诸剞劂），陆续付刊。当承允准，按月拨款。遂同仲甫、恢吾等敦请周世公主选政（世公愿选而不愿出名，嘱余出名），由余检出各种诗类（如《古诗纪》《古诗源》《汉魏诗乘》等以下各汇刻诗）及河南人专集，送请鉴选。世公自殷箕子《麦秀歌》以下次第采录，凡有一二章，必为入选，以存其人；诗多者再行择粹。

世公即周云，字世臣，山东东阿人，光绪十八年进士，曾任永城知县。周为饱学之士，久居中州，民初以来数次修《河南通志》，俱聘为纂修。

是书为历代中原诗歌总集，以前清钱九韶所编《河岳集》为基础增订。至1938年4月开封沦陷前夕，诗选至明代卷，共七十卷，刊刻亦交马集文斋，刻至元代卷。时刘镇华因病辞职，经费来源断绝，周云亦抱病停选，旋即辞世，《中州诗钞》遂中道而废。

《中州诗钞》，民国间河南图书馆刻本

此后井俊起随河南图书馆撤离开封，辗转南阳等地，虽生活困难，仍念念不忘《中州诗钞》，继续选录元代以后诗卷，其间不止一次致函马集文斋主人马志超，请其妥为保存已刻成之板及文稿。马志超《马集文斋版印书籍及开封刻字业纪略》，附有井俊起致马氏函两通，另有致刘镇华代理人万自逸函，语皆极痛切，云：

纯哥鉴：

接读手示，欣悉居汴垣，道履清吉，十分慰颂。并悉《中州诗钞》版本、底稿均获安全，尤为欣幸。弟一再播迁，流离困苦，且教款用尽，图书馆经费无着，依人作计，百无聊赖，因借整理《诗钞》，销磨时日。恐汴垣版稿损失，故函志超一问焉。能有力续刊，请转志超兄妥为保存。弟不至饿死异乡，决设法使成全璧。但前途茫茫，颇难预料，不知相见当在何日也。专此布复。

祗颂
道祺

弟井俊起拜启

读之感佩，如见其人。

抗战胜利后，井俊起回到开封，终因经费无着，《中州诗钞》未能继续刊印。他在《年谱》中痛心疾首感慨道："续选无望，一篑功亏，亦中州文献之厄！"

《中州诗钞》书板，一直由河南省图书馆保存，现存497块。马志超尚存有元代诗稿缮正本八卷，今未详所在。

其五，编辑中原文献总目。

井俊起早年应李敏修之邀，参与中州文献征辑处的河南文献征辑，以病躯尽心黾勉，颇受好评。其间曾为《中州艺文录》撰稿，已详前述。后受聘通志馆纂修，负责《河南通志·艺文志》之修纂，经十余载，终成正果，详后专节叙述。

抗日战争至解放战争期间，井俊起守护河南图书馆主要珍贵图书、字画等文物,辗转于南阳等地,历尽艰险,大都完好保存,并幸存至今。

井俊起先生之于中原文献,堪称厥功至伟。

## 四、刘镇华、万自逸与经川图书馆

前文屡屡提及,民国间文献刊刻,多得刘镇华赞助,如李敏修《中州文献汇编》、井俊起《中州诗钞》等。刘镇华虽被论为军阀,而非文献家,但其刊刻之河南文献,不止于此;其于文献整理,又不止于刊刻。故当一述,以备河南文献掌故。

刘镇华(1883—1956),字雪亚,巩县人。光绪三十三年任开封中州公学庶务。宣统元年入同盟会,辛亥革命时曾策划洛阳起义。入民国,先后投革命军张钫、袁世凯、段祺瑞。民七年任陕西省省长(后兼督军),主陕政七年。民十五年任吴佩孚部陕甘剿匪总司令,率镇嵩军攻西安,民军李虎臣、杨虎城部浴血力守,于是有围城八月、军民饿死数万之惨剧。(陈忠实小说《白鹿原》之刘瞎子,即以其为原型)

刘镇华像,源自《中国名人录》(Who's Who in China),上海密勒氏评论报出版,1925

民十六年投冯玉祥,任河南省政府委员。蒋冯阎大战,转投蒋介石。十九年受蒋委任为豫陕晋三省边防清乡督办,二十二年任安徽省政府主席。二十五年急流而退，佯狂以避，次年辞职，归巩县故里及开封居住。1949年去台湾。其五弟刘茂恩，早年随其在军中任职，抗战时期任第十四集团军总司令，民三十三至三十七年任河南省政府主席。刘镇华一生，经历曲折、立场多变，治史者评说，毁多于誉。平心论之，亦吾豫一代枭雄。

早年，刘镇华求学于经正书舍，为李敏修门人，故李创建中州公学，聘为庶务，又兼职于河南学务公所。辛亥策动起义，刘镇华即以学务公所视学名义前往洛阳。民国建立，其部本应被裁，经李敏修绍介，结识豫督张镇芳，得以保存其部，改编为镇嵩军。

刘主陕西，甚重文教，创办西北大学，改造陕西省图书馆。民十二年邀康有为、李敏修往讲学。十三年鲁迅赴西北大学讲演，刘派员迎接，并宴请鲁迅，邀为士兵演讲。当时又多用豫人，豫中一时名士，如孟津郭芳五、许鼎臣，新蔡任芝铭，商丘井俊起、孟广澎，固始万自逸等，多入其幕任要职。

伦明《辛亥以来藏书纪事诗》称，刘镇华亦好聚书，但藏书几何，未见记载。当李敏修征辑中州文献时，刘镇华正剿匪豫西，仍多方搜罗，得本地图籍二十一种三十五册。今新乡市图书馆存有清刘凌汉《检身辑语》一卷，署"玄孙镇华校"，并有民四年刘镇华序。刘氏还撰有《巩洛偃登新湦各县文献录》，似为六县著述目录，今未见。征辑中原文献期间，刘与李敏修书函往来，就征辑编纂，提出不少建议。（详河南大学历史系马树功《刘镇华传略》，《巩县文史资料》第十四辑，1985）

民二十年，刘镇华开始赞助李敏修《中州文献汇编》出版，具体事宜，俱由其幕僚万自逸办理。

万自逸字纯安，固始人，光绪二十九年举人，"中州八大名流"之一。传为康有为门生。其生平行实，知者甚渺，惟马集文斋主人马志超，记万自逸交刻《中州文献汇编》时，略有叙述：

> 万自逸，字纯安，河南省固始县人。晚清进士。著有《固

始县地理沿革考》等。民国初年在天津居住，以后来开封，在北道门路西开设"大梁书舍"，买卖古旧书籍。万与刘镇华相知，刘任安徽省主席时，万曾任刘之秘书，后仍回汴操旧业。万交游广泛，经许钧介绍与马志超相识，成为朋友。曾为马集文斋介绍不少刻书生意。抗战胜利后万病逝于开封，刘茂恩为之经营丧事。死后家中犹存书数十箱。

当时在安徽省政府任职的许汉三，回忆万自逸说："他在开封办了一个旧书店，一面卖书，一面读书。就在安徽省府工作时，也仍然不断和京、津、沪、汉等处的旧书店频繁通信联系，买卖书籍。"（《皖事拾零》，《安徽文史资料》第32辑）

民二十年春，首刻《中州先哲传》，目录后小注云：

> 右《清代中州先哲传》三十七卷，汲郡李敏修先生所纂订也，其分辑之役，禹县王槐三、陈肇卿两先生功多。稿付大梁书舍为校刊。其二十一、二十二《儒林》两卷，因迭经变乱，探访为难，欲求征实，尚费探讨。而各界急欲先睹，纷来函索。先以三十五卷印行塞责云。

所谓"付大梁书舍为校刊"者，即付万氏，盖万氏身为刘镇华捐刻操办人，又兼校对之任。

同年冬，又为张凤台补刻《安阳四子诗集》中未刻之两种：《龙隐斋诗选》一卷、《砚北居诗集》一卷，合已刻之《岳起斋诗存》二卷、《石鱼斋诗选》二卷，汇印成全书。首载民二十年冬刘镇华序，略云：

> 安阳张公鸣岐长乡邦，留意文献，辑乡先哲遗著为丛书，因重刻《邺四子诗集》。四子者吴起王、李骖蠲、菊畀、宋君羽也。起王、菊畀集刻甫竟，公卒。……此四子皆明子遗，集亦历劫幸存，乌得以词客常态视之哉！亟为补刻，以竟鸣岐省长之遗意云。

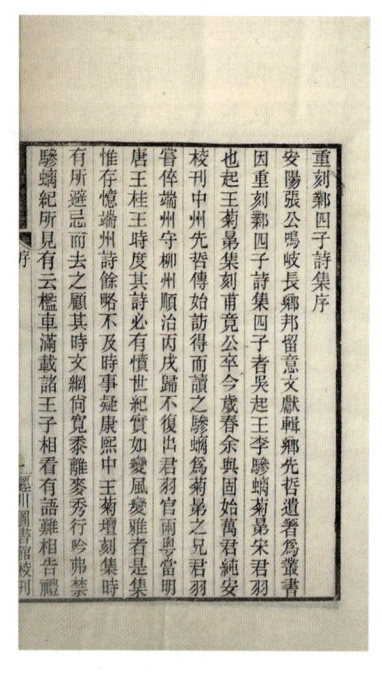

凡补刻之板，下书口均刻"经川图书馆"。版式差似马集文斋所刻诸书，疑亦马集文斋刻。

《安阳四子诗集》，民二十年刘镇华补刻本

民二十四年，《中州文献汇编》其他几部图书刊刻，亦由万自逸交开封马集文斋刊刻。

民二十五年，刘镇华又资助许鼎臣文集出版。

许鼎臣（1870—1933），字石衡，孟津人，河洛宿儒。光绪二十三年贡生，时有"中州三杰"之誉。曾受李敏修之邀编辑中州文献，又曾与修《河南通志》。刘镇华、万自逸早年俱曾入其门受教。民十年许遭匪难，刘镇华与省长张凤台合力救出。刘乃延至陕西，聘为塾师。民二十二年故世后，刘镇华为出资刊刻遗稿，许之子镜咸乃请韩嘉会、张嘉谋编为《龙嘴山馆文集》十卷，通志馆纂修周云为之审定，由万自逸交马集文斋，以经川图书馆名义刊行。卷前有民二十四年刘镇华序、周云序，次年韩嘉会跋，并周云《孟津许府君志铭》、万自逸《孟津许石衡先生教思碑铭》（《碑铭》并刊于《河南图书馆馆刊》1936年第3期）。

肆：民国时期中原文献整理 273

《龙嘴山馆文集》书板，民二十五年经川图书馆刻本

民二十五年，刘镇华还资助河南图书馆井俊起编刊《中州诗钞》，已见前述。

刘镇华对故乡巩县文献非常重视，曾捐资刊刻过两部《巩县志》。一在民二十四年，时刘氏得知宁波范氏天一阁藏有《嘉靖巩县志》一部，"当即飞函，倩人佣写，涉猎一过，如得异珍"，亲为之序，付之重刊。一在民二十六年，刘镇华辞职，归居巩县神堤村故里，见新修《巩县志》稿。此稿为其辛亥革命时盟友刘莲青主纂，刘氏卒，由张仲友踵其事，后又请省通志馆周云、张嘉谋审订润色，前后十余年方告成，然未能付刻。时逢七七事变爆发，刘镇华料中原将再燃战火，深恐此稿遭不测，倡捐一千元，并为之序，由万自逸交马集文斋刊刻。

马志超《马集文斋版印书籍》记《民国巩县志》曰："此书刻印于一九三七年。抗战爆发后日军常派飞机往开封城中投炸弹，

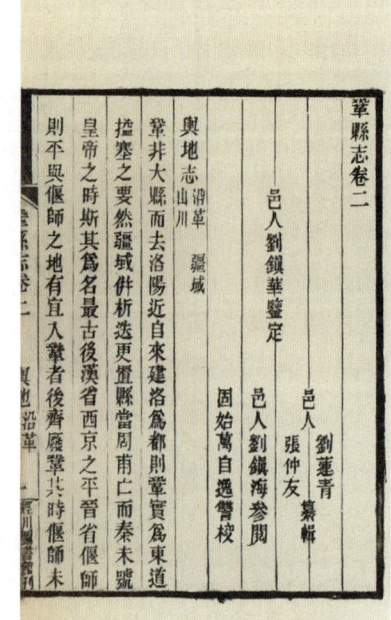

左：《嘉靖巩县志》，民国二十四年刻本
右：《民国巩县志》，民国二十六年刻本

万自逸不避危险，每日至马集文斋看视刻印进展情况，能帮忙之处即动手协助。书刻成后，印二百部。"可谓不负重托。卷末有万自逸跋语一通，记刊刻始末，情辞并茂，为中原文献整理史不可多得之佳文，史料价值亦极高，因节录于此：

  丁丑夏，雪公自都返豫，自逸从车抵大梁，雪公直趣巩。自逸小息，亦南旋。居无何，复奉雪公电，促赴神堤，盖七月中旬矣。既晋谒，出箧中书，侈侈厚，付之曰："此新修《巩县志》稿也。国家多故，外患凭陵，平津保相继没落。豫居中土，虞沦为战地。稿未缮正，未录副，今欲付之剞劂氏，子其任校雠之役！"……因携汴，交刻工马志超。志超居右司官口，额其门为集文斋，盖三世精其业矣。……冬十一月告竣，为书二十六卷，一千一百六十三番，四十三万零七百九十一字。费以法币计一千六百三十七圆，以钱计一万三千零九十六缗。装箱七，外大书深刻，内卷数隔离，并合雪公前所校刊之《中州先哲传》《中州艺文录》《中州文征续编》《中州诗征》《天一阁巩志》，装箱三十有七，用法币一百十八圆零四角。《巩志》随刻随印，先成三十部，工料一百四十八圆六角，增以邮资及复刻板片，统耗法币一千九百八十五圆六角三分，均由雪公交讫。维时省中红粮斤七分，黄米斤八分，而工价每千字三圆八角，仍守前十年所订原约。志超好义，宜其能持久也。今者双方对峙于黄河，一苇之杭，动成骚乱，飞机轧轧，镇日扰汴市。自逸虑板片之散失也，来谋善地庋藏之……因叙述颠末，俾后有所考云。民国戊寅岁五月万自逸跋。

《民国巩县志》为民国间所修县志中上乘之作，倘非刘镇华倡捐刊刻，则不知能免于兵燹而存天地间否。其板今存河南省图书馆。

依今所见，刘镇华捐资所刻之书，大都由开封马集文斋刻印，见于马志超《马集文斋版印书籍及开封刻字业纪略》一文记载。然而，除《中州诗钞》外，大都以"经川图书馆"名义，或有"经川图书馆"牌记，或下书口刻"经川图书馆刊"字样。而经川图书馆出版之书，所知俱为刘镇华所捐助，惟清蒋湘南《庐山纪游》一种，未详是否，而亦与万自逸有关。

今遍查文献，未见有经川图书馆记载。颇疑经川图书馆系刘镇华或万自逸为刻书所设之名目，未必确有其馆。惟文献不足征，未敢妄下定论。

此外，操持刘镇华捐刻诸书之前，万自逸本人也辑刻过豫中文献，即其乡固始先贤蒋湘南著作。

蒋湘南著作，传世有民国间资益馆主人校订者七种，并非成

 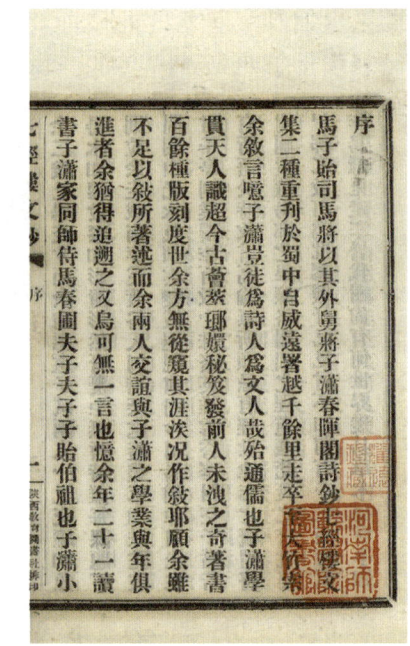

左：经川图书馆牌记
右：《七经楼文钞》，民九年陕西教育图书社排印本

于一时，而统称《蒋子遗书》，见于《中国丛书综录》著录。是书为铅印本，下书口有"陕西教育图书社排印"或"资益馆校印"字样。子目如下：

《七经楼文钞》六卷《补遗》一卷《校勘记》一卷，民九年
《春晖阁诗选》六卷《校勘记》一卷，民十年
《华岳图经》一卷《校勘记》一卷，民十年
《江西水道考》五卷
《西征述》一卷
《卦气表》一卷附一卷
《游艺录》三卷

集内《校勘记》，俱资益馆主人撰。《七经楼文钞》末，有民九年资益馆主人跋，云：

> 固始蒋子潇先生，生平著述百数十卷，今存者仅《七经楼文钞》《春晖阁诗选》二者而已，而板片亦复散佚。诸同人以馆主人与先生同里闬，群来索其集。适在秦，乃将《七经楼文钞》先付图书社排印。

资益堂主人与蒋同邑，为固始人，则必为万自逸。万自逸民九年之前入刘镇华陕西省署幕（见井俊起《年谱》），任省政府秘书、陕西教育图书社社长（见罗宏才《陕西考古会史》，陕西师大出版社，2014），故得以陕西教育图书社名义印此书。资益馆当是其斋名。

按，蒋湘南为吾豫才人，早年结交阮元、龚自珍、魏源等，一生不仕，以游幕讲学为事，在陕影响甚著，曾主讲关中书院，纂修《陕西通志》。故陕人特尊之。此书虽系应陕人之求而刻，而于万氏，亦整理乡邦文献之举。

日据北平时期，谢国桢撰《续修四库全书总目提要》条目，有《七经楼全集》二十卷《附录》一卷，民国间大梁书舍重刊本。所列子目，较前缺《西征述》《江西水道考》，而多《庐山纪游》一卷、附释寂然《昙隐居草》一卷。提要称："近固始万氏复汇其遗稿，重为刊行。若《庐山记游》则刻为遗集中。"则万氏在汴梁，又曾以大梁书舍名义重刊《蒋子遗书》。惟遍查各图书馆藏书目录，未见所谓《七经楼全集》者，仅知有所谓"《庐山记游》刻为遗集"者，即经川图书馆刻本《庐山纪游》，版心上题"七经楼遗集"，并附释寂然《昙隐居草》。

开封沦陷之后，万自逸滞留汴中，曾出任伪河南通志馆纂修，时人以文化汉奸目之。抗战胜利后，神志颓丧，1946年突发脑溢血故世，亦可叹。

## 五、河南通志馆及《河南通志艺文志稿》

河南修志机构，自民十年张凤台开局修志，至民三十七年国民政府解散，前后二十七年，几度兴废，省府为此投入大量资金；一代人物也为此付出大量心血，奈战乱频仍，终未能全部刊成，仅留部分稿本、刊本。就中原文献整理而言，通志纂修之功，大者有二，一则征集保存了不少几近失传的本省文献，二则编纂了具有河南文献总目性质的《河南通志艺文志稿》。

河南大学图书馆王守忠先生，撰有《民国年间河南通志馆始末》（载《河南文史资料》第十二辑，1984），用功甚深，述事甚详。惟其时通志馆档案尚未全部公开，故所述难免小有缺失。今通志馆档案业已出版，得以方便查阅，而原档较为散乱，标注亦多舛误。兹据档案及不同版本之《艺文志稿》，参照王守忠先生文及当时报道，就通志馆中原文献整理相关事项，重分时段，略述如次。

（一）第一期（民十年至十五年）

民十年冬，河南通志局成立（十二年更名为"重修河南通志局"），督军赵倜、省长张凤台任总裁，绍兴萧惠清任总纂修（十二年李见荃接任），以四年为成书之期。参与修志者，有秦树声、周云、蒋藩、刘海涵、陈嘉桓等。

通志局成立后，先立目录大纲。今存档案有当时《拟重修河南通志目录》拟定有《艺文》一门，说明曰：

> 嘉靖《志》于杂文之外，兼志书目；雍正、乾隆《志》则全属杂文。今拟仿《四库全书目录》，分经史子集，志其卷

帙及作者姓名。杂文概从删削，以免文选之讥。其确有关系者，应入某类，即于某类附之。

是则确定《艺文志》内容为经籍志，具有"河南文献总目"性质。旁蒋藩批语曰："《艺文》既仿《汉志》，当列书目，不选文字。然志乘有《文征》一门，亦当特别编辑，以符章氏之例。"是依章学诚之例，建议另立《文征》一类，收录诗文作品。大纲以后多次修订，而《艺文志》著录本省历代著作之例，始终延续。

修志必有地方文献为依据。通志局聘有采访员至各县。《重修河南通志局采访员办事细则》要求，对于"耆年硕望、熟悉地方文献或富有藏书者，无论距城远近，采访员均需亲往访问，编为日记，用备采录。其书籍有应行购买或借抄者，由采访员函告本局商定"。但是，采访所得并不理想。经刘海涵建议，张凤台遣刘往上海访书。张凤台《辎轩博纪续编序》载：

> 民国九年七月，余谬绾乡符，筹设四存分会暨通志局，与一时贤士大夫、耆旧鸿博荟萃一堂，搜集乡先哲零纨断简，以启后学而阐幽光。然犹或囿于方隅，其所访而购者，落落如晨星。盖稽古若斯之难也。刘君怡宣，好古博文，辄为余称道："沪上书肆繁夥，必有曩哲遗珠、乡贤孤本，零星散佚于其间而莫之问津者。"余闻其言而艳羡之，即请刘君携行篚，担簦摄跷游于沪滨。……此次刘君游沪，于宋得《魏公君臣相遇传》，于元得许文忠《圭塘小稿》，于明得崔文敏《洹词》，字体开朗，校对无讹，较旧日所收藏者，异常珍贵。至《辎轩壹纪》，尤为吾豫必用之书。

此次修志，《艺文志》为蒋藩主笔。蒋藩（1871—1944），字恢吾，号蓼庵，祖居睢县，后迁杞。光绪庚子、辛丑恩正并科举人。晚清河南文献大家，与李敏修、张嘉谋并称。藏书甚富，亦精于金石。蒋藩对方志纂修素有研究，收藏有河南地方旧志百七十余种，著有《方志浅说》。毕生精力，泰半编修志书。

这一时期，军阀混战，时局动荡，修志未能蒇事。所成之稿，名曰"初稿"。今档案中，有民十五年顷《通志分纂成绩说明书》，称"计成初稿一百二十八卷"。其中艺文类初稿记载："《艺文志》四十四卷，卷各一册。《清代艺文志》三十四卷，《清代艺文目》六卷，又《存目》一卷。"但艺文类原稿俱未见存世，惟后来有清稿本《河南通志初稿·清艺文待访目》等，大抵为此时所成。详后。

另河南省档案馆所藏通志馆档案 M18-1-681、682，为刘海涵所编《汇集中州全书提要》，原为六册，现存五册，系抄录《四库全书提要》中豫籍人物著作提要，似亦是这一时期所辑参考文本。

（二）第二期（民十六年至二十三年）

民十六年，河南省政府将重修河南通志局、金石志编纂处合并，划归教育厅，十月一日成立"河南省教育厅重修河南通志处"。处长由教育厅长兼，纂修为周云、张嘉谋、蒋藩。以二年为成书之期。

前此，十六年三月，井俊起即参与《艺文志》编纂，其自著《年谱》记是年三至六月事云：

> 在省闲居，通志馆诸友张仲甫等，屡欲邀余协助，但以纂、协修均无缺额，商之馆长杨少泉（名捷三，开封，前清翰林），并由周世公关说，乃以额外纂修名义，支校对月薪，编辑《河南艺文志》。遂与世公商定办法，仿清《四库书目提要》体例，先叙其人之姓名、别号、籍贯、出身、职位，冠以朝代。未见其书者，不赘言（偶有一文一词，不能成编者不录）；见其书者，揭其内容，为之提要。遵世公意，此为地方志，著述者皆前辈，凡书中淳粹处，自应极力推重，以资表彰，偶有瑕疵，则应置之不论，不必效《四库提要》之官

书，褒贬互见，或有见仁见智之嫌。因从周秦开端，搜阅各史艺文、经籍志，及各家书目、书录、读书志、藏书志，与所辑古代佚书，悉心研讨，证析地籍，深觉乐于从事。

其后，表彰前贤，掩其瑕疵，成井氏撰写提要之原则。此固出世公周云之仁者宅心，而秉笔直书，亦史家传统，亦不可失。

是时奉军入豫，革命军北伐，西北军再起，唐蒋战争，中原大战，河南依然战火不断。通志修纂，经费不能保证，时断时续，至民十八年通志处届满，全书仍未告竣。

民十九年，根据国民政府要求，河南省政府重新成立河南通志馆，归省府直管。中原大战后，蒋系获胜，南京国民政府任命刘峙为河南省政府主席。二十年元月，省政府颁布《河南通志馆组织条例》，四月重组河南通志馆，刘峙任总监修，魏松声为馆长（魏于九月病故，韩运章继任），周云、张嘉谋、蒋藩等为纂修，以二年为期。

此届《艺文志》，周秦至宋，由井俊起撰写；元明由孟昭楔撰写；清代似拟沿用蒋藩旧稿。井氏《年谱》民二十一年载：

> 河南通志馆早经停顿，兹由张仲甫、蒋恢吾、关百益等谒见刘经扶主席，以时局平靖，河南通志馆关系河南文献，极为重要，请予恢复。并事先请英公关说，当即允许。聘魏春源（确山，拔贡）为馆长，馆中设纂修、协修，并分专任、兼任。聘余为兼任纂修，仍编辑《艺文志》。余近在建厅、民厅，虽有专任职务，但对于《艺文志》仍不时翻阅群书，留意[查]考，已将陈隋以前大致采备，乃搜集唐宋作家，于核稿之余，一意编纂。

孟昭楔（1888—1971），字心垣，后更名新元，杞县人。民三年北京法政学堂毕业，执律师业于汴。民九年与修《杞县志》。其与吴芝圃有师生之谊，民三十七年开封解放，吴任市长，派其接

收河南省图书馆，成为首任河南省图书馆馆长。后任河南省政府文管会委员，文史研究馆馆员，政协河南省第一、二、三届委员。

孟昭榘像

此时河南时局较为稳定，通志编纂进展基本顺利。至本届通志馆到期，民二十三年元月，韩运章向河南省政府提出辞呈，并呈报编纂成绩，附《成绩一览表》称："全书计七百二十九卷，已编成者六百二十九卷，已编而未成者七十七卷，未编者二十三卷。"请延期一年以竟全功。其中《艺文志》、《书目》五十八卷，已成，汉以前至清。分豫人著述之书和纪述豫事之书，仅明清有纪述豫事之书"。所有志稿，于当年底移交下届通志馆，交付清单及《接收旧稿检校表》，列有以下数种：

《艺文志》三十四册（清代），蒋恢吾
《艺文待访目》八册（清代），蒋恢吾
《元代艺文》一册，孟心恒［垣］
《元明艺文合订》二册，孟心恒［垣］
《明代艺文》六册，孟心恒［垣］
《艺文》（采辑诗文）十二册，刘昭［怡］宣
《艺文》二十九册（似系自周至宋），井伟生

其中《艺文》（采辑诗文）十二册，非艺文志，属文征。其他《艺文志》留存至今者，有以下两种：

一为河南省档案馆藏档案 M18-1-714,《明代艺文》四、五、六,稿本,原装三本,各有封面,现装一本。

此为孟昭榘撰,各封面有"孟心垣"签字。《明代艺文五》封面另标"外人记述豫事之书"及"廿三.元.廿六.收"收稿日期,是当时交稿较晚者。四、六两本,著录明代河南人物著作103种,以人系书,不分类属,人物排列亦无规律,并不以年代、地域为序。各人俱有小传。各书则列书名、卷帙、存佚,并加提要。书目来源,大多出自各县志(第四本),《四库总目》《明史艺文志》、诸家藏书目(第五、六本)等。提要亦简,其繁者,多抄自《四库总目》或序跋,据存书提要者比例较小。其后《河南通志艺文志稿》刊印时,一些条目(如《永平集》等),即在此稿基础上修订而成。另《明代艺文五》《外人记述豫事之书》,收录《河南名山记》等25种(重出一种),后《河南通志》未收外省人著

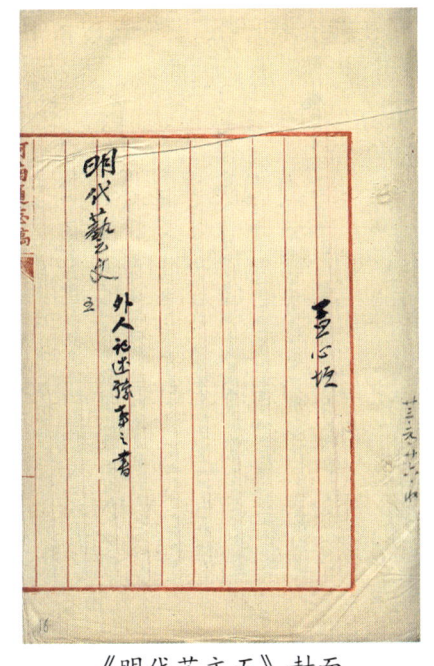 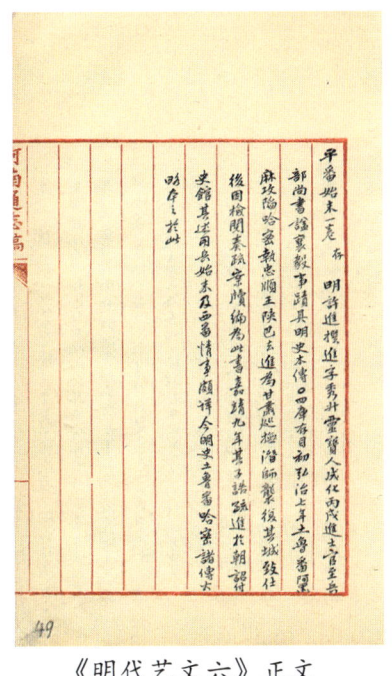

《明代艺文五》封面　　《明代艺文六》正文

作，故此稿未用。观此存稿，则韩运章所谓"《书目》五十八卷，已成"之语，实属夸张，至多初成而已。

二为河南省档案馆藏档案 M18-1-716、715，《河南通志初稿·清艺文待访目》，原装六本，现装二本。清稿本，各本前有缮手"边子中"印，本后有字数统计。

此应系蒋藩所撰，即第一期修志之《清代艺文志》三十四卷，《清代艺文目》六卷"旧稿。卷端标"初稿"，亦当时之例。此《待访目》以地域为类，各地之下以人物为序。各人俱有小传，各书标卷帙，间或注"刊本""钞本"等。全文基本抄自李敏修《中州艺文录》，而较《艺文录》所收书少，小传亦有节略。盖通志馆已有或已见之书，删去不再著录；剩余未见者，著于录以备采访。此外，井俊起所撰，虽原稿未存，但延续为下一届修志用。

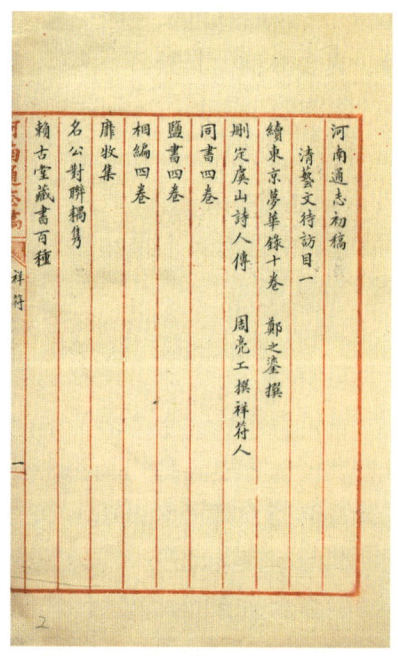

《河南通志初稿·清艺文待访目》，清稿本

是届修志，除《艺文志》编纂之外，通志馆还采购、抄录了一批珍稀本土文献，井俊起记民二十二年事曰：

> 此时馆中有书，足供涉猎。外处书目，见有河南人著述或历代公私家书目、书录、读书记等类，能购者一定去购，不能购者亦必设法录副，商给相当价款（以北平图书馆、江苏国学图书馆所抄录者最多，有三四十种，及二三十种。他

省图书馆及浙江范氏天一阁等处所抄录者,亦有一种或二三种)。借馆中之购书,为《艺文》之采辑,尤觉易于着手。除将唐宋以前极力搜补外,对于唐宋以后,有见必录。

今所见者,如《四库存目》著录之明无名氏《两河观风便览》,《四库全书存目丛书》失收,《中原文化大典》著录称已佚,实档案中存有通志馆抄本。

(三)第三期(民二十三年至二十六年)

民二十三年秋,河南省政府决定重设通志馆,继续通志编纂。新河南通志馆设于河南大学,馆长由河南大学校长兼。总监修例由省政府主席任。

挂有"河南通志馆"馆牌的河南大学校门,1935。源自《河南政治》1935年第5卷第11期

本届通志,聘胡汝麟(字石青)为总纂修。《艺文志》初以井

俊起负责周至元。至于明清，盖因不满孟氏初成之稿，另请谢国桢撰写。

谢国桢（1901—1982），字刚主，安阳人。知名文献学、晚明史学者。民十五年考入清华国学研究院，师从梁启超。十八年任职北平图书馆。二十二年任南京国立中央大学讲师。1949年后任职于云南大学、中国科学院历史研究所。民二十三年受聘协修《河南通志》时，已出版有《清开国史料考》《晚明史籍考》。其间曾短期来汴，不久仍回北平图书馆任职，兼修《河南通志》。

谢国桢像

但是，谢稿交付之后，馆方不甚满意，遂又由井俊起代为改编。井氏记民二十五年事曰：

> 通志馆《艺文志》，本与胡石青商定，宋元以前由余负责，明清另行聘人，取包工制。不料此人编成交稿，过于简略潦草，决不堪用，嘱余改编。余以前此对于明清著述曾经注意，遂毅然承认，继续采辑。

此届修志，进展甚为顺利，至民二十五年三月基本完成。《申报》3月3日报道《河南通志编竣》称：

> 《河南通志》，自民国七年开始设馆编纂，迄今已十八年，共费洋五十余万元。现各项稿件，次第各竣。至三月底，校对亦可完成。约计字在千万以上，拟分五百卷。印刷期间，

最速亦须半年。

报道中提及《艺文志》为谢国桢撰，不确。3月5日《河南民国日报》亦有报道（从《文澜学报》1936年第2卷第1期引）：

> 现稿件大部告竣，至三月底即完成校毕，都千万余字，拟分五百卷，印七百部，精装二百部，以备分送国府暨世界各大图书馆。至速须半年始能印成。

但实际的排版印刷，并未如计划之神速。民二十六年，全部《通志》仅有部分刊印，《艺文志》幸在其中。井俊起记二十六年事云：

> 所编通志馆《艺文志》，除宋元以前已完竣外，明清以后亦大致具备，共采录七千一百四十二种（经部一千二百二十八种，史部一千二百三十种，子部一千九百七十一种，集部二千七百二十三种），虽不敢谓毫无遗漏，但已竭尽心力，百计访寻，深得本省、外省人士及各图书馆、各旧书店之赞助。至纠正错误，改订文字，则全由周世公鉴核。总纂胡石青以为满意，商之兼馆长张仲鲁，次第付刊。

《艺文志》刊印的具体时间未详。通志馆档案M18-1-21卷（此卷整理者标1935年，恐误），中有《印成待装志稿目录》一份，含《艺文志》《地理志》《大事志》三种，其《艺文志》如下：

经部：书礼四书类，四一本；四书类，四三本；易类，二本；乐类，一本。史部：职官史评类，二三本；诏令传记类，四三本；史钞地理类，八三本；正史杂史类，一本。子部：儒杂家类，二本；儒家类，二九本；兵家谱录类，一本；类书道学类，十三本。集部：别集，六四本；康熙补雍正两朝别集，二本。

目录中之类目，为一册中自始至终之类别，如史部"史钞地理类"，谓"史钞类至地理类"。通志馆档案 M18-1-657，即"史钞类地理类"付印清样，凡五十页，类目依次为史钞类、载记类、时令类、地理类。所谓本数，盖刷印之复本数。

今国家图书馆藏《河南通志稿》一部十六册（地 150/42），正是《舆地志》《大事志》《艺文志》。（另有《经政志》）其《艺文志》九册，基本与《印成待装志稿目录》相同，惟次序有差，集部别集仅有元代以前。南京图书馆亦有十六册一部，注 1935 年（GJ/2001942），未阅，未知所据，疑与国家图书馆藏本同。

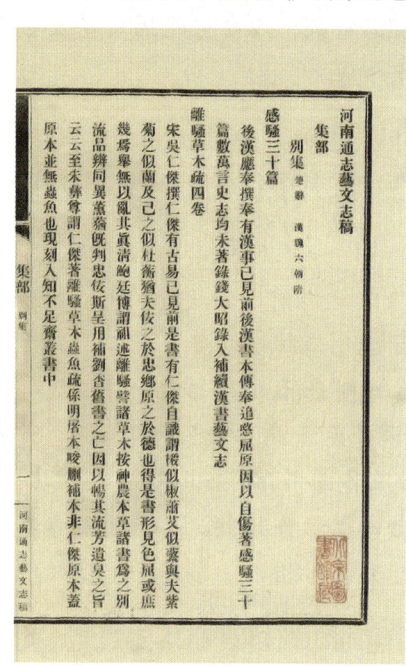

《河南通志艺文志稿》，国家图书馆藏

民二十六年，七七事变后，日寇步步南侵。是年底，战事日紧，河南大学奉命南迁。盖时间仓促，《艺文志》终未能完全竣工（清代别集有缺），亦未能正式发行，因此流传甚罕。

这部《艺文志》历经十余年艰难坎坷，倾注了一代学人的心血，至此终成正果。其书以铅字排印，卷端题《河南通志艺文志》或《河南通志艺文志稿》，下书口有"河南通志艺文志稿"字样。全志收录豫籍人士的全部著作，无论存佚。（但未全部注明存佚，尤其明清著作）所收著作总数，较井俊起之统计为少，约当其五分之四。其例依四部分类法著录，各书标明书名、卷帙、作者、提要说明其内容，是第一部完整、规范的中原文献总目。此后中原文献总目整理，大抵在此基础上订补完善。其提要大多客观陈述，不轻易置评，遵循了周云"不必效《四库提要》之官书，褒贬互见"的原则。

民二十六年十一月，奉省政府令，通志馆主要成稿及档案，由胡汝麟负责，与河南博物馆部分文物一起，转移武汉。二十七年十月再转至重庆，暂存市郊中央大学柏溪分校。三十三年胡汝麟过世。抗战胜利，博物馆馆长王幼侨将书稿档案带回河南，几经辗转，现收藏于河南省档案馆。其《艺文志》稿，今尚存为数不多的史部、集部清稿本（M18-1-658、660）。

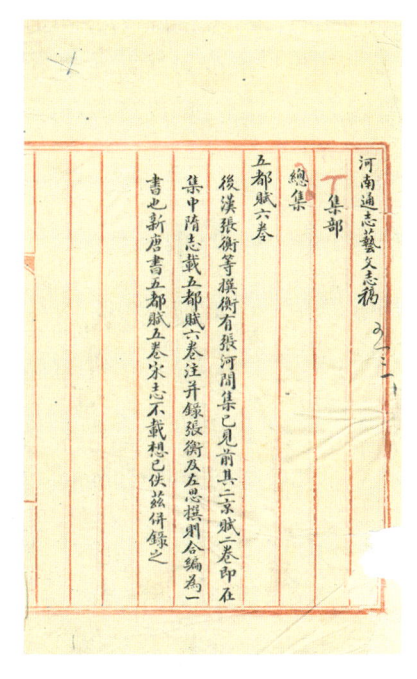

《河南通志艺文志稿》，清稿本

这一时期的《艺文志》底稿，还有谢国桢稿。谢氏晚年所撰《自述》，后附《著述目录》，刊于1981年《文献》第10辑，其中有"河南通志稿艺文志，仅有存稿"一句。知所撰《艺文志稿》，仍自存底稿。但2013年版《谢国桢全集》未收。咨之主编杨璐先生，并转询其遗属，迄无结果。

（四）日伪时期（民三十年至三十四年）及民末（民三十五年至三十七年）

民三十年八月，伪河南省政府重新成立河南通志馆，并设委员会。委员长由伪省长陈静斋担任，万自逸为总纂。

日伪时期通志馆之资料现存极少，未知详情。此届通志馆曾印行《河南通志稿》，《艺文志》亦在其中，书衣陈静斋题签，封面伪省府秘书长、修志委员会秘书长孙思仿题写，并有出版日期，民三十一年三月至三十二年三月。

此版《艺文志》，大多用前通志馆原版重刷。审其边框断口损伤，较国图藏本为甚，显系后印。盖原河南通志馆撤退之时，仅带走原稿，而已排成之版，未能转移，留于开封。

此版各部之前另加小序，少数版亦有差异。如集部原版未立"楚辞类"，以"楚辞"归入"别集类"之首，不合成例；此则析出"楚辞"立类，类中增服虔《九愤》、蔡邕《九惟》二条。由此引起推版重排。新排之版，半页十二行，与原版十三行者不同；至第六页与原版赶齐，始用原版刷印。

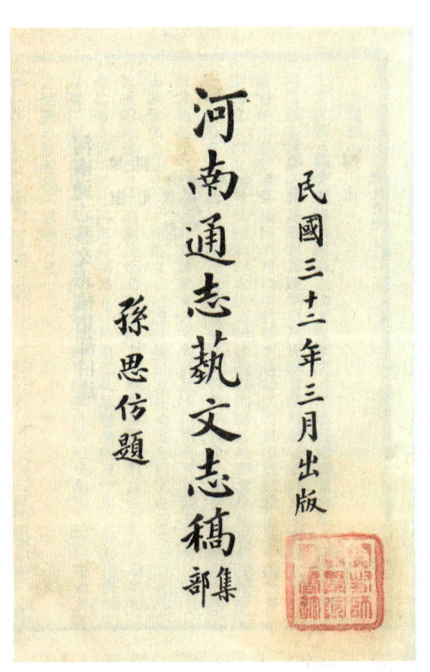

《河南通志艺文志稿》，民三十二年伪河南通志馆重印本

日伪版集部，明清两代别集及总集、词曲类俱全，此虽不见于国图藏初印本，但亦是上届修志之稿。河南省档案馆档案中，集部总集、词曲之清稿尚存，审与此印本内容全同。疑当民二十六年顷，这部分已行排印，甚至已经排成。

伪通志馆之《河南通志稿》，存世虽较初印本多，但亦不常见。抗战胜利后，民三十四年十二月，王友梅等在省临时参议会上提案:"伪省长陈静斋、伪教育厅长孙思仿等,意在沽名钓誉,掇拾前稿,遽尔付印。姑无论其内容有无可取,即以叛国一端而言,即不得任其在民间流通。"提议"现行之伪《河南通志稿》,禁止坊间买卖"。另一议案亦提议"伪修各志一律禁毁"。两案均获通过。盖因此流传不广。

民三十五年,河南省政府重新成立河南通志编审委员会,审查所存之志稿,补纂遗缺之志稿。当时有《河南通志出版计划》,其中列有《艺文志》出版预算:《艺文志初稿》原有 4 册,预算 164 页;《艺文志经部》原有 3 册,预算 159 页;《艺文志史部》原有 4 册,预算 153 页;《艺文志子部》原有 4 册,预算 217 页;《艺文志集部》原有 6 册,预算 261 页。按当时市价估计,每页需工料费 130 元。但以战事再起而无下文。人民政府于 1948 年 10 月接收编审委员会,1949 年 3 月裁撤。

(五)《河南新志》之《艺文志》

晚于《民国河南通志》编纂、早于其成书者,另有一部《河南新志》。北伐胜利后,冯玉祥主豫,在其所统治区域,豫陕甘三省建设设计委员会确定纂修三省新志,并由河南开始。于是,民十八年四月,河南省政府成立河南新志编纂处,省政府主席韩复榘任监督,聘三省建设设计委员会刘景向为编纂处主任。未及半载,是年九月成书,是为《河南新志》。

《河南新志》类似于《河南通志》之续志,总体上略古详今,重在民元以来史事。其编纂之初,原即确立有简明扼要、重在实用的编纂原则。

《河南新志》有《艺文》一卷(卷十七),是民国间成书最早的河南文献目录,著录著作 704 种,以有书存世者为限。与略古详今之原则相反,所收上至周秦,下迄晚清,民国反而不录。外籍人述豫省事之书,亦予收录。全目按四部分类,著录书名、卷帙、撰人及小传,并有扼要简介。其收录图书种数不够丰富,但重要者大抵都已在内；排列以独特的分栏表格式，便于观览，俱为简明实用原则之体现。

《艺文》卷不悉出谁手。除刘景向外，《河南新志》编纂员还有王荣揎（罗山人，曾主修《豫河续志》）、曹振勋、宋庆瑞（禹州人，曾任河南通志局采访员），俱不以文献名。颇疑为景向撰。

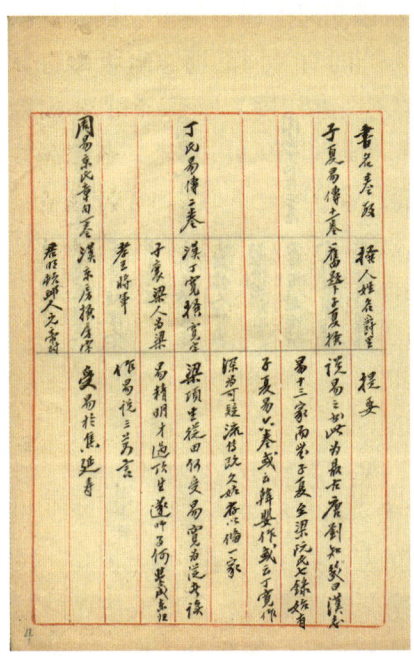

刘景向（1886—1938），字邃真，信阳人。早年就读于豫南师范学堂，宣统元年拔贡。1908年加入同盟会。民国后在信阳从事教育，宣传新思想，开地方风气之先。亦"中州八大名流"之一，编有《邃庐丛刊》三十二种，曾与张嘉谋创办国学专修馆。

《河南新志》卷十七《艺文》，清稿本，河南省档案馆藏

## 六、民国其他文献大家

以上所记之外，民国间尚有许多人物，于中原文献整理贡献不菲，或致力收藏，或致力刊印，或致力研究，于兵乱连绵之年，尽其力守护、保存和研究中原文献。其精神、其道德、其故事，有足可传者。兹述其著者如次。

## （一）刘海涵

刘海涵（1867—?），字怡宣，信阳人，宣统间岁贡。民四年在开封参与中州文献征辑处征辑。民九年任省长公署秘书，十一年应张凤台之邀任河南通志局协修，后主河南官书局事务。《三怡堂丛书》编刊，刘实掌其事。又曾与修《民国信阳县志》。详王守忠《收集整理信阳地方文献的学界名士——刘海涵》（《河南图书馆学刊》，1986年第2期）。井俊起《年谱》民三十五年，记刘氏已卒。

刘海涵生平好书，家藏过万卷，于故里建藏书楼贮之。其乡双河，在信阳西南五十里，有黑、白二龙潭，故颜其室曰"龙潭精舍"，相继刊刻著述十数种，总名《龙潭精舍丛刻》。所收或为信阳名人著述，或为乡邦诗文汇编、掌故杂辑，皆关乎本土历史文献，亦含刘氏自著诗文集等。

《龙潭精舍丛刻》始刻于民十年，前后历十余年，陆续编刊，终未能竟。其已刻者，今公私收藏，鲜有完帙。《中国丛书综录》著录亦不全。民二十一年刘氏刊《两龙潭主人藏砚图题词》，前附《龙潭精舍丛刻书目》，首列已刻者十五种。诸书封面编有序号，依次如下：

《信阳诗钞》十二卷首一卷，刘海涵辑，民十年
《何大复先生年谱》一卷附录三卷，刘海涵编，民十一年
《师竹堂尺牍》二卷，明王祖嫡撰，民十一年
《报庆纪行》一卷，明王祖嫡撰，民十二年
《谈录》一卷，明王诏撰，民十二年
《汝南遗事》二卷，明李本固撰，民十二年
《天根冷语》一卷，清何家琪撰，民十二年
《王师竹先生年谱》一卷附录一卷，刘海涵辑，民十二年
《何大复学约存目》一卷，明何景明撰，民十一年
《龙潭小志》二卷，刘海涵辑，民十四年

《贤首纪闻》二卷，刘海涵辑，民十七年

《龙潭清话》一卷，刘海涵撰，民十八年

《两龙潭主人藏镜图》一卷《题词》一卷，刘海涵辑，民十八年

《龙潭文存》一卷，刘海涵撰，民二十年

《两龙潭主人藏砚图题词》一卷，刘海涵辑，民二十一年

马志超《马集文斋版印书籍》一文记载，《信阳诗钞》《贤首纪闻》为马集文斋刻，前者经许钧介绍交来。文末尚附有刘氏刊《贤首纪闻》时致马志超函。《龙潭小志》以下，牌记或题刻于汴垣，或题马集文斋刻。

《龙潭精舍丛刻书目》次列"待刻"者十七种，其中第五种后曾刊刻，封面编号接续前已刻者，列为第十六种：

《墨庄荑稗录》一卷，刘海涵撰，民二十五年

余十六种未见刊刻：

《刘氏世谱》

《艮岳缉录》

《宋故宫考略》

《中州历代帝王陵墓考》

《信阳诗钞外编》

《信阳文钞内编》

《信阳文钞外编》

《信阳艺文录》

《信阳古迹录》

《信阳人物补遗》

《信阳官师补遗》

《童二树轶事》

《中州历代建都考》

《龙潭诗存》
《何子十二篇》
《师友札记》

其中《艮岳缉录》《宋故宫考略》《中州历代帝王陵墓考》为刘氏与修省志时旧稿，见于河南通志馆档案《接收旧稿检校表》，书名略异；部分清稿尚存。《信阳人物补遗》等，盖与修《信阳县志》之遗稿，已佚。

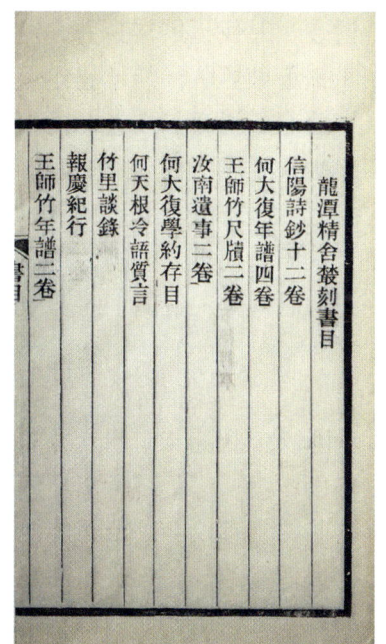 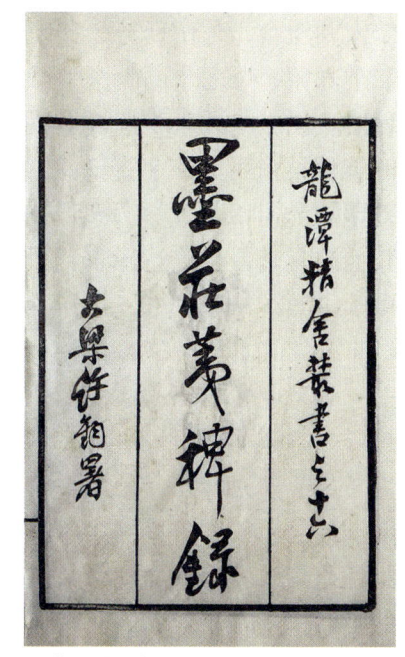

左：《两龙潭主人藏砚图题词》所附《龙潭精舍丛刻书目》
右：《龙潭精舍丛刻》之十六《墨庄萚稗录》

《龙潭精舍丛刻书目》末另有一行云："《中州历代诗钞》一百二十卷，另付铅印。"此书今未见传。民二十至二十三年修省志、辑录《河南文征》，刘氏与其事。《文征》未印，此《诗钞》疑由《文征》稿而来。详后《中原诗文汇编及文献目录》。

刘氏龙潭精舍藏书极富，尤多地方文献。《墨庄羹稗录》为其藏书题跋集录，观其所藏，多旧抄孤本豫中图籍，非徒信阳一邑。今其藏书亦未知下落。

又，《龙潭小志》民八年曾以《龙潭新志》之名，连载于中华圣教书会刊物《新民报》；民十年刘氏又在此刊发布《信阳征刻诗集启》。该刊华文记者柴连复，信阳大王冲人，去龙潭不四十里，盖以同乡之谊，得刊于此。连复字立节，幼海涵一岁，早年攻举子业，后弃去，入基督教会，习西洋科学，以英教会牧师居沪上。曾入同盟会，与伍廷芳、孙中山游，讨袁、北伐，俱与其力。民二十六年，以七十高龄率平汉铁路技工铁道破坏队，与日寇作殊死搏。民二十九年积病殁于罗山前线。著有《说讳》六卷，民十四年林县张明文校字石印；二十四年又由长子志明校刊，上海协兴印刷公司铅印。另有倡导男女平等之《女镜》，亦志明校订铅印。其他尚有基督教论述译著若干。连复亦信阳一代风云人物，可歌可颂。其人其事其书，今知者稀，因记海涵刘氏，附识于此。

（二）张嘉谋

张嘉谋（1874—1941），字中孚，南阳人。民国"中州八大名流"之一。光绪二十三年举人，曾授内阁中书；三十二年出任河南学务公所议绅。民国元年当选河南省临时省参议会副议长，次年任北京政府第一届国会众议院议员。民四年参与中州文献征辑处工作，十六年受聘为河南通志馆纂修，十九年出任河南博物馆馆长。创办及参与创办宛南中学、中州女学堂、河南第一女子中学校（北仓女中）等。国民政府以其毕生致力教育、文化，特颁令褒扬；省政府秘书许同莘作《张中孚传》，刊于《东方杂志》，叹曰："呜呼！中原文献，君卒而其存难矣。"所著《梅溪文钞》《文钞》等，冯友兰为之序。还曾参与多种河南方志纂修。张氏为南阳藏书大家，室名陶然斋。民十三年捐其藏书创办南阳第一图书馆，即今南阳市图书馆前身。

张嘉谋生平特重乡邦文献，多方搜集编纂、校勘刻印。辑录汇编的南阳文献，有《南阳先民集》。清同治间，南阳知府刘拱宸，辑刻《南阳人物志》《南阳艺文志》，但未能尽善。此则仿其例，录南阳人物事迹、艺文。事起于宣统间，历三十年而成，手稿由乡贤郭梓生编为十二卷。民三十四年日寇犯南阳，稿焚于兵火，仅存半卷。张氏自序尚存，其子清涟辑其佚文，发表于《南阳文史资料》第八辑。

张嘉谋像

其整理校勘之南阳文献如下：

《苍雪诗钞》一卷，明彭凌霄撰，民五年石印
《谦光堂诗集》八卷，明朱弥钳撰，民国间天津图书馆铅印
《李子田诗集》二卷，明李蓘撰，民十一年刻，收入《三怡堂丛书》
《王文庄公集》（即《凝斋集》）十卷，明王鸿儒撰；附《席上寱语》一卷，明王鸿渐撰，民十四年河南官书局刻
《南阳先民集》两种，张嘉谋辑
  《黄谷謏谈》四卷，明李蓘撰，民十八年陶然斋刻
  《妙远堂诗钞》五卷，明马之骏撰，民十九年陶然斋刻
《明嘉靖南阳府志校注》十二卷，民三十一年铅印

上列《南阳先民集》，非前之南阳艺文汇编，而为南阳人物别集丛刻，今仅见《黄谷謏谈》《妙远堂诗钞》二种，封面署有"南阳先民集"字样，并有陶然斋牌记。马志超《马集文斋版印书籍》

记前者为河南官书局交印,系《三怡堂丛书》之一,验之存本牌记,非是。但后世重印《三怡堂丛书》时,混《南阳先民集》两种于其中,原刻丛书遂不显。

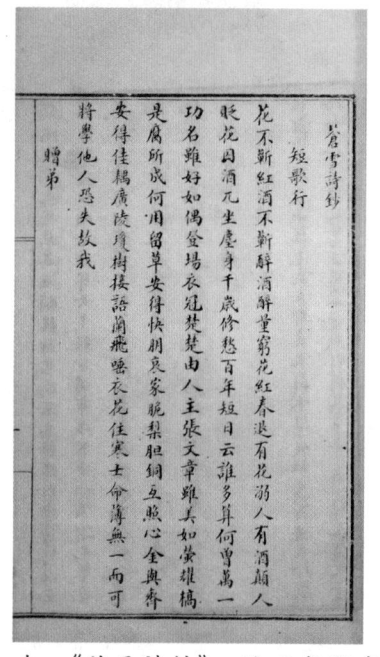 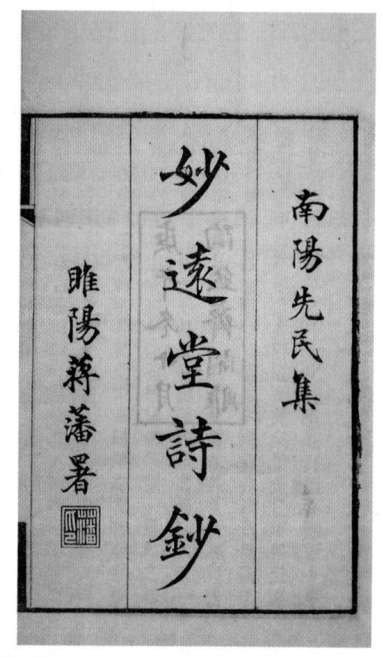

左:《苍雪诗钞》,民五年张嘉谋石印本
右:《妙远堂诗钞》,民十九年张氏陶然斋刻《南阳先民集》本

### (三)冯翰飞

晚清以来,报刊大兴,然而始初往往不视报刊为文献,阅后弃之不顾,至今犹然。若干年后方知珍贵,寻之不得,悔不当初。作为连续出版物,报刊出版周期可历数年至数十年,规模甚巨。收藏、保护,非有大毅力者不能有作为,即图书馆公藏,亦往往不能完善。民国间开封士人冯翰飞,有大毅力者也,一生尽心竭力收藏报刊,成为对中原报刊文献有重要贡献的人物。

冯翰飞(1888—1965),名恩绶,以字行。原籍北京,寄籍开封。宣统元年毕业于河南高等学堂，民元年在开封创办派报处，销售报刊，担任过上海《时报》特约记者，创办过《豫言》周刊。1949年后任河南省革命文物展览会委员、河南省文史馆馆员。

冯氏十余岁开始报刊收藏，一生孜孜以求。其藏品中，清末《时报》《农学报》《外交报》《民言报》《京津时报》等，都是极难得的善本、孤本。就中原文献而言，有全套清末《河南官报》，辛亥革命前河南留日学生宣传刊物《豫报》《河南》《中国新女界》，有民初在河南出版的《开封公理报》《河南实业报》《自由报》《大中民报》《大梁日报》《开封民立报》等。民三十四年，新乡郭海长在开封创办《中国时报》，冯翰飞语之曰："每天给我三份报，到你们报纸不全时，我能完整地存有全份。"此终一语成真，今存世《中国时报》之完整者，惟冯家旧藏。传云，民二十二年，蒋中正闻其藏报甚富，遣邵力子邀至南京，许以银圆十万，并中央图书馆副馆长职位，劝其捐献所藏于政府，被其婉拒。七七事变后，为防日寇轰炸，冯氏以重金修建防空洞以贮所藏。

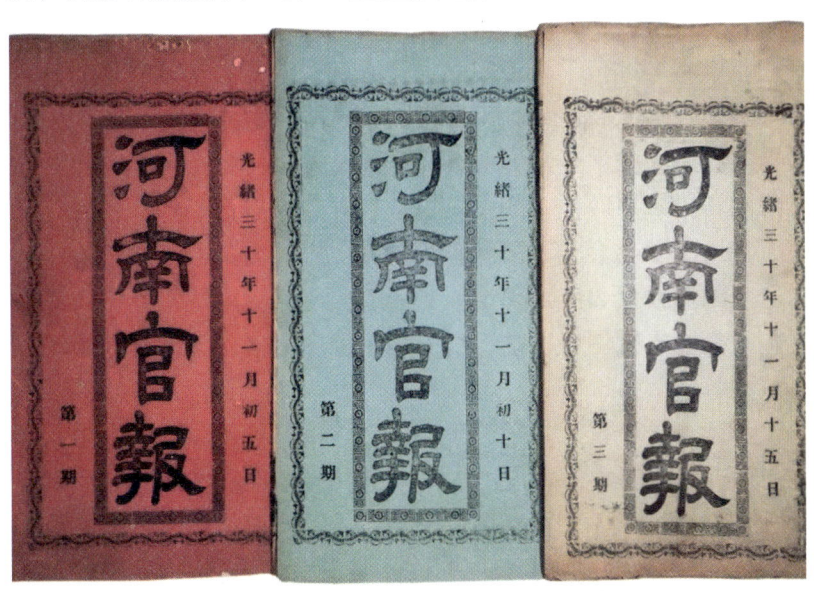

冯翰飞旧藏《河南官报》

冯氏撰有《开封报界小史》，刊于1945年10月1日《中国时报》，是最早关于河南报业史的文章。今治河南报刊史者，多以此为据。

冯氏藏报，开封沦陷期间曾有损失。"文革"期间又被查抄，分藏数家单位，颇有散失。1980年代经郭海长（时任民革河南主任委员）努力，发还大半，现由其后裔收藏。这批报刊是民国河南史的第一手珍贵史料文献，价值连城。今部分报刊拍摄有缩微胶片，存于河南省图书馆、开封市图书馆等处。大多仅存原件，为传世之孤，亟待抢救。予友河南大学教授马君小泉先生，编有存目。

（四）张邃青

民国时期，中原历史文献目录学行家，井俊起之外，当数太康张邃青。

张邃青（1893—1976），名森祯，以字行，太康人。宣统元年考入开封中州公学，在校与冯友兰等创办《学粹》旬报。民四年考入北京高等师范学校，曾参加"五四"游行。毕业后曾任开封第一中学校长、省立第一师范学校校长等。民十六年受聘为中山大学（今河南大学）文史系教授，后任文学院院长。1949年后任河南大学历史系教授、图书馆主任及开封市副市长等职，并担任河南省历史学会会长、河南省政协文史资料委员会副主任委员，当选全国人大代表。其弟子成名者有白寿彝、尹达等。张氏好书成癖，有所入皆用以购书，积万卷，惟命运多舛，大都毁于兵火及"文革"。

张邃青长于目录之学，于中原文化情有独钟。任教中山大学之初，即开设有史部目录学、中州文化史诸课程。所编《河南史地研究》教材，述文物发掘、书籍流传等，深得学子喜爱。民二十八年为避日寇，河南大学迁至嵩县潭头，地近嵩山。张邃青撰《嵩山专著书目考》，收录历代嵩岳相关史志47种，一一予以提要，为最早的一篇中原文献专题目录。

张邃青像

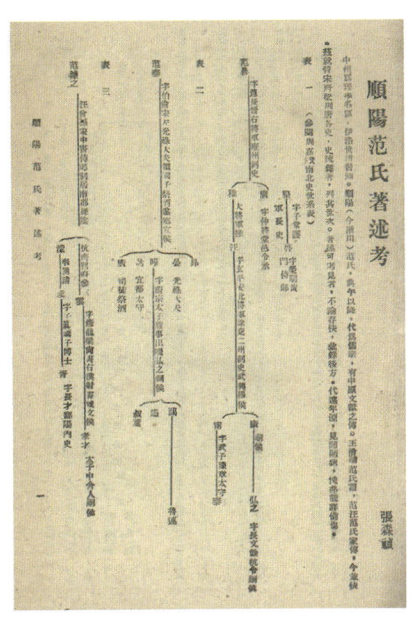

《顺阳范氏著述考》，《国立河南大学学术丛刊》，1946年第1期

抗战胜利，河南大学迁回开封，张邃青又撰有《中州文献小记》《顺阳范氏著述考》等论文。顺阳（今淅川）范氏为西晋以来名族，"代为宗儒，有中原文献之传"。《顺阳范氏著述考》著录了晋至唐范氏家族的著作三十四种。

1949年后，张邃青仍有豫中文献研究新作，1957年有《河南地方史料》，1959年有《嘉靖河南通志考》《记李敏修先生中州文献汇编》，惜未刊表。

（五）张长弓

张长弓（1905—1954），字英才，新野人。民二十年毕业于燕京大学国学研究生部，获文学硕士学位，后任教于安阳高中、北

仓女中、燕京大学等校。三十一年受聘为河南大学文学院副教授,三十五年晋升教授。张氏1920年代开始发表小说,知名于文坛。后致力中国文学史研究,发表有《清商曲辞研究》《中国文学史新编》《文学新论》《先民浩气诗选注》等,影响甚著。

张长弓像

张长弓早年即关注民间曲艺,民二十六年冬开始搜集南阳鼓子曲本,遍访各地鼓曲耆旧、乡野艺人及收藏之家,得秘本多种。三十二年刊其所得曲目于南阳报纸,征求所缺,又得以补充。前后历时八年,得曲目四百种,约六十万言。至于曲谱搜集,更费尽艰辛。如名曲［劈破玉］之得,其《鼓子曲言·题记》记云:

> 余最注意者为访问曲谱中最名贵之［劈破玉］。倘此谱不得,征求曲谱工作,无宁停止。自李先生〔谓唐河李柏芝〕处得悉泌阳王省吾家存此秘稿,数十年来,已不传人。王君系王二胡琴之长孙,家学渊源,擅长俗曲。南阳一带会弹唱曲子者,无虑千百家,会此曲者千无一人,且有未闻所谓［劈破玉］者。是［劈破玉］不传于鼓子曲坛,时间已久,约等于嵇康之［广陵散］。既知泌阳存此珍品,奉函托友,不得结果。三十二年寒假,走访泌阳,不幸未遇,遂有天之将丧斯文之感。为求此曲,前后发函不下十通,陆行千余里,三十三年冬,终于经李柏芝先生获得秘稿。稿末注明:"此谱系数

十年来不传之秘稿，今开赠先生，幸勿等闲视之。"余得此谱，如获至宝。

曲虽聚，而保存亦不易。其时正值抗日战争，《鼓子曲言·题记》又云：

> 二十九年冬天，敌人骚动郾漯，时余远在北平，余妻孟华三携带五儿女避难，仓促间衣物尽弃，曲稿负荷以出，遂得免于散失。三十三年嵩潭〔谓嵩县潭头〕失陷，明年宛西战役，皆在极艰苦中，强力携出曲稿。

民三十四年，张氏在此基础上成《鼓子曲存》《鼓子曲谱》《鼓子曲言》三书。《鼓子曲存》为曲词汇编，凡三集，收录四百年来鼓子曲词三百八十余首，依题材分门别类。《鼓子曲谱》以简谱记录鼓子曲之曲牌谱数十种。《鼓子曲言》为史论，考述鼓子曲历史源流、曲牌组织变化、音乐演奏、内容题材等。

《鼓子曲言》第一章，先以《南阳俗曲之历史与源流》为题，发表于重庆《文艺先锋》1945年第7卷第6期；全书于民三十七年由正中书局出版。《鼓子曲存》第一集（收曲百三十种）及《鼓子曲谱》，经友人资助，民三十六年张氏以听香室名义自行排印出版，今已流传甚稀；《鼓子曲谱》仅闻中国艺术研究院有收藏，殆已成孤本。

长弓之子张一弓（1934—2016），豫中小说大家，2002年以张长弓鼓子曲研究为素材，著长篇小说《远去的驿站》，精彩传神。评论家陈平原撰两万字长文《不忍远去成绝响》（《文学评论》2012年第2期），专就此书论两代人物。

鼓子曲属俗文学，向来不登大雅堂。民初，新文化运动兴起，提倡平民文学，刘半农、顾颉刚、郑振铎等，始搜集、研究民间歌谣、曲调。然豫中无大响应。以近现代学术眼光搜集、整理、研究河南民间文学，张长弓是开创者，其书亦是民国以前仅有之

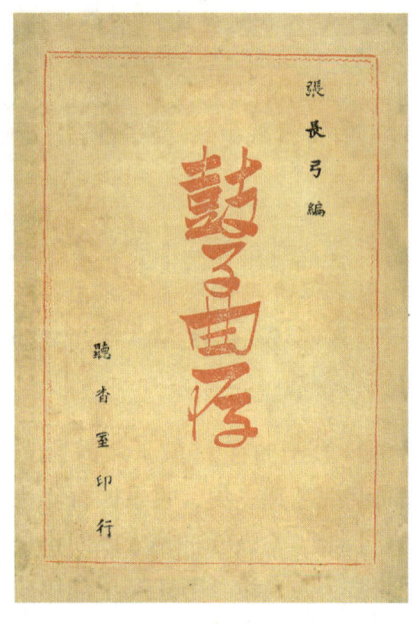

硕果。1960年代，河南省文化局有意整理出版，张一弓乃将所有原稿交文化局副局长冯纪汉。不久"文革"起，稿遂不知所终。惟《鼓子曲存》第二、三集目录，尚可见于第一集之末。

《鼓子曲存》第一集，民三十六年听香室铅印本

南阳鼓子曲研究之外，1950年代初，张长弓还致力河南坠子整理研究，撰有《五十年历史的河南坠子》，刊《长江文艺》1950年第2卷第2期，随后成《河南坠子书》一册，1951年三联书店出版。此书虽为概论，但以简谱记录了河南坠子的主要曲牌曲调，列出调查所得曲目百种，并附录曲本四种，亦可视为最早的河南坠子文献整理。

## 七、民国时期文献整理补说

民国间中原文献整理，其荦荦大者已见上述，然叙事变前章之例，未加分类，或以事见人，或因人述事，故仍有未尽者，勒为一节，补充略说于此。

（一）《歧路灯》校订

《歧路灯》是清乾隆间一部长篇小说，作者李绿园，名海观，号绿园，原籍新安，生于宝丰，曾任贵州印江知县，归田后优游林下，以著书自娱者垂三十年，《歧路灯》一书于是乎成。全书一百零八回（或以百零五回传世），六十余万言，向以抄本流传，埋没多年。其手稿道光间归宝丰杨淮。杨淮始有心刊布，《国朝中州诗钞》李绿园小传云："稿流传归淮家，待梓。"其后张廷绶称："同里杨君澄波〔杨淮之号〕，邑巨室也，司铎长葛时欲寿之枣梨，公诸同好，先君子力为怂恿，后家业凌替，因而中止。"（北大藏抄本题语）晚清以来，乡里巨族，每召集书手，辗转借抄。惟其流传限于民间，未为学界注意。近世惟蒋瑞藻《小说考证》曾引《缺名笔记》介绍，首刊于1918年《东方杂志》。

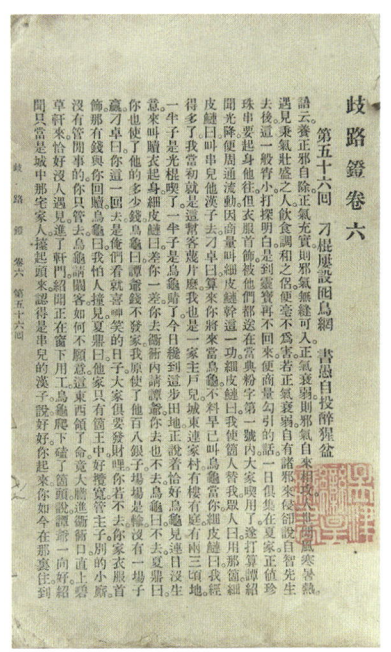

左：《歧路灯》，民十三年洛阳济义堂石印本，洛阳市图书馆藏
右：《歧路灯》，民二十六年上海明善书局排印本，栾星先生藏

民十三年，有洛阳杨懋生、张青莲等，好其书，乃以杨懋生所藏抄本，醵金付之济义堂石印。是为《歧路灯》第一次刊行，传云印数不足百。或因供不应求，民二十五年，杨氏再次集资，以其抄本交上海明善书局排印，认购800套。书局主人，湖州蔡振绅将成本误算，以致颇多赔累。然一言既出，蔡氏仍守其诺印成此书，是为《歧路灯》又一印本。惟此两种版本，未经比勘校订，舛误甚多，未可称善。

1920年代，南阳冯友兰执教燕京大学，有感于河南近代文化凋敝、学术不振，欲借豫人著述以发扬表彰，乃留心《歧路灯》，多方搜寻，手自抄录，并得张嘉谋、董作宾、徐玉诺、李望溪诸师友之助，由其妹冯沅君点校，民十六年付北京朴社印行。是为规范校订之始。其前有冯友兰长序（并刊于当时知名杂志《现代评论》1927年第135期），董作宾撰《李绿园传略》，附于卷首。

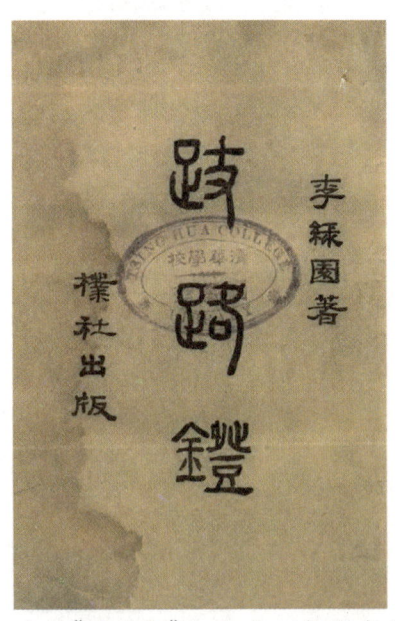 

左：《歧路灯》，民十六年北京朴社排印本
右：朱自清介绍《歧路灯》的文章，《一般》第6卷第4期，1928

冯友兰序，于中原文化颇有感慨，开篇云：

> 近几百年来，河南人之能以学术文章成名者，其数目是"损之又损"，虽不必即"以至于无"，然而的确是"鲜矣"。……即有所成就，而亦不为省外的人所知。例如李绿园先生，费了一生的工夫，做成一部一百零五回，六十余万字的长篇小说《歧路灯》，总算是有所成就了，然而对于全国大多数的人，他仍是一个无名作家。

继而反复辨析其书，赞扬有加。遗憾的是，原书拟分四册出版，仅成第一册二十六回。

书出之后，冯氏友人郭绍虞、朱自清等朴社成员，俱著长篇书评，鼓吹不遗余力。朱自清称："若让我估量本书的总价值，我以为只逊于《红楼梦》一等，与《儒林外史》是可以并驾齐驱的。"出语颇惊人。《国闻周报》民十七年亦曾连载长文《评歧路灯》，旁征博引，以西方文学作对比研究，文未署名，颇疑亦冯氏笔。《歧路灯》由此登大雅之堂，为学界所知。

《歧路灯》校订过程中，豫中诗人徐玉诺给予冯友兰很大帮助。出版前后，冯友兰与徐玉诺书凡数往，委托搜访。徐玉诺于其县得抄本若干种，又曾校阅冯友兰抄本，多有批注。徐氏家在鲁山，与李绿园故居相距仅十余里。为此，民十六年末，徐氏亲往李家，访其后人。其间阅杨淮《国朝中州诗钞》，知手稿曾为杨淮旧藏，又往访杨家。然而，"其家现已无人，只留三世孀妇，与世绝缘，无法搜求。年来杨庄频遭兵火，玉碎瓦中，正不可料"。其致冯友兰函，以《歧路灯及李绿园先生遗事》为题，刊于民十七年《明天》旬刊第1卷第4期。

（二）前代旧籍刊刻补述

入民国后，前清所刻书板尚有存世，故公私多递修刷印。官方者，如汤阴县民三十年曾重印清乾隆间黄邦宁辑刻本《岳忠武王文集》等。

私家者，如吕维祺《慎独堂全集》，编刊于康熙间，其后多次递修，民国间书板仍存。民二十三年，吕氏郏县裔孙春台再为补版重印，末跋云："先太傅《明德堂文集》板，经先兄秀三运洛保存，甲戌仲春携男清修返新省墓，止宿家祠，适与洛侄辑五会面，谈及《孝经大全》《存古约言》两书，板尚完全，惟《明德堂文集》间有残缺。……爰谋补刻，辑五愿捐资，余乐协助。及归郏，鸠工付刊，不数月而补葺告竣，刷印公世。"

河南省图书馆所藏侯方域《壮悔堂文集》《四忆堂诗集》合印本（42.6.1/124/-1），《四忆堂诗集》为同治十三年刻本，书衣有刷印之李已魔题签。查"已魔"即李维，亦作"亦魔"，商丘人，民国四年曾重编亳州吴楚奇《吴越游览图咏》。则此本《壮悔堂文集》《四忆堂诗集》，当亦为清末民初刷印。

《四忆堂诗集》，清同治十三年刻清末民初印本

书板不存者，亦有重刻。如太康县行政公署民五年曾重刻谢灵运《谢康乐集》四卷。宋荦《西陂类稿》，书板民国间已毁。民五年，有宋氏滑县裔孙明善，曾任袁世凯政府陆军中将、长芦缉私营统领兼两淮缉私水陆师统领，出资捐助，由商丘八世孙恪寀等重为编辑，再次刊刻，末附明善、恪寀二跋。其本以康熙五十年初刻本为据，并将宋至兄弟补刻内容析出，汇为《补遗》一卷，

置于卷末。其刻系摹刻康熙版,虽字画肖似,而精神不逮。民六年,商丘宋氏还曾重刊明宋讷《西隐文稿》。

豫中名人张钫,为清代学人张宗泰侄曾孙,曾刊印过两种宗泰著述:一为《中州集略》六卷,倩井俊起校订,民十七年铅印,已见前述;一为民二十年所刻宗泰《鲁岩所学集》十五卷、《交游记》一卷、《余事稿》二卷。此本牌记题"民国二十年模宪堂重刊",下书口镌"模宪堂藏",各卷末有"曾侄孙钫重校刊"字样。实为开封马集文斋刻印,马志超回忆录中记有此书,称:"系张钫(伯英)任河南省建设厅长时交印。河南省博物馆馆长关百益任校对。"但误记为民二十三年事。

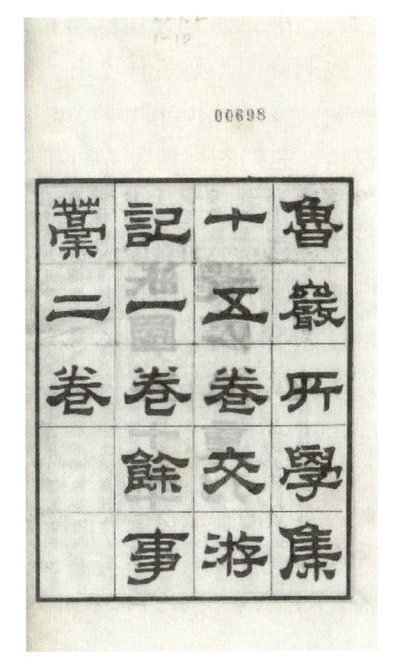

《鲁岩所学集》,民二十年张钫刻本

民国间曲学肇盛,曲学大家吴梅弟子卢前,执教河南大学,与邵瑞彭组织学生结夷门乐府词社,探讨曲学。学生社员中有范凝池者,字化塘,修武人(后留校任教,1949年后调宣化师范学校),辑元汴梁锺嗣成散曲为《丑斋乐府》一卷,谓:"有元人集,散佚已多矣,中州惟继先独步当时,攸关乡邦文献,此集为不可废也。"请卢前为之序,民二十年由马集文斋刊行。

其他如林县理学名人、布衣徐定唐,与李棠阶、倭仁为友,亦通医术。民十九年,曾孙营初(邑廪生,曾任河南谘议局议员,与修《民国林县志》),校订《居易斋集》,排印出版。再如项城高芳云《形短集》一卷，为罕见之豫中女性诗集，初刻于光绪三年。民二十年，沈丘义商杨敬斋捐资，朱撰卿校订，由上海文明书局排印再版。如此者尚非一二，不具述。

此外，民国间影印《林屋山民送米图卷子》，亦则不可不述。光绪间，滑县有暴式昭者，字方子，曾为苏州震泽县平望司巡检，为官清廉，非其分所应得，一钱不取。后补太湖厅角头司巡检，驻西洞庭山（亦名林屋山，今属苏州金庭镇），清操愈厉。其地有典商，岁纳钱以求保护，相沿成习，式昭首为废之。曾典其夫人钗铒，倡捐刻当地乾嘉时布衣张镛《思诚堂集》。在任五载，兴利除弊，竭力赴之，以是得民之爱，又以此忤上官，光绪十六年被借故罢免。不旬日家贫将断炊，山民知之，争馈以米薪，两日间广被八十余村，为户七八千，得米百四石有八斗，柴十倍之，其他鲑菜不可胜数。及归，悉以周济贫乏。乡民感之，山中秦敏树为绘《林屋山民送米图》，郑文焯绘《雪篷载米图》。中日甲午之战，式昭乃投吴大澂幕，光绪二十一年积劳卒于军次。

《林屋山民送米图》，当时即有乡人沈铿、沈敬学等题词。其后一时名彦，如俞樾、俞陛云、张祥龄、江瀚、邓邦述、郑文焯、许振祎、曹允源、吴大澂、吴俊卿（昌硕）等，俱有题咏。豫中则有安阳马吉樟题诗。式昭卒后，吴大澂派员送灵柩归葬滑县，俞樾作《暴方子传》。清末民初，其子荣皓（字采之），视《送米图》为传家之宝，又曾征凤曾叙、薛勉等题诗。抗战胜利，民三十五年，河南大学教授、滑县于安澜携来开封谋影印，河南参议会议长刘积学持之请于省府资助，未果。时河南大学教授、汲县段凌辰亦为题诗。

荣皓子春霆，任职国民革命军孙仲连部。民三十六年，随军入北平，遂携图卷，遍征文化名流题跋纪咏，胡适作序，徐悲鸿重绘《雪篷载米图》，俞平伯作《清吴县角头司巡检暴君墓碑铭》，若朱光潜、游国恩、俞平伯、浦江清、朱自清、马衡、张东荪、陈垣、沈从文、黎锦熙、张大千等，俱留手泽。豫中则有南阳冯

《林屋山民送米图卷子》，民三十七年暴春霆影印本

友兰、徐炳昶（旭生）及于安澜题诗。春霆以节衣缩食之资，将图卷及前后题跋汇为一册，民三十七年交北平彩华印刷局，以珂罗版影印一百部行世。原卷真迹，"文革"中"一火焚之，以免惹祸招灾"。事具暴春霆《廉吏暴方子和〈林屋山民送米图〉》（《河南文史资料》第28辑，1988）。而今，民国影印版亦成善本，存者极稀。

（三）当代名家集编刊述要

民国间整理当代名家集无多，大抵民国为时较短，不足四十年，知名人物过世，著作结集者，并不太多；再者战乱频仍，一些人物文集至1949年之后方有整理出版。此外民国豫中出版物，今未有全面梳理，资料匮乏。尽管如此，其间当代人物著述整理，亦不止一二。

豫中民国名人，首数项城袁世凯。袁项城文献虽富，但民国间刊刻整理者无多。其生前曾主持编纂刊行《新建陆军兵略录存》《训练操法详晰图说》军事著作两部，俱在光绪间；清末，福建甘厚慈居天津，曾纂辑北洋公文，分类编为《北洋公牍类纂》正、续两编印行。此皆北洋相关文献。

及民国元年,袁世凯就任大总统,上海书肆乃辑其文出版,最早为民国元年新中国图书局铅印本《袁大总统书牍》二卷。此书不署辑者,观其文,大抵为公开发表者。随后,该局又出二编、三编。民三年,上海广益书局汇为《袁大总统书牍汇编》八卷,重行排印出版,卷一前署"昆山陆纯子素编",版权页编辑者署"归安徐有朋"。

 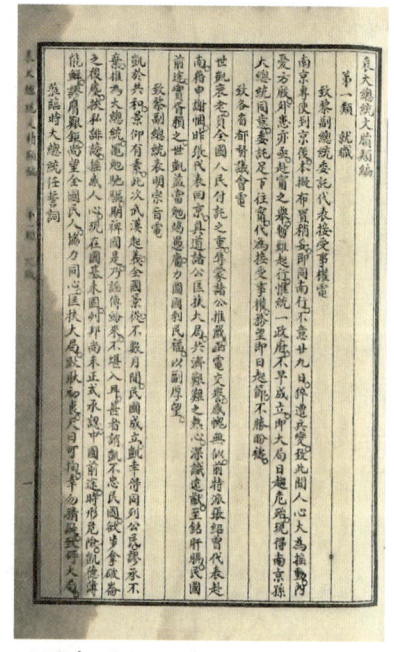

左:《袁大总统书牍》,民元年新中国图书局排印本
右:《袁大总统文牍类编》,民十三年上海会文堂石印本

袁氏卒后,民十三年,上海会文堂又编有《袁大总统文牍类编》,亦不署辑者,例言谓:"袁氏图窃民国,为世所诟。然其文词有足观者,固不可以人废言也。"此俱上海坊间印本,民国间再版甚多,可以见上海书肆经营眼光之敏锐。

约民十四年，晚清名士、独山莫棠得袁氏《戊戌纪略》，交其友张謇所办南通翰墨林排印出版。是书为戊戌政变重要记录，其原稿乃宣统元年袁世凯授之幕僚张一麐，吴江费树蔚抄出，莫棠又据以过录。出版前，常州吴栐曾携至沪上，质之袁氏幕僚步翔芬，步氏亟称确为袁氏手笔。（详莫棠、吴栐序）今人李永胜《〈戊戌纪略〉的刊布与张謇的君宪情结》（《近代史研究》2015年第2期），考订此本源流甚详。

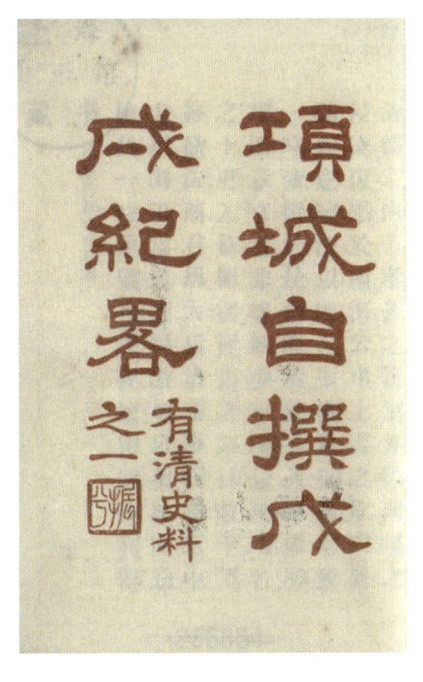

《戊戌纪略》，约民十四年南通翰墨林排印本

在豫中，民二十六年，袁子克桓刻有《养寿园奏议辑要》四十四卷。书为幕宾绍兴沈祖宪（字吕生）辑，克桓跋云：

> 浙东沈君吕生，参赞先公幕府垂二十年，手录先公奏议，自小站练兵至内调外部止，前后十年，勒为四十四卷，颜曰《养寿园奏议》。又辑其尤要者为六巨册，名曰《养寿园奏议辑要》。养寿园者，先公退居洹上园名也。民国二十年冬，沈君以老病南归，濒行，道出津沽，以所录奏议一箧付言君仲远。言君以授不肖。……比者徐君蔚如复为校订一过。

蔚如即徐文霨，浙江海盐人，其跋此书云："公之奏议，无一不与清季朝政有关，以视彼时所谓《内阁公报》者，详略相去何啻倍蓰。《清史稿》成，简陋已甚。异日重修清史，其必有取于斯。"

今日果应其言。此本下书口刻"项城袁氏宗祠藏板",应刊于豫中,而观其版式风格,颇疑亦马集文斋刻。

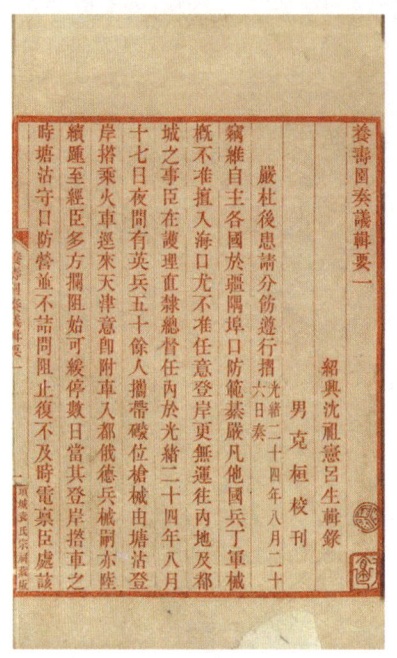

左:《养寿园奏议辑要》,民二十六年袁克桓刻本
右:《袁世凯家书》,民十五年共和书局出版,东亚书局印行

此外,民国间又有署"虞山襟霞阁主编次"之《袁世凯家书》,据说民十四年上海共和书局初版,予未之见,所见最早者为民十五年共和书局版;继于民二十四年由上海中央书店再版。刘路生女士有《〈袁世凯家书〉考伪》(《广东社会科学》1998年第5期),以内证证其为伪书,似无可置辩。今补说其背景,并存其疑:襟霞阁主即平襟亚,海上闻人,当时尚未出名,在沈知方世界书局做职员。时知方又办共和书局,交平氏管理,"专门出版一些滑头、怪诞的图书"。(王震《记世界书局创办人沈知方》,《中国出版史料(近代部分)》第三卷)民十五年,平氏著长篇小说《人海潮》,

得友人郑逸梅赏识,为之校勘,并代请袁世凯次子克文题写封面。(见郑逸梅《清末民初文坛故事·平襟亚的早年生活》,学林出版社,1987)《人海潮》民十六年一月以新村书社名义出版,署网蛛生笔名。袁克文题书名,并作序,署"丙寅夏历十月十有七日",即西历 1926 年 11 月 11 日。则在此前,平氏与袁家固有往来。若平氏作伪书,则必避袁家唯恐不及,何以请袁克文作序?伪书说仍可存此一疑。上海中央书店,亦平氏所办出版机构。

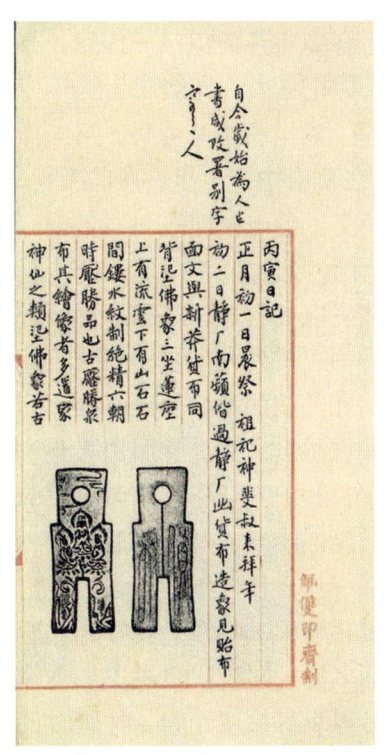 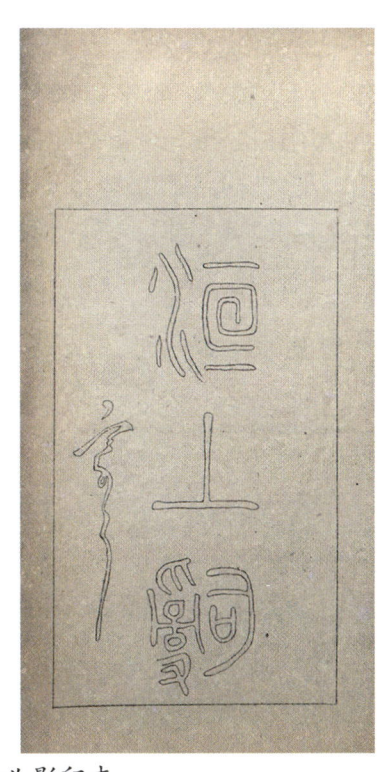

左:《寒云日记》,民二十五年刘秉义影印本
右:《洹上词》,民二十七年张伯驹油印本

袁世凯之子克文(1890—1931),"民国四公子"之一,号寒云。母金氏,为朝鲜贵族女,克文生于汉城。晚寓沪上,一时名

流多有交往。生平著述文字极多,大多刊于上海报章,结集者少。早年有《寒云诗集》三卷,易顺鼎(湖南汉寿人)选定,民三年排印行世,今未见存。又《洹上私乘》七卷,系家传,民十五年上海大东书局排印,并附《圭塘倡和诗》《围炉倡和诗》各一卷。卒后,日记存有甲子至庚午(1924—1930)若干册。传甲子、乙丑两册,为张学良携去,遗失于香港;丙寅、丁卯两册,为嘉兴刘秉义所得,民二十五年影印于上海。克文词作亦佳,生前手定有《洹上词》,民二十七年其中表兄弟、项城张伯驹为之油印行世。

与袁氏父子相关之豫中名人,还有步翔芬(1874—1933,亦作"翔棻"),字章五,晚号林屋山人,杞县人。光绪二十三年拔贡,"中州三杰"之一。二十九年中举。袁世凯小站练兵,招入幕中。及袁任大总统,翔芬参与枢密,在幕府中二十年。袁世凯殁,与袁克文寓居上海,名流雅士争相缔交。参与办理报刊,名噪一时。步氏与克文酷嗜京剧,曾发起全国伶选大会,菊部女伶认其为义父者以二百数;又同拜青帮张善亭为师,位列大字辈,高张啸林一辈、杜月笙两辈。步氏卒后,门人陈蝶衣编其文为《林屋山人集》十三卷,并沪上诗作《南游诗草》一卷,民二十四年其子联箴刊行,牌记标"乙亥秋刊于上海,板存杞县镇安街步文寿堂"。手写活字摆印,不多见。同年联箴还辑步氏碑传及各界哀辞挽联,为《林屋山人荣哀录》四卷,印于上海。

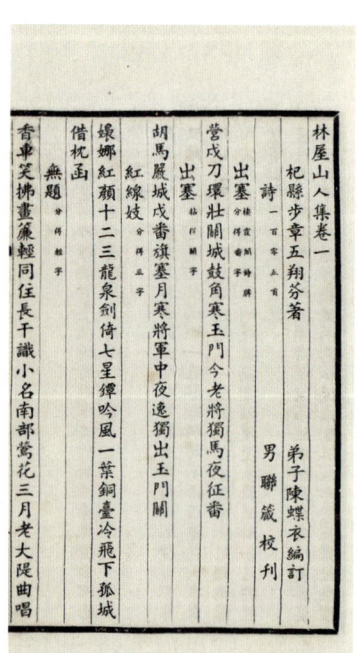

《林屋山人集》,民二十四年步联箴活字印本

"中州三杰"另一杰靳志(1877—1969),字仲云,祥符人。光绪二十四年进士,授工部主事,同时在京师大学堂习法语。光绪三十年考取商部引见记名章京。寻弃官游学法、英,加入同盟会。民初,徐世昌荐为袁世凯总统府秘书,复担任驻外使节。国民政府期间任职于外交部。1949年以后归居开封,历任河南省人民政府文物管理委员会委员、政协河南省委员会委员、河南省文史研究馆馆员等。今并以书法名世。靳志著述有《居易斋诗存》,初刻于民十一年,有是年自序,徐世昌题写书名,初为三卷。以后每有新作,陆续结集刊行。所知最晚者至民二十四年,总为《居易斋诗存》十六卷、《外集》一卷、《诗余》一卷。续刊各集,虽通编卷数,但多另有书名,如卷九为《榆关集》、卷十二为《丙丁集》、卷十六为《北征集》等。

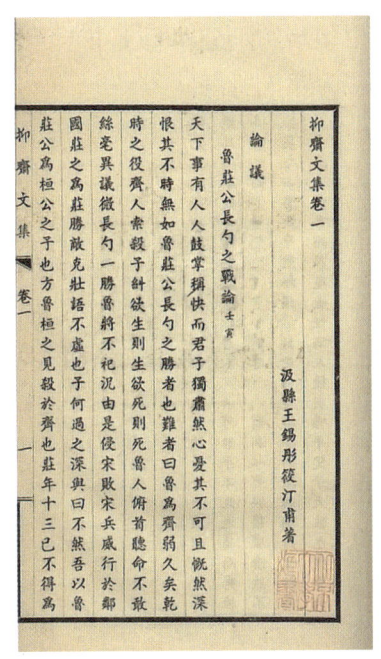

左:《居易斋诗存》,民国间靳志排印本
右:《抑斋文集》,民二十八年王泽敉排印本

汲县王锡彤（1866—1938），字筱汀，早年从武陟王辂学，屡试不中，授徒乡里，亦为经正书舍创办人之一。后应邀主讲禹州三峰实业学堂并管理三峰矿务公司。王氏受知于袁世凯，曾入其幕。宣统初，应袁氏之命北上，与周学熙等创办北京自来水公司、天津启新洋灰公司、天津华新纺织公司等，遂成一代巨商。鼎革之际，建言豫省"共和而不独立"，为袁世凯采纳实施，民四年曾任民国参政院参政。其著述生前刊印者，有经史论著《大学演》《清鉴前编》，以及裁剪日记而成之编年体自传《抑斋自述》三种：《浮生梦影》《河朔前尘》《燕豫萍踪》。卒后，次子泽攽（留日学生，同盟会员），重为整理，续增《民国闲人》《工商实历》《药饵余生》《病中岁月》四种入《抑斋自述》，并《抑斋文集》六卷，《抑斋诗集》四卷，《抑斋读书记》正编三卷、附编三卷，《年谱》一卷，民二十八年排印行世。诸书生前刊印者，俱江阴童坤厚（唐山华新纺织公司总文书）为校订，身后泽攽又延为校正，《年谱》亦为童氏所编。

其他如项城张镇芳《是亦诗钞》二卷，民二十年自刊，天津协成印刷局印。禹县王棽林，生前有《畏秋楼诗稿》六卷，其弟凤林编，民十九年河南商务印刷所排印；《遣日录初编》八卷，同邑陈嘉桓编，民二十年河南商务印刷所排印；卒后其弟凤森、子维城又编《角山文集》八卷，由亲友募资，民二十五年扶群印刷所铅印出版。太康王新桢《两一子文集》三卷、《诗集》二卷、《赋抄》一卷，总名《两一子遗稿》，经邑绅郭芝塘倡议，民二十四年排印行世。（《诗集》为邵瑞彭编选，有民二十四年邵序）杞县蒋藩《梧荫楼文钞》六卷、《诗钞》二卷、《骈体文钞》一卷，《求愧怍笔记》三卷，《蓼庵笔记》一卷等，民三十二年蒋氏梧荫楼石印。南阳张嘉谋《梅溪诗选》一卷，同邑熊伯乾选订，其子清涟校，民三十六年马集文斋刻，板藏张氏陶然斋。等等。

此外，偃师杨源懋（1886—1912），字勉斋，光绪三十年进士，授法部主事。宣统元年任中州公学督学，当选河南谘议局副议长。

勉斋为豫中辛亥革命领袖之一，同盟会员。武昌首义，谋在开封起义策应，事泄西走秦军，约河陕豪杰及绿林辈，从秦军，与北军战。及南北议和，民国成立，当选河南临时省议会议长。寻病殁，年仅二十七。家人搜其遗文、书简、杂著，编为《杨勉斋遗文集》二卷，民五年铅印，又有民十一年石印本。民八年，偃师县修志馆还曾辑杨氏碑传及各界哀词、挽联等，为《杨勉斋先生荣哀录》一卷，河南商务印刷所铅印行世。

（四）中原诗文汇编及文献目录

豫省诗文集及文献目录编纂，主要成就体现于前述《中州文征续编》《中州诗钞》《河南通志艺文志稿》。其他尚有应记载者，补述于此。

中原诗文汇编及中原文献目录两项内容，在民国间方志编纂中，体现最著。

民国最初之省志编纂大纲，以《艺文志》为著述志，蒋藩另设《文征》的建议并未被采纳。民十九年魏松声、韩运章时期的《河南通志》，编纂大纲仍然如此。但是，前此一年，国民政府颁布《修志事例概要》，规定"文征""经籍"两类并存，云："艺文一门，须以文学与艺术并重"，"收编诗文词曲，无分新旧，应以有关文献及民情者为限"，"旧志艺文书目，仅列书名、卷数，及作者姓名，颇嫌简略。本届志书，应仿《四库全书提要》例，编列提要"。故民二十年河南省制定的《河南通志馆组织条例》，第八条特别规定："本馆附编《河南金石志》《河南文征》，与编纂《通志》同时进行。"知《河南文征》乃是与《河南通志》同时并行的另一项工作，仍由河南通志馆负责。

及至民二十三年此届修志到期，韩运章所呈《河南通志编纂成绩一览表》中，最后一项为："《文征》一百四十卷。已成九十五卷，秦汉六朝四、唐八、宋八、元十五、明二十、清二十五、民十五。未成四十五卷。"但据下一届河南通志馆接收旧稿清单，其所成稿，较为驳杂，大抵如下：

第五号（书箱或书柜）列有刘海涵《艺文》（采辑诗文）十二册。第八号有以下三种：

阎仲莹　数十册
　　时标"文征"，时标"文表"，或于"文表"上加"名贤"二字。其中有文有诗，瓦玉共陈，芜杂不偏。
《文征志》，周至六朝，四册，刘怡宣。《文征》称志，待酌。
《明代诗钞》，六册，前人。
　　另有《河岳英灵集》三册，系诗。

民二十四年重编《现存志稿目录》有《艺文类》二页，相关者如下：

《文征志》四本，周至六朝，刘怡宣编
《中州历代诗选》三本，周啸青选
《中州明代诗钞》六册，刘怡宣编
《中州名贤文表》六册，阎仲莹编
《续中州名贤文表》十三册
《苏坟记》等艺文一册，四十篇
《诗集抄》，存一本，清

其中部分文稿，档案中或存篇目目录，或存原稿。档案中还有一些素材性文档，如《成化河南总志》《嘉靖河南通志》的《艺文志》抄本等。

刘怡宣（海涵）、阎仲莹、周啸青三人，均不见于本届修志人员名单，或专为辑《河南文征》而聘。

民国间县志修纂，文征、经籍两志，成果更为丰富。

民元初始，河南即有修志之县，最早为《河阴县志》，初成于民三年。此后，民十年张凤台倡修省志，并通令各县同时修志；

民十八年，国民政府通令全国各县修志。此于各县修志皆有力促进。据刘永之、耿瑞玲《河南地方志提要》所附《现存民国河南方志一览表》统计，民国间所修豫省县志凡八十二种。（其中个别非正式方志）

张凤台时期省志大纲，当对各县志多有影响；国民政府《修志事例概要》颁布后，河南通令各县遵照执行。同时河南通志馆制定《河南各县重修县志编纂大纲》，其第十一项"艺文"，仍列经史子集四部，意谓著述志，未列文征。此与国民政府《修志事例概要》不尽相符。各县在实际编纂过程中，对"文征志"处理方式不一，有的不设文征，以诗文隶古迹、山川等门；有的仍以《艺文志》为文征，或者以诗文汇编独立成书，附原志之后。但对著述志，则普遍较清代志书更加重视：或设《艺文志》专列著述目录，或以《艺文志》兼录著述目录及诗文汇编。

如此体例虽不同，但俱有明清旧例可循。总而言之，民国间志书，本土诗文汇编成果未必超轶前代，而本土著述目录则大有进步。兹择较典型者略述一二。

蒋藩主纂《河阴县志》十七卷（民七年刻），卷十一为《艺文考》，胪列明以来著述书目，无文征。志成，又辑该县诗文另为三卷，题曰《河阴文征》，与县志并行。

《民国重修滑县志》二十卷，卷二十为艺文、金石志，艺文部分，以四部分类，列本县著述，一一注明书名、卷帙、著者及出处；另辑本县相关诗文，以文体分类，为《滑县艺文录》十二卷。

《民国新乡县续志》，《艺文志》分为上下。《艺文志上》又分《公牍》《著述》《谱叙》三类。《公牍》录县中公文，录有修志时《征新乡县文献启》《新乡县征文献启》；《著述》著录乡人著述，除列书名卷帙著者外，虽无提要，但录有原书序跋；《谱叙》著录邑中任、郭、杜、朱等氏族谱三十二部，述其家世源流，历代修谱状况，并存其序跋，保存了珍贵的地方文献。《艺文志下》则为诗文汇编。

民十三年《考城县志》，不设文征，卷十一《艺文志》，著录历代邑中人物著述，录原书序跋，提要极为详尽。《民国许昌县志初稿》，专列《书目》一类，《书目上》著录汉代以来邑人著作，《书目下》则著录与许昌相关之著作。

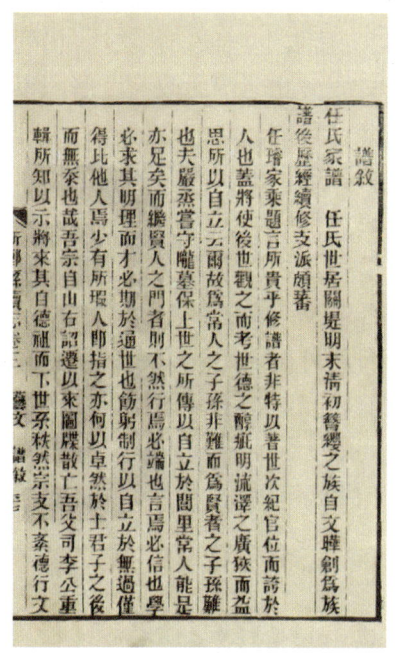

左：《民国新乡县续志》卷三《艺文志·谱叙》
右：《豫河志》，民十二年河南印书局铅印本

民国间豫中专志，以《豫河志》较为突出。此志为河南河务局主纂，以志黄河为主，兼及沁河（亦河务局辖）。河志在民国曾三修：创始者为民十二年《豫河志》二十八卷，为有清一代豫河志书；继为民十五年《豫河续志》二十一卷，补前志之不足，并续记民初事；三为民二十一年《豫河三志》十二卷，为前志之续志。《豫河志》卷二十六至二十八计三卷，为《附著》，辑录河防、

河工相关论述一编，如蒋湘南《砖工记》、魏源《筹河篇》等。《续志》卷十九、二十《附录》中，亦录有前代与河防相关之杂志、碑文等。《三志》卷十二《附录》五之三，则辑录当代治黄文论。

民国间中原文献目录学，可述者尚有《续修四库全书总目提要》之河南方志目录提要。

1920年代，由日本政府组织，在北平成立"东方文化事业总委员会"，下设人文科学研究所，以"庚子赔款"编纂《续修四库全书总目提要》，著录《四库全书总目提要》未收及《四库全书》成书后之书籍等。自1931年至1945年，共撰写提要三万三千余种。撰稿人多为北平知名学者，故稿件质量甚高。豫籍学者与其事者，有孙海波、班书阁、谢国桢等。其稿今存中国科学院图书馆，1996年齐鲁书社曾行影印。

《续修四库全书总目提要》中有河南地方志提要224篇，包括当时属河南省所辖的涉县、临漳、武安三县志5篇，以及《中州杂俎》等非正式方志5篇。其中，201篇为班书阁所撰，其余18篇为谭其骧、傅振伦、徐世章等外籍学者撰写。

班书阁（1897—1973），字晓三，杞县人。历史文献学家。民二十一年毕业于燕京大学国学研究所，受聘河北省立女子师范学院史地系教授，后任日伪国立新民学院名誉教授。1947年受聘山西大学历史系教授。1957年被划为右派，1961年摘帽。班氏1930年代即在《国立北平图书馆馆刊》《禹贡》等学术刊物发表史学、文献学文章，另有专著《中国历史要籍介绍及选读》（高等教育出版社，1957）、《宋元版书著录考》（未刊）等。《山西省志》为之立传。

1930年代，班氏受聘为《续修四库全书总目提要》编辑，撰稿千余篇，其中与豫中文献相关者，除河南方志提要外，尚有《大梁守城记》《汤阴精忠庙志》《中州诗征》《牧庵年谱》《赖古堂印谱》等，笔法严谨，颇为专业。

左：班书阁像，源自《河北省立女子师范学院一览》，1934

右：《续修四库全书总目提要》之《顺治河南通志提要》，手稿

# 伍：1949年以来中原文献整理

1949年中华人民共和国成立，历史翻开新的一页。对于文献而言，意味着除了清以前典籍年代更加久远、价值更为突出外，民国时期形成的文件、档案、出版的图书、报刊等，也进入"历史文献"范畴，成为整理对象。1949年以来的中原文献整理，可以"文革"为界分为两大阶段：1949至1966年，即前十七年；1980年以来，即新时期。两者之间的"文革"十年亦略有可述。

## 一、前十七年中原文献整理

（一）收藏机构建设

前十七年中原文献整理，主要体现在收藏机构逐步设立，文献征集、收藏和保护力度不断加大。其要者，为两大体系的建立。

一为图书馆系统。

作为中原文献保存的首府，河南省图书馆于1950年恢复建立，通过承继、采购、划拨、接受捐赠等途径，藏书量从1950年的20万册上升至1965年的103万册。1957年，省图书馆从开封迁郑州。1958年，5000平米的郑州优胜路新馆落成，是为河南省最大的公共图书馆，也是中原文献最重要的收藏图书馆。1959年，河南省文化局根据文化部《关于抢救有价值的图书资料的通知》精神，发出《开展古旧图书收购工作的通知》，拨专款委托各地新华书店代购。至1960年，河南省图书馆收到包括地方文献在

1958年落成的郑州市优胜路河南省图书馆

内的古旧图书近 70 万册。

1963 年，河南省图书馆制订《1963—1972 年发展规划》，规划任务第四项为：

> 地方文献则在现有的基础上，通过征集交换收购等方式，力求将解放前不同版本的地方志补充完整。并大力征集革命文献，和深入老根据地搜集采访革命斗争史料，在十年内基本上将我省各地区的史料积累完整。

自 1950 年代始，各地市县图书馆、文化馆图书室和高校图书馆纷纷建立。至 1966 年，河南省图书馆之外，全省公共图书馆已有 39 所，文化馆图书室 92 个，藏书近 200 万册；高校图书馆 12 所，藏书 200 万册。这些图书馆虽然以民众阅读、文化普及或高校教学科研服务为宗旨，但在中原文献收藏方面，不少馆都有特色。如新乡市图书馆接收的前中州文献征辑处征集和抄录的清代图书，开封市图书馆的民国报刊，河南大学图书馆的清代巡抚衙门档案等。

二为档案系统。

1956年,中共河南省委办公厅建立省委档案馆筹备处。次年4月,河南省人委办公厅成立档案管理处。1959年,根据中共中央《关于统一管理党政档案工作的通知》,省委档案馆筹备处与省人委档案管理处撤销,成立河南省档案馆,馆址设在郑州市纬二路省人委22号楼,归属河南省档案管理局领导。河南省档案馆成立后,逐步接收和收藏了大量河南省档案文献,包括晚清河南巡抚衙门档案、国民党河南省党部档案、民国时期政府(包括国民政府及日伪政府)档案、焦作中福公司档案、民国间中共河南省委及境内各根据地档案等。

全国第一个县级档案馆——襄城县档案馆旧址

1958年5月,襄城县建立全国第一个县级档案馆。至1950年代末,各地市县档案机构逐步建立,接收了民国间各地区的政府档案,同时也征集了不少关于本土的其他文献。

黄河水利委员会于1956年6月成立档案室,1959年升格为档案管理科。它后来保存了民国元年国民政府治河机构成立以来的黄河档案五千余卷,包括法律法规、黄河治理、花园口决口堵口、黄泛区治理及救济等原始文献。

此外，以收藏中原文物为主旨的河南省博物馆，也收藏有中原文献。1954年始，河南省博物馆多次派出征集人员，分赴革命老区进行调查访问，征集了一批革命文物；同时，接收了河南省军区、河南省民政厅等单位拨交的部分革命文物和有关资料。其中包括民国期间中共党组织主办的《中州评论》杂志、新四军在河南出版的《拂晓报》等。

这一时期，图书馆、档案馆的成就，限于建立机构和收藏，而对收藏的中原文献、档案，缺乏系统的整理、研究和出版。少数档案馆编写了带有目录提要性质的"档案馆指南"。但毕竟由于这一时期的收藏，后来的文献整理才有了基础。

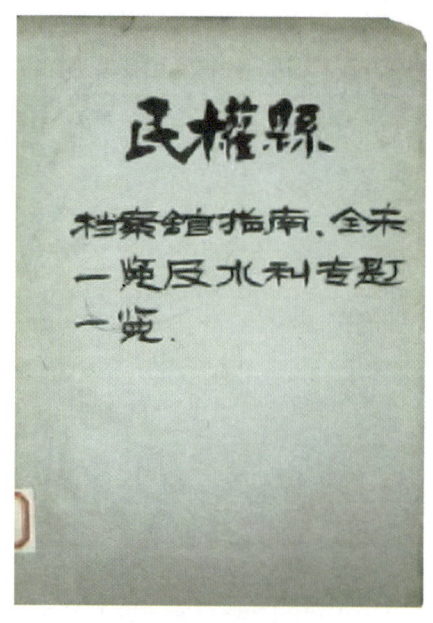

《民权县档案馆指南 全宗一览及水利专题一览》，民权县档案馆编，1959

（二）中原文献出版

1949年以后，国家对于图书出版进行统一管理，最初由新华书店出版经营，随后组建国营出版社，由出版社负责图书出版，其他机构或个人不得从事出版业务。在河南，最初建立有两家出版社，即1950年9月成立于开封的文教出版社（1952年更名河南文教出版社）和1952年7月成立于新乡的平原人民出版社。1952年底平原省撤销，1953年3月两家出版社合并为河南人民出版社，社址在开封，1954年12月迁至郑州。

前十七年的出版，集中在政治读物、教材、文化普及、医药和工农业生产等领域，中原历史文献整理，包括辑录、点校等，成果甚少。

1959年河南人民出版社出版的《金匮要略讲义》，可谓这一时期唯一的河南古籍注释著作，河南中医学院金匮教研组编，除注释、今译原文之外，逐段加按语，阐发中医医理，还附有验方。此书是为中医教学而编，并非完全意义上的中原文献整理。

1963年，河南人民出版社出版的《相国寺考》，是一部高质量的学术著作，虽非专门的文献辑录，但参考了280余种典籍，夹叙夹议，引录了大量与相国寺相关的文献，可视为相国寺历史文献汇编。1985年中州古籍出版社曾再版。作者熊伯履（1891—1961），名绪端，以字行，光山人，寄籍潢川，知名法学专家。祖父熊起磻，光绪二十三年任绍兴知府。伯履早年入绍兴中学堂，师从徐锡麟等。17岁考入北京法政学堂，毕业后执教于开封，曾任中山大学教授。1949年后，任河南大学教授、河南文史馆馆员。其文史著述，另有《开封市胜迹志》（河南人民出版社，1958）；《相国寺历代诗文丛辑》，未出版，稿今已佚。

《相国寺考》，河南人民出版社，1963

当时旧籍影印尚未广泛开展。1962年，郑州市新华书店誊印有《民国河阴县志》，是这一时期少见的地方文献翻印。1964年，河南人民出版社影印过中共豫陕区委1925年创办于开封的《中州评论》杂志。1964年6月，河南省哲学社会科学联合会主席郭晓棠在河南省历史学会扩大会议上的讲话中，还提到影印民国间中共河南党组织主办的《雷火》杂志，但未能实施。

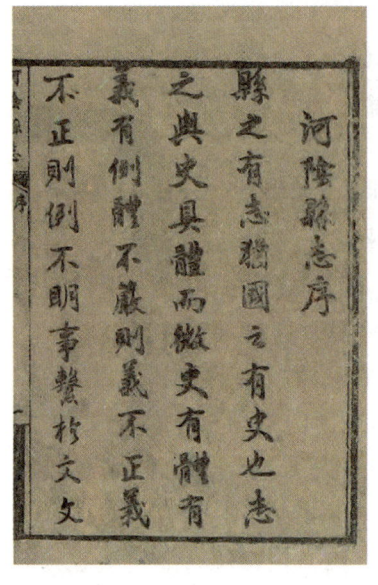

《民国河阴县志》，1962年郑州市新华书店誊印本

此外，1950年代，冯友兰辑录有其岳父任芝铭诗作《任芝铭先生诗存》，油印行世；前述张邃青1957年撰有《河南地方史料》等中原文献研究文章；栾星先生这一时期开始点校清代小说《歧路灯》。此皆私下行为，未公开发表，但俱是这一时期中原文献整理的空谷足音。

（三）戏曲曲艺作品整理

前十七年，戏曲曲艺作品的整理，则呈现出完全不同的繁荣景象。但所谓"整理"，与严格意义的"文献整理"既有不同，又密切关联，可视为文献整理的一个特殊类别。

长期以来，戏曲曲艺靠艺人师徒相传，很少刊印。因此，剧本整理，很少依据民国以前抄本、刊本，而多数为老艺人口述记录，使之"文字化"，成为文献。（个别以民国间出版的唱片为依据）其整理的主要目的在于演出，不少作品"整理"，都有不同程度润色修订，使之符合当时的社会文化要求。其甚者应归入"改编""再创作"，而非文献整理。（"改编"本从内容到曲词，往往也保存有许多原始内容）其间亦不乏追求剧本原貌的整理，但即使如此，也很少严格按照文献学校勘标准，如大多不描述所据底本状况，不加校勘记等。另一方面，旧剧本、曲本作者，往往不详，很难确定具体年代。但1950至1960年代整理的"传统剧目"，大都传唱于民国及以前，即属于历史文献范畴。若1950年以后新作，则冠以"新编历史剧"，不称"传统剧目"。此外，传统剧目剧情，不少源于元明杂剧传奇；一些唱词，也移植于其他剧种，只是唱腔旋律加以地方化，未必为豫省作品。再者，民国以前少有乐谱记录，这也使记录曲牌、唱腔，即"乐谱化"，成为整理任务。凡此之类，皆为戏曲曲艺作品整理的特殊性。今就其与"文献整理"关系密切者，加以叙述。

戏曲曲艺为普通民众最主要之文化娱乐形式和文化教育接受途径，因此政府极为重视，1949年10月2日即成立了中华全国戏曲改革委员会；1951年毛泽东提出"百花齐放，推陈出新"戏改方针，政务院颁布《关于戏曲改革工作的指示》。以是，传统戏曲曲艺剧本整理、改编，迅速呈百花齐放局面，一直持续至1960年代。

1951年2月，河南省戏曲改进委员会正式成立，主任中共河南省委宣传部副部长岳明，副主任张柏园、陈建平、苏金伞、王镇南。1954年12月更名为河南省戏曲改进会，主任冯纪汉，副主任王镇南、杨子固。1957年建制撤销，另成立河南省剧目工作委员会，隶属河南省文化局，副局长冯纪汉任主任，王镇南、杨子固、庄义顺、郭文灿先后任副主任。剧目工作委员会的主要任务，包括了传统剧目的抄录、校订、改编、创作及相关资料收集等。1966年工作陷于瘫痪。1968年更名为河南省革命戏曲工作室，人员下放农村劳动。

1950至1960年代，河南省以这一机构为主，创作、移植、改编了大量戏曲曲艺作品，并整理了大批传统作品。

1950年底，河南省戏曲改进委员会正式成立之前，即编辑有

《河南戏曲丛书》，是年12月由文教出版社出版。丛书共三种，其中王镇南的《扫穴犁庭》，是一部以戚继光抗倭为题材的新编历史剧，创作于1945年（此据《王镇南生平年表》，载《河南戏曲史志资料辑丛》第十一辑；陈国华《二十世纪豫剧艺术研究》谓作于1937年），系1949年后出版最早的民国间创作的戏曲作品。丛书中另一部王镇南作品《何泽民》，可能也作于民国。

 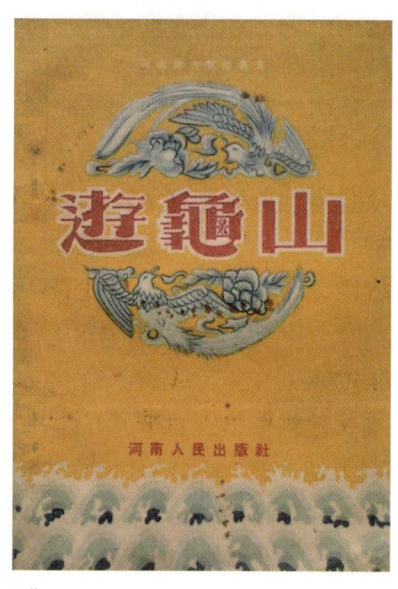

左：《河南戏曲丛书》之《扫穴犁庭》，文教出版社，1951年再版
右：《河南地方戏曲丛书》第一种，《游龟山》，河南人民出版社，1953

　　《中国戏曲志·河南卷》载，河南省戏曲改进委员会成立之初，由王镇南主持，曾印行过现代剧《沙区扫荡》，历史剧《闯王进京》《三打祝家庄》等一批解放区时期上演的地方戏剧本。其中《沙区扫荡》，为1941年濮阳沙区大众剧社韩明等编写、反映当年4月日伪沙区"扫荡"残暴罪行的高调剧；《闯王进京》《三打祝家庄》，是1947至1948年昆吾县（1949年并入濮阳）众艺剧

社根据京剧改编的地方剧。这些剧本的印行，亦可归入民国文献整理，但今未见存世。

1953年至1955年，河南省戏曲改进委员会又编辑了《河南地方戏曲丛书》，收录《游龟山》《三击掌》《穆桂英挂帅》等剧本14种，俱为传统剧目，河南人民出版社出版。《编辑例言》说，丛书"以整理河南戏剧原有的节目为主"，同时包括移植改编其他剧种的优秀剧目，并经老艺人审订修改，或经剧团试演，征求意见后重新订正。因此属于挖掘传统剧目，整理以供演出的剧本。

这一时期的剧本整理，大都在王镇南的主持下进行。王镇南（1895—1961），河北南宫人。1917年毕业于北京高等师范学校。1921年至河南，任教于河南省立第一师范学校、河南大学等校。1927年在冯玉祥主办的开封"游艺训练班"从事戏曲改良、培训。1936年指导张凤仙及其女常香玉创办"中州戏曲研究社"，改编《西厢记》，常香玉饰红娘，名噪一时。其《哭长城》《打土地》等作品，影响甚大。当时被誉为"梆剧泰斗"。1949年后任职河南省文教厅，任河南省戏曲改进委员会副主任，挖掘改编了一大批豫剧剧本。1958年被划为右派，后被开除公职。1960年摘帽。

王镇南像

在此期间，河南人民出版社还出版了单行本"古装豫剧"，如《西湖恨》《赵五娘》《春香传》《十五贯》等，多属移植改编剧目。稍后的1957年至1959年，还出版过三本《地方戏曲选辑》，收录《胡迪骂阎》等传统剧本。

河南省剧目工作委员会成立后,集中整理了一批河南地方戏曲,编印了《河南地方戏曲汇编》。《汇编》于1957至1958年由剧目工作委员会印行,其正规者为铅排本,新华书店河南分店发售,所知有豫剧12集,曲剧1集,每集一册,收三至七个剧本。非正规者为油印,所知有越调剧13集,花鼓、地灯剧12集,阳高剧4集。

《汇编》之"整理",接近于正规文献整理。《前言》述底本来源云:"曾得到本省各地戏曲团体、老艺人、剧本收藏家和前辈艺人的亲属们的积极支持,贡献出和记录了他们自清代以来所珍藏的秘本以及本人的拿手好戏。"述整理原则又称:"搜集同一剧目几种不同的底本,加以校勘;或请老艺人帮助订正;对只有个别艺人能口述的和年久失传,暂时无法考证的孤本,仍照原本刊出。校勘的工作,以尽可能保存剧本原来面貌为原则,仅对原本中错别字和不够通顺的句子,加以改正;间有过分冗杂,而无保

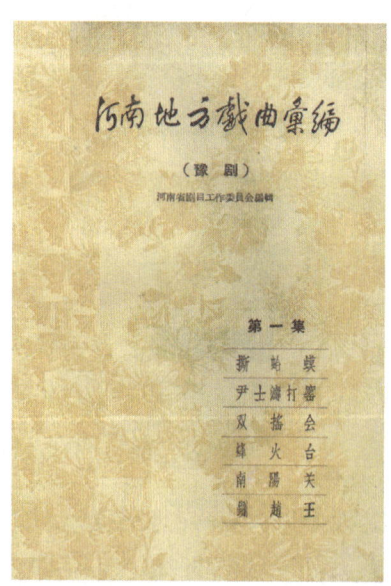 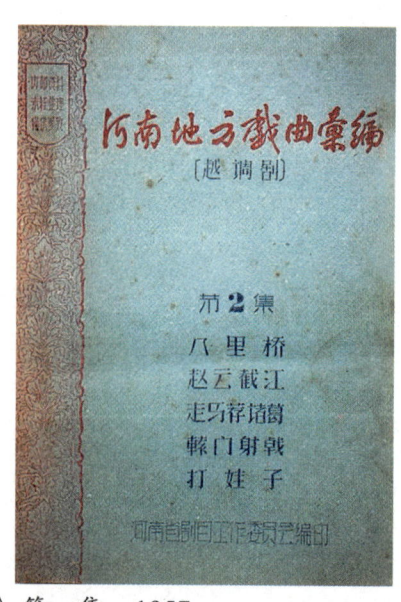

左:《河南地方戏曲汇编(豫剧)》第一集,1957
右:《河南地方戏曲汇编(越调剧)》第2集,未标年代

留必要的字句,在不损害原意的条件下,略加删动。"可见,至少主观上,《汇编》不是以演出为目的的改编,而是文献整理。印行的剧本,大多标有口述人、记录人及校订者姓氏、单位,则属源自艺人口述;少数未标者,可能源自早期刊本或抄本。整个《汇编》只有标点,无校记、注释。

1956年12月,为贯彻"百花齐放,推陈出新"方针,河南省文化局在郑州举办全省首届戏曲观摩演出大会。参加会演的剧目,首先是"整理本省各剧种的传统剧目",其次是"本省根据小说、历史故事或民间传说等改编或创作的剧目"。1957年4月至12月,河南人民出版社汇集获奖优秀剧目,出版了十辑《河南省首届戏曲观摩会演剧本选》,收录《穆桂英挂帅》等31个剧目,大多是挖掘整理的传统剧目。1957年12月,河南省文化局又举办了河南省首届曲艺、木偶、皮影会演。1958年7月,河南人民出版社出版了三辑《河南省首届曲艺、木偶、皮影会演节目选》,所收除部分新创节目外,亦有不少长期流传于河南的传统节目。

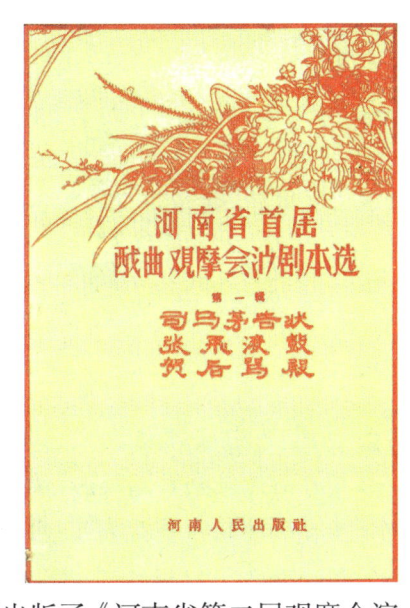

《河南省首届戏曲观摩会演剧本选》第一辑,1957

1959年,河南人民出版社还出版了《河南省第二届观摩会演剧本选》,本届会演,新编现代剧增多,但仍有不少传统剧目。

1962年4月,经毛泽东审阅,中共中央批转了文化部党组和全国文联党组呈报的《关于当前文学艺术工作若干问题的意见(草案)》,即"文艺八条",提出批判地继承民族文化遗产。在《意见》

推动下,河南戏曲曲艺界编纂了两套传统戏曲曲艺整理丛书:《河南传统剧目汇编》和《河南传统曲目汇编》。

1962年5月,河南省文化局下发《关于加强传统剧目挖掘工作的意见》,安排各地市全面挖掘、抄录传统剧目剧本,并决定编印《河南传统剧目汇编》,内部出版。《意见》还在体例方面,对整理提出具体要求,例如:"抄录的传统剧目应力求真、全,保存原有全貌,不应有丝毫删改。校勘主要是校勘错别字和文理不通之处。"编印工作由河南省剧目工作委员会承担。

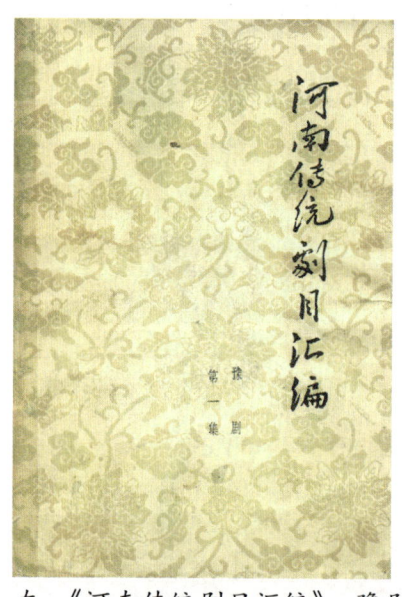 

左:《河南传统剧目汇编》,豫剧第一集,1963
右:《河南传统曲目汇编》,南阳大调曲第二集,1963

《河南传统剧目汇编》是继承《河南地方戏曲汇编》之作,并承袭了其整理原则。至1964年,在委员会副主任冯纪汉主持下,《汇编》共编印豫剧13集,收录剧本165个;越调剧2集,收录剧本27个(一些《河南地方戏曲汇编》油印本越剧,收入此丛书),作为内部资料,由剧目工作委员会铅印。参加编辑者有郭文灿、孙日恒、王艺生、李斌、郑永昌、李慧、马景虞、丁发杰等人。

《河南传统曲目汇编》则有南阳大调曲 4 集。大调曲，即张长弓所论之鼓子曲。1962 年，南阳地区群众艺术馆发动全区 170 多位大调曲爱好者、曲词收藏者及表演团体，搜集传统曲目，由南阳一中历史教师胡耀亭初步编审，在保持曲目内容原貌的基础上，对史实、人物、地名、文字、语法校正修订，依曲目本事年代编为 8 集；复经河南省曲艺工作委员会张凌怡、章沛霖筛选注解，并与南阳曲友马庆笃共同校对，河南省文化局于 1963 年至 1964 年铅排，共印行 4 集（东周至宋代故事），收录曲目 435 篇。余稿 4 集，散失于"文革"。

1980 年代以后，河南省戏曲工作室曾继续编纂两部丛书，排印出版。当时整理传统剧本过程中，所抄录的传统剧本，今河南艺术档案中心尚存一千余本。

戏曲音乐方面，民国以前，河南戏曲唱腔曲牌绝少文献记录。1950 年代，为满足演唱需求，曲谱整理本不断出现。梆子剧有 1952 年王镇南主持整理、河南省文联（筹委会）编辑部编印的《河南梆子谱》，系《翻身文艺》丛书之一种，收录梆子板腔、曲牌数十种，以简谱记录。是为河南梆子最早的乐谱整理。当时梆子仍在不断发展变化，所收除传统旧曲唱腔外，亦有新调。其书大受民众欢迎，不断重印，1953 年修订后，移交河南人民出版社再版。

《河南梆子谱》，河南省文联筹委会，1952

此后还有杨叶、周文谟、马紫晨《河南梆子唱腔选》，1954年东北音乐专科学校印行；河南省文化局音乐工作组编、马紫晨记录的《河南梆子唱腔集》，1954年中南人民文学艺术出版社出版；路继贤、汪守欣《河南梆子音乐》，1954年湖北人民出版社出版；河南豫剧院艺术室音乐组《豫剧曲牌音乐》，1958年河南人民出版社出版；张景松《豫剧文场曲牌音乐》，1959年音乐出版社出版等，俱属此类。以此可见，豫省以河南梆子最受欢迎，书亦畅销。梆子亦称梆剧，1952年中南戏剧汇演时，经王镇南提议正式命名为"豫剧"，后渐为世所接受。

1958年，河南豫剧院艺术室整理了知名豫剧艺人常香玉唱腔，标以简谱及唱词，汇为两集《常香玉唱腔集》，音乐出版社出版。《唱腔集》选录其从艺二十五年来九个剧目的六十余段唱腔，全为传统剧目，大多是民国年间已有的唱段。是为最早的个人唱腔曲谱整理汇编。

左：《常香玉唱腔集》第一集，音乐出版社，1958
右：《河南曲剧音乐》，河南人民出版社，1956

曲剧唱腔,则有河南省群众艺术馆《河南曲剧音乐》,1956年河南人民出版社出版。鼓子曲有曹东扶传谱、王寿庭记谱的《河南鼓子曲》,1958年河南人民出版社出版。

 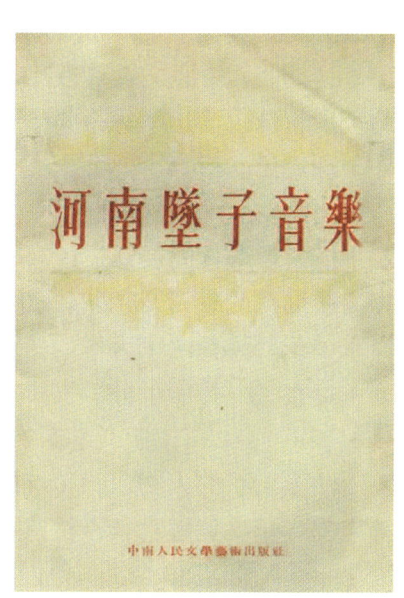

左:《河南鼓子曲》,河南人民出版社,1958
右:《河南坠子音乐》,中南人民文学艺术出版社,1954

河南坠子除前述张长弓《河南坠子书》之外,还有1953年东北军区政治部文工团自行编印的《河南坠子》,1954年中南军区政治部文艺工作团编写、中南人民文学艺术出版社出版的《河南坠子音乐》等。

## 二、"文化大革命"十年

自1966至1976年的"文化大革命"十年,各图书馆、档案馆、出版社等与中原文献整理相关的机构，受到严重冲击，所收藏的文献都有不同程度损失。河南人民出版社于1969年撤销，1972年恢复。许多从事文献整理、研究的专业人员受到批斗、被下放劳动。

这期间，中原文献整理几乎完全陷入停顿。但是，"文革"中的一项特殊政治运动——"评法批儒"，却催生了一批"法家"著作整理成果。1974年"批林批孔"正式开始之后，江青提出了与孔孟之学对立的"法家谱系"，作为历史上进步势力的代表。"评法批儒"运动就此展开。1974年5月至8月，国务院科教组和国家出版局在北京召开"法家著作注释出版规划座谈会"，传达了毛泽东关于要注释法家著作的指示，拟定了《法家著作注释出版规划（草案）》，并做了分工安排。（详方厚枢《"文革"后期出版工作纪事（上）》，《出版科学》2005年第1期）

法家谱系的人物，除传统的李悝、吴起、商鞅、韩非、李斯等人外，拓展到郦食其、贾谊、晁错、李贺、柳宗元、李贽、王夫之、章太炎等80余人。他们的著述，相继有影印、翻印、汇编、选编、点校、注释本出版。自1973年"批林批孔"酝酿阶段至1976年底，各地出版的法家著作注释本224种，法家著作校点或重印本34种。（据《"评法批儒"图书泛滥成灾》，载国家出版局编《出版工作情况反映》第28期，1977年10月；收入《中华人民共和国出版史料》第15卷）甚至，与孔孟道不同者，如老子、荀子，也作为反孔的一家言，有著述整理出版。

这些人物中的商鞅、韩非、李斯、贾谊、晁错、李贺，以及老子等，俱为豫中人物。其时，这些著作的整理出版，当然不以中原文献整理为目的，但客观上整理了中原文献。

这一时期的文献整理，除影印之外，大多以编写组名义开展，编写组多由工农兵或在校工农兵学员、教师或研究人员组成。其选编、注释，带有明显的时代特征，然亦不乏学术水准较高的成果，如1976年上海人民出版社出版的《贾谊集》等；同时也有专家的著述，如1974年中华书局出版的山东大学教授高亨的《商君书注译》；还有据旧版重排的一些著作，如1974年中华书局出版的马叙伦的《老子校诂》等。

河南省在此期间有两种相关图书。一为开封师范学院（今河南大学）中文系编选的《商鞅、荀况、韩非批孔反儒言论选译》。另一种为《李贺诗选读》，书前《编者的话》介绍："参加这个小册子编写工作的，先后有郑州第二砂轮厂、郑州印染厂、开封拖电厂、宜阳县委宣传部、开封师院中文系、郑州大学中文系等单位的一些同志。"但其出版在"文革"结束后的1978年，已不见"评法批儒"的痕迹。其他如开封师范学院张中义等先生所辑《李斯子》（详后），亦始于此时。

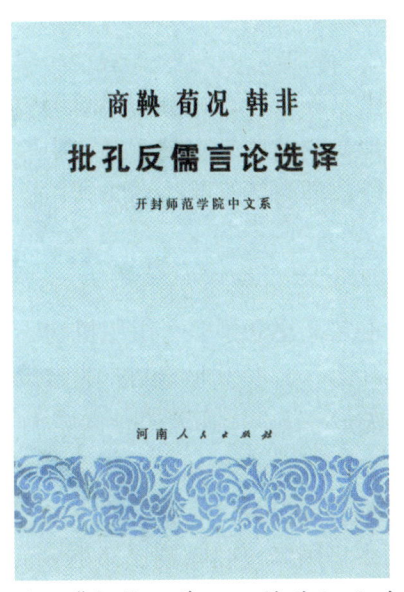

左：《商鞅、荀况、韩非批孔反儒言论选译》，河南人民出版社，1974

右：《李贺诗选读》，河南人民出版社，1978

另外，"文革"期间对考古工作比较重视，各地出土的简书、帛书，大都得到妥善保护，其中包括一些珍贵的中原文献，如1972年山东临沂银雀山汉墓出土的汉简《尉缭子》残篇，1973年定州八角郎村汉中山怀王刘修墓出土的《文子》残简，1973年长沙马王堆汉墓出土的汉代帛书《老子》《苏秦书十三篇》等。1974年，文物出版社出版了《老子甲本及卷后古佚书》《老子乙本及卷前古佚书》。

此外，这一时期港台地区有个别中原文献整理著述问世，兹并入以后章节叙述。

## 三、新时期中原文献整理事业发展概况

"文革"以后，随着"拨乱反正"的展开，社会需要对历史进行全面反思。因此，历史文献整理受到前所未有的重视，中原文献整理也随之开始了一个新的阶段。是为新时期。

（一）专业机构的设立

这一时期的文献整理，由政府主导，建立了多个组织机构，专事文献整理和史志编写。其常设机构，给予事业编制；非常设机构，亦拨有专款。各机构大略如次。

1. 中共河南省委党史资料征集编纂委员会

1980年1月，中共中央成立了由华国锋、叶剑英、邓小平、李先念、陈云等人组成的中央党史委员会，负责审定党史编辑计划，决定对党史中的某些重大问题的看法和最后审定全书书稿。委员会下设党史编审委员会，编审委员会下设党史研究室，直接负责党史资料的收集、研究、编写。不久又设立中央党史资料征集委员会。

1980年5月,河南省委成立了河南地方党史编纂领导小组,省委书记赵文甫任组长。小组下设办公室,河南省委党校党史教研室主任蔡康志任办公室主任,启动了中共河南省党史的编纂。1981年1月,更名为中共河南省党史编纂领导小组,10月改为中共河南省委党史资料征集编纂委员会。1984年机构改革后,主任委员为赵文甫,副主任委员侯志英、宋玉玺、冯登紫、蔡康志等,蔡康志任秘书长。1986年更名中共河南省委党史工作委员会。1994年9月改为中共河南省委党史研究室。

在此期间,河南省各地市县相继成立了中共党史征集、编纂机构。

中共党史征集、编纂机构的责任,是征集、整理本地党史资料,研究、编写中共河南地方党史、大事记、资料长编等。其在新时期,搜集了大量民国时期中国共产党在河南的历史文献,包括相当数量的珍贵历史照片,整理出版了一大批文献汇编。

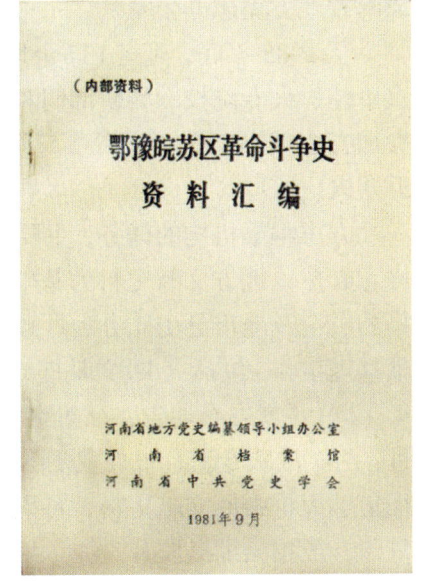

《鄂豫皖苏区革命斗争史资料汇编》,河南省地方党史编纂领导小组办公室、河南省档案馆、河南省中共党史学会编,内部资料,1981年9月

2. 河南省地方史志编纂委员会

1980年4月,中国史学会代表大会在北京举行,中共中央政治局委员、中国社会科学院院长胡乔木在会议上提出了地方志编

纂的呼吁。河南省社会科学院随即将编修河南省志列入重点科研项目，组织力量调研，提出了编修《河南省志》的建议。与此同时，河南社科院历史研究所刘永之在《学术研究辑刊》1980年第1期上发表长文《修志刍言》，建言修志。同年9月26日，《河南日报》刊发河南社科院党委委员杨静琦的文章《地方志编纂工作应赶快上马》。

1981年4月，郑州市地方志编纂委员会率先成立，市委副书记牛万里任主任。同年10月，河南省地方志编纂委员会成立，省委书记、代省长戴苏理任主任，副主任有邵文杰、齐文俭、冯登紫、王锡璋、徐子佩、刘问世等。委员会下设总编辑室，由河南省政府参事室参事李之放任主任。1983年更名为河南省地方史志编纂委员会。1994年机构改革，河南省地方史志编纂委员会改为河南省地方史志办公室。

至1985年底，河南137个地市县全部建立常设修志机构；省直单位、大专院校、科研部门和中央驻豫机关中，有106个单位参加省志编纂工作，全省参与修志的专职、兼职和业余人员1.7万余人。

方志编纂机构的任务，主要是续修《河南通志》和本地志书。修志必然以地方文献史料为基础，因此，修志过程中，省史志编纂委员会及地市县史志办、厅局专题志编纂办都做了大量地方文献整理工作，包括：（1）文献搜集。省志委员会在成立不久的1981年12月，就发布通告，征集本土文献。1982年9月和1983年4月，两次派队专程赴省外主要图书馆、档案馆搜集河南文献资料，征集了大量中原文献史料，特别是前代河南方志及民国文献，或复印，或拍摄缩微胶片。（2）编纂方志目录、索引。如《河南地方志综录》《京沪宁馆藏河南报刊资料目录》等。（3）整理出版了一系列文献资料汇编，如《河南史志资料丛编》《河南省新文化史料丛书》等。（4）点校、注释和影印了《民国河南新志》等一大批民国及以前的河南旧方志。

河南省地方志编纂委员会《关于征集河南省地方文献资料的通告》，1981

中共河南党史和河南地方志的编纂，极大地促进了中原近代历史文献的整理。除两个机构外，建立于 1979 年的河南省社会科学院，也将这两个方向作为研究重点，在科研项目设置、图书馆采购、研究人员配备等方面，予以重点支持。河南大学、郑州大学等高校和河南省图书馆及地市县图书馆等机构的一批专家学者，兼职相关项目，将研究课题集中在这一方向，由此涌现了许多新的研究成果，培养了一批专业人才。

3. 河南省古籍整理出版规划领导小组

1981 年 9 月，中共中央根据陈云的建议，发布了《中共中央关于整理我国古籍的指示》（中发〔1981〕37 号）。12 月，国务院发文，恢复直属国务院的古籍整理出版规划小组。小组由中华书局、文化部、教育部、中国社会科学院、国家新闻出版局等单位负责人组成，李一氓任组长。1982 年 8 月，国务院批准小组制订的《古籍整理出版规划（1982—1990）》（史称"九年规划"），拉开了全国古典文献整理的序幕。

1984 年 12 月，河南省古籍整理出版规划领导小组成立。小组由河南省直文化、教育、出版等单位和部分高校负责人及学者组成，中共河南省委宣传部副部长于友先任组长；省顾委委员、省教育厅顾问王燕生，河南人民出版社社长杨凤阁，河南大学教授朱绍侯，郑州大学教授高敏任副组长。下设古籍整理学术委员会和办公室，办公室设在中州古籍出版社。

领导小组在中州书画社制订的《古籍整理出版规划（1983—1990）》基础上，制订了《河南省1986—1990年古籍整理出版规划（草案）》，共138项，其中包括了中原文献整理重点项目《中州文献丛书》和《中州名家集》。

4. 河南省高等院校古籍整理研究领导小组

1983年10月，教育部全国高等院校古籍整理研究工作委员会成立，国务院古籍整理出版规划小组副组长周林任主任。自此，国务院每年拨出专款给教育部，用于培养古籍整理专门人才、资助研究整理项目。1985年，国家教委在高校古籍整理研究工作委员会内设立"高等院校古籍人才培养及整理研究基金"。

1983年，河南省教育厅设立河南省高等院校古籍整理研究领导小组，由省教育厅和部分高校负责人及学者组成，王燕生任组长，省教育厅高教处孙顺霖、河南大学郭人民任副组长，日常工作由省教育厅高教一处承担。小组的任务，是审核、平衡并资助全省高校古籍整理研究项目，制订相关研究和人才培养规划。小组每年向各高校征集古籍整理项目，评估后予以补贴。此后若干年中，本省许多古籍整理著作，受到领导小组的资助。

高校古籍整理工作并不限于河南历史文献整理，但河南文献整理是重点之一。各地方高校的项目，大多围绕本土古籍文献设计。1984年初，领导小组与中州古籍出版社联合，发起了《中州文献丛书》出版计划。

1985年，领导小组创办了内部出版的不定期刊物《河南古籍整理》（后更名《古籍整理》）这是河南唯一一份古籍整理刊物，也是全国第二个创刊的同类刊物，王燕生任主编，孙顺霖、郭人民及李叔毅任副主编。该刊曾专设《河南古籍介绍》栏目。

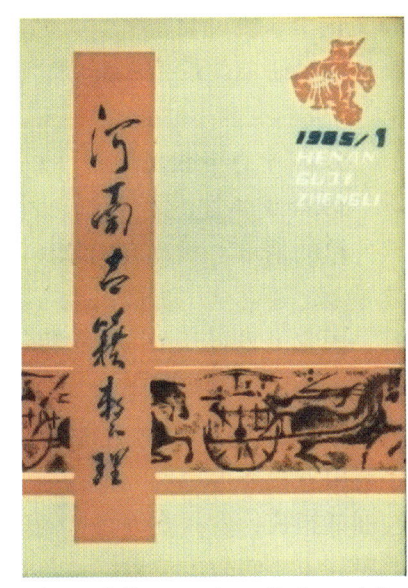

左：河南省教育委员会《一九八六年古籍整理研究经费分配表》
右：《河南古籍整理》杂志创刊号，1985年第1期

在政策引导下，各高校纷纷成立古籍整理研究室或研究所，如：河南大学古籍整理研究所（1984年成立），郑州大学古籍整理研究室（1984年成立，1985年改为研究所），信阳师范学院古籍整理研究室（1983年成立，1984年改为研究所），河南师范大学古籍整理研究室（1984年成立）等。1984至1985年成立研究室的还有安阳、南阳、周口、许昌、洛阳五所师范专科学校。2001年，郑州大学"中原文化资源与发展研究中心"成立，将"中原考古与文献研究"列为主要研究方向。2016年河南师范大学也成立了"中原文献与文化研究中心"。

在此期间，郑州大学、河南大学等高校相继开设文献学课程，培养古籍整理专业人才。今河南大学、郑州大学、河南师范大学都获得了中国古典文献学硕士或博士学位授予权。河南师范大学2012年10月承办了中国历史文献研究会主办的"中原历史文献与文化学术研讨会暨中国历史文献研究会第 33 届年会",近百所高校和科研单位的 100 余位学者与会,收到论文 110 余篇。

5. 河南省少数民族古籍整理出版规划小组

1984 年 4 月,国务院转发国家民委《关于抢救、整理少数民族古籍的请示》,批准在国家民委和国务院古籍整理出版规划小组领导下,建立全国少数民族古籍整理出版规划小组。1985 年 12 月,国家民委召开全国少数民族古籍整理工作会议,形成了旨在促进少数民族古籍整理的《会议纪要》,转发有关地区和部门。

1986 年 11 月,河南省少数民族古籍整理出版规划小组成立。小组由省民委等单位委负责人及专家学者组成,省民委副主任马迎洲任组长,省教委副主任汤瑞祯等任副主任。办公室设在省民委民族志、宗教志编辑室,负责制订本省少数民族古籍的研究、整理规划并组织实施。随即,全省各地市政府民族宗教工作部门均设兼职人员,负责少数民族古籍搜集整理。此后,规划小组组织搜集了一批回族古籍、家谱,伊斯兰教清真寺石碑及蒙古族碑碣,编纂了《河南省回族古籍总目》,资助点校了元马祖常《石田先生文集》和清蒋湘南《七经楼文钞》两部回族人物文集。

6. 河南省"十大集成志书"编纂工作领导小组

"十大集成志书"即《中国民间歌曲集成》《中国戏曲音乐集成》《中国曲艺音乐集成》《中国民族民间器乐曲集成》《中国民族民间舞蹈集成》《中国民间故事集成》《中国歌谣集成》《中国谚语集成》和《中国戏曲志》《中国曲艺志》。"集成"为作品汇编,辑录历代作品;"志书"则为专题百科全书。

1979 年始,文化部会同国家民委、中国文联所属音协、民协、曲协等,陆续发起各文艺类别的集成、志书编纂。这一项目被列为"六五""七五""九五"国家重点科研项目并获得资助。为此,1984 年,文化部牵头成立全国艺术科学规划领导小组,周巍峙任组长。项目于2009年全部竣工，总计298部，450册，4.5亿字，号称"中国民间文艺的万里长城"。其出版最初由人民音乐出版社、文化艺术出版社、舞蹈出版社等社承担，1992年经新闻出版署批准，书号由中国ISBN中心特批，委托全国艺术科学规划领导小组办公室自办出版，版权页署ISBN中心出版。

"十大集成志书"按省级行政区域划分立卷，各门类俱有河南卷。河南省1986年成立"十大集成志书"编纂工作领导小组，由文化厅副厅长李经国任组长。各集成、志书亦设有本省卷编纂委员会。同时，各地市县都成立了相应的编纂机构，负责具体编纂工作。其中《中国民间故事集成》《中国歌谣集成》《中国谚语集成》，又合称"中国民间文学集成"，有专门的编委会。

"十大集成志书"河南各卷于2006年全部出齐，历时二十余年，全省大批专业和非专业人员参与其事。此书是有史以来对豫省民间文化的全面搜集、汇编，辑录了大量河南民间故事、歌谣、谚语、歌谱，以及戏曲曲艺乐谱、曲本等，成为中原历史文献的珍贵组成部分。在编纂过程中，还形成了大量的资料汇编，或正式出版，或内部印刷。

（二）收藏、出版机构的发展

新时期，中原文献的收藏和出版机构不断发展壮大，收藏和出版的中原文献数量，超越了历史上任何一个时期。

1. 收藏机构

"文革"结束后，河南省图书馆逐步恢复正常业务，人员、经费、设备逐步增加。1979年申请扩建，1989年新馆落成。

为更好地服务修史修志，1982年10月，河南省图书馆设立了地方文献资料室，承担地方文献收集工作。该室成立后，向全省发出征集资料函，并向河南省文化局呈报《省图书馆征集地方文献的报告》。1987年正式设立地方文献部，全面负责地方文献采购、加工、典藏和阅览工作。1988年制定完善了《河南地方文献采购原则》。始于1985年的缩微复制工作，也整理了一大批馆藏地方文献，拍摄数十种民国时期河南出版的报纸4万余版。

1989年落成的河南省图书馆新馆，郑州市嵩山路

河南省图书馆的研究人员，在中原文献的管理、目录学等方面，发表了《河南省图书馆地方文献工作综述》《公共图书馆地方文献征集工作策略研究》《河南省图书馆馆藏善本明清河南籍作家孤本诗集提要》《河南省图书馆馆藏善本清代河南籍作家稀见本诗集提要》《中州艺文录校补》等一批论文、论著。

各地图书馆在此期间也多有成就，馆藏编目逐步实现了规范化、数字化。特别是开封市图书馆，1988年成立地方文献书库，每年拨以专项采购经费，举办过"开封市地方文献珍品展"，编印有《开封市图书馆馆藏地方文献资料目录》，并建立了地方资源数据库。新乡市图书馆发表了一批关于中州文献征辑处旧藏中州文献的文章和专著。郑州市图书馆编纂了地方文献丛书《郑州志》《嵩岳文献丛刊》等。

高校图书馆中，河南大学图书馆、郑州大学图书馆和中文系资料室，编著了多种中原文献目录。河南大学收藏的部分珍贵中原文献善本，得到整理出版。

1979年，河南省图书馆学会成立。1981年3月，学会与河南省图书馆联合主办的《河南图书馆季刊》（后更名为《河南图书馆学刊》）创刊。该刊发表了许多与中原文献相关的论文。1981年7月，学会在新乡市图书馆召开了"河南省地方文献学术研讨会"，集中讨论了地方文献收藏问题。会上，新乡市图书馆梁贵晨介绍了馆藏清代中州文献，开封市图书馆肖凤桂介绍了开封市图书馆的历史报刊。

河南省档案馆于1979年恢复建置，并启用了2644平方米的新馆库。1998年，十三层的新馆库楼建成，总建筑面积1万平方米。新时期的档案管理逐渐步入正轨，对馆藏档案进行了系统的整理、清点、鉴定、统计，对珍贵档案进行了裱糊、缩微复制、静电复印、光盘存贮等；编制了案卷目录、分类目录、专题目录、人名索引及部分重要档案的文件级目录，构建了较为完整的检索体系，部分档案目录实现数字化。

1978年4月落成的河南省档案馆新馆，
郑州市金水路中共河南省委北院

修史修志过程中，河南省档案馆发挥馆藏优势，整理出版了《河南革命历史文件汇集》等多部历史文献汇编。

各地市县档案馆在此期间，也根据档案管理的法律法规，加强了地方文献档案的征集、整理和管理。档案存放的条件、环境得到极大改善，档案的整理、检索都大为完善。许多档案馆都参与了本地史志的历史文献汇辑工作。

在河南文献收藏方面，值得一提的还有郑州大学图书馆研究馆员赵长海。长海君1980年代创办昨日书店，致力地方文献搜集。历数十年，得河南文献4万余种，手稿、信札、档案等10余万件，包括抄本《歧路灯》、民国中福公司档案、苏金伞等名家手稿等。后庋藏于郑州大学北校区图书馆，专设河南文献阅览室，免费对公众开放。2002年又创办第一个"河南文献"网站，内容包括河南名人手稿数据库、河南地方旧志提要数据库、明清进士及近代留学生数据库、河南地图数据库等，运行十余年，受到海内外关注。赵长海还辑校有明代浚县名人王越的《王越集》，撰有论文《论河南地方文献的收藏开发与利用》。

"河南文献"网站首页，2003

2. 出版机构

"文革"以后，河南人民出版社的业务，也逐渐步入正轨。1980年代，率先推出了本省当代名家赵纪彬、嵇文甫、冯友兰等人的文集。新编《河南省志》的出版，河南人民出版社也提供了有力的编校支持。

在修史修志进程中，为方便河南省委党史工作委员会和河南省地方史志编纂委员会的文献整理出版，1986年2月，中共河南省委宣传部同意《党史资料丛书》《地方史志资料丛书》用河南人民出版社的名义出版，编校、印刷、发行由两委员会负责。

1979年11月，经国家出版事业管理局批准，中州书画社成立。中州书画社下设古籍、美术两个编辑室。1983年12月，美术出版业务划出，中州书画社更名为中州古籍出版社，成为独立的专业古籍出版社。其主要业务之一，即中原文献出版。

1982年，根据中发〔1981〕37号文件《中共中央关于整理我国古籍的指示》精神，中州书画社制订了本社《古籍整理出版规划（1983—1990）》。这是河南省第一个历史文献整理规划，虽不尽为中原文献整理规划，但提出了"我们古籍整理出版，应该体现河南的地方特色"的原则，并设计了大型中原文献整理项目《中州名家集》。

《中州书画社古籍整理出版规划（初稿）（1983—1990）》，1982

这一规划并成为河南省古籍整理出版规划领导小组1984年制订的《河南省1986—1990年古籍整理出版规划（草案）》的基础。经过不断的充实、完善和调整，多数项目在1990年代及以后得到落实，出版了《中州名家集》《中州文献丛书》两套学术质量总体相当高的丛书。这一时期，中州古籍出版社以专业出版机构的职能，承担了绝大部分中原文献整理著作的出版，取得了一系列不俗的成果，获得了一批国家古籍整理奖项，造就了一批文献整理的优秀编辑，成为中原文献整理的中坚。

1980年以后，河南科学技术出版社、河南少年儿童出版社（今海燕出版社）、河南教育出版社（今大象出版社）、黄河文艺出版社（今河南文艺出版社）、河南美术出版社、文心出版社、中原农民出版社、河南大学出版社、黄河水利出版社、河南医科大学出版社（今郑州大学出版社）相继成立，出版事业呈现出前所未有的繁荣。这些出版社在各自的专业领域，对中原文献的整理出版，俱有涉猎。其中大象出版社在大型文献丛刊出版方面，河南大学出版社在当代名家集编纂方面，河南科学技术出版社在河南医学古籍整理方面，成就尤为突出。

新时期的前期，从中央到地方，政府对文献整理都给予了相当的重视，投入了大量人力、物力、财力。1980至1990年代，中原文献的征集、保护、编目、校勘、汇编、出版和研究，成果斐然，发表了大批论文，整理校勘了大批著作，并造就了一代研究、教学、出版专业人才，由此形成中原文献整理事业空前未有之辉煌，其影响一直持续到21世纪。

1990年代中晚期以后，经济大潮兴起，文献整理渐失往日风光。在两次政府机构改革中，政府及高校所属文献整理机构或压缩合并，或降级降格，或予以取消。出版方面，历史文献图书大都难以盈利，出版机构迫于生存，不得不压缩此类选题。

文献整理从业者，收入不丰，其不甘寂寞者，往往转型从商从政,人才流失,不在少数。其执着者,仍能以文化传承为己任,潜心此道,孜孜以求,但成果出版甚难。时出版社有自费出书之选:支付费用若干,自行印刷,或倩出版社代为印刷,即所谓"合作出版",俗称"买书号"。个人或机构,往往采取这一方式出书,而以外省书号较廉,故每选择省外甚至境外出版社"合作"。更窘迫者,则向市一级政府出版管理部门申请"准印证",以"内部资料"形式自行印发,是为非正式、非公开出版物。再甚者,径自私下印行,冒"非法出版物"之险。

2000年以后,国家财力日强,各级政府、研究机构、高校、出版社,对文献整理补贴,额度大增,故能有诸多大型丛刊问世。惟资助集中于重大项目,单本独册者较少。同时,学术腐败等因素对文献整理领域渐有浸染。少数著作东拼西凑,水准欠佳;一些成果,署名实为出资者沾名、挂名,整理者反而不得署名;一些资助项目,往往要求速见成效,限以时日,因而急就成章,留下遗憾。

就一般学术质量论,今全国图书馆目录日渐完备;2010年以后,历史文献数字化进展迅速,大型文献数据库相继建成,往日罕见文献,均得按图索骥;比勘、考证,得益于数据库全文检索,足不出户,取之网上,瞬间可得。故昭代文献整理质量,如比勘、考订之精到,人物、典章、故事注释之淹博,大抵俱能胜于往昔;装帧印制之精美,亦民国以前无法企及。惟学术之见识、境界,则一代有一代之不同,未能一概论。

## 四、中原文献目录学成就

目录编纂为文献整理之基础,前章述于各代之末者,以未有大成就、难以独立成节之故。1980年以来,中原文献首先在目录学领域得到深入发展,成果累累,故首述之。

1949年之后,在《河南通志艺文志稿》等前代著作的基础上,栾星等学者继续深入研究,但直至1980年代,始有正式成果发表。此后一系列专著问世,基本理清了中原古代典籍的数量、种类、存佚、版本状况。在专题目录方面,尤以河南地方志目录最为完善。近代文献,包括报刊文献、档案文献也有了归纳性梳理。惟民国图书目录,不尽如人意。

(一)图书总目

1984年,郑州大学中文系资料室编辑了《元明清中州艺文简目》。与其事者,有室主任郎焕文、嵇道之(嵇文甫之子)及王庆梅。是为新时期最早的一部中原文献目录,是年11月在河南省高校古籍整理会议上发放。

《元明清中州艺文简目》,郑州大学中文系资料室,内部资料,油印本,1984

此目仿李敏修《中州艺文录》体例,以市县地域分类,著录元明清三代2145位河南人物及其著作。各家俱有小传,序其行实,列其著述。主要资料来源,除《中州艺文录》外,还有《四库全书总目提要》、元明清诗文词曲总集及正史艺文志等。但其目系"艺文目"而非文献目,若某人物仅存世有诗一首,即收录此作家。各家著作,未能有所提要,注录卷帙、存佚、版本,尚欠完整。以地域、人物为纲,不以图籍分类为序,虽承旧例,殊非目录学正宗。但其编纂，在中兴草创之初，功亦不可没。1986年，该资料室又拓宽时代上限，编印了《历代中州作家简录（先秦—宋）》。

1991年，郑州大学图书馆副研究员、河南省文史馆馆员杨松如先生（1923—2006）的《中州历史人物著作简目》，由中州古籍出版社列入《中州文献丛书》出版。

此目是中原著作的通代目录，下迄1911年，收录中原人物凡763人，列其著作名称、卷帙、存佚、主要版本。排列仍以人物为纲，并约略以年代为序。各家名下并有小传。其所录，并非所有有著作之人物，而是"选取有代表性、著作较多、学术上有成就的知名人士"。

《中州历史人物著作简目》，中州古籍出版社，1991

其后，有郎焕文主编之《历代中州名人存书版本录》，其书始编于1980年代末，1999年出版，属于现存著作目录，收录存世历代河南人物的著作、河南地方志，计1277家、8216种。编排以朝代为序、人物为纲。各人之下，胪列著作名称、卷帙、校注者、刊刻出版者，但无提要。其重点在各书现存之版本，故以版本立目，版本不同者，另立一目，以此有八千余种之多。然各书版本之间，多有翻刻承继，或实为一书，目录中未能提要说明，致有杂芜之弊。而力争无遗，著录近现代各种标点校注本，是其长处。此后，郎先生还主编有《历代中州名人存书版本录补编》，未出版。

左:《历代中州名人存书版本录》，中州古籍出版社，1999
右:《中州艺文录校补》，中州古籍出版社，1995

在此期间，河南省图书馆研究馆员、河南省文史馆馆员申畅主持了李敏修《中州艺文录》校订项目，省内图书馆界28人参与，最终成《中州艺文录校补》，1995年出版。是书依据河南各地方志等资料，对原著梳理订补，仍依《中州艺文录》体例编排，除补充原本已录著作之版本等缺失外，另补录人物336人，著作741种，使有清一代中原文献目录，更臻完备。

2002年中州古籍出版社出版的《中州文献总录》，系《中国古籍整理出版"九五"重点规划》项目，历十年而成，为新时期中原文献的一部重要著作。是书由河南师范大学教授吕友仁任主编，安阳师范学院中文系主任查洪德任副主编，与其事者还有河南省教育厅科研外事处孔繁士、南通师范学院王树林、信阳师范学院傅瑛、安阳师范学院王卓华、郑州大学姜建设、河南师范大学王立军等。

全书洋洋二百余万言，两巨册，收录中原人物5287人，较前代著作更为完备。其著录之著作，考订力求精审，俱注明出处，说明历代史籍著录状况，列其版本存佚。凡《四库总目》有提要者，摘录以述，或录存本序跋以明其要旨。河南一省之古典文献，大抵遗漏者不多。惟其体例，仍以人物、朝代为纲，未加分类；著作提要，亦有阙如。

《中州文献总录》，中州古籍出版社，2002

2008年由中州古籍出版社出版的《中原文化大典》，是中原出版传媒集团组织数百名专家、投入3000万元编纂的一部关于河南历史文化的百科全书式的大型套书，酝酿于1990年代前期，历时十余年而成，共55册3000余万字，包括《总论》《学术思想典》《文学艺术典》《科学技术典》《教育典》《民俗典》《文物典》《人物典》《著述典》《大事记》10个部分。

其《著述典》是一部中原古代文献目录。主编栾星先生，常务副主编吕友仁，副主编查洪德、王国强、李乔，主要撰稿人王卓华、王惠敏、牛红广、李正辉、张玉枝、周新凤、赵振、姜建设、耿瑞玲、郭培贵、韩富荣、傅瑛等，聚集了本省中原文献研究界的行家。

全书分为正编、外编，正编著录有史以来至清末的中原典籍8377种，其中存本（包括足本、残本、辑本）3025种。体例承继目录学之正统，按四部分类法编排。各书详标书名、卷帙、撰人、

《中原文化大典》，中州古籍出版社，2008

存佚、版本及藏家，并尽可能给予提要，或节引《四库全书总目提要》，或录原书序跋，以明其宗旨源流，评其是非优劣。部分珍贵图书，配有书影插图。此目可谓迄今为止最为完备、规范、严谨和权威的河南文献集大成目录，反映了这一时期中原文献目录学的最高水平。中原古代典籍，以至中原文化传承源流，借此得以纲举目张，条分缕析，全貌现焉。《著述典》之外编，为河南方志提要（详后），另附王国强主编《中原出版》一册，概述有史以来中原图书编纂、出版之历史。

惟其书出于众手，学术水平不一。个别条目或以原书未睹，不明其所以；或因功力不逮，惮于下笔臧否。

《著述典》主编栾星先生（1923—2016），本名汝勋，孟津人，中原文献领域著名学者。1944年肄业于河南大学，曾受教于嵇文甫、朱芳圃、张邃青诸先生。后在省立汲县师范学校、省立郑州高级工业学校等校任教。1949年后参与筹建河南文联，任创作部主任。1957年被划为右派，1962年被安置于河南省图书馆。1980年考入河南省社会科学院，历任文学研究所副研究员、研究员、院学术委员。栾星先生早年从事新文学创作，入省图书馆以后，潜心中原历史文献研究五十年，笔耕不辍，积稿以千万字计。其治学严谨，著作等身，且奖掖后学，不遗余力。《著述典》编纂时，先生除手自撰写外，还将所积累之图书提要卡片、笔记，尽付晚辈撰人参考。

栾星先生像

近代河南籍作者著述研究，是迄今为止较为薄弱的领域。其目录编纂，所知仅有《河南省志·著述志》一种。《河南省志·著述志》编辑组成立于1982年1月，由河南省社会科学院副院长吴清波任组长，主编及撰稿人为河南省社会科学院文学研究所所长胡世厚先生，1997年河南人民出版社出版。

此目例收1840年至1987年之间本省籍1526位人士的著作5481种。体例分为哲学、社会科学、自然科学等大类，各类之下有子类，子类下以著者年代为序编排。其例本为分类目录，但编纂中往往破例，若某人有多部著作分属不同类别，本当归属各类之中著录，书中编排却俱归该人名下。如第二章《社会科学》第二节《法学》，庞士谦名下，有《中国与回教》《回教法学史》《埃及九年》三书，除第二书外，其余俱非法学著作。再者，著录多有遗漏。如袁世凯、袁克文、王锡彤、胡石青、马乘风等,俱全国有大影响者,皆未收录。此外,著录项中大多仅有书名、出版者、出版时间,或仅有书名。这部《著述志》虽未能完善,但系民国著述目录开创之作,舍此,民国时期河南著作如何,竟无从查考。

(二)地方志及其他专题文献目录

新时期的专题目录成果,以河南地方志目录最为丰富,皆因地方志纂修工作推动。

1970年代晚期,河南省地震局为编辑《河南地震历史资料》(1980年河南人民出版社出版),曾整理河南地方志目录。迨修志工程兴,理清河南历代方志之修纂、存佚状况,乃成首要任务。于是河南省社会科学院、河南省地震局组成编写组,查访搜求,编成《河南地方志综录》,列为《河南省地方史资料丛编》之一,1981年4月以内部资料印刷,为时在河南省地方志编纂委员会成立之前,是为新时期第一部河南方志目录。

此目收录省志、府县志及新编志书554种,847个不同版本,著录书名、纂修者、卷帙、版本,并标注全国40余家藏书单位馆藏情况,但无提要。

《河南地方志综录》,河南省地震局、河南社科院编印,1981

河南省地方志编纂委员会正式成立后,又编印了两部目录:

《河南地方志提要》和《河南地方志佚书目录》，并接手《河南省地方史资料丛编》，将新编二目列为丛编之二、之三。

《河南地方志提要》系选取民国间《续修四库全书总目提要》中河南方志提要条目，汇编而成，计207篇（失收13篇），另《中州杂俎》《方岳采风录》等5篇。排印时对原文作个别校订，并加注现存馆藏单位。《河南地方志佚书目录》则据《文渊阁书目》、张国淦《中国古方志考》等编成，收录已佚方志368种，简要注出书名、卷数、纂修人、年代、版本及出处。

《河南地方志提要》，河南省地方志编委总编辑室编印，1982

以上三目印行后，《河南省地方史资料丛编》这一丛书名改为专出史料汇编，详后。

此后，河南省社会科学院历史研究所刘永之、耿瑞玲的《河南地方志提要》两册，乃是在全国都有重要影响的方志目录学力作。是书历时十一年编成，1990年出版，列入河南地方史志编纂委员会之《河南旧志整理丛书》。

全书收录1949年以前河南地方志561种，首述省志，以下依地域分类，不仅录志名、卷帙、版本、存佚、藏家等，且详考各地建置变化、各志纂修始末。其于各次修志之传承，体例之变化，结构、叙事之得失优劣，俱一一提要辨析，是为辨章学术、考镜源流的典范之作。附录《河南佚志目录》等6种，亦甚详尽。该书问世后，《中国地方志》杂志主编诸葛计曾撰长文《考镜源流，成一省方志之总览》(《中国地方志》1996 年第 2 期)，予以介绍，赞不绝口。全书上下两册，河南大学出版社出版，版权页虽标 1990 年，但两册非同时出版，下册印行，在 1992 年之后。

《河南地方志提要》，
河南大学出版社，1990

刘永之先生像

刘永之（1911—1987），安徽萧县人，方志专家，也是方志目录学最早的倡导者之一。《河南地方志提要》启动后，以 70 岁高龄，夙兴夜寐，不辞劳作。1987 年初稿甫成，竟以心脏病突发辞世。其晚年全部心血，俱贡献于此书，竟未见授梓。

《中原文化大典》之《著述典》外编，亦为河南地方志书提要目录，并冠以《河南方志总目》副题，收录河南各类志书 1244 部。其与《河南地方志提要》不同者，除收录传统方志之省志、府州县志外，又有山水志、名胜志、艺文志、人物志等，以至于杂史、杂咏之杂志等专志，无论存佚，俱予立目。著录书名、卷帙、存佚、版本之外，并有提要辨析。方志部分，多出栾星先生、耿瑞玲女士手，堪称允当；其他条目，亦差强人意。专志只列外省籍编撰者之著作，本省籍作者著作，已入正编，此不再收录。如《艺文志》，收刘昌《中州名贤文表》、邵松年《续中州名贤文表》，而本省赵彦复《梁园风雅》已入正编，此则阙如。如此无以见中州艺文辑录之流变。宜立"参见"条目，以存各类专志源流之全貌。

新时期的历史文献目录学，还发表了一些其他专题的文献目录，如栾星先生《嵩岳文献叙录》，附刊于《嵩岳文献丛刊》，著录历代嵩山相关著作，对已佚、待访、今存各书，一一详加考证，是继张邃青《嵩山专著书目考》之后，更为完善的一份嵩岳书目。栾先生另有《少林武术文献知见录》一编，未刊。

黄河水利委员会所编《黄河志》卷十一《黄河人文志》，亦与河南文献目录学相关。其第四篇《黄河书刊》，著录了古代、近现代治河专著500余种，近现代与黄河相关的报纸、刊物50种。条目俱有提要，翔实规范。其收录地域范围，涵盖黄河流域各省，不仅河南；时间范围则涵盖当代。

《黄河人文志》，河南人民出版社，1994

孙新科、杜茂功编著的《九都典籍》，是一部有关洛阳（今洛阳市及周边地区）的历史典籍提要目录，收录著作875部，分为历史、文学、科技、人物传记等若干类。上起先秦，下迄清末。

所收著作，除洛阳人著述外，还包括内容以洛阳为主及大量涉及洛阳者。每书俱有详细提要。但其书失之泛，如《史记》《汉书》《元丰九域志》，俱予著录；提要又未能举其与洛阳如何相关，亦泛泛而述。

左：《九都典籍》，中国科学文化出版社（香港），2001
右：《牧野藏珍》，内蒙古人民出版社，2005

2005年，新乡市图书馆王惠敏《牧野藏珍——〈中州文献〉书目》出版。此书专事著录新乡市图书馆现藏中州文献征辑处征集之图书。牧野者，新乡之别称。武王伐纣，战于牧野，即此地。前述之目录，收录著作大抵下限至晚清，而征辑处之文献，多有民国间成书者，为前目失载，如李敏修本人著作等。此书仍依《中州艺文录》之例，以地域分类，各地以人为序，注明作者及其生平、书名、卷帙、版本，并一一提要，颇为得法。

《河南省回族古籍总目提要》，河南省民族事务委员会编。1986年河南省少数民族古籍整理出版规划小组成立后，河南省民委即开始搜集本省少数民族文献。2003年国家民委组织编纂《中国少数民族古籍总目提要》，河南省积极参与，组织各地民族宗教局，调查搜集，成此目录。所谓"河南省回族古籍"，指河南现存之回族文献，多为各地清真寺或私人收藏，不限于豫人著述，亦不限于图书。此书依照国家民委编写纲要编写，按文献类别编排，计典籍类122种，碑刻类230通，档案类10条，讲唱类10条。各类按现收藏地为序编排。提要详细，注明名称、卷帙、撰人、语种、编印时间及形制、收藏者，并附彩色图片。所收如《古兰经》等，大都非河南著作；但亦有豫籍人物著述，如民十年开封洪宝泉所撰《明真释疑》，民三十一年开封文书寺阿訇马儆吾之《答王殿辅阿訇书》等。

 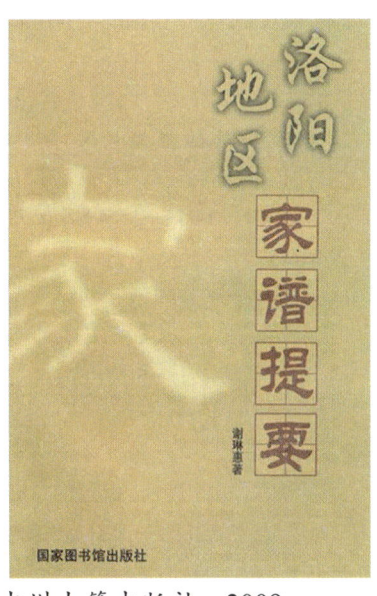

左：《河南省回族古籍总目提要》，中州古籍出版社，2009
右：《洛阳地区家谱提要》，国家图书馆出版社，2010

洛阳大学（今洛阳理工学院）图书馆馆长谢琳惠所撰《洛阳地区家谱提要》，收录了该馆搜集珍藏的200部家谱，分别著录谱名、卷帙、纂修者、修撰时间、版别、始迁祖，并对诸家源流、迁徙、世系等予以提要，颇为翔实。家乘之类，文献价值甚高，但迄今缺乏全面整理，此目为良好开端。

（三）报刊目录

晚清至民国间报刊目录研究，最早有肖凤桂《开封出版的报纸［一］(1898—1917)》和《开封出版的报纸［二］(1919—1948)》，发表于1981年《河南图书馆季刊》第2、3期。后补充修订，合并为《开封出版的报纸简介（一八九八——一九四八）》，刊于《开封文史资料》第2辑（1985）。《河南文史资料》第6辑（1981）曾刊登《辛亥革命前后开封出版的报纸》，第17辑（1986）刊登《清末及民国年间开封出版的报纸》。其文依据开封市图书馆所藏报刊等资料，考证、介绍了晚清及民国间开封出版的报纸80余种。后作者又撰写有《开封出版之部分文艺刊物与文化刊物(1906—1948)》，发表于《文学论丛》第1辑（1983），介绍开封出版的文化刊物53种。

肖凤桂《开封出版的报纸［一］(1898—1917)》，《河南图书馆季刊》1981年第2期

开封为晚清及民国河南省会、文化首府，故本省出版的主要报纸和文化刊物，基本都反映在上述文章中。其文虽非报刊目录，

体例上未按报刊提要目录编排,但开创了晚清、民国报刊目录探索的先河。后来编纂的河南报刊目录,大都采用了他的成果。

肖凤桂(1911—1996),滑县人,1932 年毕业于河南省立第一师范学校,留校任教。1949年后在开封市图书馆工作,曾任参考咨询股股长。他是一位地方文献保护、研究的积极倡导者,撰有《漫谈开封地方文献》等文章多篇。

1982 年 9 月至 10 月,河南省地方志编纂委员会派员赴省外搜集河南文献资料时,查阅了北京图书馆、上海图书馆、南京图书馆和南京大学图书馆报刊卡片目录,归后,据此编印了《京沪宁馆藏河南报刊资料目录》。次年,又据河南省图书馆、河南师范大学(今河南大学)图书馆、开封市图书馆、新乡市图书馆、新乡市档案馆、黄委会图书馆和河南省博物馆的馆藏目录,编印了《河南省主要藏书单位馆藏河南报刊目录》。两目俱内部印刷。

《京沪宁馆藏河南报刊资料目录》,河南省地方志编纂委员会编印,1982

两部目录收录报刊的时间范围均为晚清至民国,简要著录报刊名、出版地、出版者、刊期、馆藏期号、索书号等项。其例以收藏馆为序编排,致使一些各馆俱有收藏的报纸、杂志,重复多次出现在各馆名下。两部目录编纂较为仓促,仅以各馆编制的目录为据,未阅原始报刊。当时各图书馆旧报刊目录尚不完善,导致这两部目录疏误、缺失不少。其编排也较粗略,校对未能精心,多有鲁鱼之讹（或为各馆原目之误）。著录各项，或有或无，体例亦不统一，并窜入许多非报刊的图书。

河南大学图书馆王琼所编《全国主要图书馆馆藏河南期刊联合目录（1884—1949）》，是继上述目录之后又一部图书馆馆藏河南期刊目录，收录国内 51 家图书馆馆藏河南晚清至民国间期刊 774 种（不收报纸）。其例依《中国图书馆图书分类法·期刊分类表》分类，依国标《连续出版物著录规则》著录各项，包括刊名、出版地、出版者、发刊终刊日期、馆藏等，并有提要。

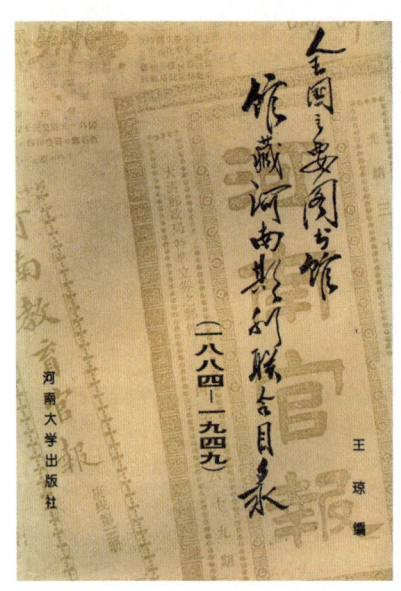

《全国主要图书馆馆藏河南期刊联合目录（1884—1949）》，河南大学出版社，1989

该目录的资料依据，主要为书目文献出版社《（1833—1949）全国中文期刊联合目录》、前述河南省地方志编纂委员会的两部目录，并查阅了本省部分图书馆目录。其体例虽追求完备，实则并不完善，著录项残缺不全，提要多有不确，至于重出误列，每每有之。

在此前后的另一份河南报刊目录，为《河南省志·新闻志》所附之目录。《新闻志》编纂，始于 1984 年。是年河南省新闻志编纂领导小组成立，《河南日报》总编辑邓质钢任组长；小组下设河南省新闻志编辑室于河南日报社，由河南日报社新闻研究室主任陈承铮负责。1985 年，编辑室编印了《清末至建国前河南省报纸简表》，收录现存及已佚的河南报刊 368 种，8 开排印，分送相关人员征求意见,以备补充修订。1987 年 3 月该志初稿完成,先以《河南省志新闻篇(1898—1985)(试写稿)》排印,所附《河南报刊一览表(1877—1985)》中,收录 1949 年及以前报刊数目增至 407 种。

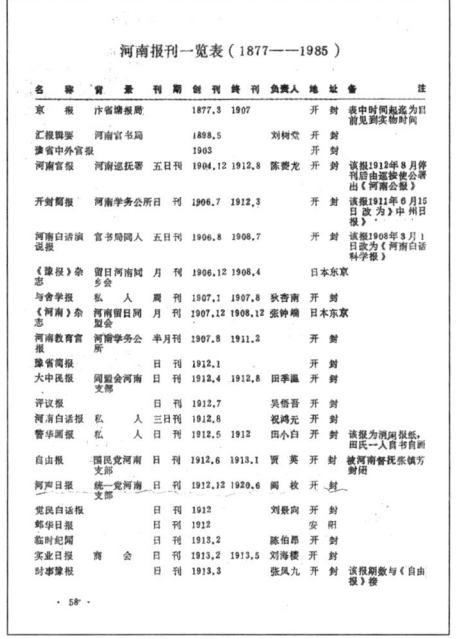

《河南报刊一览表(1877—1985)》,载《河南省志新闻篇(1898—1985)(试写稿)》,1987

1994 年,《新闻志》正式由河南人民出版社出版,定名为《河南省志》第五十四卷第九十篇《新闻报刊志》,正文对 50 种晚清及民国报刊列出条目,加以提要,并附《1877—1986 年河南报刊一览表》,其中 1949 年及以前报刊,增至 489 种,著录项包括报刊名称、创刊终刊时间、刊期、主办单位、负责人、出版地及备注。大体以创办时间为序编排。

此目凝聚了河南一代修志者的心血。晚清以来河南报纸、期刊出版概貌,第一次得有大致归纳。但此目亦有遗憾,收录仍有缺失,著录项不全,不显存佚、藏家,提要有未能中肯繁者。编排依年代为序,未能分类。惟此目为志书所附表格,并非专门报刊目录,不当强求。

2015 年,河南报业集团于为民先生撰《河南新闻传播发展史》两巨册(尚未出版),亦附有《河南报刊一览表(1877—1966)》,形制与《河南省志·新闻志》类似,所收 1949 年及以前报刊,增益至 490 种。

此外，张天定、李建伟主编之《河南大学出版志》（2010 年河南大学出版社出版），第二章第一节为《1949 年前的报刊》，著录民国间河南大学公办及师生私办报刊 54 种，大都加以提要，述其始末、存佚、藏家，图文并茂，可视为专题报刊目录。

民国以前河南报刊，迄今目录不尽完善。究其原因，其一，全国各图书馆馆藏旧报刊，多为孤品善帙，且未经全面整理，近年图像扫描及数据库技术兴起，方逐步整理，不断有稀见报刊浮出。其二，报刊出版，往往历时较久，其间易地、易人、更名、中辍，衍变多端。本省学界，对此尚无深入研究。其三，报刊分类，至今无允妥之分类法。其唯一之标准《中国图书馆图书分类法·期刊分类表》，极不适用于晚清、民国期刊。

（四）档案目录

1980 年代以来，河南省档案馆、各地市县档案馆和专业档案馆逐步建立了基本完善的手检目录和联机目录，同时参与到全国历史档案资料目录中心的编目工作之中。目前，各档案馆全宗级目录大都已正式出版，宗卷和文件级目录，则大多限于馆内查阅，未有出版。

河南各级档案馆的目录成果，首先体现在公开出版的国家级档案目录中。1991 年成立的全国明清档案资料目录中心，完成了全国明清档案目录的编制，2000 年由中国档案出版社出版了《明清档案通览》。该书著录了河南省收藏有明清档案的 11 个档案馆的全宗，著录项为档案目录通行的全宗名称、代码、性质、起止年度、数量、整理编目状况，并有简略的内容概述。1992 年成立的全国民国档案资料目录中心，编有《全国民国档案通览》，2005 年出版，其第六册著录了河南省省市县 50 个档案馆及黄委会治理黄河档案馆的全宗目录，著录项与《明清档案通览》相同。但河南省非档案馆系统所藏档案，未反映在两书中。

在此前后，河南省档案馆及许多市县档案馆，都编写过本馆指南。指南除介绍本馆概况、组织机构、沿革等外，都有本馆所藏全宗目录，并按照通行的著录项标注。其重要者，有河南省档案局编《河南省市地档案馆指南简编》，收录全省17个市地级的18个国家综合档案馆的"简明指南"，1996年内部出版。河南省档案馆所编《河南省档案馆指南》，则于2003年由中国档案出版社正式出版。黄河档案馆指南则以《黄河档案总揽》命名，2002年黄河水利出版社出版。

左：《河南省市地档案馆指南简编》，河南省档案局编印，1996
右：《河南省档案馆指南》，中国档案出版社，2003

1996年，河南省档案局还编印了《河南档案珍品评介》，收录河南省各级档案馆收藏的具有较高价值的档案，共468个条目，分为档案、拓片、图书等类别，加以介绍。此书相当于图书目录中的善本书提要。一些地市也编有类似的提要，如新乡市档案局1992年编印的《新乡八县市档案馆藏珍品荟萃》等。

## （五）文献索引

索引为文献整理之一途，旧称通检；或名引得，则西文 index 之音译。其种类繁多，大抵乃于图书报刊文献中，辑录某种关键要素，如人名、地名、篇名等，汇而为编，分类标引出处页码。

近代中原文献索引，主要有河南地方史志编纂委员会编印的丛书《河南地方史志索引丛编》。此丛书是为编纂《河南省志》而辑，共收索引及相关图书 19 种，内部资料。

是编最初未有丛书名，最早为 1983 年 7 月编印的《解放战争时期人民日报索引》，辑录 1946 至 1949 年《人民日报》所刊关于河南的文章，录其篇名、发表日期及版次，分"解放战争""政治""农业生产"诸类。

《解放战争时期人民日报索引》，河南省地方志编纂委员会编印，内部资料，1983

1983 年 12 月，始有《河南地方史志索引丛编》总名及编号。时汇集原有之《河南地方志综录》《河南省主要藏书单位馆藏河南报刊目录》等五种，合订为《河南地方史志索引丛编》第一至五号。已出之《解放战争时期人民日报索引》等三种，追补为第六、七、八号。1983 年 12 月新印《晨报索引》，扉页始标"河南地方史志索引丛编第九号"，此后各种，接续编号印行。全编今不易见，因录子目如下：

《河南地方志综录》，1981 年 4 月

《河南地方志提要》，1982年3月
《河南地方志佚书目录》，1983年3月
《京沪宁馆藏河南报刊资料目录》，1982年11月
《河南省主要藏书单位馆藏河南报刊目录》，1983年2月
《解放战争时期人民日报索引》，1983年7月
《河南地方史志论文索引》，1983年8月
《新华日报索引》，1983年9月
《晨报索引》，1983年12月，丛编第九号
《中原日报索引》，1983年12月，丛编第十号
《（上海）民国日报索引 汉口民国日报索引》，1984年8月，丛编第十一号
《1912—1921年申报索引》，1984年8月，丛编第十二号
《新中华报 解放日报索引》，1984年9月，丛编第十三号
《豫西日报 东北日报索引》，1984年9月，丛编第十四号
《部分河南地方文献书目 河南政治月刊索引》，1984年10月，丛编第十五号
《太行版、太岳版新华日报索引》，1984年12月，丛编第十六号
《（天津）大公报索引》，1985年6月，丛编第十七号
（丛编第十八号未见）
《1922—1927年申报索引》，1985年4月，丛编第十九号

时至今日，旧报刊数字化尚未普遍，全文检索数据库大都未建成，故此索引仍有其应用价值。即使未来报刊数据库完善，而在人工智能时代到来之前，索引之作用仍不可替代。

周启祥先生（生平详后）所辑《中原新文学史料钩沉》，亦索引中一部力作。是书从1920至1940年代开封出版的报纸、杂志中，摘录出与小说、诗歌、散文及文学评论等新文学相关的篇目，

分类索引,依年代分为上中下三编,另附录六编,辑录了大量相关资料,惜未正式出版,1995年自费印行200册。

其他还有南阳市科技图书馆孙怀亮主编的《南阳著述索引》,汇集与南阳相关资料,凡成册、成篇、成章、成节之资料,俱立条目,按中图分类法分类编排。其书规模宏大,无论古今,巨细无遗,以致有杂芜之病。2012年西安地图出版社出版。

## 五、中原文献丛刊编印

(一)校订丛刊

新时期河南古籍整理成就,首先体现于本土文献丛刊出版。较之民国间《中州文献汇编》《三怡堂丛书》等丛书,新时期的丛刊无论数量、质量,都有长足进步。

1.《中州名家集》和《中州文献丛书》

《中州名家集》始于1982年中州书画社制订的《古籍整理出版规划(1983—1990)》,当时设计收录河南著名文学家、史学家、哲学家的个人著作,兼顾长期流寓河南的作家名著。已有较完备整理本出版之河南大家著作,则不再收录。拟目40种,请尹达为作总序《一项有意义的工作》。《中州文献丛书》则起源于1984年河南省高校古籍整理领导小组工作会议,侧重于收录河南历代人物的史部著述。两丛书后俱列入河南省古籍整理出版规划领导小组编制的《河南省1986—1990年古籍整理出版规划》。但实际出版过程中,一些本当列入《中州名家集》的集部著作,也被收入《中州文献丛书》。

三十余年来,中州古籍出版社几经改制,虽步履维艰,亦锲而不舍。集腋成裘,终有成就。迄今,《中州名家集》计出版21

种,《中州文献丛书》出版 12 种。兹依出版时间为序,列其子目如下:

**《中州名家集》**
《谢灵运集校注》,南朝谢灵运著,顾绍柏校注,1987
《七经楼文钞》,清蒋湘南著,李叔毅、龚佩琏、张大新点校,1991(河南省少数民族古籍之一)
《石田先生文集》,元马祖常著,李叔毅点校,1991(河南省少数民族古籍之二)
《阮籍集校注》,三国阮籍著,郭光校注,1991
《沈佺期诗集校注》,唐沈佺期著,连波、查洪德校注,1991
《鬼谷子注本点校(附辑佚)》,王燕玉、李叔毅、孙顺霖点校,1992
《侯方域集校笺》上册(《壮悔堂文集校笺》),清侯方域著,何法周主编,王树林校笺,1992
《曹丕集校注》,三国曹丕著,夏传才、唐绍忠校注,1992
《张方平集》,宋张方平著,郑涵点校,1992(2000 年第 1 次印刷)
《江淹集校注》,南朝江淹著,俞绍初、张亚新校注,1994
《郑廷玉集》,元郑廷玉著,颜慧云、陈襄民校注,1997
《岳飞集辑注》,宋岳飞著,郭光辑注,1997
《许有壬集》,元许有壬著,傅瑛、雷近芳校点,1998
《何瑭集》,明何瑭著,王永宽校注,1999
《侯方域诗集校笺》,清侯方域著,何法周主编,王树林校笺,2000
《潘黄门集校注》,西晋潘岳著,王增文校注,2002
《孙奇逢集》上中下,清孙奇逢著,张显清主编,2003
《汤斌集》上下,清汤斌著,范志亭、范哲辑校,2003
《王建诗集校注》,唐王建著,王宗堂校注,2006

《高拱全集》上下，明高拱著，岳金西、岳天雷编校，2006
《王越集》，明王越著，赵长海校注，2009

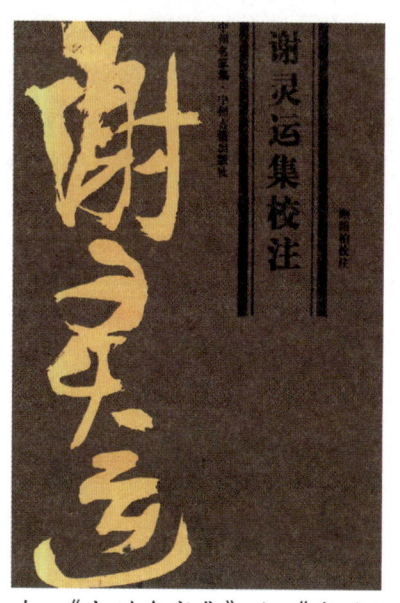
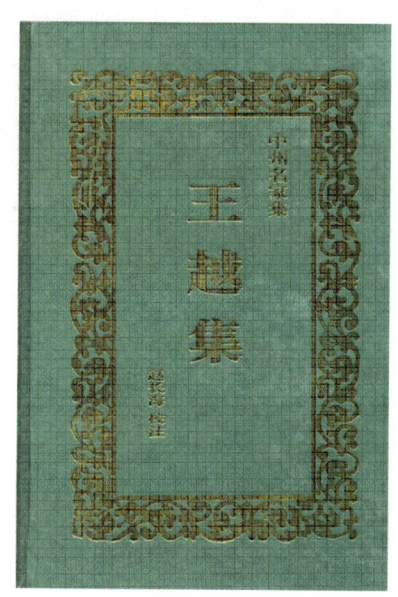

左：《中州名家集》之《谢灵运集校注》，1987
右：《中州名家集》之《王越集》，2009

**《中州文献丛书》**

《贾谊集校注》，汉贾谊著，吴云、李春台校注，1989
《何大复集》，明何大复著，李叔毅等校注，1989
《校订录鬼簿三种》，元锺嗣成著，王钢校订，1991
《中州历史人物著作简目》，杨松如著，1991
《靖康稗史注》，宋李天民、王成棣等辑撰，王汝涛点注，1993
《河洛方言诠诂》，民王广庆著，郭也生校点，1993
《授堂金石跋》，清武亿撰，高敏、袁祖亮校点，1993
《通俗文辑校》，东汉服虔撰，段书伟辑校，1993
《皇极经世书》，宋邵雍著，明黄畿注，卫绍生校理，1993
《抚豫宣化录》，清田文镜撰，张民服点校，1995

《中州诗钞》，清杨淮辑，张中良、申少春校勘，1997
《问辨录》，明高拱撰，岳金西、岳天雷校注，1998

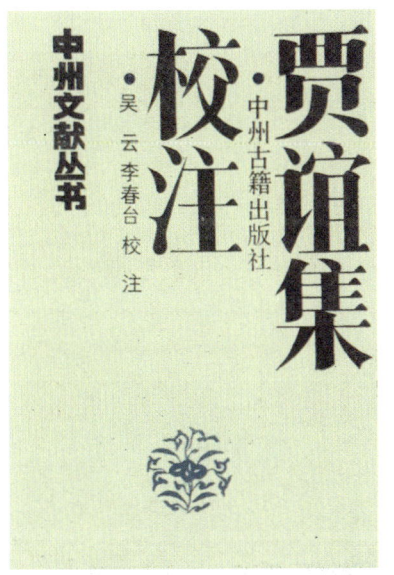

左：《中州文献丛书》之《贾谊集校注》，1989
右：《中州文献丛书》之《校订录鬼簿三种》，1991

两丛书中许多品种，能取不同版本比勘，择其善者为底本，校勘亦严谨规范。《校订录鬼簿三种》《何大复集》，分别获1988至1991年度全国古籍优秀图书二等奖、三等奖，《高拱全集》获2006年度全国优秀古籍图书一等奖。

不过，整个丛书规划，未能逐一落实，列入两丛书的一些选题，以种种原因，终未能编入，而单行出版或交其他出版社出版。其后入选各书，较为随机，多就来稿编入，而非照计划约稿，许多重要河南典籍未能体现，故整体上尚不能完全反映河南古代著作之精华。个别稿件校勘质量较差，曾受报刊文章指摘。其形式亦不尽统一，或简体，或繁体，或竖排，或横排。《中州名家集》之设计风格，先后三次变换。

2. 《淮源丛书》

新时期之初，本省古籍整理之丛书，还有河南省高校古籍整理重点项目、李叔毅主编的《淮源丛书》。

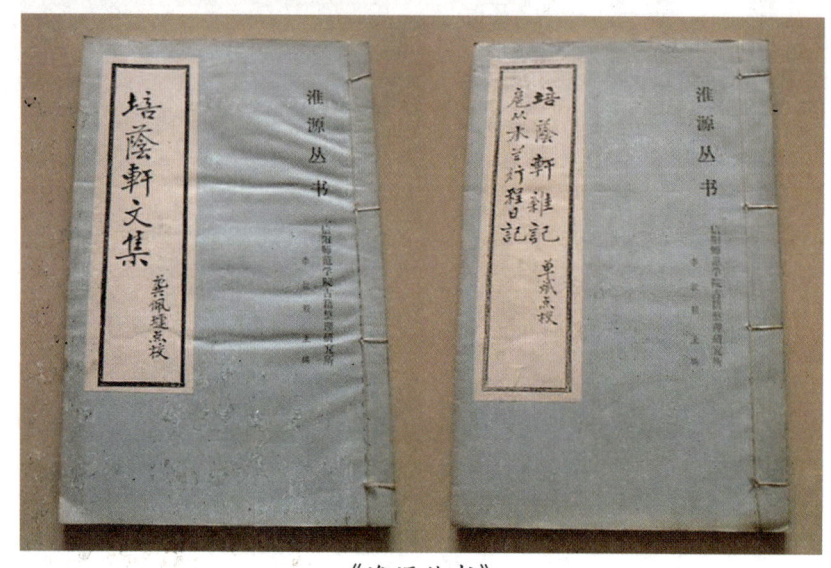

《淮源丛书》

《淮源丛书》编纂，始于1984年。是年信阳师范学院古籍整理研究室升为研究所，下设《淮源丛书》研究室，专事丛书整理。"淮源"谓信阳地区淮河之滨。当时查考，河南境内淮河两岸人士遗著，不低于六百种。最早点校出版者，为何景明《何大复集》，以信阳师院所在地乃何氏故里。稿成后列入《中州文献丛书》出版。其他仅有点校稿数种，句读于原本复印件上，加有前言说明，冠以"淮源丛书"之名装订，未出版。所知子目如下：

《黎襄勤公奏议》，清黎世序撰，单斌点校

《培荫轩文集》，清胡季堂撰，龚佩琏点校

《培荫轩杂记》，清胡季堂撰，单斌点校

《扈从木兰行程日记》，清胡季堂撰，单斌点校

《陈侍御奏议》，清陈善同撰，刘宝金点校
《孟洋集》，明孟洋撰，傅瑛、朱庆受点校

李叔毅（1923—2008），西平人。1949年毕业于西北大学。后任教于信阳师范学校、信阳高中。1978年执教信阳师范学院。先生晚年致力于中原文献整理，任信阳师院古籍整理研究所副所长、河南省高等院校古籍整理领导小组成员、《古籍整理》杂志副主编。校勘有《何大复集》《七经楼文钞》《石田先生文集》《鬼谷子注本点校》等。先生年迈之后，《淮源丛书》未闻再有进展。信阳师范学院古籍研究所亦无疾而终。

3. 《嵩岳文献丛刊》

郑州市图书馆文献编辑委员会编，2003年中州古籍出版社出版。凡四册，收录历代关于嵩山之著作10种，并附栾星《嵩岳文献叙录》。传世嵩岳旧著，大都收录在内，可谓嵩岳文献集大成之丛书。子目为：

《嵩岳志》，明陆柬撰，张万钧校点
《嵩岳文志》，明陆柬撰，孙红强校点
《嵩书》，明傅梅撰，崔向东、王关林校点
《嵩山志》，清叶封、焦贲亨撰，陈斌、李红岩校点
《嵩阳石刻集记》，清叶封撰，宋学清校点
《说嵩》，清景日昣撰，周树德、吴效华校点
《嵩岳庙史》，清景日昣撰，张惠民校点
《嵩阳书院志》，清耿介撰，李远校点
《少林寺志》，清叶封、焦钦宠采辑，清施奕簪、焦如蘅续辑，韩富荣校点
《嵩岳游记》，民国席书锦撰，傅玉梅校点

是书为国家古籍整理"十五"规划项目，亦河南省"十五"

重点图书出版规划项目。其版本选择，颇费周折。明代以来嵩岳著作，传世俱不常见；同一著作，存世各本之间往往有差异。此书校订，遍寻国内各图书馆馆藏珍本，加以比勘。各书前言，述其源流，评其价值；注释亦见功力。

嵩岳为豫中名山之首。抗战期间，河南大学避难登封潭头，地近嵩山，张邃青曾作《嵩山专著书目考》，珍惜嵩岳文献之情可以想见，而当时恐不敢有汇编集刻之想。此集上可告慰先贤，下亦促进嵩岳文化之兴盛。2010年登封"天地之中"历史建筑群成功入选《世界遗产名录》，历史文化证据，全赖《丛刊》支撑。

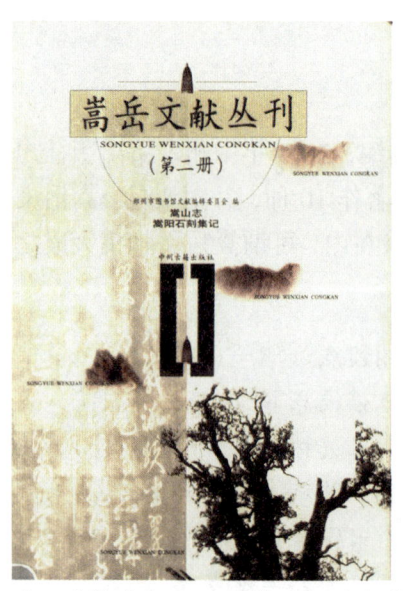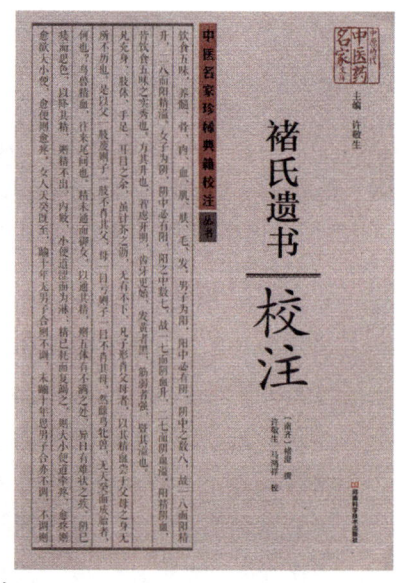

左：《嵩岳文献丛刊》，中州古籍出版社，2003
右：《中原历代中医药名家文库》之《褚氏遗书校注》，河南科学技术出版社，2014

4.《中原历代中医药名家文库》

专题古籍整理丛刊，除地方志另述外，医药类有《中原历代中医药名家文库》，河南中医学院许敬生主编，河南科学技术出版社出版。第一辑收河南中医药古籍 19 种（已出 17 种），凡 30 册 700 余万字，为子部医家类豫籍著述集大成之丛刊，第二辑尚在整理中。所收各书，俱有题解，述作者生平、原著内容及价值、版本状况及校订原则。校注者于中医药领域各有专长。其校订注释，大致得法，为医书校勘中较为严谨、完善者。其中《太平圣惠方校注》，获 2016 年中华优秀出版物奖图书奖。惟医家注书，释词多依医理下断，文献引证，往往不足。子目如次：

《褚氏遗书校注》，南齐褚澄撰，许敬生等校注，2014
《食疗本草校注》，唐孟诜撰，付笑萍等校注，2015
《伤寒补亡论校注》，宋郭雍撰，牛宝生等校注，2014
《全生指迷方校注》，宋王貺撰，叶磊校注，2014
《太平圣惠方校注》，宋王怀隐撰，田文敬等校注，2015
《新刊补注铜人腧穴针灸图经校注》，宋王惟一撰，朱现民校注，2015
《儒门事亲校注》，元张从正撰，徐江雁等校注，2015
《诊家枢要校注》，元滑寿撰，张晓利校注，即将出版
《十四经发挥校注》，元滑寿撰，赖谦凯等校注，2014
《读素问钞校注》，元滑寿撰，冯明清等校注，2014
《难经本义校注》，元滑寿撰，周发祥等校注，2015
《救荒本草校注》，明朱橚撰，王宪龄校注，即将出版
《伤寒瘟疫条辨校注》，清杨璇撰，庆慧等校注，2016
《针灸易学校注》，清李守先撰，高希言等校注，2014
《嵩崖尊生书校注》，清景日昣撰，刘道清等校注，2015
《医门八法校注》，清刘鸿恩撰，刘道清等校注，2014
《眼科百问校注》，清王子固撰，卢丙辰校注，2014
《王氏医存校注》，清王燕昌撰，程传浩等校注，2014
《植物名实图考校注》，清吴其濬撰，侯士良等校注，2015

中医古籍，另有华北水利水电大学李东方主编之《中州杏林

古籍选刊》，收录七位豫籍医家著作八种：东汉张仲景《伤寒论》《金匮要略方论》，南齐褚澄《褚氏遗书》，宋钱乙《小儿药证直诀》，宋王贶《全生指迷方》，金张从正《儒门事亲》，清杨璇《伤寒瘟疫条辨》，清龙之章《蠢子医》，合为一册，2017年郑州大学出版社出版。编选者言，所选为"有典型代表性的豫籍医家"，"有重大学术价值的中医著作"。实未能称。各书仅有标点，不言所据版本，校勘业中江湖郎中也。

医者关乎性命，古医书多有妄诞不经者，整理者当取其精华，去其糟粕，是其是而非其非，不宜一味赞崇。

5.《清代中州名家丛书》

此丛书由河南大学文学院教授王宏林等策划，该院教师校勘，中州古籍出版社出版。拟收清代豫人文集14种：《李树穀集》《张远览集》《刘榛集》《彭而述集》《刘应陛集》《吴玉纶集》《吴其彦集》《范泰恒集》《吴葆晋集》《王庚集》《黎世序集》《周之琦集》《徐作肃集》《李卿穀集》。2019年出版《张远览集》一种，李金松点校；余集近期问世。按，清代豫人别集存世极尠，已见前述，但除侯方域等大家之外，点校整理者，百不及二三，近年颇觉寂寥。此丛书出版，将对这一领域空白，有所填补。已出即出各集，于著者生平、文集版本等，均有周详考证述说，且或辑录碑传、题跋、评论等，亦见专业水准。

其他小型丛书，亦称为合刊者，有栾星先生辑校的《甲申史籍三种校本》，一册，包括明张永祺《偶然遂》、清郑廉撰《豫变纪略》和清李宏志《述往》，2002年中州古籍出版社出版。三书俱明末清初豫人记甲申兵乱之作，流传较罕。栾先生搜罗稀见抄本、刻本多种，互为校勘，甚见功力，该书获2003年第四届全国优秀古籍整理图书奖二等奖。此外，属独撰类丛书校勘，详后《集部别集及独撰类丛书整理》部分。

（二）影印丛刊

随着印刷技术不断进步，照相制版、胶版印刷及数字化扫描、拍摄日渐普及，给图书影印带来极大便利，大型旧籍影印丛书纷纷问世，如《文渊阁四库全书》《四库全书存目丛书》《四库未收书辑刊》《四库禁毁书丛刊》《续修四库全书》《原国立北平图书馆甲库善本丛书》《域外汉籍珍本文库》《民国丛书》《晚清珍稀期刊汇编》《民国教育公报汇编》等，林林总总，数以百计。大量善本珍籍深藏秘府者，得以方便流通，其中包括许多罕见中原文献。

豫中出版的此类丛书，有任继愈主编的《中国科学技术典籍通汇》，1990年代河南教育出版社（大象出版社）陆续出版，收录古代科技典籍541种，包括宋李诫《营造法式》、明朱载堉《乐律全书》、清吴其濬《滇南矿厂图略》等中原文献。耿君相新总策划，张研、孙燕京二女士主编的《民国史料丛刊》，2009年起大象出版社出版，正续两编，2266册，收民国图书4462种。其中河南文献，多为政府、学校出版物，如民二十九年《河南省政府工作报告》，民十九、二十二年《河南建设概况》，民三十四年《河南省经济调查报告》，民二十四年《河南省立河南大学现况简览》，民十六年《福中矿物大学一览》等。

中原文献结集为丛书影印者，多为方志，详后专节。非方志者，较早有史学家沈云龙主编的《袁世凯史料汇刊》11种、《续集》7种、《续编》4种，1960年代台北文海出版社出版。

此书又名《项城袁世凯有关资料汇刊》，是一部关于洪宪政权的丛书，收录典籍包括洪宪时期《政府公报》《北洋公牍类纂》等，虽非全然河南文献，但事关袁氏家族的图书、袁世凯本人著作及袁氏传记等，俱收录在内：

《项城县志》，张镇芳修、史景舜纂
《项城袁氏家集》，丁振铎辑
《洹上私乘》，袁克文撰

《袁世凯全传》，佚名撰
《袁世凯轶事》，佚名撰
《容庵弟子记》，沈祖宪、吴闿生辑
《袁世凯与中华民国》，白蕉著
《袁氏盗国记》，黄毅编
《新建陆军兵略录存》，袁世凯辑
《养寿园奏议辑要》，沈祖宪辑
《养寿园电稿》，沈祖宪辑
《袁大总统书牍汇编》，陆纯编

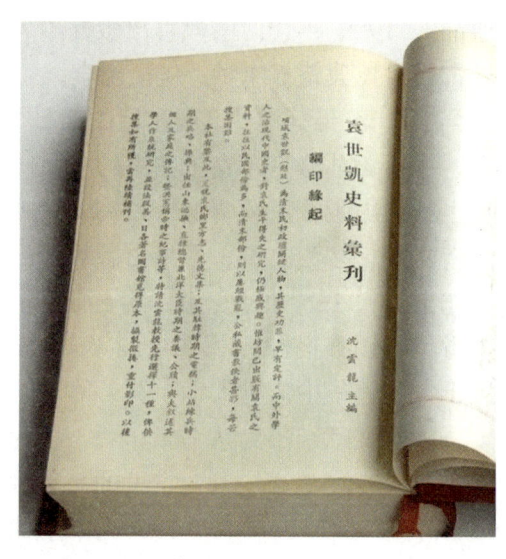

《袁世凯史料汇刊》，文海出版社，1966

此外，1990年江苏广陵古籍刻印社影印有《国朝中州名贤集》。

2016年国家图书馆出版社出版的《中国古籍珍本丛刊·河南大学图书馆卷》60册，也是中原文献较为集中的一部丛刊，收录河南大学图书馆馆藏善本古籍38种，其中15种属河南文献：

《杂物撰德》，清宋继郊撰，稿本
《大中口义》，清常启佑撰，稿本

《名人姓字辨同》，清常茂徕撰，稿本
《辑抄东京梦华录》附《薜石斋诗集杂抄》，清宋继郊辑，稿本
《左传仿史录》，清杨景盛撰，清康熙间抄本
《河南巡抚衙门河工档案》，原档
《河南巡抚衙门军政档案》，原档
《吴皋先生续集》，明喻时撰，明嘉靖四十五年安希尧刻明隆庆间增修本
《王王屋遗稿》，明王厈撰，清康熙二十年刻本
《石斋文集》，清杨运昌撰，清康熙三十年刻本
《敬恕堂存稿》，清耿介撰，清康熙间刻本
《真志堂文集》，清仝轨撰，民国间抄本
《抱影庐遗诗》，清张华撰，抄本
《怡古堂文钞》，清常茂徕撰，稿本
《学斋随笔录》，清宋继郊辑，稿本

其卷前提要仅有6篇，涉河南文献者仅4篇。其他各书缺少提要说明，各书又未标原书尺寸信息。

《中国河洛文化文献丛书》，则为典型的地方性中原文献影印丛刊。此丛书为中共洛阳市委、洛阳市人民政府投资项目，由洛阳市地方史志办公室主持。丛书设有编纂委员会，中共洛阳市委副书记、洛阳市政协主席刘应安任主任，洛阳市地方史志办公室主任徐林、洛阳市社科联主席刘红旗任总纂。项目起源于2009年洛阳史志办影印洛阳旧志，此后扩展为整个洛阳文献影印，于2012年正式启动，总预算超过1500万元。宗旨是反映河洛文化典籍全貌，收录1949年以前关于洛阳的历史文献，包括洛阳人物著作及与洛阳相关的著作。计划影印图书约500种，同时建立河洛文化文献电子数据库，期以十年完成。目前已由中州古籍出版社出版66种，子目如下：

《元河南志》，2册

《弘治河南郡志》，14册
《顺治河南府志》，12册
《康熙河南府志》，16册
《雍正河南府续志》，4册
《乾隆河南府志》，32册
《嘉庆洛阳县志》，16册
《康熙洛阳县志》，6册
《乾隆洛阳县志》，18册
《河南邵氏闻见录》，8册（《河南邵氏闻见录》《河南邵氏闻见后录》）
《洛阳龙门志》，3册（《洛阳龙门志》《洛阳龙门志续纂》）
《唐两京城坊考》，3册（《唐两京城坊考》《唐两京城坊考补记》）
《汉熹平石经残字集录》，4册
《河洛精蕴》，6册
《河洛理数》，5册
《洛阳存古录》，3册
《洛阳古今谈》，1册
《洛阳十二记》，2册[《洛阳记》、《洛阳伽蓝记》、《大业杂记》、《平泉山居杂记》、《洛阳牡丹记》（欧阳修）、《洛阳牡丹记》（周师厚）、《洛阳名园记》、《洛阳花木记》、《洛阳缙绅旧闻记》、《洛阳名胜记》、《洛阳游记》、《洛阳访古记》]
《洛阳十二记外编》，1册（《炀帝迷楼记》《炀帝海山记》《炀帝开河记》《大业拾遗记》《洛京猎记》《洛阳三怪记》《嵩洛游记》《洹洛访古游记》）
《圣贤像赞》，1册
《高僧传》，1册
《佛祖历代通载》，3册

《伊洛渊源录》，5 册（《伊洛渊源录》《伊洛渊源新增》《伊洛渊源续录》）

《洛阳曹氏丛书》，8 册

《皇极经世》，20 册

《授堂遗书》，16 册

《孝经大全》，7 册（《孝经大全》《孝经本义》）

《伊川击壤集》，4 册

《吕明德先生文集》，10 册

《音韵日月灯》，11 册

《吕履恒诗文集》，3 册（《梦月岩诗集》《冶古堂文集》）

《牧庵集》，8 册

《郭氏传家易说》，2 册

《洛阳戏剧文献选编》，2 册（《河南府张鼎勘头巾杂剧》《洛阳风月牡丹仙》《十美人庆赏牡丹园》《天香圃牡丹品》《独乐园司马入相》《洛水悲》《耆英会记》《洛神庙传奇》《三战洛阳》《拟牡丹亭》《双蝶梦》《秋虎丘》）

《河图洛书文献选编》，3 册［《河图纬》、《洛书纬》、《河洛私见》、《图书编》（节选）、《河图洛书解》、《河图洛书异同考》、《河洛图说》、《河洛要言》、《河洛奏对》、《河图洛书原舛编》、《河图洛书大义》］

《鲁岩所学集》，2 册

《洛阳金石文献选编》，2 册（《洛阳石刻录》《嵩洛访碑日记》《匋斋藏砖记》《千唐志斋藏石目录》《唐代海东藩阀志存》《龙门造像杂记》《居贞草堂所藏汉晋石影》《河南金石志图》《伊阙石刻表》）

《两京遗编》，3 册

《柏岩诗文集》，1 册（《柏岩诗集》《柏岩文集》）

《洛阳名人集选编》，4 册（《魏武帝集》《魏文帝集》《曹子建集》《阮嗣宗集》《张司空集》《隋炀帝集》《杜审言集》

《祖咏集》《和靖尹先生文集》《尤西川先生集》《青要集》《嵩坪诗草》《瓢沧先生遗著》）

《刘宾客文集》，6册

《御纂周易折中》，10册

《张说之文集》，4册

《元氏长庆集》，4册

《孟津诗》，6册

《河南先生文集》，4册

《曹月川先生遗书》，6册（《太极图说述解》《通书述解》《西铭述解》《夜行烛》《家规辑略》《曹月川先生录粹》《曹月川先生语录》《曹月川先生年谱》《颂言》《曹月川先生从祀录》）

《孟云浦先生集》，4册

《拟山园文集》，25册

《唐律疏议》，12册

《大唐西域记》，6册

《白氏长庆集》，10册

《拟山园诗集》，19册

《传家集》，12册

《中州集略》，4册

《文潞公文集》，4册

《王襄毅公集》，4册

《易图明辨》，2册

《二程全书》，16册

《新定三礼图》，2册

《简斋集》，2册

《洛学编》，2册

《蔡中郎集》，2册

《周易口诀义》，2册

《民国洛阳县志》，31册

《洛阳历史图集》，1册

该丛书为洛阳文献集大成之作，嘉惠千秋，功莫大焉。多采择善本为底本，搜寻颇为用功。各册前有《出版说明》，叙述作者生平，各书内容、价值及版本流传。以往旧籍影印，为节省成本，往往将原刻两页缩印为16开一页；此则以16开影印原版半页，顿觉开朗。美中不足者，全编渐次出版，未能分类；选目似稍泛，如蔡邕、司马光文集，不宜揽入。

《中国河洛文化文献丛书》之《洛阳古今谈》，中州古籍出版社，2014

## 六、中原文献单行本整理

1980年代以来，许多河南古代名家受到学界关注，著作得到广泛的辑录和严谨的校订，汇集出版，如王孝鱼整理的《二程集》（中华书局，1981），屈守元、常思春主编的《韩愈全集校注》（四川大学出版社，1996），朱天曙编校的《周亮工全集》（凤凰出版社，2008），萧涤非主编的《杜甫全集校注》（人民文学出版社，2014）等，俱极有分量。今仅以豫中学者整理及豫中出版社出版者为主叙述。

(一)《歧路灯》校订

1980年中州书画社《歧路灯》出版，开启了新时期中原文献校勘序幕，影响深远，今首述之。

民国间《歧路灯》校订出版，已见前述。其时正值大革命时代，社会政治、军事、文化大动荡。《歧路灯》虽曲尽社会人情，但毕竟以道学劝世为旨，不合思想潮流，故尽管冯友兰等极力宣扬，此书仍未能大行。

1949年后，《歧路灯》再次进入学者视野。郑逸梅《〈歧路灯〉小考证》一文，记有海上闻人陆澹安1950年代一段轶事：

> 陆澹安知有此书，但仅阅朴社本。一天，无意间在地摊上发现全书，摊贩居为奇货，澹安不惜重资，购置下来。此后，澹安把这书出示某出版社负责人，该社打算翻印，将原书和朴社本对照，颇多相异处，可见当时传抄本不仅一种，朴社所印，恐根据另一传抄本。某出版社按朴社本加以增损，并加新标点，原书多河南方言，均经改窜，回目亦有变动。正拟发排，而反右运动起，翻印遂告中止，该社只得以增损涂改的书还给澹安。

1962年栾星先生调河南省图书馆后，即在类似背景下开始校订《歧路灯》。默默十年，访求乾隆以来罕见抄本、印本十余种，汇而合校，始得全帙。其间冯友兰曾将其所有资料付之，以示支持。此校于俚语、方言、称谓、名物制度、三教九流行藏等，悉加注释考订，极为精到。"文革"时期，先生被抄家多次，所据底本，除公藏者外大都被毁，唯校稿被视为其"厚古"罪证，存入档案室，幸免于难。1979年，稿付新成立的中州书画社，姚雪垠为之序，冯友兰题写书名。1981年元月推出（版权页署1980年12月），轰动一时，首印40万套，销售一空，后一再重印，累计过百万。其他未经许可之翻印本，层出不穷，仅台湾即有 6 种。至此，《歧路灯》历尽劫难，终在中国文学史上大放异彩，成为公认的中原古代经典小说，并为豫省赢得巨大声誉。

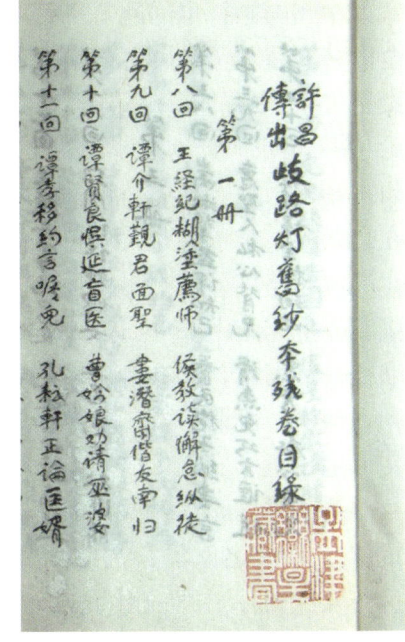

上：栾星先生手迹，张弦生摄
下：《歧路灯》，中州书画社，1980

中州书画社也因此书声名大振，享誉国内外。1982年以后，全国多次召开《歧路灯》学术讨论会。中州书画社随后又出版了栾星先生编著的《歧路灯研究资料》，并编辑出版了两辑《歧路灯论丛》，集录研究这一小说的文章。以此为基础，中州书画社（中州古籍出版社）独树一帜，将明清小说整理作为重要出版方向，在出版界、学术界和大众心目中树立起权威。

《歧路灯》是中州书画社古籍编辑室第一部书稿，责任编辑张君弦生（弦声），撰有《〈歧路灯〉：从手抄到出版》，刊于齐鲁书社《藏书家》2001年第4辑，历数乾隆至今《歧路灯》流传、刊刻颠末，可谓一篇《歧路灯》整理小史。文化薪火相继，读其文可见一斑。

弦生君自此致力古典小说及中原文献编辑出版，担任责任编辑者，《中州名家集》《中州文献丛刊》中每见其名，其他如《嵩岳文献丛刊》《中原文化大典·著述典》等，数以百计。历四十年耕耘于此，至今不辍。又勤于文字，撰有《中州典籍 重放光华——建国以来河南古籍整理出版工作回顾》(《中州今古》1988年第2期）等。君默默为人作嫁，不求闻达，而遇人之贤者、书之佳者，见则亟为表彰，作有记人、评书文章多篇。一代编辑，学有专长，德有素养，诚可敬也。

（二）汴京旧籍整理

豫中史部古籍，记开封者最多。盖其地为宋之汴京，北宋晚期以来，饱受战乱、水灾，不复东京梦华之旧，可悲可叹之事最多，传世文献也最为丰富。

汴京旧籍校勘，新时期最早者，有刘益安先生《大梁守城记笺证》和《汴围湿襟录校注》，俱1982年中州书画社出版。前者极见功力。《大梁守城记》为清初周在浚著，记李自成三次围攻开封事。《笺证》仿裴松之注《三国》、司马温公作《通鉴考异》之例，"略引诸书所记的资料，以类相从，稽其文字的异同，核其史事的虚实，然后揆之以情理，参之以记载；勾稽众说以穷其隐，归于一是以求其当"。故《笺证》一书价值，已超出一般校订，可作史志观。《汴围湿襟录校注》亦大抵如此。

刘益安先生

《大梁守城记笺证》
中州书画社，1982

刘益安（1931—1993），湖北黄陂人。1960年中山大学毕业后，入河南省历史研究所（该所1981年并入河南省社会科学院），一生从事河南历史研究，对开封文献造诣甚深。其见解独到，多有建树，考据缜密，坚守史家原则，决不盲从名流。所作《〈清明上河图〉旧说疏证》《汴河与开封》等，俱有影响。关于地方文献者，还有《开封学者常茂徕著述考略》等论文。

1980年代中期，中州古籍出版社还出版有孔宪易校注的《如梦录》和王兴亚点校的《守汴日志》。《如梦录》已详前说，至民国间方有刊本。《守汴日志》记李自成围开封事，作者李光壂，曾参与城守，系亲历者记述之一。

左:《如梦录》,中州古籍出版社,1984
右:《守汴日志》,中州古籍出版社,1987

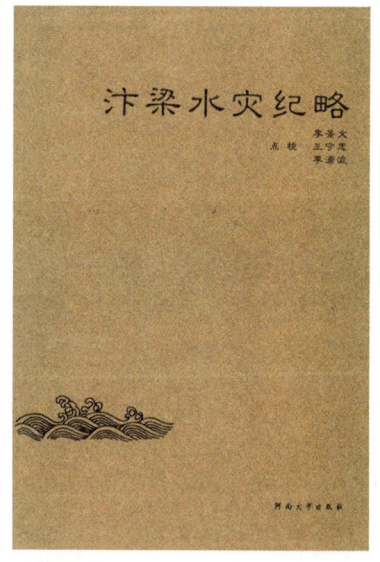

左:《东京志略》,河南大学出版社,1999
右:《汴梁水灾纪略》,河南大学出版社,2006

河南大学出版社依靠本校研究力量及图书馆藏，出版过两部汴京旧籍校勘本，分别是清宋继郊《东京志略》和清痛定思痛居士《汴梁水灾纪略》。二书皆从未刊行，此校底本为河南大学图书馆馆藏珍本。

其在省外出版者，则有河南社科院历史研究所单远慕先生点校的《宋东京考》（清周城撰），河南大学周宝珠、程民生点校的《汴京遗迹志》（明李濂撰），也都是严谨的力作，二书俱收入中华书局《中国古代都城资料选刊》，前者1988年出版，后者1999年出版。

汴梁旧籍最知名者，当数宋孟元老《东京梦华录》，一如画作之《清明上河图》。是书非豫人著述之书，但为记豫事之书，早在1956年，即有古典文学出版社排印本出版。1959年商务印书馆出版邓之诚《东京梦华录注》，为第一部学术性较强的校勘本；版权后转中华书局，1982年修订再版，收入《中国古代都城资料选刊》。2006年，中华书局还出版了伊永文的《东京梦华录笺注》。其他点校、今译者，不下十种。

邓之诚为宋史大家，但毕竟非河南人，于开封地理，不如本土学者研究深入。1981年，本土学者孔宪易有《读〈东京梦华录注〉小议》，指摘邓注断句、释辞之失，刊于中华书局的《学林漫录》四集。1983年，刘益安有《对新版〈东京梦华录〉注本质疑》，洋洋万余言，辨孟元老原书之误、存本脱误及邓氏校注之误，刊于《河南师大学报（社会科学版）》1983年第4期，并被收入1984年国务院古籍整理出版规划小组所编《古籍点校疑误汇录》。

早在1973年，孔宪易即开始在邓注本基础上补注《东京梦华录》，四易其稿，成于1990年。《补注后记》发表于《史学月刊》1990年第2期，但书稿生前未能刊布。卒后，儿媳侯素云承其志，耗时五年整理核对，终在2016年由中州古籍出版社出版。

孔宪易（1913—1991），开封人。1938年毕业于省立开封师范学校，曾在延安抗大学习，后执教于西安、开封多所中学。1957

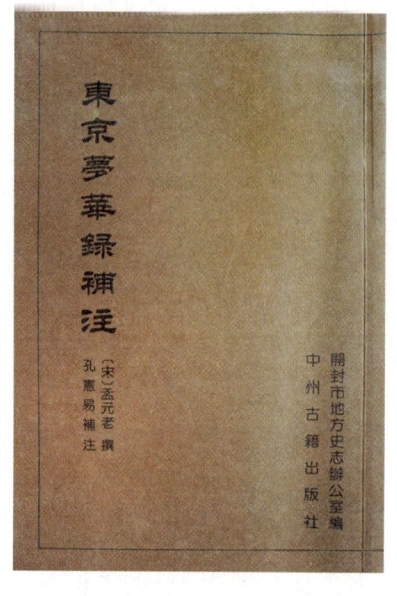

年被划为右派，解除公职，1979年平反。其一生究心开封历史，发表论文多篇，应邀撰写《中国大百科全书》"东京梦华录"词条。1970年代也曾研究《歧路灯》。所著有《夷门菊影录》，自费油印行世。

《东京梦华录》，中州古籍出版社，2016

河南省社会科学院文学研究所王永宽注译本，是《东京梦华录》又一部整理本，注释详略适宜，译文顺畅平实。前言考订著者，条述版本，书后附有历代提要序跋多种。可谓兼顾雅俗，得其中正。2010年中州古籍出版社出版。

（三）其他史部、子部典籍整理

豫籍史部其他著作，整理出版较早者，有王兴亚先生点校的《豫变纪略》和《菉居封事》。前者1984年浙江古籍出版社出版，为《明末清初史料选刊》丛书之一；后者1987年中州古籍出版社出版。

王兴亚（1936— ），洛宁人，1959年毕业于开封师范学院（今河南大学），后在郑州大学历史系任教，1986年晋升教授。于河南地方史、地方文献，用功甚勤，著述甚丰，发表有《郑廉和他的〈豫变纪略〉》《朱睦㮮藏书及著述》等。编著有《河南历史名人籍里研究》《中州名人传略》《清代河南碑刻资料》等。《清代河南碑刻资料》皇皇8巨册，为《国家清史编纂委员会·文献丛刊》

之一，2016年商务印书馆出版，汇集了河南各地清人碑刻，资料极为丰富、珍贵，以本书不涉金石，仅在此顺便一提。

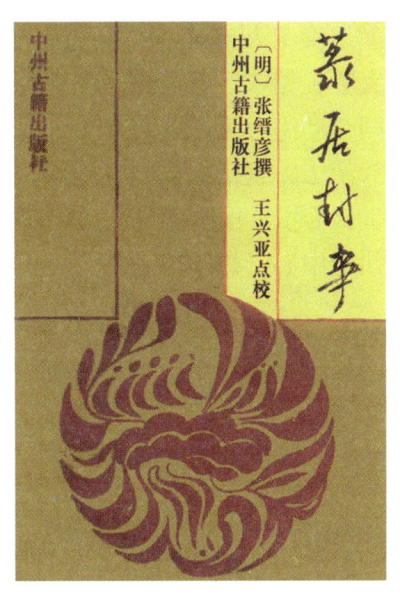

《菉居封事》，中州古籍出版社，1987

《菉居封事》为明末张缙彦奏稿。同类书整理者还有《陈侍御奏稿》，信阳陈善同（1876—1941）著。陈氏半生在清，光绪二十九年进士，授翰林院编修，历任大理院推事、都察院御史。民国间曾任参政院议员、河务总局局长、河南省省长等。是书为陈氏晚清奏折，由信阳县政协曹季彦等点注，1986年以内部资料《信阳县文史资料》第二辑名义印行。

1984年河南科学技术出版社出版的《〈儒门事亲〉校注》，是为时较早、为数不多的豫籍子部医书整理本，由河南省中医研究所张海岑等人校注，注释详尽通俗，赵朴初为题书名。

图书之外，档案整理有河南大学段自成、李景文主持校订的《清代河南巡抚衙门档案》，列入《国家清史编纂委员会·文献丛刊》。是书汇录河大图书馆馆藏清代河南巡抚衙门档案，包括乾隆间河工档、咸同间军政档，具有极高的文献价值。此亦迄今唯一系统整理、公开出版的河南省所存民国以前档案。2012年中国社会科学出版社出版。

近代文献属于史部者，文献汇编甚多，详后专节；大型丛刊中影印者，亦复不少；点校整理原书者，并不太多。

1981年河南人民出版社出版的《京汉铁路工人流血记》，原名

《京汉工人流血记》，初版于1923年，详细记录1923年京汉铁路大罢工始末。著者罗章龙，湖南浏阳人，时任中共北方区委、中国劳动组合书记处负责人，是罢工指挥机构最高领导。所记不仅为亲历，且依据当时各地汇报资料，翔实可信。再版时著者尚在世，为撰《重版序言》。其书虽非豫人著，但"二七"大罢工以郑州为中心，郑州以此称"二七名城"，则此亦记豫事之文献。

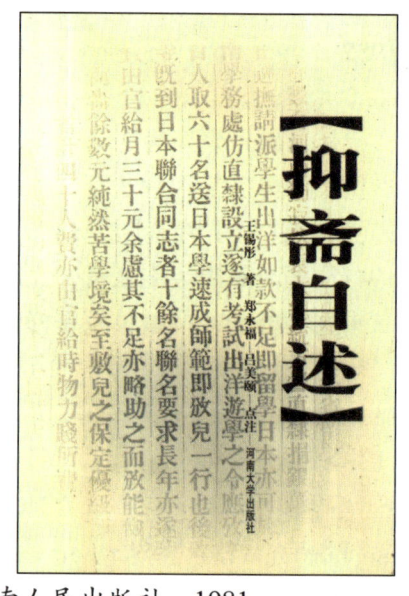

左：《京汉铁路工人流血记》，河南人民出版社，1981
右：《抑斋自述》，河南大学出版社，2001

汲县王锡彤《抑斋自述》，已见前述，2001年有郑州大学郑永福、吕美颐点注本。其书节略原本颇多，尤以《病中岁月》一编为甚；点校亦未尽善。后信阳师范学院叶宗宝重行整理，作《河大版〈抑斋自述〉补正》《〈病中岁月〉全编》，刊入其《〈抑斋自述七种〉整理研究》，2015年中国社会科学出版社出版。

南阳徐旭生（1888—1976），曾任北京大学教务长、北平师范大学校长。1927年中国科学界组建西北科学考察团，被推为团长，同斯文赫定等联合考察西北。其《徐旭生西游日记》，记录考察行程甚详，初于1930年西北科学考察团出版，2000年宁夏人民出版社重行整理再版，列入《走进大西北丛书》。徐氏1933年又在陕西组建陕西考古会，从事文物调查，并留下日记，从未刊布。上海大学罗宏才据手稿加以整理，取名《徐旭生陕西考古日记》，2017年陕西师范大学出版总社出版。徐氏一生对西北考古贡献卓著，日记所记亦西北事，故其整理，由宁、陕出版。

近代豫省子部著作影响最大者，为吴其濬《植物名实图考》。其濬（1789—1847）字季深，固始人。嘉庆二十二年进士，殿试第一。历湖广、云贵总督及山西巡抚等。《植物名实图考》三十八卷，为植物学名著，收录植物千七百余种，分谷类、蔬菜、山草等十二类，述其形色、性味、用途、产地等颇详，并附插图。另《植物名实图考长编》二十二卷，收录植物七百余种。德意志人布莱茨奈德《中国植物学文献评论》（Emil Bretschneider: *On the Study and Value of Chinese Botanical Works, with Notes on the History of Plants and Geographical Botany from Chinese Sources*, 1870），评曰："Although here also many mistakes occur, this work is incomparably the best pictorial work of the Chinese of this class." 今植物中文命名，不少取自该书。

吴氏道光二十六年在山西巡抚任上以疾辞，归后旋卒。二十八年，继任山西巡抚陆应穀刻其书于太原，是为初刻。此后是书广为流传，递修补刻、翻刻、排印、影印、点校、校注，各种版本数十种。日本明治十六年（1883）即有翻刻；民国间商务印书馆收入《万有文库》。1957年，商务印书馆重行校订《图考》，排印出版，为1949年以来豫籍整理较早者；《长编》亦同时校订，后1963年由中华书局出版。豫中整理本，有侯士良等《植物名实图考校注》，2015年河南科学技术出版社出版，为《中原历代中医药名家文库》之一。

章回小说旧属子部,今归文学类。但河南作家作品很少。除《歧路灯》外,晚明另有《禅真逸史》一部四十回,作者方汝浩,自署瀫水人,又署荥阳人,生平已不详。孙楷第云:"或一为本贯,一为家所在之地。"亦推测之词。1991年中州古籍出版社出版有申畅点校本。

(四)集部别集及独撰类丛书整理

集部别集类典籍校勘及独撰类丛书校勘,为新时期以来古籍整理大宗。《中州名家集》收录21种,《中州文献丛书》中也有3种,此外未入丛书者仍多,其大略如次。

杜甫诗,中州古籍出版社2002年出版有《杜诗新补注》,郑州大学图书馆信应举注释。2014年出版有《杜甫诗歌选读(详注本)》,主编姜海宽,副主编孙宪周、杜保才(杜甫四十二世孙),俱巩义市杜甫研究所长者,一生致力杜甫研究。所选各诗,有题解、注释、大意(近于翻译)。注释之详,几过仇氏《杜诗详解》。他们还编有《杜甫全集新注》,规模更巨,将由中州古籍出版社出版。

《杜甫诗歌选读(详注本)》,中州古籍出版社,2014

其他唐人诗文,岑参诗有河南社科院文学所廖立笺注的《岑嘉州诗笺注》,原列为《中州名家集》之一,但2004年改由中华书局出版,收入《中国古典文学基本丛书》。姚合《姚少监诗集》,信应举、郭嘉祯合校,引章据典,用功颇深,1995年台湾强华文化事业有限公司出版。韩愈集有河南社会科学院文学所张清华校订的《韩愈诗文评注》，1991年中州古籍出版社出版。

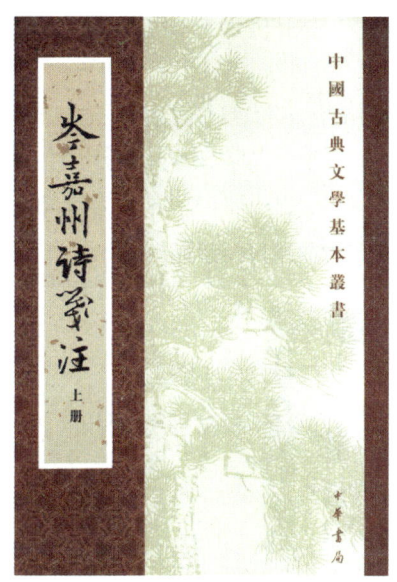

左：《岑嘉州诗笺注》，中华书局，2004
右：《姚少监诗集》，台湾强华文化事业有限公司，1995

宋人著作，河南社科院文学所卫绍生、中州古籍出版社张弦生点校的《康节说易》二册，收录邵雍《渔樵问对》《伊川击壤集》及传为邵氏所撰的《河洛真数》《铁板神数》二书，1993年中州古籍出版社出版。是书以涉命相之术，盗版甚夥。

郑州大学古籍研究所李之亮、徐正英整理的韩琦集《安阳集编年笺注》，2000年巴蜀书社出版。又，2000年前后，郑州市图书馆曾组织校勘郑州历史人物文集，出版者三部，列入《古都郑州文化丛书》，其中《西台集·贵耳集》为两人著作合集，前者毕仲游撰、陈斌校点，后者张端义撰、梁玉玮校点，2005年中州古籍出版社出版。

元人著作，许衡著述新时期以来有校本多种，与豫人相关者，先有郑州大学历史系淮建利、陈朝云辑校的《许衡集》，2009 年中州古籍出版社出版。后有许氏后裔、北京大学副教授许红霞辑校本《许衡集》，校订较为精善，2019 年中华书局出版，为《理学丛书》之一。

此外，安阳师范学院查洪德（现南开大学教授）辑校有《姚燧集》，2011 年人民文学出版社出版；河南大学杨亮、河南财经政法大学锺彦飞校订有《王恽全集汇校》，2013 年中华书局出版，收入《中国古典文学基本丛书》，俱为规模较大之作。

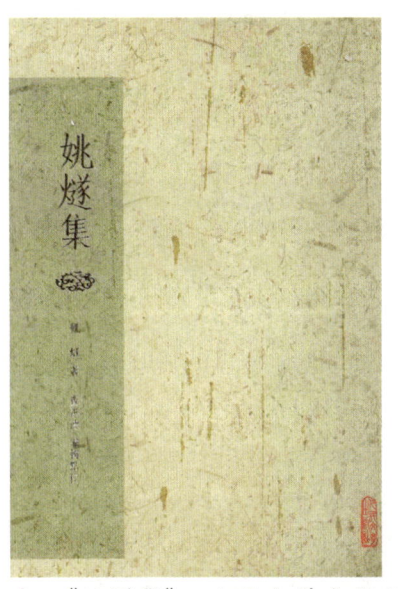

左：《姚燧集》，人民文学出版社，2011
右：《王恽全集汇校》，中华书局，2013

明代著述，曹月川集凡两校。首为河南社科院历史所王秉伦点校的《曹端集》，2003 年中华书局出版，为《理学丛书》之一；后有任文武、方丰章《曹月川集注》，2014 年中州古籍出版社出版。两校选用底本，俱未能善。

1990年代，安阳师范专科学校周国瑞教授选注的《崔铣洹词选》，虽为选本，而底本、校本选取严谨，注释亦见功力，并辑崔铣佚文、碑传为附录。

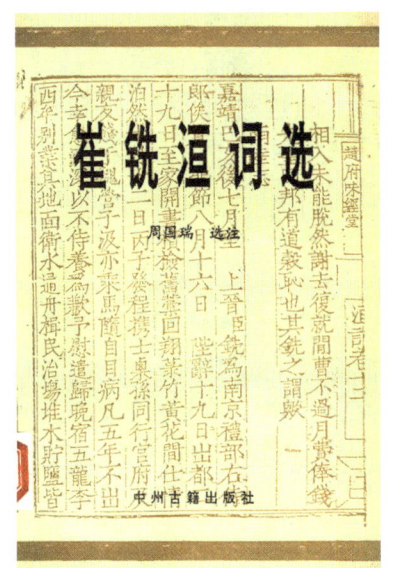 

左：《崔铣洹词选》，中州古籍出版社，1993
右：《侯方域全集校笺》，人民文学出版社，2013

清初侯朝宗诗文集，栾星先生曾有校本，未刊。王树林校订的《侯方域集校笺》上册及《侯方域诗集校笺》，收入《中州名家集》，后又整理为《侯方域全集校笺》，人民文学出版社出版，列入《明清别集丛刊》。

周口师范专科学校古籍整理研究室在1980年代前期就规划本地人物诗文集点校，成果有萧士栋等点校的《形短集》，为清代项城女诗人高芳云集，1990年中州古籍出版社出版，收诗作70余首、《训子语》1篇，旧时其书在豫东传播甚广；另王开文辑校的《王新桢诗文集》，原列入《中州文献丛书》，1993年改由河南大学出版社出版。

左：《王新桢诗文集》，河南大学出版社，1993
右：《张调元文集》，中州古籍出版社，2004

《古都郑州文化丛书》所收郑州清人集，有耿介《敬恕堂文集》，梁玉玮、孙红强、陈亚校点，2005年中州古籍出版社出版；张调元《张调元文集》，张惠民、陈斌校点，收录《京澳纂闻》《佩渠随笔》《佩渠前后集》，并辑录《新辑服注春秋左传解谊》和《卬肆》部分篇章，2004年中州古籍出版社出版。

2018年，中州古籍出版社还出版有《李棠阶诗集》校注本，岳学鲲、王浩文主编。李棠阶诗存世较少，民二十一年，武陟进士王士杰自棠阶外孙处得残诗若干，刻为《李文清公诗集》。此本即以民国刻本为基础，另从新乡市图书馆藏旧抄本等辑录，共得诗百七十余首，另以民国刻本影印附之，由北京武陟企业商会资助出版。

晚清安阳马氏著作，杨春富主编有《马丕瑶 马吉樟文选》，选录马氏父子诗文及旧居楹联匾额等，2007年安阳马氏庄园管理处以内部资料印行。按，马丕瑶卒后，其子吉森、吉樟辑其生平著述为《马中丞遗集》，刊于光绪间。吉樟著述，民十七年自编为《益坚壮斋存稿》，包括《益坚壮斋文稿》《益坚壮斋诗稿》，未见刊行，亦未详存于何处。《文选》中《马吉樟文选》，盖吉樟诗文首次印行。

民国间河南著作点校整理者，还有王棻林《畏秋楼诗稿》，邑人尹建超编、向悦注，2013年东方出版社出版。此外袁克文著述，安徽文艺出版社《二十世纪名人自述系列》丛书中，有《袁寒云自述》，2013年出版，收录袁氏《辛丙秘苑》《洹上私乘》《三十年闻见行录》《寒云日记》《艳支嘉耦记》《寒云六记》《琐述》七种，其诗文之外文字，大都未遗。书以《自述》名，实削足以适丛书之履。书为文明国编，未悉何人。

其他如《袁世凯全集》等，则为今人重新搜集编纂，详后《近现代名家集编纂出版》专节。

以上校勘之作，近二十余年出版者，虽不乏力作，但亦多有非专业人士整理者，故质量参差不齐。

（五）古代文献辑佚

辑佚为古籍整理另一门类，六朝以前古籍已佚者，往往有只言片语，存于其他典籍中，清代以后，学者多有致力于辑录成书者。如清马国翰《玉函山房辑佚书》，辑古佚书数百种，其中豫籍八十余种。《四库全书》所收河南古籍，亦不少辑自《永乐大典》。新近整理校勘之古代别集，点校原集之外，亦往往辑录原集失收之篇什，是亦辑佚整理之属。

新辑豫省古籍，最早为《李斯子》。事起于"评法批儒"时代，由河南师范大学（今河南大学）张中义、王宗堂、王宽行辑。是书为秦相李斯别集，辑自《史记》等书，并从存世金石中辑录李斯篆文，附其生平资料、近人评论及年表等。1981年中州书画社出版。1991年更名《李斯集辑注》，中州古籍出版社再版。

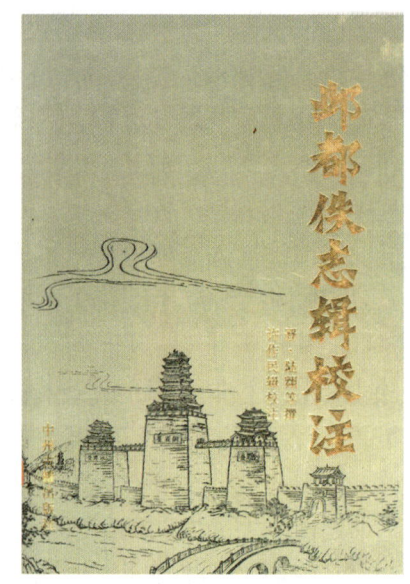

左:《李斯子》,中州书画社,1981
右:《邺都佚志辑校注》,中州古籍出版社,1996

1990年代,有郑州大学段书伟辑《通俗文辑校》,东汉服虔著,系专释俚语俗字之辞书,1993年中州古籍出版社出版,收入《中州文献丛书》。稍后有安阳许作民辑《邺都佚志辑校注》,辑录古邺城佚志十六种,1996年中州古籍出版社出版。河南社会科学院文学研究所卫君绍生,致力魏晋研究垂三十余年,辑录竹林七贤著述,为《〈竹林七贤集〉辑校》八卷,并附竹林七贤年谱,为辑佚中之力作,2018年中州古籍出版社出版。

近年,河南师范大学吕友仁先生等,辑录《中州文献钩沉》。其事始于新世纪之初,2004年,吕友仁、张弦生等撰文《编纂〈中州文献钩沉〉已是水到渠成之时》,刊于《河南师范大学学报(哲学社会科学版)》,倡导河南古文献钩沉辑佚,并列举编纂体例。十余年来,汲汲于此,闻已杀青,即由中州古籍出版社出版,将成为河南古佚书辑录集大成之作,吾人且翘首以待。

## （六）报刊翻拍、影印及数字化

晚清、民国报刊整理，例无校订、排印。早期有缩微胶片拍摄、影印，近来有数字化扫描及数据库形式整理。主其事者，大都非本省机构，本省收藏单位或参与其中。今据所知，略述豫人、豫地所办报刊整理轮廓。

报刊影印，所见最早者为1977年台湾幼狮文化事业公司影印的《重刊中国新女界杂志》，前有李又宁长序。《中国新女界杂志》，月刊，中国留日女学生创办，1907年2月5日创刊于日本东京，约当年底停刊。编辑兼发行人燕斌，笔名炼石女士，河南人，留学于东京早稻田同仁医院，曾任留日女学生会书记。其间资金危机，安阳刘青霞曾捐助大洋6600元。据说同盟会首批会员及留日河南支部负责人朱炳麟（祥符人）曾任发行人。杂志出版总期数不详，冯翰飞旧藏有9册，影印本收录1至5期。2007年，线装书局《中国近现代女性期刊汇编》又据幼狮本影印。

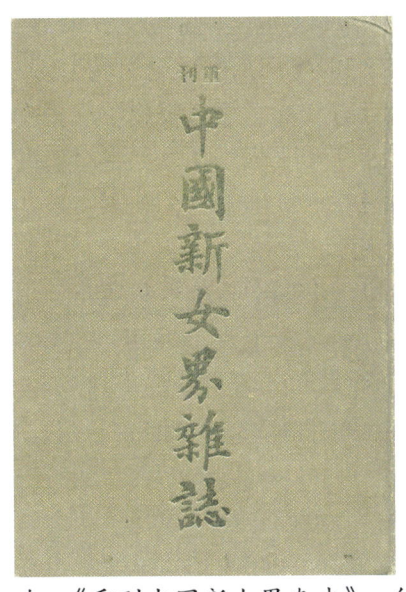 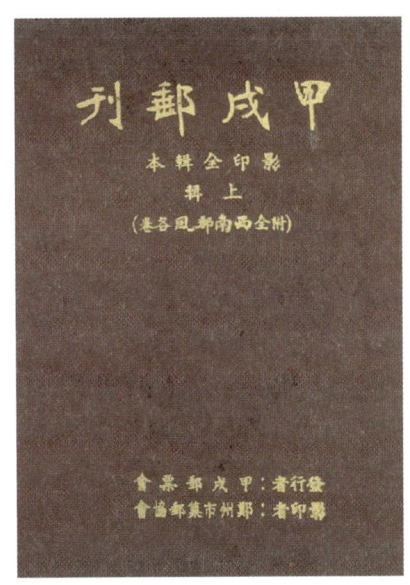

左：《重刊中国新女界杂志》，台湾幼狮文化事业公司，1977
右：《甲戌邮刊》，郑州市集邮协会，1989

《甲戌邮刊》是1934年5月甲戌邮票会在郑州成立时创办的集邮刊物，副会长赵善长任主编。1938年迁往西安，后迁柳州，直至1949年停刊，前后历15年，刊载了大量邮票史料及邮学文章，在集邮界享有盛名。1986年，台湾邮坛月刊杂志社曾全套影印。1989年，郑州市集邮协会为纪念甲戌邮票会成立暨杂志创刊五十五周年，又据台湾本影印，年已88岁的原刊主编赵善长，为作《复印〈甲戌邮刊〉序》。2003年，北京李国庆邮票社亦曾影印。

以上为豫中刊物单独影印者。

1985年，文化部成立全国图书馆文献缩微复制中心，以8mm、16mm胶片拍摄复制珍稀古籍、民国文献，其中晚清、民国报刊为主要抢救对象。本着统一规划、相互补缺的原则，全国各大图书馆包括河南省图书馆，参与其中，提供本馆所藏文献。

截至1996年，所拍摄与河南相关的报刊，至少在250种以上。其重要者，如晚清《河南官报》《新中州报》《河南民报》《中国时报》《河南教育公报》《河南博物馆馆刊》《河南图书馆馆刊》等。缩微复制中心及河南省图书馆俱保存有胶片。缩微复制中心分别在1993年、1996年编有《1861—1949中文报纸缩微品目录》两册，杂志则未见有目录出版。清末民初连续出版物，杂志、报纸往往不分，故其报纸目录未能反映全面。

胶片拍成后，缩微复制中心曾以《中国文献珍本丛书》等总书名，影印过许多报刊丛刊，其中星散地收录有河南报刊。如2009年的《晚清珍稀期刊汇编》，收有《武学》（新县刘基炎1908年创办于日本东京）；2010年的《晚清珍稀期刊续编》，收有《豫报》（留日学生河南同乡会1906年创建于日本东京）；2006年的《清末官报汇编》，收有《河南教育官报》；2009年的《中国早期农学期刊汇编》，收有《河南大学农学院院刊》等。2009年国家图书馆出版社出版的《民国教育公报汇编》，亦收有《河南教育公报》。

2010年以后，计算机数据库大兴，其主要期刊数据库收录河南晚清以来刊物情况大体如下：

国家图书馆《民国期刊数据库》收录74种，上海图书馆《晚清期刊数据库（1833—1911）》《民国时期期刊数据库（1911—1949）》收录196种，大学数字图书馆国际合作计划（China Academic Digital Associative Library，CADAL）收录73种，《大成老旧刊全文数据库》收录62种，汰去重复，计249种。其他公共或大学图书馆自建数据库，亦有零星收录，如北京大学图书馆之《新新乡》等，未能一一统计。

豫中报纸入库上网者，国家图书馆《近代报纸数据库》收有《河南民生日报》及《大刚报》，后者1937年11月创刊于郑州，次年6月迁信阳，10月迁湖南衡阳，此后与河南已不相关。数据库中仅有1945年以后报纸。另网上流传有日伪时期（1938—1942）《新河南日报》电子版，未知所自。

本省开封市图书馆建有《民国报纸数据库》，曾存链接于该馆网站首页，今则踪影全无，不悉其详。

## 七、专题文献整理：地方志、武学、俗文学

### （一）地方旧志

1980年代前期，因修志需要，民国以前河南方志的整理提上日程。1983年4月，中国地方志指导小组在洛阳召开规划会议，明确1949年以前编纂之地方志为"旧志"，通过了《1983年至1990年中国旧方志整理规划》。1984年2月，河南省地方史志编纂委员会成立旧志整理工作小组，由河南省史志委常务副主任段佩明任组长。1985年2月，河南省史志委发文《关于整理重印旧志的几点意见》，对整理旧志标点、排版等提出具体要求。各地区点校、注释、排印本地旧志的整理工作，随即广泛开展。

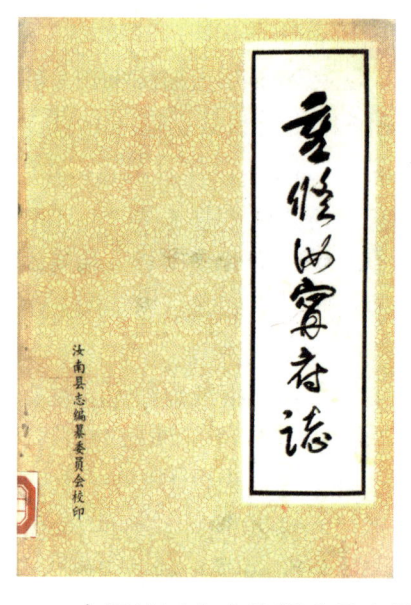

《重修汝宁府志》，汝南县志编纂委员会，内部资料，1983

前此，一些地区由于政府重视，捷足先行，整理了本地区旧志。其较早者，有汝南县志编纂委员会整理的《嘉庆重修汝宁府志》，仅有标点，简体横排，刊印于1983年6月（内部资料）。

南阳地区史志编纂委员会整理的《明嘉靖南阳府志校注》，成于1984年5月。按，《嘉靖南阳府志》民二十八年发现于北京，经张嘉谋校订注释，补入内容两倍于原书，故名《明嘉靖南阳府志校注》。民三十年张氏病逝，三十一年南阳《前锋报》以铅字排印以为纪念。时值抗战，刷印不多。其手稿毁于"文革"。此次出版为简体竖排，未加标点，内部印刷。信阳县志总编辑室整理的《民国重修信阳县志》（点注本），成于1985年4月，内部资料，简体横排，已有点校、注释。

至1985年底，河南各地史志办标点、注释旧志67部，印行9部；1990年底统计，累计整理旧志100余部，印行31部。迄今整理、出版数字，未有全部统计。

河南省地方史志编纂委员会早期曾设有《河南省地方志丛书》，上述《明嘉靖南阳府志校注》即为其一。但此丛书所收，并非都是旧志整理，多为新方志及新专业志。1980年代中期，省史志委又特设《河南旧志整理丛书》，将各地整理的旧志纳入其中。今所知该丛书有以下各种（按出版年代排序，前二种例外；书名略作规范统一）：

《河南地方志提要》（上下），刘永之、耿瑞玲撰，河南大学出版社，1990

《民国河南新志》（三册），上册为内部资料，1988；中下册，中州古籍出版社，1990

《民国长葛县志》，中州古籍出版社，1987

《同治叶县志》，中州古籍出版社，1988

《道光宝丰县志》，中州古籍出版社，1989

《宣统宁陵县志》，中州古籍出版社，1989

《康熙商丘县志》，中州古籍出版社，1989

《光绪睢州志》，中州古籍出版社，1990

《乾隆登封县志》，内部资料，1990

《民国汜水县志》（上下），内部资料，1991（又为"荥阳旧志整理之二"，之一未见）

《乾隆沈丘县志》，中州古籍出版社，1991

《民国夏邑县志》，内部资料，1991

《民国获嘉县志》，内部资料，1994

《康熙汝阳县志》，中州古籍出版社，1994

《乾隆归德府志》，中州古籍出版社，1994

《乾隆、嘉庆渑池县志》，中州古籍出版社，1995

《光绪虞城县志》，内部资料，1996

《民国淮阳县志》，内部资料，2003

《嘉靖钧州志》，中共党史出版社，2008

《顺治禹州志》，中州古籍出版社，2009

《道光禹州志》，中州古籍出版社，2010

《民国禹县志》（上下），中州古籍出版社，2013

《顺治光州志》，中州古籍出版社，2017

此以原书标志为据，2009年《中州古籍出版社建社30年图书要目》中,《河南旧志整理丛书》目下列 19 种,其中《民国许昌县志》等,原书无丛书标志,不录。

《河南旧志整理丛书》中不乏精品,如《民国河南新志》,仅存稿本,历经战火而幸存于河南省档案馆,价值极高,新整理本厘为上中下三册,河南人民出版社鲁锦寰、河南社科院图书馆萧鲁阳点校,校勘严谨。不过,丛书整体体例相当混乱,或仅点校,或加注释,或横排,或竖排;字体、字号、开本、封面设计、装帧形式等,亦不统一。尽管省史志委对旧志整理有所要求,发文规范,但各地往往执行不严。此外,许多地区的旧志整理,并未列入丛书,而是单行出版。

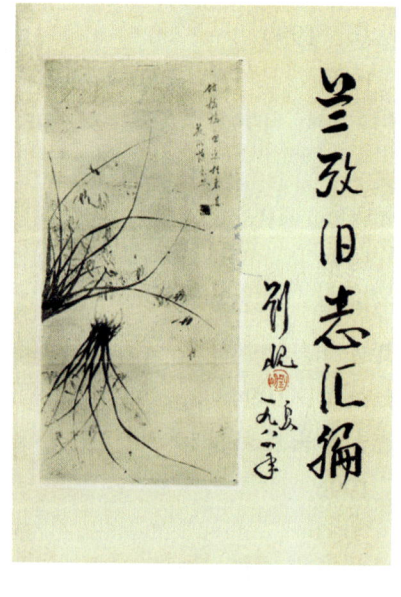

《兰考旧志汇编》,兰考县志编纂委员会,内部资料,1984

一些市县也将本地区旧志点校汇编,辑为丛书。较早者有兰考县志编纂委员会所辑《兰考旧志汇编》,收录旧兰阳、仪封、考城志十余种,百六十万字,点校注释,简体横排。就一县而言,工程可谓浩繁。子目如下:

《嘉靖兰阳县志》十卷
《康熙兰阳县志》十卷
《乾隆兰阳续志》八卷
《嘉靖仪封县志》二卷
《万历仪封县志》残本二卷

《顺治仪封县志》残本六卷
《康熙仪封县志》四十卷
《乾隆仪封县志》十二卷
《仪封续志》八卷
《康熙考城县志》四卷
《民国考城县志》十四卷
《民国考城续志》四卷
《王廷相年谱》一卷
《张清恪公年谱》二卷

规模较大者有郑州图书馆《郑州志》丛书，收录郑州市辖区较为重要的旧志19种，不仅标点，且有校勘、注释，繁体竖排，中州古籍出版社出版。子目如下：

《郑州志两种》（全三册），2002
  《嘉靖郑州志》，《康熙郑州志》（上下）
《郑州志又两种》（全四册），2005
  《乾隆郑州志》（上下），《民国郑县志》（上下）
《郑州志 荥阳卷》（全五册），2006
  《乾隆荥阳县志》，《民国氾水县志》（上下）
  《民国河阴县志》，《河阴金石考 河阴文征》
《郑州志 登封·中牟卷》（全四册），2007
  《乾隆登封县志》（上下），《同治中牟县志》（上下）
《郑州志 新郑·巩县卷》（全四册），2008
  《乾隆新郑县志》（上中下），《乾隆巩县志》
《郑州志 密县·荥泽卷》（全三册），2009
  《民国密县志》（上下），《顺治荥泽县志 氾乘》
《郑州志 补遗卷》（全四册），2013
  《康熙新郑县志》，《康熙登封县志》
  《民国中牟县志》（上下）

此丛刊是一部较规范的古籍整理著作，各志均有详细提要，述其源流、版本、价值、校勘原则等。编纂出版，前后历十余年。其事始于 1990 年代末。当时郑州市政府为推动本土历史文化研究，特设立《郑州历史文化丛书》，资助相关学术著作出版。丛书并无统一规划，但凡给予资助之著作，均纳入丛书中，如《郑州文物精华》《郑州古代石刻艺术》等。装帧设计、出版单位均不统一。最早的《郑州志两种》即纳入该丛书，署"郑州历史文化丛书编纂委员会编"。迨 2000 年代政府换届，丛书更名为《古都郑州文化丛书》，《郑州志》则改署"古都郑州文化丛书编纂委员会编"。及至 2010 年代，丛书编委会不复存在，《郑州志 补遗卷》径署"郑州图书馆文献编纂委员会编"。而自始至终，《郑州志》俱由郑州图书馆主持编纂，周树德、张惠民、李红岩三任馆长都付出辛勤努力，张万钧先生则亲自策划、选目、审稿，给予指导。参与校勘者还有李远、韩富荣、李正辉等人。

《郑州志两种》之《嘉靖郑州志》，中州古籍出版社，2002

这一时期整理的地方志，质量参差不齐，个别县志，点校者缺乏文献整理专业训练，因而屡出瑕疵。但其中也涌现出不少规范的校勘力作。单行本如张万钧先生点校的《嘉靖郑州志校释》，不仅注释严谨，且旁征博引，校正原书之误不少。1988 年郑州市地方史志编纂委员会印行，简体竖排，上海图书馆顾廷龙为封面题签。

张万钧（1934— ），安阳人，地方文献行家。10岁因病致聋哑，1950年代初进入郑州市图书馆，发愤努力，遍览馆藏，自学成才。1961年始从事古籍编目，成《郑州市图书馆馆藏古籍目录》。曾参与河南省善本古籍鉴定，主编《河南地方志论丛》《中国地方志总目提要·河南分册》，校点有《醒世姻缘传》《三国志玉玺传》等历史小说多种。《郑州志》《嵩岳文献丛刊》等，亦在其指导下编纂。

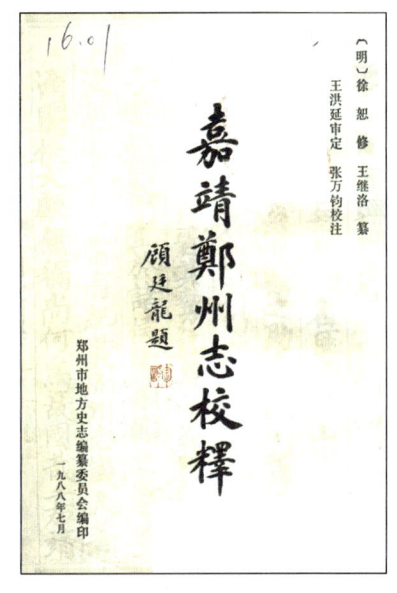

《嘉靖郑州志校释》，郑州市地方史志编纂委员会印行，1988

他如滑县地方史志编纂委员会整理的《民国重修滑县志》，亦校注慎重，历时三年，并请河南大学教授于安澜、邢治平、毛健予、郭豫才、魏千志等审定。1986年自行排印。再如浚县地方史志办公室点校之《嘉庆、光绪浚县志》，一函四册，绵纸刷印，缎面书衣，甚为雅致，2009年中州古籍出版社出版。

以上俱省市县方志编纂机构整理之旧志。在全国有影响的个别重要旧志，也由专业文献学者点校。如《永乐大典》本《河南志》，嘉庆间翰林院编修徐松从《大典》中辑出，光绪间缪荃孙始刻之。1988年中华书局邀郑州大学高敏先生据徐抄本点校，1994年列入《中国古代都城资料选刊》出版。

点校整理之外，地方志影印亦多。

1960年代以来，各地出版过许多方志影印丛刊，大多为全国方志汇编,非专属中原文献。不过方志本身为地方文献,丛书编纂俱以省分类,相对集中。

旧志成规模的影印出版,始于1960年代上海古籍书店之《天一阁藏明代方志选刊》,1981年重印为精装本,收录有《嘉靖彰德府志》《嘉靖襄城县志》《正德汝州志》等明刻河南方志17种。1990年,上海书店继出《天一阁藏明代方志选刊续编》,第五十至六十一册又收《嘉靖通许县志》《嘉靖太康县志》《嘉靖阳武县志》等河南方志14种。两丛书使一批河南方志罕见孤本得原貌流传,给阅者以极大便利。河南方志整理点校,多得益于此。只是当时影印技术不如今日发达,不少页面模糊不清。

《天一阁藏历代地方志汇刊》,国家图书馆出版社,2017

近来,天一阁博物馆又重新整理阁藏,编成《天一阁藏历代地方志汇刊》,凡850册,16开影印,2017年国家图书馆出版社出版。《汇刊》收录规模大为扩展,复制质量大为改观。所收河南方志凡43种,其中《嘉靖河南通志》《弘治许州志》《嘉靖钧州志》《嘉靖确山县志》《嘉靖舞阳志要》《嘉靖灵宝县志》《嘉靖息县志》7种,俱不见于《选刊》,但均有残缺;另有《康熙林县志》等清代豫中方志 5 种。按，天一阁主人范钦，嘉靖三十七年曾任河南左布政使，故所藏豫中方志较多。

1966 年至 1985 年，台北成文出版社出版之《中国方志丛书》，是第一部大型方志影印丛书，凡 5359 册，以华北、华东等大区分类编排。所收河南旧志，隶华北地区，计《民国中牟县志》《康熙商丘县志》《嘉庆安阳县志》等 91 种。（另有今归河北省的《乾隆武安县志》一种）影印底本，大都为台北"中央图书馆"等台湾岛内图书馆藏本。

其书开大型地志丛书影印之先河。1980 年代，旧志影印尚少，河南省社会科学院图书馆曾购河南部分，本省修志及研究者多以之为参考。但所刊诸志，或有残页，盖岛内无他本可以补配。另如《豫北矿务交涉始末记》《新郑出土古器图志》等，并非地志，杂入其中，不无充数之嫌。

《中国方志丛书》，台北成文出版社

1990年始,江苏古籍出版社(今凤凰出版社)、上海书店和巴蜀书社联合出版《中国地方志集成》,先后影印旧志3000余种,迄今未竣工。《集成》分"省志辑""府县志辑""乡镇志专辑"。省志涉河南者,有《省志辑·河南》两册,收《顺治河南通志》,2011年出版。府县志有《河南府县志辑》70册,收录河南府州县志159种,2013年出版。《乡镇志专辑》未有河南部分。

其体例并不以收录全部志书为目标,而以记事较长、资料较丰者为原则;一地多志者,以纂修最晚者入选。但实际出版者,不全然如此,多有破例。所编以国内各图书馆馆藏为支撑,故涵盖较全。

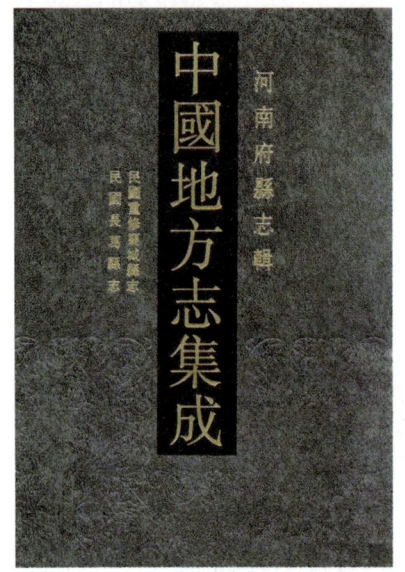

《中国地方志集成》之《河南府县志辑》

其他方志影印丛书中,亦有一些河南方志,如1992年书目文献出版社《日本藏中国罕见地方志丛刊》,收有《顺治固始县志》等;2000年中华全国图书馆文献缩微复制中心《明代孤本方志选》,收有残本《崇祯汤阴县志》;2001年线装书局《清代孤本方志选》,收有《顺治彰德府续志》等;2007年北京图书馆出版社《北京师范大学图书馆藏稀见方志丛刊》,收有《康熙长葛县志》等,但数量较少,不甚集中。

本省县志影印为丛刊者,有商城县旧志整理委员会辑《商城县志》,收录《嘉靖商城县志》《顺治商城县志》《康熙商城县志》《嘉庆商城县志》《民国商城县志》五种,囊括所有现存商城旧志,1999年中州古籍出版社出版。其他还有中共三门峡市委党史地方史志办公室所辑《崤函古县志辑汇·晚清（附民国）卷》，收录该市所辖县志五种一百零二卷，包括《民国渑池县志》《民国陕县志》《民国灵宝县志》《民国阌乡县志》《光绪卢氏县志》。但选目非其地志之珍稀者，影印时仅留原刻文字，去其边框，致使边栏、鱼尾信息莫能见。

本省方志影印集大成者为《河南历代方志集成》，现存豫中旧志，几乎网罗殆尽。该丛书是经河南省委、省政府批准并资助的大型项目，由王守国、耿相新、王刘纯、董中山策划，河南省地方史志办公室编纂，大象出版社出版，总投资2000万元，编纂始于2013年，2018年已全部出齐。

《河南历代方志集成》，大象出版社，2018

全书收录1949年以前河南全部现存方志，包括省志、府州县志、乡土志等500余种，以现行河南省行政区划，分为省志卷、郑州卷、开封卷、洛阳卷、平顶山卷、安阳卷、鹤壁卷、新乡卷、焦作卷、濮阳卷、许昌卷、漯河卷、三门峡卷、南阳卷、商丘卷、信阳卷、周口卷、驻马店卷、济源卷，共19卷。省志卷收录《成化河南总志》《嘉靖河南通志》《顺治河南通志》《康熙河南通志》《雍正河南通志》《乾隆续河南通志》《民国河南新志》《民国河南通志稿》，以及《万历豫乘》《嘉庆豫乘识小录》《光绪方岳采风录》《中州杂俎》《河南方舆人文志略》等，凡275册；各市卷290册。

《集成》为新时期河南地方志集大成之影印丛刊。影印底本，源自国家图书馆、天津图书馆、河南省图书馆、河南省档案馆、河南省社会科学院图书馆、河南博物院、河南大学图书馆、郑州大学图书馆、郑州图书馆、温县档案局、武陟县图书馆、博爱县档案局、商丘市档案局，以及日本内阁文库、日本国立国会图书馆、日本京都大学人文科学研究所、日本宫内厅书陵部图书馆、日本东洋文库等馆藏，其中多有善本、稿本、抄本。而《民国河南通志稿》13万页，为河南省档案馆、河南大学图书馆珍藏原稿。影印质量，亦属上佳。《集成》汇大量孤本、珍本河南方志文献为一帙，化身千百，流布世间，于中原文化保护传承，可谓功在千秋。丛刊出，此前影印之河南地方志大多可以废。

其白璧之瑕，亦未能免。如各志俱不附提要，是为一憾；所据版本，往往只注年代，不标馆藏及原本尺寸。古籍有原刻初印、重印、补刻重刷之不同，各馆所藏，虽书名相同，其实或有差异，标注馆藏，方能明其实。《嘉靖河南通志》，原书卷首李濂序第二、三页与卷末朱睦㰀序第二、三页错简，影印仍之，未能纠正或说明。《民国河南通志稿》拟名不当，其中半为"河南通志档案"，非"通志稿"。影印时依现存档案次序通排，而现存档案未经整理，中有韩运章时期稿、胡汝麟时期稿，宜加区别，分为两书；修志章程、文牍、公函，以及通志馆采访抄录之本省著作等，俱应另编。此外，民国间已印行之《河南通志稿》，失收数种，如《河南通志文物志·甲骨文录》《河南监狱志稿》等。

（二）武学秘笈

武学旧籍，多秘而不宣，外间难窥其奥，经武侠小说渲染，神乎其事，愈神秘莫测。民国以来，国术渐兴，武学图籍出版日多，或为行会组织推广国术，或为坊间书贾借此射利，名目繁多，真伪杂糅，难以尽述。

豫省武学声名播于四方者，以嵩山少林、怀庆太极为最著。但历代习学武技者，来自各地，未必皆豫人。而后著书立说，又往往参以各人心得，通变阐发。故此类著作，如后世儒家承伊洛之学者，虽源出豫中，而不能尽视为中原文献。

少林武学，相传始于隋唐以前。然而其武学文献，显于世者则不多见。民国间，武学史家唐豪、徐震等开辟于前，致力武学典籍整理，采访搜求，编目校点，而于少林图籍，著录、介绍者，仍屈指可数。其后，栾星先生有《少林武术文献知见录》之编，惜未刊布。王广西先生亦有探求，成果见于《中原文化大典·民俗典·武术》（详后）。近年杭州师范大学周伟良、郑州大学魏真二教授深入于此，有《论明清少林武术文献》《明清少林武术若干文献的考证及其价值》等文章发表。兹略述其脉络。

少林典籍，行世有传为达摩面壁少林时所著《易筋经》，然自清凌景埏以来，学者多有考论，已辨其非。是书约出于明末，初以传抄流布，清中叶始有刊刻。1962年，人民体育出版社出版有《易筋经》一薄册，实为健身拳法讲解，非古籍校勘。1980年代以来，以《易筋经》为名者，如《少林达摩易筋经》《武林秘传易筋经》《古传达摩易筋经》《少林正宗易筋经》等，不下百种，至有白话版、西文版等，亦多为内功、拳法讲论，非古籍整理。其属古籍校勘而严谨者，有周伟良《〈易筋经〉四珍本校释》，取郑振铎旧藏明末抄本、钱曾述古堂抄本等加以校勘，详述其成书、版本源流始末，2011年人民体育出版社出版；又有周伟良等所编《清代易筋经珍本汇辑》，收录清代刊本、抄本34种，2017年台湾逸文武术有限公司影印出版。

少林武技以棍法驰名。明嘉靖四十年，俞大猷以参将受命南征，过少林，武僧为奏技。大猷亦以棍法名，观之，谓住持小山上人曰：少林之技，"传久而讹，真诀皆失"。上人因请曰："剑诀〔时以剑谓棍〕失传，示以真诀，是有望于名公。"遂以寺僧宗擎、普从随大猷军中学，三年乃成，返而传于寺中。万历五年，宗擎谒大猷于京，大猷复以所著《剑经》授之。事具俞氏《正气堂续集》卷二《诗送少林寺僧宗擎》小序、卷三《新建十方禅院碑》。今或亦以《剑经》为少林武籍。《剑经》一书篇幅较短，未见单独刊刻，戚继光辑入《纪效新书》，嘉靖以来刊刻甚多。隆庆三年，河南巡抚李邦珍也曾翻刻于豫中。

嘉靖、万历间，少林寺僧洪转，撰有《梦绿堂枪法》，为所知最早之寺僧所著武籍。其书无单行本，清康熙间，娄东武术家吴殳序之，收入其所著《手臂录》附卷下。序署戊午，即康熙十七年，称其少年时与洪转之弟洪记曾有过往，"久得是书"，因附刊之。其于洪氏所传枪法，颇有微词。嘉庆以后，《手臂录》被收入《借月山房汇钞》等丛书，刊行亦多。

万历间，有新安程宗猷者，武学名家，携资学艺于少林，先后阅十余载，曾师从洪转。归后作《少林棍法阐宗》三卷，图文并茂，刻于家，万历四十二年婺源汪以时（万历十七年进士，曾任嵩县知县）为之序。天启间并汇印收入《耕余剩技》。

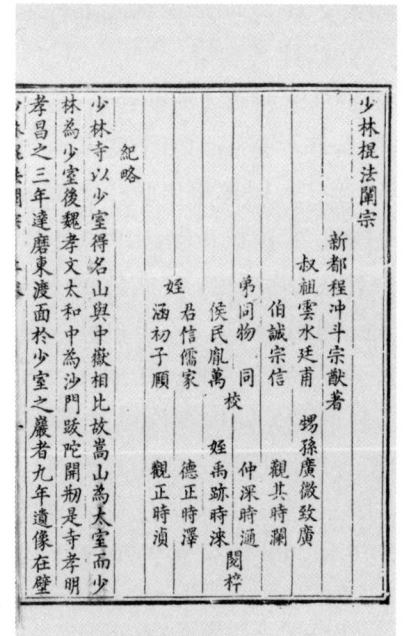

《少林棍法阐宗》，明万历间新安程氏刻本

《少林棍法阐宗》卷上《纪略》有云，"少林棍法，只凭师僧口授心识"，故同好怂其编为此书。则此前少林当无棍法秘谱。其书影响甚著，天启元年茅元仪辑刻《武备志》，收入卷八十六《阵练制》，云："诸艺宗于棍，棍宗于少林。少林之说，莫详于近世新都程宗猷之《阐宗》。"清代、民国以来，此书屡有翻刻。2006年山西科学技术出版社亦有影印、点校本出版，为《古拳谱丛书》之一种。

入清，康乾间，有署"张孔昭述""曹焕斗注"之《拳经拳法备要》二卷。孔昭安徽绩溪人，"曾遇异人传授"，为一时拳法名家。康熙十二年，邑进士曹有光授壶关知县，孔昭随往，在此作《拳谱》。其后，有光族孙焕斗精于拳术，族谱称其"得少林宗派，大江以南未逢敌手"，乃注孔昭《拳谱》而序之，署乾隆四十九年。其书开篇称："拳法之由来，本于少林寺。"书中又有《少林寺短打身法统宗拳谱》《少林寺玄机和尚传授身法图》等，论者因归为少林武学典籍。是书向以抄本流传，入民国方有整理刊印，以民二十五年罗振常蟫隐庐刊本流传最广。1988年，北京师范大学出版社出版有孙国中点校整理本，易其名为《少林正宗拳经》；后山西科学技术出版社亦有点校、影印。

咸丰四年，福山王祖源与临潼力士周斌，"偕往河南，诣嵩山少林寺，住三越月，尽得其内功图及枪棒谱以归"。（见光绪七年王祖源《内功图说叙》）但所得之本如何，已不可知。同时冠以少林之名编刊图籍者，大都虚实参半，不署撰人，来源不明。咸丰六年，陕西安康张氏来鹿堂所刻《少林寺拳棍刀枪谱》四卷，托为宋人著，其实则杂录《纪效新书》《武备志》等而成。类似传抄之本，存世者尚不少。

清末至民国间，"少林秘笈"刊印之风日盛。如《增演易筋洗髓内功图说》《少林拳术精义》《少林拳秘诀》《少林拳图解》《少林正宗练步拳》《少林拳法图说》《少林白眉棍法》《少林七十二艺练法》等，层出不穷，泛滥一时，大多借少林之名，述本家心得，相去少林秘笈已远。其中以《少林拳术秘诀》最为知名，唐豪以为出自革命党人假托,乃著《少林拳术秘诀考证》一书论之,民三十年上海市国术协进会出版。

以上皆寺外流布之图籍与少林武学相关者。

民十七年,军阀石友三部焚少林,据称文物尽毁,典籍荡然。约1983年始,有少林皈依弟子德虔者,陆续整理少林图书出版。较早有《少林擒拿法》《少林气功》,后有《少林拳法真传》《少林寺秘方集锦》《少林武僧志》《少林长寿秘诀》等,凡数十种,大都由河南科学技术出版社、北京体育学院出版社出版。

《少林擒拿法》,河南科学技术出版社,1983,首印20万册。1985年修订再版,印数至48万册

德虔(1942—2008)俗姓王氏,名长青,登封人。幼皈依少林,后入伍新疆。曾任登封县体委武术研究股股长。生平见登协《记登封县政协委员、河南省武术协会副主席王长青》(《奋进之歌》,河南人民出版社,1994),德虔、德炎《中国少林武术大全》(北京体育大学出版社,2006)等。据说德虔一生著述86部,2100万字,总印数3780万册,有"少林书王"之称。

据《中国少林武术大全》,在德虔倡议下,1983年成立"少林寺武术挖掘整理小组",德虔为主编;1984年又成立"少林寺拳谱编写委员会",德虔任总编。

其所"整理",与文献学之"整理"不尽相同,多有据旧籍之意,参以师传口授、修炼心得,重行论述者。其中或引有旧籍歌诀、论述，亦有所本。所据之本，起初讳莫如深，诸书《前言》或称"多年苦心收集的少林拳谱手抄本"（《少林擒拿法》），或称"寺院历代高僧珍藏的武术资料"（《少林十八般兵器》）。1987年《少林寺伤科秘方》出版，稍有透露，称该书原藏法堂，1927年永祥法师选抄带出。1988年北京体育学院出版社出版《少林武僧志》，"永祥抄本"始显，书前用永祥《少林寺武僧集录》为代前言，中云：

> 愤极者乃民国十七年春，石友三火焚殿宇，原谱尽灰。师爷德禅富有卓识，嘱吾在十六年春统抄全谱。入冬月探俗亲前赴北国，带走抄谱，乃免绝本。吾火后回山，携回秘抄，随身珍藏，墨如玉宝。

末署"中华民国二十八年第三次修谱，嵩山少林寺第三十三代武僧永祥"。此书1988年初版，代前言为排印，错讹颇多；1990年修订再版，附手写影印件，文字差胜。以上据手写本录。

《少林武僧志》中有永祥小传，略谓：永祥俗姓王氏，讳文斌，吉林长春人。1920年投少林。以兵匪四起，恐少林拳谱劫失，请于住持释贞绪及德禅法师，抄录副本，得二师鼓励，始于1926年9月10日，抄毕于1928年1月5日，凡四十二卷。值其父病故，返长春葬父。德禅嘱携抄本暂存吉林。未几寺焚，数欲返寺而未能成行。越五十年，十一届三中全会后，乃发其屋壁，取旧谱携归少林。1983年因病重归长春，行前以秘籍付德虔，委托整理。云云。后德虔编《中国少林武术大全》，记永祥诞于1913年，1987年圆寂。按，1926年永祥世寿方十三，能有如此忧患远虑，殊非常人所能及。其事有不可解者：据前引永祥《少林寺武僧集录》，其返少林在寺焚后不久，民二十八年已在寺中修谱，又与小传不合。再者，秘笈既遵师嘱而抄，则返少林后，何以不归之藏经阁，而竟私相授受？

2007年，德虔不幸罹癌症，自知不久于世，乃欲将秘笈公之

于世。其身后二年,人民体育出版社 2010 年将全部抄本影印出版,总题曰《少林拳谱》,凡八册两千余页,世人方睹秘笈庐山真面。

《少林拳谱》第一卷,人民体育出版社影印本,2010

原抄本四十八卷,卷各一册。各册前均有永祥题署日期,首册为"中华民国十六年春月吉日",末册署是年冬日,各册并有"永祥宝印""德虔珍藏"印。内容包括《少林拳术秘诀》《少林棍法阐宗》《少林寺伤科秘方》《少林气功秘笈》《达磨易筋经》《少林武僧名录》等,凡四十余种。卷前有民十六年春永祥《复抄少林拳谱序》,中云:

> 老师爷上贞下绪、大师爷上德下禅,多次谆嘱抓紧时几[机],抢抄《少林拳谱》……等历代宗师珍藏千余年的魁[瑰]宝秘芨[笈],宜防不策[测]。故自今夕起在少林寺常住院千佛殿复抄宝书。为完成二位长老交给贫僧的使命,自立行规,每日四更起床,晚子时入眠,每日复抄十八九个时辰,决心在今年十二月二十三日前全部复抄完毕。

考书中述事,已至 1949 年以后。第一卷《武德与概论·贞绪和尚谈武德》,中有"贞绪和尚任少林寺住持三十余载"语。据《少林武僧志》,释贞绪 1920 年入少林,任住持更在其后,则言"三十余载"，必在1950年代以后；末卷《少林武僧名录·贞绪小传》，明述贞绪圆寂于1955年。故，所谓民十六年抄录者，显然出于伪托。影印本有国家体育总局武术研究院专家委员会专家康戈武序，言辞颇微，云："不论抄本是否是真本、珍本，还是真中有假或假中有真的慎用本，我们都要感谢拳谱写本或抄本的原作者、抄录者、收藏者和出版者。"

关于秘笈抄录，尚另有一说。登封县志办公室《新编少林寺志·德禅小传》载，火焚少林之前，德禅曾"想方设法把部分少林拳谱抢救下来，秘密转移。1930年他又让僧人永禅复抄整理，保存至今"。此书成于1987年，当时释德禅健在，为少林名誉方丈，并为此书作序。则抄书事或出德禅本人讲述。武朝正《独领禅武风骚——记嵩山少林寺名誉方丈德禅大师》（《登封文史资料》第6辑）亦曾提及，称"此事详情载《少林禅苑》第5期张家泰《忆德禅大师》"。张家泰为知名古建筑学者，1979年河南省政府重修少林时，任整修领导小组工程组组长。今遍寻未得其《忆德禅大师》文。

"少林秘笈"出版者，另有《少林武功医宗秘笈》，1999年中华书局出版。书凡十卷，汇录武学、医学著作《增演易筋洗髓内功图说》《少林棍法阐宗》《少林寺秘方选集》《伤科治疗解救秘方》等，序称"乃是对少林寺历代高僧大德所珍藏秘传武功医术丰富资料与宝贵经验进行发掘整理之总汇"。其所收录，多为已刊印出版之旧籍。策划、实施者宗文龙（1942—2014），曾任浙江人民美术出版社社长、浙江省新闻出版局副局长，详《光明日报》记者文《宗文龙：传统文化出版梦》（《光明日报》2014年6月13日）、《在天堂里，你是否还记挂着出版》（《钱江晚报》2014年9月17日）。

太极拳起源，诸说不一，为百年来武林一大争讼。今则愈演愈烈，口诛笔伐，不绝于篇，甚者已非学术、门派之争，而有利益在其中。其源旧有温县陈家沟、赵堡两说，新有博爱唐村一说，俱为旧怀庆府之地。

旧传太极经典，多宗《太极拳论》，"太极拳"之名，亦始见于此。其书晚清盛传于武林，题曰"山右王宗岳太极拳论"。宗岳生平不可考，后世众说纷纭，缺乏确切依据。既标"山右"，则非豫人。惟其书之传，则源自本省舞阳。咸丰间，有直隶永年武澄清（字霁宇）者，咸丰二年进士，四年补授舞阳知县，得《太极拳论》抄本于一盐店，授其幼弟武禹襄（名河清，以字行），再经禹襄甥李亦畬、友杨露禅等太极名家传抄，遂流播于晚清。澄清次弟汝清，即前述倡捐孙夏峰《日谱》者。

《太极拳论》刊行最早者，所知为开封关百益（1882—1956，名葆谦，金石学家，曾任河南博物馆馆长）。民元，关百益受太极大家许禹生托，校订此书。许氏《太极拳式图解》绪言云："其拳经传于世者约有数种，然抄袭相传，鱼鲁莫辨，壬子岁曾嘱关君葆谦校订。"关校本今未见，唐豪《王宗岳太极拳经》曾提及此校，谓民国元年油印本，称自关校始有"太极拳经"之名。1930年代后，整理校勘遂多，如唐豪《王宗岳太极拳经》，民二十五年中国武术学会印行；徐震《太极拳谱理董辨伪合编》，民二十六年正中书局印行等。1949年后，校本益繁多，用功勤者，有沈寿《太极拳谱》，1991年人民体育出版社出版等。

豫省陈家沟太极拳，著书立说最早者为十六世陈鑫。陈鑫（1849—1929）字品三，贡生。父仲甡，咸同间名震一时。李敏修征集中州文献，得《陈氏家乘》，采仲甡事迹入《中州先哲传·义行传》。陈鑫著述，始于光绪三十四年，初成于民八年。又二年，经武陟进士王士杰绍介，李敏修为之序。其书生前未能刊刻，鑫又无子，临终召兄子春元，以全篇授之，曰："此吾毕生心血也，汝能印行，甚善；否则焚之可也。"

民二十一年，春元遇巩县刘焕东，述其事。焕东痛其遭际，为之奔走，得豫中名流陈泮岭、张镜铭、韩运章、张嘉谋、关百

益、王可亭等襄助，次年由开封开明印刷局印行，书名《陈氏太极拳图说》。（以上据此本序跋）

《陈氏太极拳图说》，陈鑫撰，民二十二年开封开明印刷局排印本

陈鑫另有《太极拳引蒙入路》一卷，未梓，盖已不传。

陈氏十七世子明（1878—1951），幼从父及陈鑫学。民国间授拳沪上。曾偕唐豪往陈家沟搜访太极拳文献。唐豪考证，断太极拳创自陈氏九世陈王廷。子明收藏陈家沟抄本拳谱不少，曾油印分赠拳友，部分收入武学名家徐震所编《太极拳考信录》，民二十六年正中书局出版。

子明撰有《陈氏世传太极拳术》，为初学者教科书，经中央国术馆教材编审委员会审查，以"叙述详尽，理法精当"，准予备案。书前附有《太极拳要义》三篇，第一篇八面，录陈鑫太极拳论述。跋云："吾师陈品三先生，致力于太极拳者计七十余年，著《太极拳图画讲义》四卷，洋洋十余万言，立论精详，世罕其传。余往日录其要义，以备研探。今先生之书流落他处，未见梓行问世。"因取旧日所抄，置诸篇首。第二篇四面，追记其父复元论述。子明还撰有《太极拳精义》，民三十三年西北文化出版社出版。

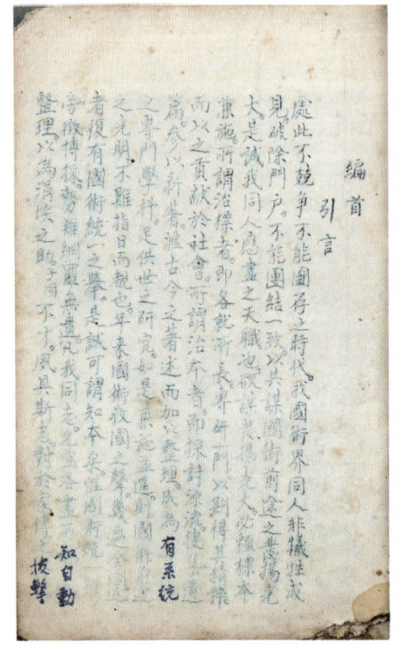
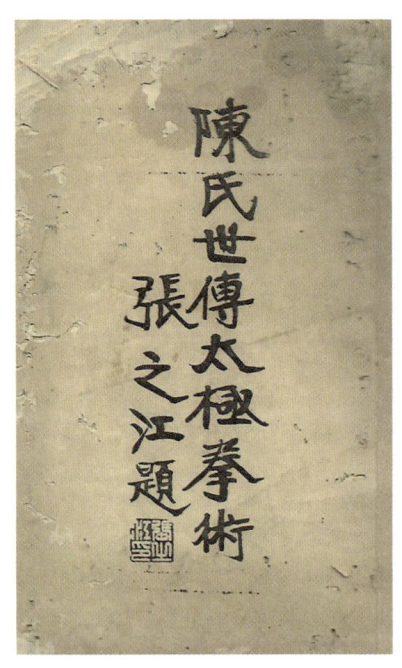
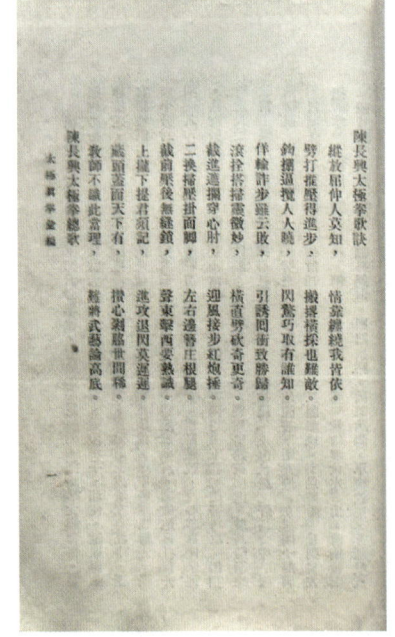

左上:《陈氏世传拳械汇编》,民国间陈子明油印本
右上:《陈氏世传太极拳术》,民二十一年中国武术学会出版
右下:《陈氏太极拳汇宗》,民二十四年南京仁声印书局印行

陈氏十八世照丕（1893—1972），字绩甫，初经商，后习武，民十七年应邀赴北平授拳，十九年任教南京中央国术馆。二十四年春返故里，携陈长兴（字云亭，陈氏十四世）、陈鑫遗稿至南京，杂以其本人所作，汇编为《陈氏太极拳汇宗》两册，付仁声印书局印行，于右任为题签。（据此书序跋）

此书编排杂乱，大致可分为两部分：前为《太极拳学入门总解》，即照丕所撰太极七十四势解说，正文前又为陈长兴太极拳《歌诀》《总歌》及《十大要论》十章，共占半册。后为陈鑫《太极拳图画讲义初集》，占一册半，卷帙、目录与内文多不照应；内容与《陈氏太极拳图说》近似，但颇有异同，似为陈鑫另一稿。全书之前，冠有杜严、李敏修等人序跋甚多，皆为陈鑫著作而作，与《陈氏太极拳图说》所载者文词亦有出入。

1949年以后，以上图书皆有校点或影印。

陈鑫《陈氏太极拳图说》，1964年有台北真善美出版社影印本。所据为民国版资助者白雨生藏本，另一资助者陈泮岭题签。陈泮岭为豫中名宿，西平人，毕业于北京大学，曾任中福公司总经理、国民党中央委员、河南省党部主任委员、黄河水利工程总局局长。陈氏亦为武术大家，曾任河南省国术馆馆长、中央国术馆副馆长。1963年著有《中华国术太极拳教材》，亦由真善美出版社出版。

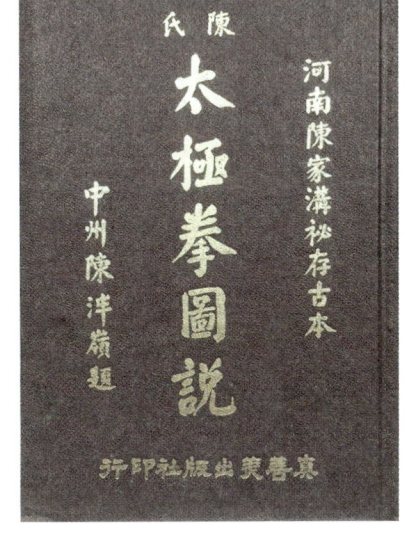

《陈氏太极拳图说》，台北真善美出版社影印本，1983年再版

1986 年，《陈氏太极拳图说》又有上海书店影印本，所据为残本，书贾改挖目录以充足本，影印时未能辨出。近时山西科学技术出版社出版拳谱，2003 年曾照原版式繁体竖排，收入《古拳谱》丛书；2006 年又出版陈氏十九世陈东山点校的简体字版，并影印民国原版。其前有陈东山序及说明，所述多有与原版序跋不相符者，又未列出依据；标点断句亦存疏误，未可称善。

《陈氏太极拳图说》又有英译本，*The Illustrated Canon of Chen Family Taijiquan*，Alex Golstein 译，2007 年澳大利亚 INBI Matrix Pty Ltd. 出版。

《太极拳图画讲义》，有陈东山标点整理本，2009 年山西科技出版社出版，列入《老拳谱辑集丛书》。其本未列明底本来源，仅称"经多年积累，终将被称'遗失'后又重新面世的《太极拳图画讲义》书稿搜集齐备"。其书实源自陈照丕《陈式太极拳汇宗》，校订亦未精当。

陈子明著述，2008 年山西科技出版社曾将《陈氏世传太极拳术》《太极拳精义》合为一册出版，列入《老拳谱辑集丛书》。此本以繁体按民国原版竖排，旁又以简体点校对照。断句标点，多有疏漏。

以上陈家沟太极。

温县赵堡镇太极拳，民国间有杜元化《太极拳正宗》。元化（1869—1938）字育万，沁阳人，邑附学生。其学渊源，自述出自晚明温县蒋发，早年从任长春学。民二十年任教于河南省国术馆。二十二年开封印《陈氏太极拳图说》，元化曾为订补，卷末《新刊订补陈氏太极拳图说姓氏》中列有元化名。其所订补，书中注明者有《杜育万述蒋发受山西师傅歌诀》一篇。元化任教省国术馆时，应学员之请，撰有《太极拳正宗》，拟编八册。第一册《太极拳启蒙》，民二十四年付开封魁生德印行，陈泮岭为之序。余七册未知成否。

是书罕有流传，杜氏传人、温县王海洲有收藏。1999 年人民体育出版社出版王海洲、严翰秀《杜元化〈太极拳正宗〉考析》,第二编影印有全书。近时书贾有仿制伪造本,或标光绪十年,或标民十年上海大成书局,售之网上,甚者成交价逾千元。

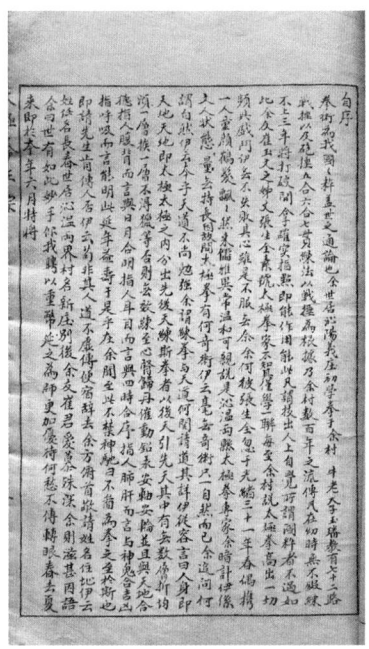

《太极拳正宗》,民二十四年开封魁生德石印本

豫省武学影响于全国者,另有乾隆间汜水苌乃周所创苌家拳。苌氏世代书香门第,乃周为邑贡生,痴迷拳术,终博采众长,成一代宗师,生平著述甚丰,多以抄本流传。民国间,徐震辑有《苌氏武技书》六卷,民二十五年正中书局出版,但采收并不完全。1949年以后港台多有重印,或名《苌氏武技全书》。1990年上海书店亦行影印。山西科学技术出版社2006年辑《徐震文丛》,收有林子清校本,附徐氏1960年《校订续记》,并以原版对照影印;2009年又出版刘明义主编、常学刚点校《苌氏武技全书》,然不著底本来源,有失古籍整理常识。收录完备者,为2013年中州古籍出版社、海燕出版社联合出版之《苌家拳全集》,三巨册,陈万里、陈万卿、陈万刚汇编校订。其所搜集,共得苌氏著作百五十余册,多为道咸以来抄本,标点断句,简体横排。但此编未说明原据底本、校本情况,又不出校记,价值大打折扣。

苌氏著作,亦有英文版,如 Marnix Wells 之 *Scholar Boxer:*

*Chang Naizhou's Theory of Internal Martial Arts and the Evolution of Taijiquan*，译自徐震辑本，2005年美国加州 North Atlantic Books 出版。

此外豫省武学著述整理较为集中者，有《中原文化大典·民俗典·武术》，2008年中州古籍出版社出版。是书虽为豫中武术概述，但辑录有历代河南武术文献，包括少林武术、太极拳、心意六合拳、苌家拳、王堡枪法等，各家重要典籍，大抵选录在内。各书均有长篇按语，详述版本源流，校订亦称严谨。惟当时博爱唐村《李氏家谱》及抄本武籍"发现"不久，此书述太极拳起源，据以持博爱唐村李氏一说，并录唐村抄本《无极养生拳论》及《太极拳论》等，以为李氏明代著述。今此"发现"日多，研究日渐深入，或指唐村资料有造假之嫌，其《无极养生拳论》，抄自民四年孙福全《形意拳学》及艾毓宽序。

《中原文化大典·武术》著者王君广西（1941—2008），笔名陆草，西峡人。毕业于开封师范学院，后入河南社科院文学所，从事近代文学研究，曾任《中国近代文学大系·散文集》副主编。君出身武学世家，精于拳术，而从不以炫人。1960年代即致力武术史料收集。孙广举主编《中国人的奥秘丛书》，君撰《中国武术与武林气质》，为武林文化研究开拓之作。嗣后又有《中国功夫》《中国武术》《中国拳》《中国兵》诸作。《中国功夫》被译为英、法、西班牙、阿拉伯多种语言出版。

王广西像

《中原文化大典·武术》为君绝笔。豫中武技,向无全面梳理,君筚路蓝缕,呕心沥血。其间涉门户之争,武林中人皆欲本派彪炳史册。君不为威逼所屈,不为利诱所惑,以史料为据,信心信己,秉笔直书。《后记》云:"做学问是一件孤寂而冷清的事,它拒绝浮躁和喧嚣。至于其成败得失,世人褒贬,则大可置之度外,不与计较。"其为人大抵如此。身后哲嗣女公子萌、蕾、荟,辑其生平文章为《文人·诗学·武术》,河南大学关爱和为之序,2011年三联书店出版。

(三)俗文学文献

1978年,从属于河南省文化局的河南省戏曲工作室成立,它是"文革"前河南省剧目工作委员会的继承。成立之后,继续编印"文革"前开始的两套丛书《河南传统剧目汇编》《河南传统曲目汇编》。

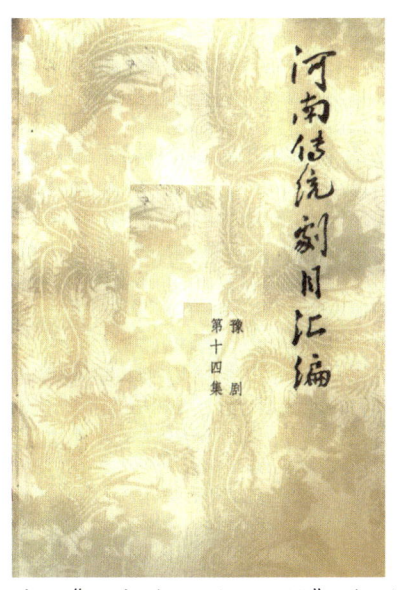 

左:《河南传统剧目汇编》豫剧第十四集,内部资料,1981
右:《河南传统曲目汇编》三弦书第一集,1983

《河南传统剧目汇编》1981年编印了豫剧第十四、十五两集，系知名戏剧家樊粹庭专辑。此后至1989年，编印至第二十一集。《河南传统曲目汇编》则在1983年编印了两集三弦书，系据南阳19位老艺人的口述记录，共收曲目160多个，并对方言作了注释。两套丛书依然是内部资料印行，未正式出版。

稍晚的"十大集成志书"，是新时期俗文学整理集大成项目。其背景已见前述。河南卷完成于2006年，除《戏曲志》由文化艺术出版社出版外，其他俱由中国ISBN中心出版。

《中国歌谣集成·河南卷》扉页，中国ISBN中心，2003

十种书目及出版日期如下：

《中国戏曲志·河南卷》，1992
《中国戏曲音乐集成·河南卷》（上下），1993
《中国民族民间舞蹈集成·河南卷》（上下），1993
《中国曲艺志·河南卷》，1995
《中国曲艺音乐集成·河南卷》（上下），1996
《中国民间歌曲集成·河南卷》，1997
《中国民族民间器乐曲集成·河南卷》（上下），1997
《中国民间故事集成·河南卷》，2001

《中国歌谣集成·河南卷》，2003
《中国谚语集成·河南卷》，2006

此为河南省"十大集成志书"的最终成果。

河南省的"十大集成志书"正式出版之前，各集成志书多印有初稿或征求意见稿，一些初稿也按子类汇编成册，如《中国戏曲音乐集成·河南卷·大弦戏音乐》等，收录的资料，往往较正式出版者更为丰富。

左：《中国民间歌曲集成·河南卷》初稿，油印本，未标日期
右：《中国民族民间器乐曲集成河南卷·信阳地区资料卷》，油印本，1988

集成志书的编纂，先由县、地市采访汇集本地区资料，汇总后由省集成志书编辑部遴选汇编。在此过程中，县、地市都形成了本地集成、志书，相较于省集成志书而言，收录作品更详赡，述本地事更完备。各地市县集成志书，有正式出版者，有自行排

印、油印者，也有仅存抄本、稿本者，数量相当庞大。

为此，一些集成志书的编委会，为本类别的地市县卷，组织了相应的丛书，正式出版，如《河南民间文学集成地方卷丛书》《河南曲艺志丛书》等，但大都中辍。

左：《河南民间文学集成地方卷丛书》之《太行山民间故事》，中原农民出版社，1992

右：《河南曲艺志丛书》之《安阳市曲艺志》，中州古籍出版社，1995

属于《中国民间文学集成》的三套集成，其河南卷正式版中，附录了已编成的各地市县卷目录（称之为"资料本"），包括：《中国歌谣集成·河南卷》附有《地、市、县资料本书目》，著录各地市县歌谣集成 115 种；《中国谚语集成·河南卷》附有《地、市、县资料本及编辑人员一览表》，著录 95 种；《中国民间故事集成》附有《市（地）县（市）资料本编辑人员一览表》，著录 102 种。

地市县卷的集成，还衍生出更多的图书。如《中国民间故事集成·河南新野卷》编成后,在1988年省民间文学集成编委会评奖中获优秀奖第一名。1993年,编者经过充实,另名为《贵地新野的传说》,由文心出版社出版。

"十大集成志书"编纂过程中,一些编委会还编印了不定期资料汇编丛刊,如《河南曲艺音乐集成资料汇编》《河南曲艺志史资料汇编》《河南戏曲史志资料辑丛》等,有些丛刊出版了十辑以上。这些资料汇编,也收录有采录的作品,辑录有相关历史文献资料。

关于河南民间故事,早在"十大集成志书"编纂之前,1960年代开封师范学院中文系就进行过搜集。1977年,该系继续调查采访,从300多篇故事中选出31篇,编成《河南民间故事》,由河南人民出版社出版。此书是本省最早的民间故事汇编,但仅注明搜集人,未注讲述人,不尽合乎调查规范。

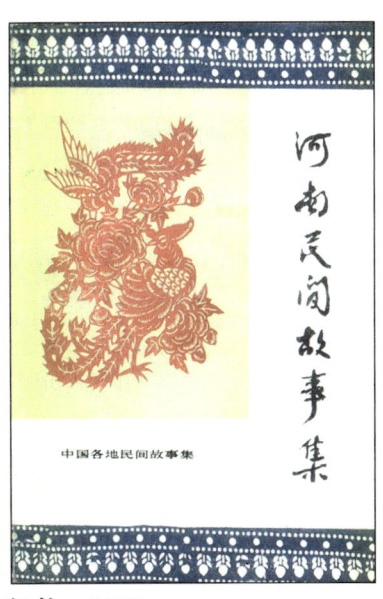

左:《河南民间故事》,河南人民出版社,1979
右:《河南民间故事集》,中国民间文艺出版社,1985

此后中国民间文艺研究会编纂《中国各地民间故事集》，河南大学中文系又与民研会河南分会合作，编辑了《河南民间故事集》，由中国民间文艺出版社出版，收录故事170余个，较前更为丰富。

陈庆浩、王秋桂（台湾人）主编的《中国民间故事全集》，1989年由台北远流出版事业股份有限公司出版，其第24卷为《河南民间故事集》，收录故事96篇，分为"神话传说故事""地方风物传说""传说人物故事""生活故事"等若干类。编者称资料源自七十年来出版的专书或报刊。其中多有采自中国民间文艺出版社《河南民间故事集》者。

2003年，在中国民间文艺家协会推动下，"中国民间文化遗产抢救工程"启动。其子项目有《中国民间故事全书》。《全书》成立有全国总编委会，各省市县也成立有编委会，以县为单位编纂。本省及各县也成立了编委会。当时《中国民间故事集成》已基本完工，只是许多市县的"资料本"未正式出版。《全书》在此基础上编纂，推进较快，编成约一百部。但因经费不足、负责人更替等原因，出版多有变化。

本省《全书》各县卷已印行者，所见最早为2006年内部印刷的《中国民间故事全书·河南省开封市尉氏县卷》。

《中国民间故事全书·河南省开封市尉氏县卷》，内部资料，2006

此后，汝阳、栾川、新乡、宁陵等地相继编成，大多为内部印刷。一些县卷使用了香港书号出版，如夏邑卷为 2008 年香港中国艺术出版社出版，固始卷为 2009 年香港天马出版社出版。2009 年和 2011 年，知识产权出版社正式出版了两批县卷，集中在三门峡和南阳两市，包括灵宝、陕县、卢氏、渑池、义马、方城、新野、邓州、社旗、卧龙、内乡、南召、唐河、桐柏、西峡、镇平、宛城、淅川等卷。2011 年以后，中州古籍出版社出版了武陟等卷，大象出版社出版了长垣、宝丰等卷。总计约三十种，此后无疾而终。

《中国民间故事全书·河南宝丰卷》，大象出版社，2013

全书虽列入国家社科基金项目，有所资助，但整体仍有不足。其正式出版者，大都得到了地方政府的补贴。

中国民间文艺家协会更换负责人后，重新组织编委会，另起炉灶，编纂《中国民间故事丛书》。2016 年，知识产权出版社以新丛书的名义，重新出版了三门峡、南阳两市各县卷，序跋中矢口未提前因。

2017 年，中共中央办公厅、国务院办公厅发布《关于实施中华优秀传统文化传承发展工程的意见》后，中国民间文艺家协会策划启动了《中国民间文学大系》出版工程，再次整理民间文学作品。该书以省、自治区、直辖市及新疆生产建设兵团（包括港澳台地区）的行政区划立卷，按照神话、史诗、民间传说、民间故事、民间歌谣、民间长诗、民间说唱、民间小戏、谚语、民间文学理论等类别与系列编选。其河南卷正筹备中，将在"十大集成志书"、《中国民间故事全书》基础上继续进行。

　　大型项目之外，本省以南阳对曲艺作品整理投入最多，成果最为丰富。如前所述，民国间，张长弓于战乱时期已致力于此。1960年代南阳辑录有四集南阳大调曲；新时期之初，又整理两集三弦书，收入《河南传统曲目汇编》。1997年，中国曲艺家协会授予南阳"曲艺之乡"称号。2003年，南阳市文化局呈报市政府批准，将"抢救保护南阳曲艺文化遗产"列为重点工程，编纂了《南阳曲艺作品全集》。《全集》署雷恩洲、阎天民主编，河南大学出版社出版，共八卷三百万字，可谓南阳曲艺集大成的作品汇编。所收除当代曲艺作品两卷外，其他大调曲子三卷、三弦书一卷、中长篇大书二卷，俱为明代至民国期间的作品整理。

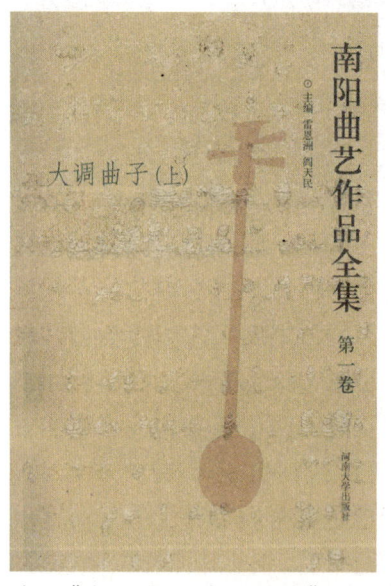

左：《南阳曲艺作品全集》，河南大学出版社，2004
右：《乔清秀坠子唱腔集》，河南省戏曲工作室印行，内部资料，1982

　　新时期以来，富有特色的俗文学整理著作有《乔清秀坠子唱腔集》。乔清秀（1910—1943），本名袁金秀，内黄人。十四岁拜南乐乔利元为师学习河南坠子，后与乔结为夫妻。1930年代在天津先后演唱十年，红极一时，有"坠子大王"美誉。其对河南坠子贡献良多，大大提高了河南坠子的艺术水准及在全国的影响力。1930年代，亚尔西爱胜利公司、昆仑唱片公司为她录制了数十张唱片，畅销不衰。《乔清秀坠子唱腔集》即在唱片基础上编成。当时旧唱片寻找不易，整理者河南省戏曲工作室张凌怡、章沛霖二先生，遍访天津、山东、河北、上海等地，搜集到20张唱片，审听记谱、比勘民国间出版的唱片曲词集《大戏考》等文献资料，校订而成此集。

《大相国寺音乐师传乐谱孤本》是另一部较为特殊的作品，署王宗葵编纂。王宗葵（1930— ），祥符人。民三十一年入开封大相国寺为僧，法名佛禅。相国寺以佛乐知名，佛禅从释安伦、释安修习佛乐，为专职乐僧，1948年还俗。后在中央民族歌舞团任三弦演奏员。1977年安伦圆寂于开封，宗葵归豫送终，携去安伦所藏乐谱抄本，曾送中国艺术研究院音乐研究所晒印复制，后又提供给《中国民族民间器乐曲集成·河南卷》，部分影印。

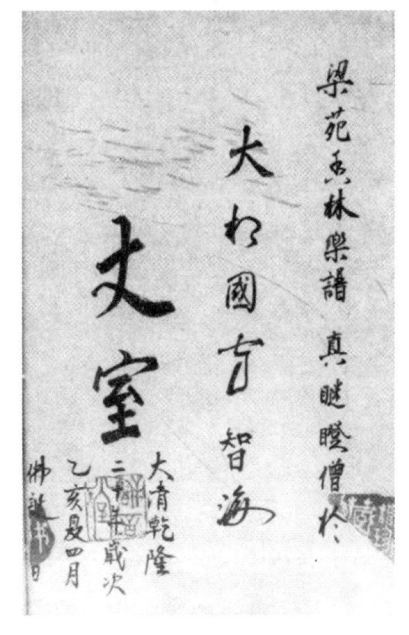

《大相国寺音乐师传乐谱孤本》影印之《梁苑香林乐谱》，宗教文化出版社，2013

《大相国寺音乐师传乐谱孤本》分为三部分：一为"文论"，收录乐谱研究文章；二为"文本"，影印释安伦、释安修所抄日诵功课及王氏戒牒等文献;三为"乐谱",影印全部抄本乐谱,包括《法音宣流》等七册,计259首乐曲或曲牌的工尺谱、俗字谱,多为安伦、安修抄。其第七册《梁苑香林乐谱》最为珍贵,系乾隆二十年真眯瞪僧抄本。此书整理,长于音乐、弱于文献。《瑜伽焰口施食仪范》,为乾隆二十年开封相国寺刻本,说明中误指为抄本,如此者不止一处。另指《梁苑香林乐谱》为"南方寺院乐谱",并无根据,既标"梁苑香林",必为大梁丛林。

与此相关的是尼树仁的《大相国寺音乐及相关佛曲的研究与编译》。此书于相国寺及中州佛乐史论外,对王宗葵藏相国寺抄本乐谱、浚县大伾山太平兴国寺藏旧抄本佛曲乐谱,以及多家寺庙佛曲演奏记录等,进行整理汇编,将三百余首佛曲译为简谱、五线谱。尼树仁(1934— ),上蔡人,曾任开封群众艺术馆研究员,兼任教于河南大学。初,经中央音乐学院赵沨介绍,王宗葵与尼树仁合作研究,后生龃龉,分道扬镳,各于书中相互指责。

《大相国寺音乐及相关佛曲的研究与编译》,河南文艺出版社,2014

## 八、诗文选编及专题文献资料汇编

（一）诗文选编

汇选一地人物之诗文为编，以彰显本地人文之盛，前人大抵郑重其事，不遗余力，俱见前文。而集录歌咏记述一地之诗文为编，以彰显本地风物之盛、风光之好，前代则不甚在意，以其事归之地方志，设"文征"以存其作。

现代观念则相反。虽新编地方志取消"文征"一类，而各地编选歌咏叙述本地的诗文集汗牛充栋，本土人物诗文作品集则寥若晨星。此指通代选编而言，近代文学选集属专题，例外。

河南一省通代诗文选编，迟在近年才有问世，即河南省社会科学界联合会组织编写，李庚香、王喜成主编的《中原文化经典汇要》。此书选编中原历代著述，上自先秦，下迄近代，不仅包括集部诗文，而且收录经史子部著作，如《老子》《商君书》《大戴礼记》等，凡能体现中原文化大旨与风貌者，皆予选收。体例以朝代为序，各代之下以文体为类，各类下依著者年代为序。并有著者简介，著述解题。洋洋百三十余万字，可以见中原文化之大略。

《中原文化经典汇要》，河南人民出版社，2016

吟咏河南的通代诗作选编，有《历代诗人咏中州》，河南省社会科学院文学研究所胡世厚、杨海中、汤漳平、葛培岭、王广西编选，成稿于1981年，收录历代咏河南诗作200家，315首，着眼于反映河南重大历史事件、历史人物、山川名胜、风土人情诸方面有代表性之作品，同时以意境幽美、语言清丽、风格多样为准。编排以地域分类，各诗均加注释，并有作者小传。历代咏豫诗歌之重要佳作，无大遗漏。

《历代诗人咏中州》，河南人民出版社，1985

记述豫省名胜的通代文章选编，所知有《中国游记散文大系·河南卷》，此书为山西社科院文学所屈毓秀等主编，选录历代关于河南名胜的游记90篇，加有注释，体裁不仅有记，还有序、赋、书、碑等。2002年书海出版社出版。

清亡，李敏修起，裒集一代诗文，成《中州诗征》《中州文征》。民国尽，则民国断代诗文编选，为新一代之责任。在这方面，发凡起例者，为河南大学周启祥先生。

周启祥（1918—2003），开封人。1937年洛阳省立第四师范学校毕业，曾任洛阳《行都日报》编辑、中共国际新闻社特约记者。1946年后在北平军调部、中共中央社会部工作，不久被国民党逮捕入狱。1954年调河南大学，反右中被划为右派。1979年恢复工作，1987年离休。周先生是1930年代诗人，著有《家园集》（苏金伞、周启祥、魏巍三人抗战前后诗作汇编）等。

周先生1970年代末致力近代河南文学史料整理,1992年与谢励武合编《1931—1937中原诗人40家选萃》,为最早的民国河南诗歌选;另《中原新文学史料钩沉》,已见前。他曾计划编纂《河南现代诗歌史料丛书》,包括《二十年代中原诗抄》《三十年代中原诗抄》《三十年代中原诗抄续编》《四十年代中原诗抄》《河南现代诗歌发展史话》《河南现代文学史简编》六种,惜未完成。成书者所见有《三十年代中原诗抄》,规模较《选萃》更大,魏巍序,1993年重庆出版社出版;《30年代中原诗抄新编》,内部资料,1995年自印,辑录不见于《诗抄》者约300首。

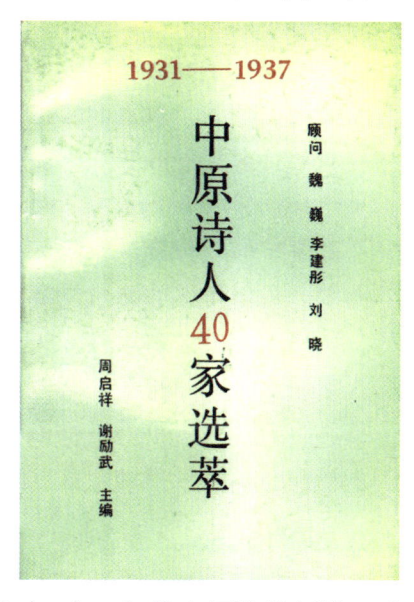

《1931—1937中原诗人40家选萃》,内部资料,1992

两书印行时,编者年已七十有余,《30年代中原诗抄新编·后记》记其编纂过程,令人感慨万端,节录以志之:

> 由于是自费自定的研究项目,与一切学术研究机构都无关系,一切用费都由自理,使我在这项工作上感受到的困难,较多一些也较大一些,好在恢复工作后,我每月有固定的工资收入,爱人又深明大义,子女们也倾力相助,才使我长期在外地图书馆留连查找资料的工作得以能够不间断的继续下去。我在生活上也尽力樽节,以期维持较长查阅的时日而不致中途被迫停辍,我每到一个地方,先在要查阅资料的图书馆附近找到一家小旅店,以价钱最便宜的每夜住宿费只付一

元(现在也不行了)的"通铺";早餐也只能从街头买一个刚出炉的热烧饼充饥,饮用图书馆内供应的开水,这样,日复一日、年复一年,冬去春来,花落花开,埋头抄录,外界一切都与我无关,我只是查找与抄录文学史料。收入《诗抄》与《新编》中的六百多首诗歌,都是在以上情况下我一字字、一句句、一段段、一首首的抄录得来的,也许可以说每个字上都洒上了我大量的汗水,这些诗篇得来实在不易。我抄得的这些诗篇,白天和它们心灵相通、心心相印,晚上就装进我的行囊里和我睡在一起,我爱它们,就跟我爱自己的孩子一样,它和我在生活上是紧紧联系在一起的,它们成了我的生命中的一部分,我对这些抢救得来的诗歌遗产,有着不同于一般的特殊的感情。当我在"钩沉"的过程中,逐步明确认识到我的这项工作,实际上在恢复已经不存在的六七十年前的一个文学时代,就给我无比的勇气和力量,使我能够战胜眼前任何困难而不被困难所压倒,这样在生活上吃什么饭和睡什么觉等琐细小事,就都不在话下,也不值得去看重了。

所述虽是个人际遇,而当时学人,多有类似经历与境界。

大规模整理编选近代文学作品,始自1990年代初。最终形成《河南新文学大系》九卷十册。是书由中共河南省委宣传部部长于友先任总主编,河南社科院文学所等科研机构、高校数十位学者参与,历时五年编成,1996年河南大学出版社出版。此书编选范围为近现代,不限于民国,计选录1917至1990年间河南300位作家的1000余篇作品,大半为1949年以后作品。按文体及内容性质,分为《理论批评卷》《短篇小说卷》《中篇小说卷》《散文卷》《诗歌卷》《戏剧卷》《通俗文学卷》《史料卷》《儿童文学卷》。该书获第三届国家图书奖提名奖,1996年度河南省优秀图书一等奖。

此书与传统诗文选编有所不同。诗歌编选重在艺术,古今相同。文章编选，古人重载道，并重文辞，而今"文学大系""文学作品集"，则仅着眼文学，不收政论文章，严格而论，应归入专题文献汇编。

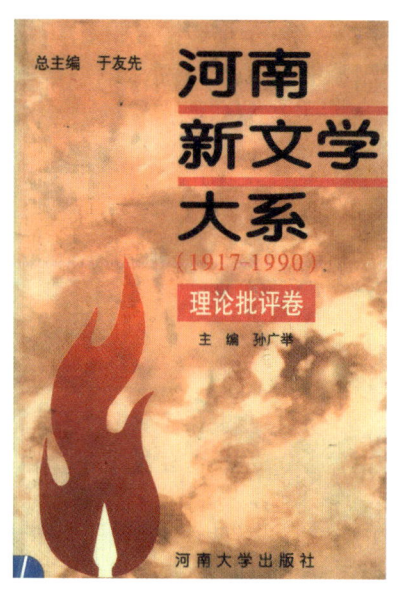

《河南新文学大系·理论批评卷》，河南大学出版社，1996

河南省图书馆周新凤主编的《清代河南作家作品选评》，也可归入断代文选。是书辑录了清人贾开宗、彭而述、周亮工等15位河南名家文集序跋，加以注释，每家并有述评长文一篇。2001年中国致公出版社出版。

1980年代以来，河南省几乎所有地市都编有历代歌咏本土名胜、风物的诗文选。或由政府机构主持，或由热心本土历史文化者自行编录，大都以本地旧志《艺文志》为基础，更行搜罗，辑录选定，加以点校注释。或公开出版，或内部发行。多数选本为诗选，文选则少。个别选本收录作品直至当代。今未能全部寓目，仅就所知，胪列如下。

郑州：《历代咏郑诗选》，司绍晞编，辑诗作二百余首，起于唐，迄于民国，附《郑州揽胜赋》《东山胜地记》等，1986年郑州市地方史志编纂委员会印刷。《郑州历代诗文选》，收入《郑州历史文化丛书》，署该丛书编纂委员会编，繁体竖排，线装一函四册，2002年中国文史出版社出版。《历代郑州诗歌选注》，安焕章主编，2003年中国文联出版社出版。《历代诗人咏郑州》，李刚太选注，2010年中国诗书画出版社（香港）出版。

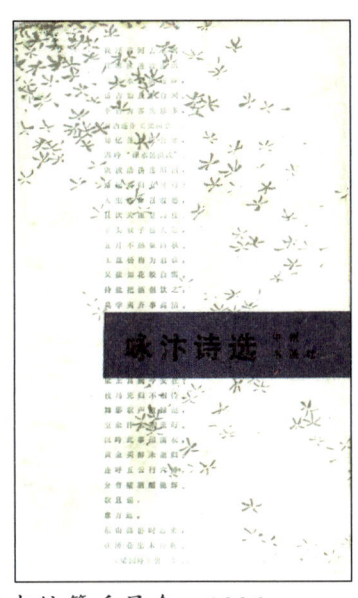

左：《历代咏郑诗选》，郑州市地方史志编纂委员会，1986
右：《咏汴诗选》，中州书画社，1982

开封：《咏汴诗选》，中州书画社编，张盛智等选注，收三国至清代咏汴诗作99首，1982年中州书画社出版。

洛阳：《洛阳名胜诗选》，李献奇、陈长安选注，收录先秦至清代诗作290首，上编泛咏洛阳者，下编咏白马寺等胜迹者，1984年中国旅游出版社出版。《历代诗人咏洛阳》，谭习朴、曾广开主编，录古代诗作200首，1989年中国城市经济社会出版社出版；《历代名人咏洛阳》，昌炳兰编，收诗286首、词18首，1991年河南大学出版社出版。《洛阳古代山水诗选》，樵客（孟庆德）率其子侄辈编，录诗390余首，偏重于咏九县之作，1992年中州古籍出版社出版。《洛阳名胜诗选》，侯超英、黄素霞选注，选注历代诗360余首，2003年九州出版社出版，为《河洛文化丛书》之一。

平顶山：《名人笔下的平顶山》，潘民中等编，收录清代以前107家作品210篇，大多为诗作，另赋3篇，1993年中州古籍出版社出版。

安阳：《历代名人咏安阳》，段长山编，2001年中国文联出版社出版。《唐诗吟安阳》，聂树人编，2001年天马图书有限公司（香港）出版。《安阳古艺文选辑》，金静编注，诗文并录，下限至现代，计335篇，2013年中国文联出版社出版。《安阳名胜诗词》，马清玉编，收录亦包括近现代作品，2015年自行印刷。

鹤壁：《淇河古诗三百首》，鹤壁市政协编，专为此设立编委会和编辑部，罗俊岭主编，收录歌咏淇河及其流域的古诗，相当完备，各诗俱有题解、注释、翻译及作者小传，2005年中国文联出版社出版。《鹤壁古诗一百首》，王志强编注，2016年中州古籍出版社出版。

新乡：《新乡历代名胜诗选》，潘长顺等编，收录唐以来咏新乡诗作290首，1992年中国文史出版社出版，系《新乡文史资料》第6辑。

许昌：《许昌诗词与浪花杂吟》，李季安编，选录历代文人歌咏许昌诗词，并李氏本人作品，2015年海燕出版社出版。另，李彬凯主编《历史文化名城许昌》，亦有一节为《历代诗人咏许昌》，1992年印刷，内部资料。

三门峡：《三门峡名胜诗选》，舒绍昌、马自立主编，上编录民国及以前诗作，下编收当代作品，附录收歌咏今已湮灭之名胜者，1992年中州古籍出版社出版。

南阳：《历代诗人咏南阳》，白万献等主编，录诗词近300首，多为古诗词，少量民国及现代作品，1996年河南大学出版社出版。《中外诗人咏南阳》，丁林、郭玉琨主编，上卷选民国以前诗作，下卷选当代诗作，2006年中国文史出版社出版。

商丘：《梁苑吟》，刘清惠等选注，选历代诗、词、赋、赞百余首，附西北大学教授安旗《梁苑考辨》，论梁苑在睢阳，即今商丘，故集以"梁苑"名，知名诗人、睢县苏金伞题写书名，1988年中州古籍出版社出版。《历代诗人咏商丘》，马国强编，2003年中国文史出版社出版。《历代名人咏商丘》，谢国启主编，本地书法家书写，2012年内部影印。

《梁苑吟》，中州古籍出版社，1988

周口：《古诗人咏周口》，为书法家欧阳中石遴选李白、李商隐、欧阳修、苏轼等吟咏周口诗作十首，书写成册，2014年中华书局出版。

驻马店：《驻马店古今诗词集成》，张俊峰主编，收古今九百余位诗人的作品七千余首，依诗人年代为序编排，泰半为现当代作品，2017年中州古籍出版社出版。

信阳：《历代诗人咏信阳》，黄元尧、王晓编，2012年中国文史出版社出版。

济源：《济源古代诗词赏析》，王明信编，辑录诗词218家520首，2008年中国文联出版社出版。另有《济源典籍珍藏》，庐山主编，分为"经典诗词""经典书画""经典散文"，收录诗、画、散文，繁体竖排，线装四册，2008年中州古籍出版社出版。

不少县级区域，历史文化丰富，诗文亦足成编。如汝州有《汝州诗韵》，王英敏主编，选辑古今诗作，2011年中州古籍出版社出版。荥阳有《古代荥阳风物诗选》,马德峰编,1993 年中州古籍出版社出版。孟津有《咏孟津古诗赋选注》,李根柱编,2008 年中国文联出版社出版。滑县有《咏滑古诗辑注》,杜冠章编,2012 年大象出版社出版。等等。

一村一里,因其历史,亦能有古诗汇编。如新乡市西蓮里村(西曲里),传为卫大夫蘧伯玉故里,凭吊怀古者众。乡人郭赞兴辑录元明清咏蓮里诗作,以及汉至清咏伯玉之作,附以其他文献资料,为《蓮里古诗》一册印行。

《蓮里古诗》,新乡市牧野区西蓮里两委会、蘧伯玉故里文化研究会,2007

名胜之地,大多也编有古诗文汇编,溯其源,则出旧籍名胜志、山水志、遗迹志之艺文志。今则以发扬本地文化,促进旅游行业为宗旨。如辉县百泉有《历代名人咏百泉》,任鸿昌、秦启安选注,收录先秦至今 146 家 380 余首作品,大半为古诗,1992 年政协辉县委员会以《辉县文史资料》第三辑印行。洛阳龙门有《洛阳龙门诗选》,李献奇选注,选录历代诗作百余首,1986 年中国旅游出版社出版。嵩山少林有《少林诗钞》,屈春山等编,收录古诗及近人诗数十首,1985 年河南人民出版社出版;《少林诗词选》,张国臣、吕江水编注,收作品数量不大,古今各半,1985 年中国旅游出版社出版。南阳卧龙岗有《卧龙岗历代诗歌选》,张晓刚编,选唐代至民国间诗、词、赋百余篇,1990 年中国展望出版社出版。信阳鸡公山有《鸡公山诗词集》,姜传高编,有 1993 年及 2009 年两版，鸡公山管委会印行。林县林虑山有《古今游记诗赋选》，安阳市旅游局、林县旅游局编，1990年印刷，内部资料。等等。

此外，一些专志艺文志，照例为文征，辑选相关诗文。如姜传高主编的《鸡公山志》第九章为《艺文》(1987年河南人民出版社出版)，殷时学、陶涛主编的《岳飞庙志》第六章为《后人对岳飞的论赞和缅怀》(2007年河南人民出版社出版)，等等。

歌颂豫中历史人物者，有《宋元明清咏岳飞广辑》，傅炳熙、傅乃芹辑校；《宋元明清咏岳飞选注》，傅炳熙选注，俱2015年中州古籍出版社出版。前者辑宋元明清四朝诗、词、散曲等2400余首，巨细不遗；后者为前者选萃，加有注释。

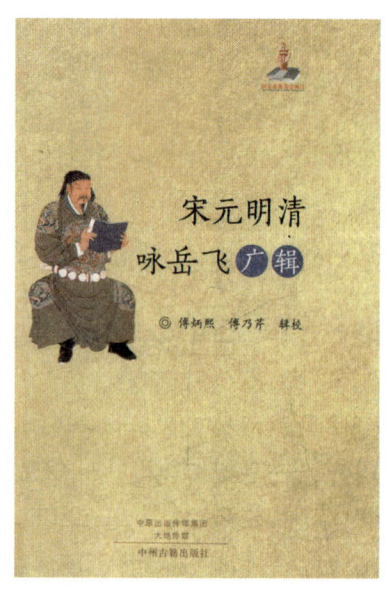

左：《少林诗钞》，河南人民出版社，1985
右：《宋元明清咏岳飞广辑》，中州古籍出版社，2015

以上诗文选编，不少属通俗读物。其中不乏专业之作，也有一些校订注释不够严谨，但于乡邦文化发扬光大，俱有贡献。

（二）专题文献资料汇编

文献资料汇编，亦文献整理之一途，谓辑录某一专题散见历史文献为一编，更进一步者，加以校订考释。

1980 年代以来史志编修过程中，各机构针对本行业或本地区需求，大都编有本行业、本地专题历史文献汇编，将散见于图书、报纸、杂志、档案中的相关文字，辑录成册，分门别类，排印出版。其种类繁多，数量庞大，至少在数百种。这些汇编，有纯粹历史文献辑录汇编、校订者，属文献整理范畴；抑或又编入回忆录、研究文章等现代资料，则驳杂不纯。其规模较大的丛书、套书，有如下各种：

1.《河南革命历史文件汇集》

中央档案馆、河南省档案馆编，1984 至 1986 年编印，内部出版。汇集两档案馆馆藏中国共产党关于河南的档案文献，包括报告、请示、通信以及刊发在地下党刊物上的文章等，点校排印，并对一些未署日期的文件做了断代考订。全编共十种，子目为：

《河南革命历史文件汇集（省委文件） 1925 年—1927 年》
《河南革命历史文件汇集（省委文件） 1928 年》
《河南革命历史文件汇集（省委文件） 1929 年—1930 年》
  （上下）
《河南革命历史文件汇集（省委文件） 1931 年—1932 年》
《河南革命历史文件汇集（省委文件） 1933 年》
《河南革命历史文件汇集（省委文件） 1934 年》
《河南革命历史文件汇集（市委、特委、县委文件） 1927 年—1934 年》
《河南革命历史文件汇集（群团文件） 1923 年—1926 年》
《河南革命历史文件汇集（群团文件） 1927 年—1934 年》

左：《河南革命历史文件汇集》之一种
右：《中共河南党史资料丛书》之一种

2.《中共河南党史资料丛书》

1982年起，中共河南省委党史资料征集编纂委员会即开始编纂出版《中共河南党史资料》，辑录中共河南党史史料，包括《向导》《中州评论》等早期报刊上的文章，相关档案、文件、访问记、回忆录、人物传记、函电及研究文章等，由河南人民出版社出版，内部发行。至1985年，共出4辑。

1985年，《中共河南党史资料》终止，省党史委开始编纂出版专题资料丛书《中共河南党史资料丛书》，以河南人民出版社名义出版。丛书按历史专题分类，每专题一至数册，首载叙述该专题的概论性"综述"一篇，之后主体内容包括相关历史文件、档案、照片，当时报刊报导、评论，回忆录及研究文章。不同专题的各部分比例不一，但历史文献均为重要组成部分，仅个别专题纯粹由回忆录、研究文章构成。专题内容延续至1950年代，如《历史的涛声：郑州市城市接管与社会改造》等。其中以民国历史文献为主的专题，有以下各种（以专题大致年代为序）：

《五四前后的河南社会》，1990
《一战时期河南农民运动》，1987
《五卅运动在河南》，1985
《睢杞太地区史料选》上、中，1985
《商城起义》，1990
《一二·九运动在河南》，1986
《抗战初期河南救亡运动》，1988
《抗战时期的竹沟》，1985
《抗战时期的河南省委》（一）（二），1986、1988
《抗敌青年军团》，1990
《河南（豫西）抗日根据地》，1988
《豫鄂边抗日根据地》，1986
《冀鲁豫抗日根据地》（一）（二），1985、1993
《太行抗日根据地》（一）（二）（三），1986、1986、1989
《太岳抗日根据地》，1990
《豫皖苏抗日根据地》（一）（二），1985、1990
《抗大四分校校史资料选编》，1990
《红色四望山》，1988
《中原解放区》（一），1987
《中原突围前后》，1988
《没有枪声的战斗》，1990
《蔡迈轮日记》，1989
《河南的剿匪斗争》，1991
《河南解放区的土地改革》，1991
《河南的支前工作》，1992
《豫东战役》，1988

省党史委所编同类文献，还有列入《中国共产党历史资料丛书》的《鄂豫皖革命根据地》四册，1989年河南人民出版社出版，等等。

3.《河南史志资料丛编》

河南省地方史志编纂委员会编，河南人民出版社出版。该丛编体例不一，除第一种外，均以汇编专题历史文献为主。子目如下（按丛书原编顺序）：

《河南土特产资料选编》，该书编辑组编，1986
《历代治黄文选》上、下册，黄委会黄河志总编辑室编，1988
《河南辛亥革命史事长编》上、下卷，王天奖编，1986
《日军祸豫资料选编》，陈传海等编，1986
《五卅运动在河南》，庞守信编，1986
《豫皖苏边文献资料选编》，冯文纲编，1985
《北伐战争在河南》，曾广兴、王全营编，1985

其中由河南社科院历史研究所王天奖先生编纂的《河南辛亥革命史事长编》，辑录了大量档案、报刊等一手资料，分门别类，夹叙夹议，是迄今最完备的河南辛亥革命史料汇编。

《河南史志资料丛编》之三《河南辛亥革命史事长编》，河南人民出版社，1986

除以上丛书外，1980至1990年代，河南省政府所属各部门史志机构，各地市县中共党史、地方史志编纂机构，以及"十大集成志书"编纂机构，都编辑过专题或地区史料汇编。如省文化厅《河南省新文化史料丛书》中的《冀鲁豫边区文艺资料选编》《河南省国统区革命文化史料选编》，省税务局的《中原解放区工商税收史料选编》，省财政厅的《晋冀鲁豫抗日根据地财经史料选编》，省教育厅的《河南教育资料汇编》，省总工会的《焦作煤矿工人运动史资料选编》《鄂豫皖苏区（河南部分）工运史专辑》，省新闻史志编辑室的《河南新闻史志参考资料》，河南革命印刷史研究会的《河南革命印刷史料》，等等。

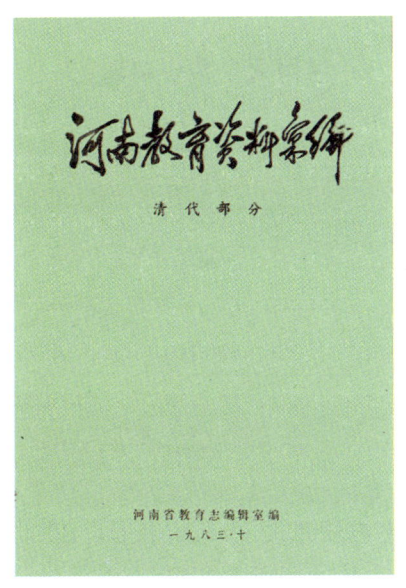
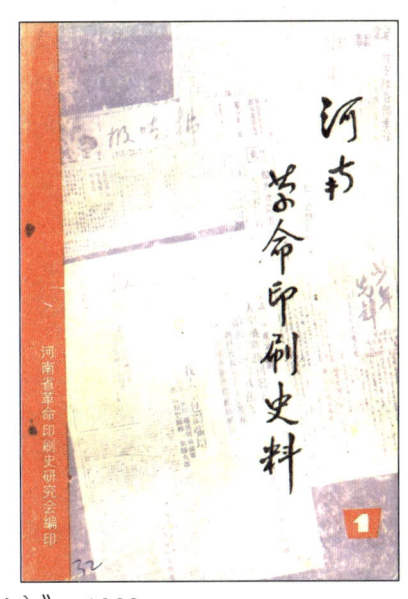

左：《河南教育资料汇编·清代部分》，1983
右：《河南革命印刷史料》第1辑，1987

学界编纂的单行本文献资料汇编，亦复不少。有代表性者，大致如下。

开封犹太人史料汇编。犹太人在开封，由来已久，但行踪隐秘，史料遗存无多。1953年，知名学者潘光旦曾辑录历代中西文史料，为卡片若干，或标注出处，或摘要原文。1983年，其子女将卡片整理，取名《史料汇编》，收入潘氏《中国境内犹太人的若干历史问题——开封的中国犹太人》，由北京大学出版社出版，《史料汇编》占其书三之二。2011年，河南大学图书馆李景文等重新辑有《古代开封犹太人中文文献辑要与研究》。其第一、二编，辑录古代及近现代文献，凡古文并加标点校勘，是这一专题较为完善的文献汇辑，惟西文文献阙如。

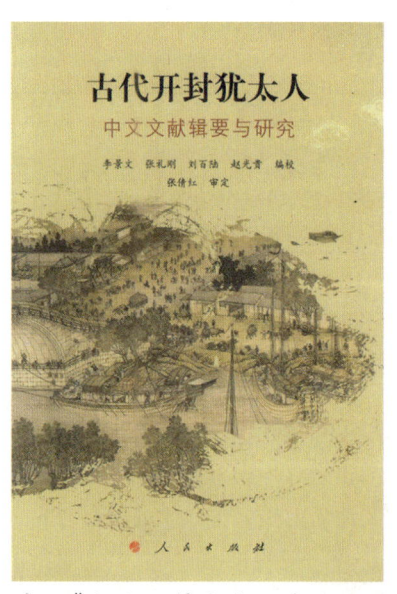

左:《古代开封犹太人中文文献辑要与研究》，人民出版社，2011
右:《河南天主教资料辑注》，宗教文化出版社，2011

《河南天主教资料辑注》，安阳师范学院刘志庆、尚海丽编著，辑录明末至民国期间，天主教在河南（包括原属河南的武安、涉县、临漳三县）活动的历史资料，并加了注释，主要来源为地方旧志。

《少林寺资料集》，无谷、刘志学编；《少林寺资料集续编》，无谷、姚远编，分别于1982、1984年由书目文献出版社出版。二书杂录少林寺相关历史资料，所收不限于历史文献，包括部分现当代介绍资料，且不限于嵩山少林，也包括天津蓟县、福建泉州等其他少林寺资料。

《少林寺资料集》，书目文献出版社，1982

《黄帝故里文献录》，刘文学主编，1996年中州古籍出版社出版，辑录有关黄帝受国有熊、生于轩辕之丘的历史文献及传说。《二程书院志》，程氏三十一世孙程鹰及张红均编，1992年河南大学出版社出版。此书虽以"志"名，但实为两程祠墓及伊川书院碑刻、诏诰、诗文等资料汇编。《百年家族——项城袁氏家族资料汇辑》，项城市政协编，2012年河南大学出版社出版，汇集项城袁氏家族人物传记、碑刻史料，并录有袁氏诗文、后人回忆录及部分研究文章。《歧路灯研究资料》，栾星先生编著，1982年中州书画社出版，分为三部分，一为栾先生撰《李绿园传》；二为《李绿园诗文辑佚》；三为《歧路灯旧闻钞》，辑录历代关于《歧路灯》的序跋、题识、李绿园家世、碑传、交游、杂记等史料。

关于《歧路灯》资料，台湾宜兰农工专科学校吴秀玉女士与外子高双印（宝丰人）曾亲莅河南宝丰、新安、开封，贵州思南、印江等李绿园故居、宦游地考察，发现许多新资料，著有《李绿园与其〈歧路灯〉研究》，正文、注释、附录，征引了大量原始资料，1996年师大书苑有限公司（台湾）出版。

吴女士还著有《杨东明学行与其〈饥民图说疏〉研究》，2003年师大书苑有限公司出版，亦是带有资料性质的豫中文献研究著作。《饥民图说疏》为明万历间刑科右给事中、虞城杨东明所上疏，以绘图描述河南大灾饥民景象，附以释语，阅者触目惊心。《四库全书总目》列入存目，几于失传，迄今未有整理或影印。河南博物院藏有清乾隆十三年重刻本书板。

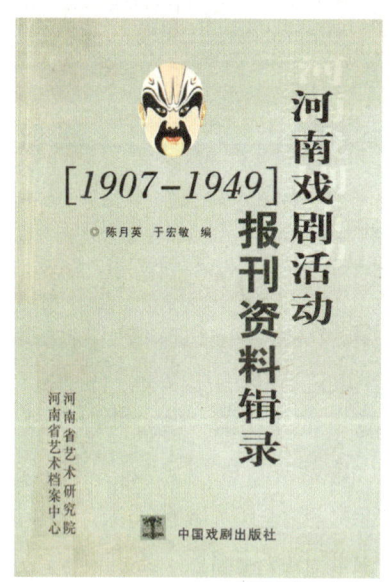

《1907—1949河南戏剧活动报刊资料辑录》，河南省艺术研究所陈月英、于宏敏编，辑录《河南官报》《中州日报》等清末及民国间河南主要报刊的戏剧活动报导。按，戏剧为民间活动，史料向来极少，史事口耳相传，多有讹误。此集爬梳剔抉，汇集了河南戏剧史可信的第一手史料。

《1907—1949河南戏剧活动报刊资料辑录》，中国戏剧出版社，2006

## 九、近现代名家集编纂出版

近现代名家，著述生前多有出版，大抵为著者自编，或名"自选集"，或名"文集"，甚至以"全集"命名。其有"全集"之实者，或为著者暮岁所编，或身后由门人、遗属、学者等辑录汇编，否则不以"文集""全集"名。但新时期以来，多有破例。予友张宇，小说名家，出语幽默，方盛年时出版《张宇文集》，自序谓：

"原来想着人老了或者人死了,才能够出文集。后来见许多中青年作家忽然都文集起来,才想到这年头什么都可以改革的。"今不论"改革",仅从文献整理角度,述名家身后整理汇编之文集,兼及著者晚年整理汇编。

中原近现代才俊辈出,名家文集刊布亦多,硕果累累。惟个人视界所限,往往一叶障目,尤其自然科学领域,知之甚少。谨据所见,举其要者列之。遗漏在所难免,且有待来者。本省整理出版,属"中原文献整理"主题,故分列本省、省外述之。本省以出版年代为序,兼及内容类别,以见整理出版脉络;外省则以人物年辈为序。

(一)本省整理出版

河南学界、出版界编纂出版河南名家集,始于1970年代末。其滥觞可追溯至1979年编集、1980年河南人民出版社出版的《彭雪枫书信日记选》。彭雪枫(1907—1944),镇平人,抗日名将,新四军第四师师长。是书由郑州大学历史系张留学、河南省历史研究所冯文纲、河南中医学院马列主义教研室张学忠编选,选录部分书信、日记和文章,并附历史照片。此书虽属选集,但开豫中名家集编纂先河。

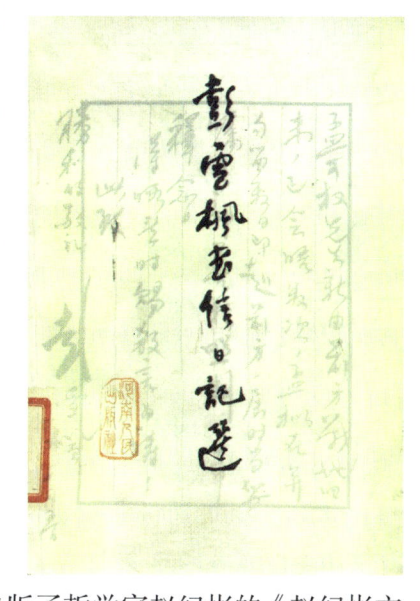

《彭雪枫书信日记选》,河南人民出版社,1980

1985年,河南人民出版社出版了哲学家赵纪彬的《赵纪彬文集》第1、2卷，1991年继出第3卷。由其遗属整理，收录《中国哲学史纲要》《先秦逻辑史论稿》等民国间著作文章。原拟四卷，但仅出三卷。赵纪彬（1905—1982），史学家，内黄人。1926年加入中国共产党。曾执教于山东大学等高校。1950年后任平原省政协副主席、开封师范学院院长、河南省历史研究所所长、中央党校哲学教研室顾问等。中国科学院学部委员。民国间著述已多，1949年后又有《论语新探》等。"文革"期间作《关于孔子诛少正卯问题》，影响甚大，时有"南杨（国荣）北赵"之称。

 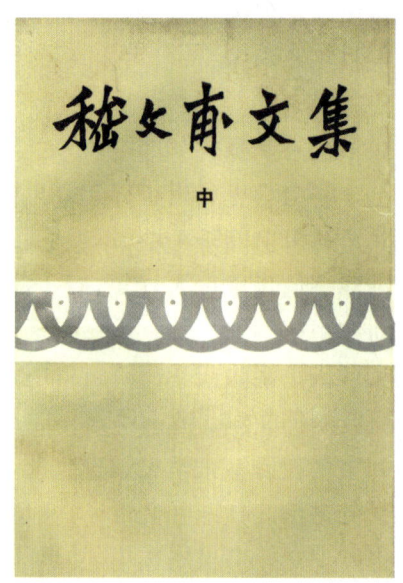

左：《赵纪彬文集》，河南人民出版社，1985
右：《嵇文甫文集》，河南人民出版社，1990

1985年，河南人民出版社还出版了《嵇文甫文集》上卷，中、下卷1990年出版，郑州大学编纂。嵇氏一生著述约200万言，文集选其萃，收录1918年以来已刊未刊之文章、著作约150万言。嵇文甫（1895—1963），哲学、史学家，汲县人。早年从李敏修学。1918年北京大学毕业，后在开封任教。1926年加入中国共产党，赴苏联学习。1928年因病回国后脱党，任教于北大、清华等校。1933年受聘为河南大学教授，曾任文学院院长。七七事变前后积极宣传抗日，在豫中影响甚著。1949年后任郑州大学、河南大学校长，河南省副省长。中国科学院学部委员。

与此同时，河南人民出版社还启动了冯友兰《三松堂全集》的编纂。冯友兰（1895—1990），哲学家，字芝生，唐河人。1918年毕业于北京大学，1919年留学美国哥伦比亚大学，师从杜威，获博士学位。归国后任教于中州大学、燕京大学、清华大学。1952年任北京大学哲学系教授。民国间以《新理学》等著作创立新理学哲学体系。"文革"期间陷身论争，发表《对于孔子的批判和对于我过去的尊孔思想的自我批判》等。《三松堂全集》1985年出版第一卷，持续到1994年出版第十四卷，并附《冯友兰先生年谱初编》；2000年修订，出版第2版，收录了冯氏一生全部著作。惜2014年版权为中华书局攫去，出版了第3版，豫人徒呼奈何！

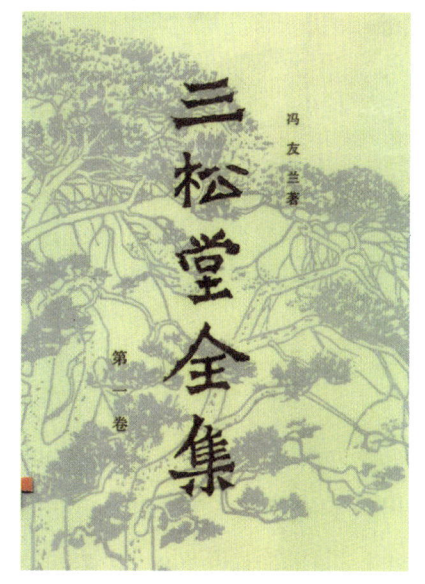

《三松堂全集》，河南人民出版社，1985

1980年代，河南教育出版社等出版社成立以后，也开始介入名家集整理出版。

1987年，文心出版社出版了《韩作黎教育文集》《韩作黎儿童文学集》。后于2008年出版了包括其小说、散文、诗歌、杂文在内的《韩作黎文集》。韩作黎（1918—1998），教育家、作家，邓州人。1941年肄业于延安社会科学院英文系。1944年任八路军抗属子弟学校教员、教导主任。1950年任中央直属机关育英学校首任校长，后任北京市教育局局长。

 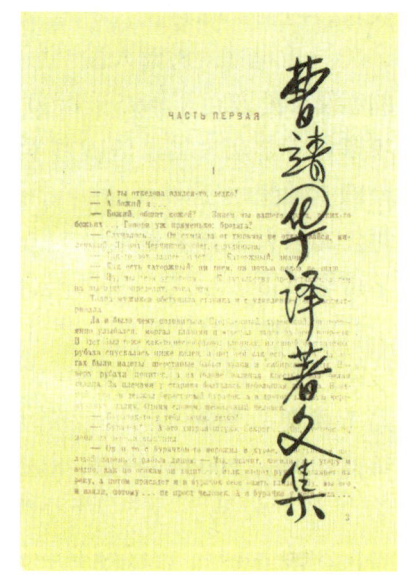

左：《韩作黎教育文集》，文心出版社，1987
右：《曹靖华译著文集》，河南教育出版社、北京大学出版社，1989

　　1989年，河南教育出版社与北京大学出版社合作，出版了《曹靖华译著文集》，1993年出齐11卷，收录曹氏翻译的俄罗斯文学作品及其本人的散文、文学评论等。1991年，河南教育出版社还出版了《曹靖华书信集》。曹靖华（1897—1987），翻译家、散文家，卢氏人，北京大学教授。

　　1980年代，还有一些非正式出版的图书，也带有文集汇编性质，如前文所及1981年河南戏曲工作室整理的《河南传统剧目汇编》豫剧第十四、十五两集，为樊粹庭作品专辑。1988年河南省文化厅、河南剧协汇编有《冯纪汉戏曲史论集》。

　　1991年，河南大学出版社出版《王拱璧文集》。王拱璧（1886—

1976），名璋，以字行，西华人。同盟会员，曾参与策划豫省反清暴动、河南留学欧美预备学校筹建。民国间从事乡村教育，担任《河南民报》总编、中山大学教授。1949年后任河南省图书馆副馆长。《文集》由其学生窦克武主编，收录民国间著作、新闻出版、图书版本学文章和遗诗。河南省原副省长张柏园作序，周谷城题签。2014年经编者补充，河南大学出版社再版。

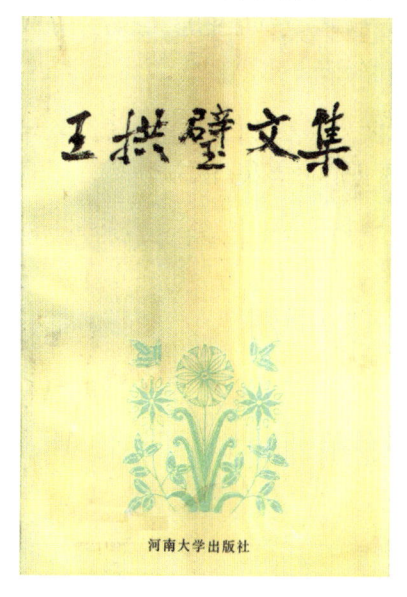

《王拱璧文集》，河南大学出版社，1991

2000年以后，随着学术研究深入，经济投入增加，名家集编纂繁盛一时。其规模之宏大、装帧之精美，往往为2000年以前无法比拟。其间，以河南大学出版社投入最多。

河南大学曾是国内著名综合性大学，百年以来，历经风雨而文脉不断，在名家集整理方面，投入甚多。时任河南大学出版社社长王刘纯、总编辑马小泉诸君，出版了一批大家名著，并曾有《河南大学学人文库》丛书之编。

2004年，河南大学出版社推出两部名家集：《师陀全集》和《于赓虞诗文辑存》。师陀（1910—1988），现代文学作家。本名王继曾，笔名师陀，杞县人。《全集》由河南大学教授刘增杰任编委会主任，共五卷八册，收录文学作品、书信、日记和论文。2013年又出版了《师陀全集续编》，含补佚篇和研究篇两卷。于赓虞（1902—1963），新月派诗人，翻译家，名舜卿，以字行，西平人。《于赓虞诗文辑存》由解志熙、王文金编校，辑录了作者现存的全部作品。

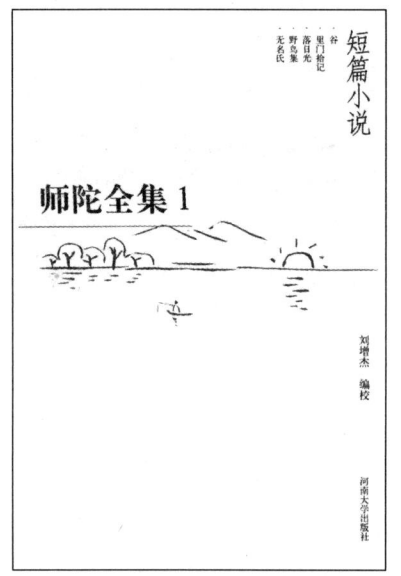
《师陀全集》，2004

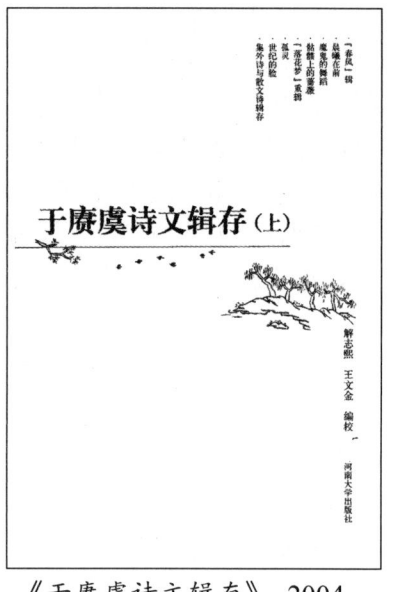
《于赓虞诗文辑存》，2004

2005年出版《宋景昌诗文集》。宋景昌（1916—2007），学者。汝阳人。1944年毕业于河南大学中文系，后任教于河南大学，长于诗词。

2006年出版《王鸣岐文集》。王鸣岐（1906—1995），微生物学、植物病毒学家。名凤岗，以字行，滑县人。1932年毕业于河南大学农学院，后游学美国，获明尼苏达大学哲学博士学位。归国后任教于河南大学农学院。1951年任复旦大学教授、生物系主任。《文集》为《河南大学名家文存》之一，由其海内外弟子等组成编委会编辑，署河南农业大学教授王守正编。

2008年出版《徐玉诺诗文辑存》。徐玉诺（1894—1958），诗人、作家，鲁山人。"五四"时期发表过许多作品，受到鲁迅、茅盾等称赞；1922年叶圣陶作有长篇评论《玉诺的诗》。《辑存》由秦方奇编校，辑录其诗文四百余篇，并有详细校记。

2008年还出版有《白寿彝文集》,由其门人龚书铎主编,收录《伊斯兰史存稿》《中国史学史论》等专著,以及论文、序跋、书评、札记等,七卷八册,300余万字,于白寿彝一百周年诞辰时推出。白寿彝(1909—2000),史学家,开封人,回族。早年在中州大学师从冯友兰。曾执教云南大学、重庆中央大学、南京中央大学。1949年后任北京师范大学历史系主任。同郭沫若、范文澜等创办新中国史学会,为《光明日报》《历史研究》创办者。主持中华书局《二十四史》点校。其《中国伊斯兰史纲要》《中国通史》等,俱为一时经典。

《白寿彝文集》,2008

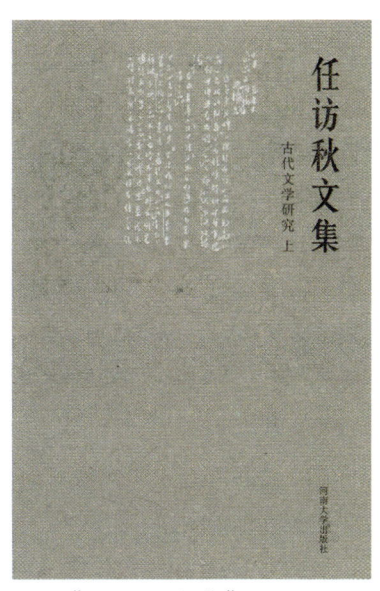

《任访秋文集》,2013

2012年出版《樊粹庭文集》。樊粹庭(1905—1966),豫剧改革先行者,遂平人。河南大学硕士。1934年创办豫声剧院(后更名狮吼剧团),与名艺人陈素真共同改革豫剧,创作、改编了一批剧目。1949年后任陕西戏剧家协会副主席、西安市文联副主席等。《文集》由河大河南地方戏研究所编,张大新主编,6卷300余万字。收剧作50余种，并自传、日记、文章、书信等。

2013年出版的《任访秋文集》，由关爱和、刘增杰任编委会主任，收录1920年代以来的专著、论文、序跋、散文、日记，以及部分未刊文稿，7编13册，500余万字。任访秋（1909—2000），名维焜，笔名访秋，南召人，文学史家。河南大学教授，在近代文学领域影响甚著。

以上豫中名人，或求学，或任教，俱与河南大学有关。而河南大学出版社还出版有《李克煌文集》《周守正文集》《万曼文集》《朱绍侯文集》《华锺彦文集》《李白凤文集》《李春祥文集》等，皆河南大学名师、寄寓河南之名家，不具述。

另一部重要豫中名家集，为《袁世凯全集》，豫中学者骆宝善、刘路生夫妇编纂。此书是国家社科规划基金资助项目，列入国家清史工程，系《国家清史编纂委员会·文献丛刊》之一。辑者遍访国内外档案机构，收录了国内外现存全部袁氏传世文字，包括章奏、文告、律令、公牍、函电、诗文、题词及著作等，凡36卷，3400余万字，是目前最为完备的袁世凯集。是书编纂，始于

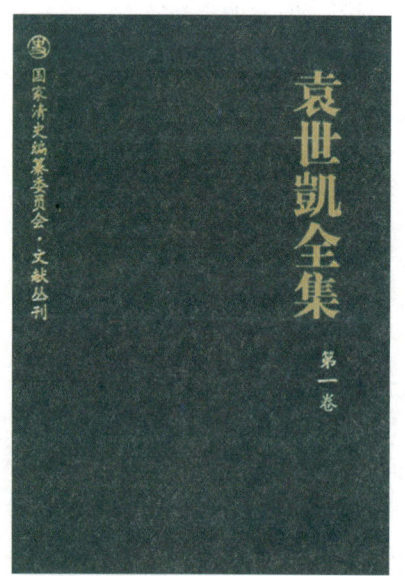

1985年，其初为中州古籍出版社约稿，之后转签约河南教育出版社，最终在河南大学出版社出版，历时近三十年。

骆宝善（1933— ），鄢陵人。1958年毕业于中山大学。曾任河南省社会科学院副研究员，1989年调广州市社会科学院，任研究员。

《袁世凯全集》，河南大学出版社，2013

此外，河南人民出版社 2013 年出版有《任芝铭存稿》。任芝铭（1869—1969），新蔡人，光绪二十九年举人。1906 年加入同盟会。清末至民国，从教、从政、从军。1950 年后任河南省政协副主席。其一生经历坎坷，多次被通缉逮捕。《存稿》为其后人王克明据家藏旧稿辑录，分为文存、家书、诗存、自述，详加注释，并收录许多珍贵照片。冯友兰之女、作家宗璞为之序。

左：《任芝铭存稿》，河南人民出版社，2013
右：《苏金伞诗文集》，河南文艺出版社，1998

豫省作家著作，小说、散文、诗歌等文学作品一类，多由河南文艺出版社（初名黄河文艺出版社）出版，以新作单行者居多，一生著述整理结集者，则大都未在本省出版。

1998 年，河南文艺出版社出版有《苏金伞诗文集》，李铁城及苏金伞之女苏湲编，收录其 1930 年代以来诗歌、散文，并附年谱。苏金伞（1906—1997），睢县人。1926 年毕业于河南省体育专科学校，曾任教于河南大学体育系。1949年后，任河南省文联筹委会副主任、第一届委员会副主席。1932年开始发表新诗，为五四运动以来豫省影响最大的新诗人。是书编成时作者尚在世，作后跋；印成时先生已作古，未及见其出版。

2006年，河南文艺出版社还出版有《南丁文集》，河南省直作家协会编。著者何南丁（1931—2016），安徽蚌埠人，1949年华东新闻学院毕业后即分配来河南工作，曾任河南省文联主席。《文集》收入著者小说、散文、随笔、诗歌、文学评论等。出版时作者年已七十五，而后又有新作不少，如《经七路34号》（河南文艺出版社，2017）等。

2000年以后，河南省文联曾主持编纂过三部豫中老作家、评论家作品集丛书，但俱为选集，附记于此：

《河南省著名老作家丛书》，署王洪应（时任河南省文联副主席）主编，2004年大众文艺出版社出版。收录《李準作品选》《南丁文选》《乔典运作品选》《青勃诗选》《张有德作品选》五种。除南丁外，其他作家当时俱已过世。

《河南省著名老作家丛书》，河南省文学艺术界联合会编，2012河南人民出版社出版。收录《张一弓小说自选集》、《老张斌小说自选集》、《王绶青诗文选》、《走笔唱晚》（卞卡著）、《桑榆随笔》（黄培需著）五种。

《河南省著名老作家、老艺术家丛书》，河南省文学艺术界联合会编，2014年河南人民出版社出版。收录《孙荪文论选》、《段荃法小说选集》、《明天的太阳》（田中禾）、《周俊杰书法文论选》、《李铁城选集》、《荆桦戏剧文集》六种。

近代知名党政人物，仅知少数有文章整理选编，刊布于纪念文集中，如吴芝圃（1906—1967），杞县人。1925年加入共产党，1949年后曾任河南省省长、中共河南省委第一书记。中共河南省委党史工作委员会编有《纪念吴芝圃文集》，1995年中共党史出版社出版,收录其自传及文章三十余篇。郭晓棠(1910—1969),沁阳人。1932年加入共产党,1930至1940年代河南省委领导人,1949年后曾任教于中国人民大学,担任中共河南省委宣传部副部长、郑州大学副校长。理论著述甚多。中共河南省委党史研究室编有《郭晓棠纪念文集》,2004年河南人民出版社出版,收录有其长篇自传及文章二十余篇。其他还有1993年河南人民出版社出版的《纪念赵文甫文集》等。

(二)省外整理出版

近世豫籍名家,卜居之地散在天下,故文集整理编纂出版,多有在外省者。惟其在省外,声名、影响往往更大。即久居豫中者,也往往以文集授权省外出版。

姚从吾(1894—1970),史学家,名士鳌,以号行,襄城县人。1920年考取北京大学研究生,1923年赴德国留学。后任教于波恩大学、柏林大学、北京大学等校。1946年任河南大学校长。1949年去台湾,任台湾大学历史系教授、台北故宫博物院文献馆馆长、"中央研究院"院士。《姚从吾先生全集》十册,由门人陈捷先、札奇斯钦等编辑,收录《历史方法论》《辽金元史讲义》专著及文章等,1971年台北正中书局出版。此为1949年以后最早编纂出版的河南名家集。

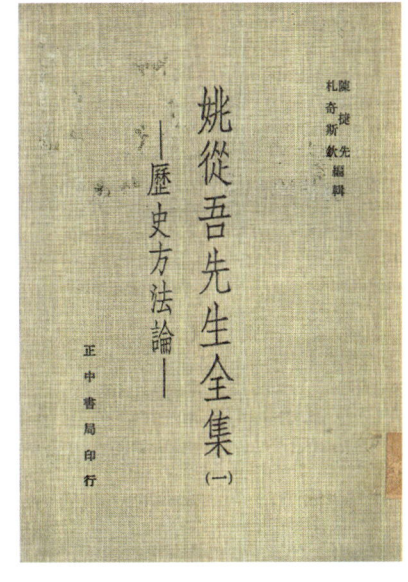

《姚从吾先生全集》,台北正中书局,1971

董作宾(1895—1963),文字学家、史学家。字彦堂,祖籍温县,生于南阳。早年受教于张嘉谋、徐旭生。1925年北京大学研究生毕业,先后任教于福州协和大学、河南中州大学、广州中山大学等高校。后入中央研究院历史语言研究所,多次参加安阳殷墟考古发掘。中央研究院第一届院士。《董作宾先生全集》,门人严一萍辑录,分为甲乙两编。甲编5册,收董氏发表于杂志的各种论文;乙编7册,收录已出版或已成书的书稿等。1977年由严氏在台北的艺文印书馆出版。

 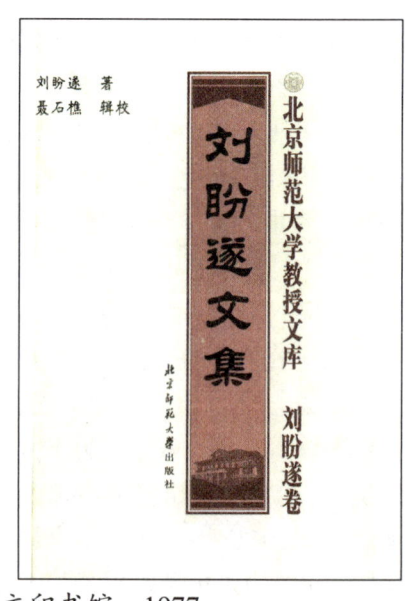

左:《董作宾先生全集》,台北艺文印书馆,1977
右:《刘盼遂文集》,北京师范大学出版社,2002

刘盼遂(1896—1966),文献学、文字学家。名铭志,以字行,淮滨人。早年师从王国维、梁启超、陈寅恪,民国间受聘为河南通志馆编纂。1949年后任北京师范大学教授。"文革"初受批斗自沉。一生淡泊名利,不求闻达。其弟子聂石樵历时十余年编成

《刘盼遂文集》，2002年北京师范大学出版社出版。书成，赠送一册予启功，启功谓："这比保存骨灰更有意义。"（聂石樵《写在〈刘盼遂文集〉出版之后》）信名言也。

张伯驹（1898—1982），项城人，豫督张镇芳嗣子。"民国四公子"之一。1985年，中华书局出版有《张伯驹词集》，为张氏生前自行编定，收录民国以来词集六种，其婿楼宇栋点校。后又加订补，2008年文物出版社出版。此为其著述之一体。2013年，上海古籍出版社汇其现存全部著述，编为《张伯驹集》出版，收录其著述八种：《红毹纪梦诗注》《续洪宪纪事诗补注》《丛碧词定稿》《丛碧词话》《素月楼联语》《春游琐谈》《丛碧书画录》《乱弹音韵辑要》。

与张伯驹相关者，其表兄袁克文之作，2013年安徽文艺出版社出版有《袁寒云自述》，虽不以"文集"名，实亦文集辑录，已详前民国文献整理一节。

 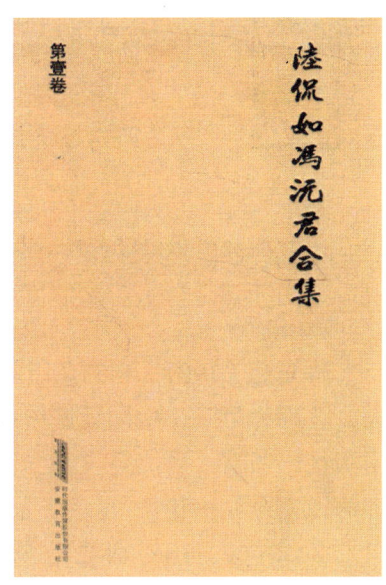

左：《张伯驹集》，上海古籍出版社，2013
右：《陆侃如冯沅君合集》，安徽教育出版社，2011

冯沅君（1900—1974），女作家，文学史家，唐河人。先后任教于金陵女子大学、复旦大学、中山大学、武汉大学、山东大学。曾任山东大学副校长。冯沅君、陆侃如夫妇著述，由门人、山东大学教授袁世硕、张可礼主编，汇为《陆侃如冯沅君合集》15卷。其中收录冯氏著作（包括冯陆合著者）有《中国诗史》《中国文学史简编》《南戏拾遗》《古优解》等专著，以及文学作品、翻译作品等。南阳冯氏三兄妹，俱有成就，为豫人乐道。冯友兰有《三松堂全集》；冯沅君之文字，得此《合集》亦无所遗；惟冯景兰一生，地质著述亦丰，迄今无辑者，是为一憾。

谢国桢，生平已详前。《谢国桢全集》由其后人谢小彬及北京古籍出版社总编辑杨璐主编，收录《增订晚明史籍考》《清开国史料考》《瓜蒂庵藏书总目》等著作，以及学术论文、读书随笔、散文小品，繁体竖排，十册，2013年北京出版社出版。

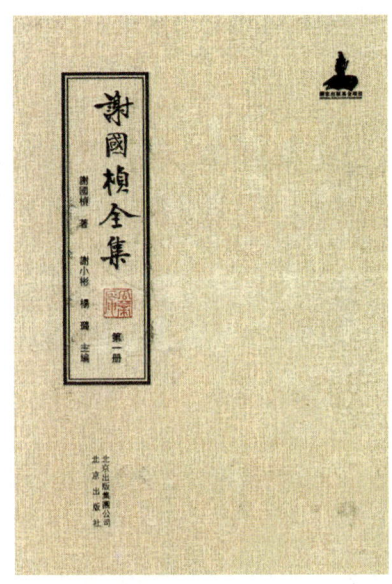

《谢国桢全集》，北京出版社，2013

蒋光慈（1901—1931），作家，创造社成员，早期中国共产党人，被称为第一位中国无产阶级诗人。1982—1984年，上海文艺出版社出版有《蒋光慈文集》四卷。其籍里有河南固始与安徽霍邱两说，今姑不论。

杨廷宝（1901—1982），建筑学家，南阳人。1921年清华大学毕业，1924年获美国宾夕法尼亚大学硕士学位。归国后终生从事建筑规划设计，1930年代主持修缮北平名胜古迹，并相继主持清华大学、北京大学、河南大学等九所大学整体规划设计。1949年后主持或参与规划设计天安门广场、人民大会堂、中国革命历史博物馆、北京火车站、南京长江大桥、毛主席纪念堂等。中科院学部委员，国际建筑师协会两届副主席，中国建筑学会理事长。与梁思成齐名，有"南杨北梁"之称。曾任南京工学院副院长、江苏省副省长。其关于豫中建筑著述，有《汴郑古建筑游览纪录》，刊于《中国营造学社汇刊》1936年第3期，保存了珍贵的汴郑古建筑资料及照片。其作品选集出版甚多。晚年，南京工学院建筑研究所编有《杨廷宝建筑设计作品集》，1983年中国建筑工业出版社出版，书稿编成时杨先生尚健在，而未及见其印成。此后，东南大学又有《杨廷宝建筑论述与作品选集》，1997年中国建筑工业出版社出版；其门人齐康、黎志涛编有《杨廷宝全集》，2017年中国建筑工业出版社出版（仅见著录，原书未见）。

《杨廷宝建筑论述与作品选集》，中国建筑工业出版社，1997

杨氏为南阳世家，其父杨鹤汀（1877—1961），光绪三十二年毕业于北京法政学堂。同盟会员。辛亥年谋在南阳起义，事泄未成。武昌首义后，加入河南旅鄂奋勇军。南阳光复，被公推为南阳知府，南北议和后辞去，以教书、行医为业。1951年撰有医书《伤寒论浅歌》《金匮浅歌》两种，手稿今藏南阳医圣祠，2013年中医古籍出版社曾据以影印出版。

尚钺（1902—1982），史学家，作家，罗山人。早年参加五四运动,1921年考入北京大学,1927年加入共产党。早期组织农民武装运动。后从事历史教学与研究,任教于云南大学分校、山东大学、北方大学等。1949年后任中国人民大学教授兼历史系主任。中科院学部委员。其早年追随鲁迅创作小说,1928年出版有小说集《斧背》,作品多描写信阳生活。鲁迅编《中国新文学大系·小说二集》,收入两篇。史学著作《中国历史纲要》,被多国翻译出版。1984年人民出版社出版有《尚钺史学论文选集》,仅选录其文章,附有《尚钺著作目录》,全集未有结集。

 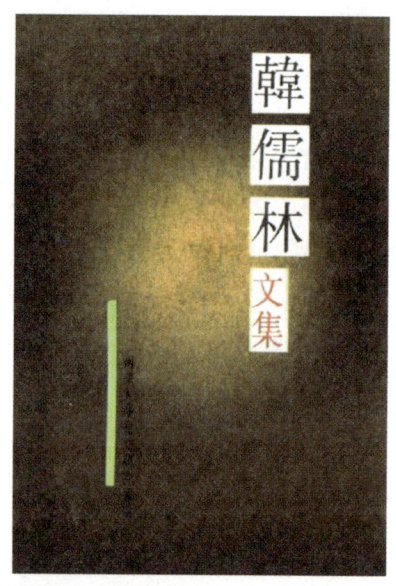

左:《尚钺史学论文选集》,人民出版社,1984
右:《韩儒林文集》,江苏古籍出版社,1990

韩儒林(1903—1983),历史学家,舞阳人。1930年毕业于北京大学,后师从汉学家伯希和,游学欧洲鲁文大学、巴黎大学和柏林大学。1936年回国,任教于燕京大学、辅仁大学、中央大学等高校。1949年后任南京大学教授、历史系主任,一度任内蒙古大学教授、副校长。中国科学院学部委员。韩氏为蒙元史、西域史、西藏史专家。1985年南京大学元史研究室编有《韩儒林文集》，1990年江苏古籍出版社出版。

王实味（1906—1947），作家、翻译家，潢川人。1923年考入河南省留学欧美预备学校，因贫辍学；1925年又考入北京大学预科，再度因贫辍学。1937年赴延安从事马列著作翻译。1942年在"整风运动"中受到批判，1947年被秘密处决，1991年平反。华东师范大学文学博士朱鸿召，编有《王实味文存》，收录其存世文章12篇，附"整风运动"时批判王实味的文章、材料19篇，1998年上海三联书店出版。

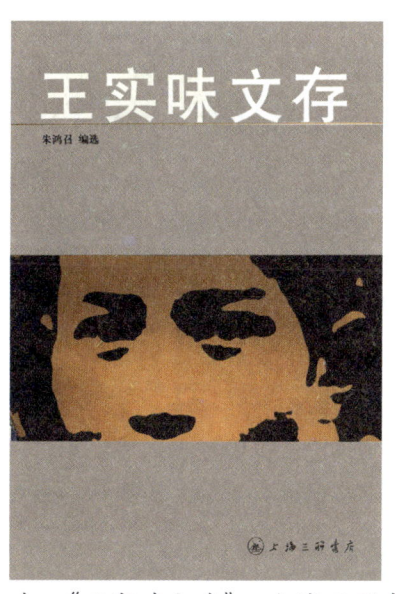 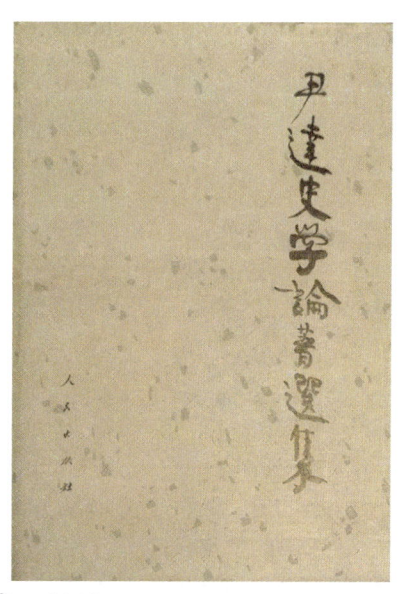

左：《王实味文存》，上海三联书店，1998
右：《尹达史学论著选集》，人民出版社，1989

尹达（1906—1983），考古学家、历史学家，原名刘燿，字照林，滑县人。民国间任职中央研究院历史语言研究所，主持过多项重要考古发掘。1937年赴延安，后任教于北方大学。1949年以后任中国人民大学研究部副部长、北京大学副教务长、中科院历史研究所副所长。中科院学部委员。晚年主编《中国史学发展史》，1985年中州古籍出版社出版。生平文章，中科院历史研究所编有《尹达史学论著选集》，1989年人民出版社出版。全集未有结集出版。

彭雪枫，生平已见前。军事科学院军事历史研究部组织编写有《彭雪枫军事文集》，收录文稿112篇，1997年解放军出版社出版。此后，中共江苏省委党史工作办公室、江苏省新四军研究会、上海市新四军研究会等单位又编辑了《彭雪枫文集》，收录前书未收且公开发表的全部文章，计文稿121篇，2004年中央文献出版社出版。

左：《彭雪枫文集》，中央文献出版社，2004
右：《姚雪垠文集》，人民文学出版社，2011

姚雪垠（1910—1999），小说家，邓州人。1930年代即发表大量文章，七七事变后与嵇文甫、范文澜等创办《风雨》周刊，宣传抗战。后以长篇小说《李自成》驰名，曾任湖北省文联主席。

其全集生前自编为《姚雪垠书系》，二十卷，前十卷为《李自成》，每卷另立书名；后十卷收录小说、散文、诗歌、论文、书信、译作等，甚至创作手记、提纲、卡片，巨细无遗。1999年中国青年出版社出版，2000年出齐，为时已在其身后。2011年人民文学出版社重行增订修正，更名《姚雪垠文集》再版。

李蕤（1911—1998），新闻记者、作家，原名赵悔深，荥阳人。1936年考入河南大学文史系。民国间在本省《大刚报》《阵中日报》《前锋报》《中国时报》等任编辑、战地记者。1942年发表的河南大灾荒报导，轰动全国。1949年后任《开封日报》《河南日报》编辑、河南省文联筹委会副主任、中南作协第一副主席、武汉市作协主席。《李蕤文集》为作者自辑，1997年武汉出版社出版。

《李蕤文集》，武汉出版社，1997

赵清阁（1914—1999），女作家，信阳人。1932年曾在河南大学半工半读，1933年考入上海美专，后从事文学创作、编辑。抗战期间先后在武汉、重庆、成都等地，创办文化刊物，撰写文艺作品，宣传抗战。1949年后任上海天马电影公司编剧，上海社会科学院文学研究所研究员。其一生小说、散文作品甚丰，民国时许多作品已结集出版。上海文艺出版社《海上文学百家文库》第33卷，收有其小说、散文十余篇。洪琛之女洪钤编《赵清阁选集》，选有其改编作品《红楼梦话剧集》、白话小说《杜丽娘》，以及创作话剧《桃李春风》（与老舍合作）等，2016年台北秀威资讯科技股份有限公司出版。全集迄未有整理出版。

左：《赵清阁选集》，台北秀威资讯科技股份有限公司，2016
右：《于黑丁选集》，大众文艺出版社，2003

于黑丁（1914—2001），作家，本名于敏亦，笔名黑丁，山东即墨人，长期工作于河南。1933年参加左联。抗战期间在豫北、武汉、重庆、延安等地从事抗日宣传工作。1949年后曾任湖北省文联主席，1963年任河南省文联主席。于黑丁晚年曾手自汇集生平小说、散文和文艺评论等，卒后由其夫人吴萍整理，编为《于黑丁选集》三册，2003年大众文艺出版社出版。

袁宝华（1916—2019），经济学家，南召人。1934年考入北京大学，曾任学生会主席。1935年参加"一二·九"运动。1936年加入中国共产党。七七事变后在南阳组织抗日救国运动，后调延安中央组织部。1949年后任国家经委主任、中国人民大学校长。中顾委委员。享年103岁。一生撰写关于国家经济建设文章甚多，亦能诗。专题文集结集出版有《袁宝华经济文集》《袁宝华教育文集》《袁宝华协会工作文集》《偷闲吟草》《袁宝华诗词书法集》《袁宝华论质量与管理》等。2013年，中国人民大学出版社出版《袁宝华文集》十卷，收录其一生的文章、诗词、讲话、专著等。文集成立有编委会，时任国土资源部部长徐绍史为编委会主任，国家发改委曹明新、中国人民大学贺耀敏为编辑部主任，朱镕基作序。

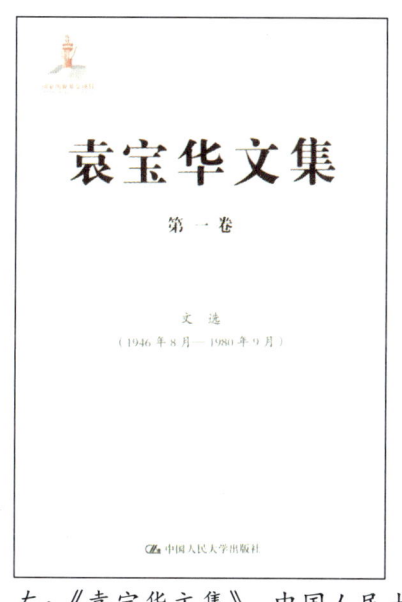
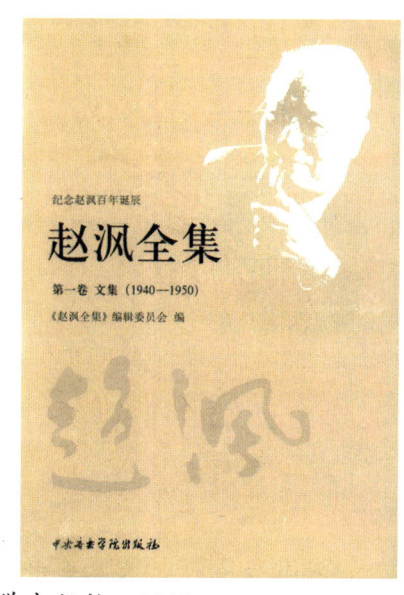

左：《袁宝华文集》，中国人民大学出版社，2013
右：《赵渢全集》，中央音乐学院出版社，2016

赵渢（1916—2001），音乐理论家、教育家，项城人，生于开封。曾任音乐出版社社长、中央音乐学院院长、中国音乐家协会副主席。2016年，中央音乐学院出版社出版《赵渢全集》，收录其音乐论文、解说、评论、随感、散文、译配歌曲、自传，并附以大量照片组成的画传，七卷附一卷。该书编委会编，音乐家孙慎为编委会主任，赵渢夫人、中央音乐学院教授吴锡麟为主编。

魏巍（1920—2008），军旅作家，郑州人。1937年参加八路军，1949年后曾任北京军区文化部长，以通讯《谁是最可爱的人》成名。晚年自编有《魏巍文集》十卷，收录其长篇小说、散文、诗歌、文论等，杨成武作总序，1999年广东教育出版社出版。嗣后又编续二卷，收录其杂文集《新语丝》及日记选《四行日记》，2008年中国文联出版社出版。

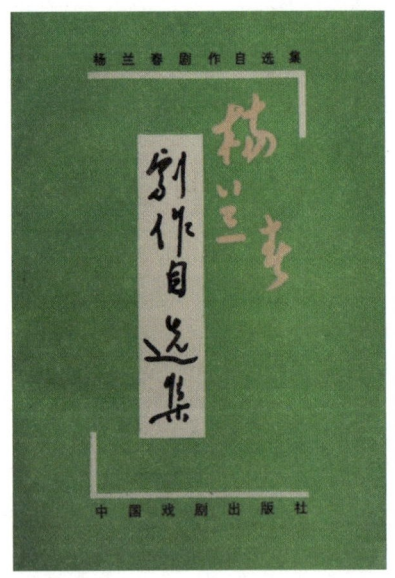

左：《魏巍文集》，广东教育出版社，1999
右：《杨兰春剧作自选集》，中国戏剧出版社，1993

杨兰春（1920—2009），剧作家、导演，河北武安（旧属河南）人。以豫剧《朝阳沟》知名。曾任河南省豫剧院三团团长、河南省文联副主席，中国剧协副主席。1993年，中国戏剧出版社出版有《杨兰春剧作自选集》，收录《朝阳沟》《小二黑结婚》《山上山下》等剧本。全集未有编印。

穆青（1921—2003），新闻记者，回族，杞县人。1937年参加八路军。1940年7月考入延安鲁迅艺术学院。长期从事新闻采访报导。1949年后历任新华社记者,华东总分社社长、上海分社社长、国内部主任、副社长、总编辑、社长。穆青始终情系中原故土,曾"六访兰考,七下扶沟,八进辉县,四访宁陵,两上红旗渠",长篇通讯《县委书记的榜样——焦裕禄》(与冯健、周原合作),发表于《人民日报》1966年2月7日,影响深远。晚年整理旧作,新华社组织编辑,成《穆青论新闻》《穆青散文》《穆青通讯》《穆青书法》《穆青摄影》五种,2003年新华出版社出版。郑州大学穆青研究中心又有《穆青日记(域外部分)》,2013年郑州大学出版社出版。

左:《穆青论新闻》,新华出版社,2003
右:《李季文集》,上海文艺出版社,1982

李季(1922—1980),诗人,唐河人。1938年入延安抗日军政大学学习。毕业后曾在八路军部队及陕北地方工作。1945年发表长篇叙事诗《王贵与李香香》,由此成名。1949年后任《人民文学》杂志副主编。上海文艺出版社编有《李季文集》四卷,收录其诗歌、小说、散文、创作谈等，1982年至1986年出版。

李準（1928—2000），作家，孟津人。1953年以短篇小说《不能走那条路》成名。此后知名作品有小说《李双双小传》《黄河东流去》等，并为《李双双》《高山下的花环》等电影编剧。曾任河南省文联副主席、中国现代文学馆馆长。《李準全集》五卷，收录其长篇小说、中短篇小说、电影剧本、戏剧、散文等，1998年九洲图书出版社出版。

《李準全集》，九洲图书出版社，1998

以上豫省名家文集整理出版大略。

述此，不禁忆及挚友范炯。范炯（1957—1995），豫中出版人，安徽合肥籍，自幼随父迁郑州，曾任中州古籍出版社历史编辑室主任，一生贡献给了河南。其为人率真，才思深邃，文笔恣肆。策划主编有《新潮文史书系》、《中国梦》书系、《新翻杨柳枝》书系、《掌上文库》、《战争沉思录》、《天灾启示录》、《家思》、《情思》等，名重一时。不幸英年早逝。身后，余与相新、陈飞、王小方诸友，辑其生平所作，为《走过世纪末——范炯文集》，1996年，友人谢君俊龙慷慨出资，于台湾云龙出版社出版繁体字版；2001年，中州古籍出版社再为出版简体字版。今范君墓草离离，思之怅然。谨记数语，以志友朋之谊，并寄哀思。

# 陆：结语

回顾六百年来中原文献整理，有赖于历代学者不懈贡献，成果林林总总，蔚为大观，足资豫人自豪。但环视邻省，则遗憾在在有之。兹稍作归纳，列其不足，以待来者。

其一，关于目录编纂。

中原文献目录，以古籍成就最大，已有《中原文化大典·著述典》等出版，历代著述可一目了然。但版本著录不够清晰，有待进一步研究。本省各图书馆为中原古籍主要藏家，版本著录首先依赖于各图书馆目录。作为基础工作，本省图书馆馆藏古籍目录尚未完善。民国图书，缺乏完备的目录提要，著者有谁、著述几何，未有全面了解。晚清及民国报刊虽有简明目录，但存佚、藏家状况不明。档案目录，仅有全宗级目录，宗卷级、文件级目录，还没有公开印行。编纂民国图书、期刊、档案提要性目录，是近代中原文献整理的重要任务。

其二，关于抢救性保护。

明代以前典籍，大都已有影印，传承无虞。但个别重要典籍，仍仅有孤本。如南宋建阳刻十一行本《杜工部草堂诗笺》，成都杜甫草堂博物馆及上海图书馆所藏两部残本即是。

明清以来豫中文献，还有不少处于孤本状态，从未复制流传。其特别珍贵、亟待抢救整理者有二：一是中州文献征辑处所征文献，现存者绝大部分为抄本、稿本；二是冯翰飞旧藏晚清、民国报刊，大都为孤本。亟应先行扫描存档，加以影印。

他如中共河南省委领导人郭晓棠1944年所撰《河南》，是一部简明的河南政治文化断代史，作者以亲历描述了民国中期河南的社会政治、文化、教育、军事发展,论述独到,语言犀利,有骨有肉,文质彬彬,是不可多得的珍贵史籍,今仅以手稿存世。

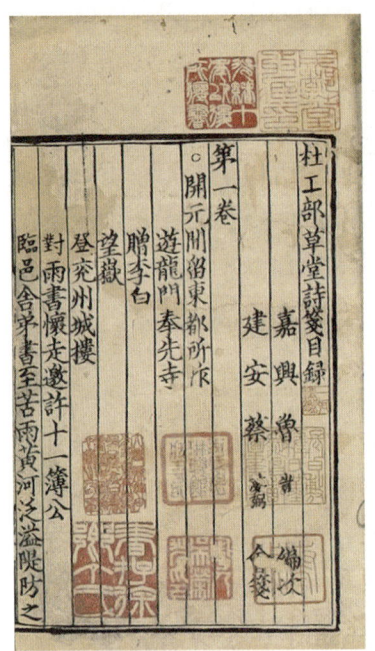 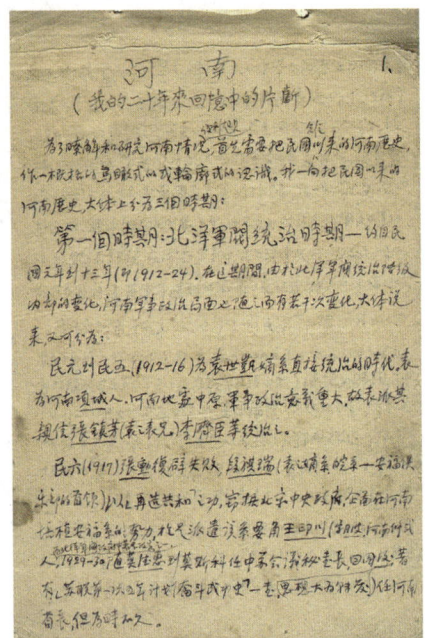

左:《杜工部草堂诗笺》,南宋建阳刻本,成都杜甫草堂博物馆藏
右:《河南》,郭晓棠撰,手稿,1944

其三,关于典籍校勘。

历代中州典籍,重要者已有校订本出版。但也有不少名家著作尚未整理,典型者如明代浚县卢楠《卢次楩集》、清代鹿邑李子金《隐山鄙事》等。民国以来一些大家,如汲县李敏修、通许胡汝麟等,都是在全国有重要影响、对本省贡献卓著的人物,其著述未有整理汇编。

近年古籍普查,善本孤帙相继浮出。所以,已整理校订的古籍,也有必要据新出善本进一步校勘。如李绿园《歧路灯》,新发现有北京大学图书馆藏抄本两种、上海图书馆藏抄本一种,为栾星先生当年所未见。《歧路灯》校订，有待据此完善。他如信阳何景明、辉县孙奇逢之文集，校勘也有很大改进空间。

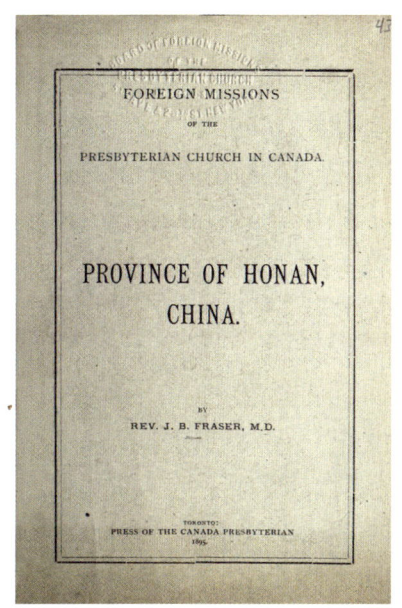 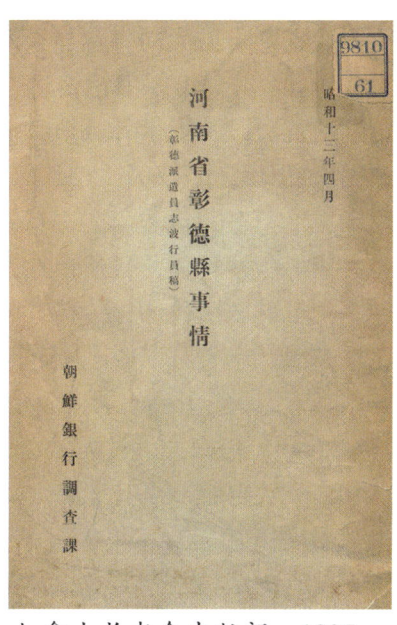

左：《中国河南》，J. B. Fraser 著，加拿大长老会出版部，1895
右：《河南省彰德县情》，志波行员编，日本朝鲜银行调查课，1938

此外，晚清以来，东西交往日渐频繁，河南虽地处腹地，亦不乏传教士、记者、旅行家、间谍等深入，因而留下记述，如加拿大长老会出版的《中国河南》(*Province of Honan, China*)、《四分之一世纪在豫北》(*A Quarter Century in North Honan*)，日本朝鲜银行调查课出版的《河南省彰德县情》(《河南省彰德县事情》)等，都有重要文献价值。迄今大多数外文文献尚未引起关注，整理出版。

其四，关于历史文献数字化。

近年，全国历史文献数字化及数据库建设，成就巨大。国家图书馆的善本古籍、民国图书、民国报刊数据库，《爱如生》《翰海》等古籍数据库，上海图书馆近代期刊数据库《全国报刊索引》等，相继建成。各高校自有资源数据库亦纷纷竣工，各省图书馆也多建有本土文献数据库。

豫省则未见大动。昔赵长海先生所建河南文献数据库，久已无法访问。开封市图书馆曾建"民国报纸数据库"，徒存链接于该馆网站首页，不提供外部访问。河南大学图书馆有馆藏金石文献数据库，内容过于简陋。洛阳市图书馆建有小型馆藏古籍数据库，收录文献不多，且非河南文献专题。河南省地方志数据库，由中州古籍出版社承建，目前正在进行中。

文献的数字化保存传播，将会是未来文献传承的主要形式，在这方面，本省可以说刚刚起步。

其五，关于中原文献汇编。

2000年以来，各省为弘扬地方文化，纷纷编纂大型本土文献丛刊，或数百册，或上千册。如河北《燕赵文库》、山西《山西文华》、山东《山东文献集成》、湖北《荆楚文库》、湖南《湖湘文库》等，俱已出版。两湖之文库数据库版，业已上线，免费供世人阅览。

豫省则相形见绌。自明刘昌《中州名贤文表》以来，豫人代有追求，明赵彦复辑刻《梁园风雅》，清周在浚征编《中州先贤诗文集》，民国张凤台倡刻《三怡堂丛书》、井俊起编刊《中州丛刻》，以至近时中州古籍出版社出版《中州名家集》《中州文献丛刊》。然以种种原因，成书规模较小，尚未能反映中原文化经典全貌。

今予友耿君相新、郭君孟良等，倡辑《中原文库》，已历十年。其任重，其道远。然有前辈楷模在，有志者继起，吾信中原文献之传，必有大成。

# 后记

戊戌春解组赋闲,适相新、孟良二君有《中原文库》之议,嘱为先期谋。《中原文库》者,拟汇辑历代中原典籍为一帙,校点影印,分类编纂,集其大成,以为中原文献之传。因据《中原文化大典·著述典》等,草成《河南古籍存目》《晚清及民国河南报刊提要》《外省地方文献工程汇要》诸稿。既毕,顾平生所学,立身始于文献,奈中道废,入出版之途,未能一以贯之;此后事业,又始终得益于文献学。吾师吾友,则多持之以恒,终生黾勉于中原文献整理,甘于贫寒寂寞,无怨无悔,成就卓然。忆十余年前,栾星先生曾有《中原文化大典·著述典》文稿之嘱,时以俗务缠身,婉言谢绝。先生当时失望之情,至今常浮于眼前,思之悔愧莫及。今先生已作古,知交亦渐零落。《中原文库》为承前启后之作,前事不忘,后事之师,此一段历史,当有所归纳,一代人物之精神、事迹,亦应有所记载,于己可以警惕,于世可以借鉴。于是有述史之念。

及爬梳剔抉,问根求源,披阅历代中原文献大要,更肃然起敬。豫省地处中原,有千里平畴,大河蜿蜒,以是问鼎逐鹿者多,兵燹水患,较他省尤为惨烈。然而典籍文献饱经患祸,历千年而不泯灭,全赖前辈有识之士代代守护,不徒吾师吾友而已。其间可钦可敬、可歌可泣、可悲可叹者,蛛网尘封于故纸中,知者寥寥,读之倍觉怅然。表彰先进,激励后学,吾辈责无旁贷,中原文献整理之史,可不述乎?

自去岁六月起笔,四阅月稿成;改订增补,再历一年。恭逢雍熙之治,格物之术日驰千里,大有助乾嘉之学,予尝浸淫此道,有"坐拥书城，秒杀万卷"之说，稿因此得以速成。然年余来，亦忘餐废寝，晨听布谷，夜闻秋蛩，日夕若与古人对，与师友对，不觉寒暑之变。其间苦乐，惟同道者知。

稿初成，持之求正于张弦生兄。弦生乃四十年莫逆友，曰："善。明年，中州古籍出版社建社四十周年，可以此献。"予悚然。回首学术成长之途，屡受中州古籍出版社培植，自陈协琹先生以来，历任社长、总编，俱垂青眼；社中弦生先生外，关林、袁健、范炯、刘梅、相新、孟良、小方、存威、学军、马达等，皆如兄弟姐妹。屈指算来，在中州古籍出版社出版图书已有十种之多。知遇之恩，每念于怀。今社长张存威君闻此稿，欣然确定出版；总编辑赵学军女士亲任责任编辑，往来照应，前后操劳；副总编辑卢欣欣、马达，担任二审、终审。此皆令我惶恐。今能以此稿向中州古籍出版社建社四十周年致敬，幸甚幸甚！

行文之时，仓促急就，鲁鱼帝虎，比比皆在。责任编辑栗军芬女士，于此费心最多，凡人物姓名字号、生卒籍里、职官行实，图书书名卷帙、刊刻年代，以及引文、地名、统计数字等，皆据原始资料一一核实。稿中涉人物、图书，不啻数千，其繁难琐碎可知。每阅校样，见丹铅满帙，汗必涔涔下，而幸有君焉。特约编辑王建新，长于文字、音韵之学，向者曾责编拙著《两宋萧山渔浦考》，今则技业日进、境界日广，非但编校中纠讹订谬，且余遇不懂之字，必请教之，可谓我一字之师。责任校对李接力、美术编辑王歌，亦俱尽心竭力。拙稿能有现今面目，非诸人之力无以成。此外，蒙旧友郑州大学图书馆赵长海君审正初稿。谨在此一并致谢忱。

《史稿》为私史，述及当代，不能免于师友私情，叙其事，感念每溢于言表。然而史家以史德为先，公允持中，不为尊亲讳，此亦不敢违。惟以个人所见，虽不至于挂一漏万，而缺略遗失，在所难免。还望大方之家，幸有以教我。

当此稿汗青之际，掩卷而思：顷泰西有古哥者，以AI造阿法犬，善弈，与国手对，日不移晷而败之。异日倘以之治乾嘉学，则今所谓考据成果者，必当立朽。此可以预见者也。吾且盼速朽。

新乡王钢

2019 年 11 月

# 跋

"自古逢秋悲寂寥，我言秋日胜春朝。"己亥秋日，在新中国七十华诞的举国欢庆氛围当中，王钢兄的新著《中原文献整理史稿》杀青告竣，行将付梓，令人欣慰。通读之下，不忍释卷，应作者之嘱，聊述观感，附于骥尾。

王钢兄天纵逸才，出身于文化世家，徜徉于书海文府，与我亦师亦友之间。1988年，当我刚刚入行出版之际，他的大作《关汉卿研究资料汇考》已经问世，甚见功力，颇得时誉。随后，他相继出版了《校订录鬼簿三种》《徐渭传》《中国戏曲史编年（元明卷）》《全元曲》等，破格晋升研究员，无愧为我辈中原学人的翘楚。其后他又转入出版战线，成为我们河南出版业界的同道，主持策划出版了一大批优秀图书，尤其是较早地身体力行，致力于数字出版领域的探索，无愧为编辑出版行业的先进。近年来，在文化产业的改革发展中，他多年如一日，白天忙于出版经营管理，晚间则畅游书海，利用互联网联通无限的快捷与便利，"坐拥书城，秒杀万卷"，构建起自己的数字图书馆，致力于中原文献、历史影像的搜集整理与研究，无愧为中原文脉的传人。职此之故，梳理中原文献传承之迹，编撰《中原文献整理史稿》，王钢兄堪称上佳之选。

中原地区是中华文明的主要发祥地，秉河岳英灵，会八方风雨，自古为声灵赫濯之区、文物衣冠之薮。独特的自然与人文环境，铸就了精深博大、生生不息的中原文脉，形成了作为中华文化主干、主流、主线的中原文化，留下了积淀丰厚的物质文化遗产、非物质文化遗产和数以万计的记忆遗产或文献遗产，成为我们今天坚定文化自信、促进文化复兴的源头活水。遗憾的是，自靖康之变、宋室南渡，中原地区逐渐失却核心地位，加之屡遭兵燹、频罹灾荒，中原文化趋于式微，在清代以降的几次地方文献编纂整理出版热潮中，也没有大的作为。不仅浩如烟海的传统中原文献亟待系统搜集整理和保护利用，而且清末以来的报刊、档案及其他文献更需要抢救性保护，近百年来文物考古的丰富资源也有待集中呈现，因此实施中原文献整理出版工程，传承中原文脉，构筑文化高地，成为当代中原人义不容辞的历史使命。

可喜的是，继《中原文化大典》编纂出版之后，酝酿已久的《中原文库》出版工程即将正式启动。王钢兄的《中原文献整理史稿》在这一现实背景下面世，可谓适时之作。我们在规划《中原文库》的过程中，梳理一个世纪以来的中原文化研究著作，约略千种之多，然尚未有一种以中原文献整理史作为研究对象的专著，从这个意义上说，王钢兄的《中原文献整理史稿》堪称创体之作。其书在广搜博采的基础上，对明代、清代、民国以及新中国成立七十年来以纸本图籍为主的中原文献整理出版工作进行了深入细致的论述，发掘出许多鲜为人知的史料，讲述了不少生动感人的故事，总结了前辈学人的经验教训，也提出了新时代编纂整理出版中原文献的历史任务，允为翔实之作。

作为一个中原出版人，我曾经担任执行副总主编经历了《中原文化大典》编纂出版的始终，如今又躬逢《中原文库》编纂出版工程这件盛事，实为幸运！而能与王钢兄一道沉潜其中，切磋琢磨，如沐春风，更属人生乐事！故乐见其书之成，而大作又将由我曾长期供职的中州古籍出版社推出，作为建社四十周年的献礼，真乃可喜可贺！

是为跋。

嵩邑郭孟良<br>
2019 年 10 月 10 日

图书在版编目（CIP）数据

中原文献整理史稿 / 王钢著. — 郑州：中州古籍出版社，2019.11
　　ISBN　978-7-5348-8891-5

Ⅰ.①中… Ⅱ.①王… Ⅲ.①河南—地方史—史料 Ⅳ.①K296.1

中国版本图书馆 CIP 数据核字(2019)第 250905 号

书　　名：中原文献整理史稿
著　　者：王　钢
责任编辑：赵学军　栗军芬
特约编辑：王建新
责任校对：李接力
装帧设计：王　歌
出　版　社：中州古籍出版社
（地址：郑州市郑东新区祥盛街 27 号 6 层　　邮政编码：450016）
电　　话：0371-65788695
承印单位：河南瑞之光印刷股份有限公司
开　　本：640mm×960mm　　1/16
印　　张：32.25
字　　数：430 千字
版　　次：2019 年 11 月第 1 版
印　　次：2019 年 11 月第 1 次印刷
定　　价：198.00 元

本书如有印装质量问题，由承印厂负责调换。